アティーシャの知恵の書

上

OSHO講話録

チベットの覚者を語る

市民出版社

Originally English title: THE BOOK OF WISDOM

この本の内容は、OSHOの講話シリーズ からのものです。
本として出版されたOSHOの講話はすべて、音源としても存在しています。
音源と完全なテキスト・アーカイヴは、www.osho.comの
オンラインOSHO Libraryで見ることができます。

Japanese translation rights arranged with OSHO International Foundation
through Owls Agency Inc.

はじめに

ＯＳＨＯのすべての本がそうであるように、この本には真理のささやきがある。あなたはこれらの言葉の中に知恵を見つける。しかし真理は言葉と言葉の間に、その行間にある。それは沈黙、語られないささやきだ。「私はあなたを愛している」「存在はあなたを愛している」

行間からは「存在はあなたを愛している」と読み取ることができる。それはすべてのページから芳香のように香ってくる。本質の味、本物の味、本当の何かが、ハートの最も深い部分を満足させる。

ＯＳＨＯはここで、真理を見つけるためには勇気が必要だと言う。人々は、自分の夢と、夢見ることを捨てる用意ができていない。マインドを落として即座に行動する用意ができていない。

ただ少数の者たちだけが、真理を発見することにあえて直面していった。それはリスクがある。あなたがこれまでに知っていたものは、すべてめちゃめちゃに壊されるかもしれない。そしてあなたは、自分の全人生を移し替えなければならない。それは危険だ。それはすべての幻想を破壊するかもしれない。あなたのすべての夢をめちゃくちゃに壊すかもしれないのだ。

非常に少数の人々は、彼が私たちを呼び寄せているこのハートの旅を、真理に向かうこの旅を進み続ける用意がある。この旅はまったく旅と言えるものではなく、今とここの中に落ちて行くことだ。その勇気を持つためには、マスター、光明を得た人、そしてその存在そのものが愛のささやきである人に出会うことだ。そうすると私たちにおいても、彼らのように生きることができるかもしれない、という感覚が生じる。

キリスト、仏陀、あるいはアティーシャのような人に出会わない限り、あなたは充分な勇気を得ることはできない。アティーシャを見ると、何かがあなたのハートの中で鼓舞し始めるかもしれない、心の琴線に触れるかもしれない、一度に何かが誘発されるかもしれない。達成した人の存在は、あなたの内面に大きな渇望を生み出すかもしれない。強烈で情熱的な真理の探求が、生まれることになるかもしれない。

ＯＳＨＯには、彼と共に旅をする用意のある人々がいる――それはこの講話を聞く人たちであり、サニヤシンであり、そしてここを訪れている友人たちだ。

ＯＳＨＯは彼らの質問に答えたり、アティーシャ――光明を得たチベットのマスターが与えた教えの、新しい解釈を分かち合うことで、彼の愛を降り注ぐ。不生不死の覚醒へと向かう旅のために……。しかし彼が語る時でさえ、そのメッセージは観念ではなく、語る時の彼から広がるその臨在に関わっている――彼とは、瞬間後の瞬間、まさにその瞬間に、彼が語っている〈もの〉なのだ。

ＯＳＨＯは不可能なことをしている。言葉を通して無言を分かち合っている。沈黙を通して伝えることが最善なものを、彼は声に出して言っている。

「ただ沈黙のみが、あるがままの真理とコミュニケートする。できるだけ早く用意をしなさい。そうすれば、私たちは共に在ることができる。何年も語ることのできないものを、沈黙のほんの一瞬の内に、コミュニケートすることができる。そして、決して語られ得ないものは、私とあなたとの間に思考の壁が無い時に起こり得る――私の沈黙とあなたの沈黙とがお互いにただ存在するとき、お互いを映し出している時に……」

私たちは恵まれている。私たちは彼の言葉を――そして彼の沈黙を持つ。

「できるだけ早く用意をしなさい。そうすれば、私たちは共に在ることができる……」

これらの講話はインド・プーナのシュリ・ラジニーシ・アシュラムにおいて、ＯＳＨＯが、アティーシャのマインド・トレーニングの七つのポイントに基づいて語り、そして弟子たちと、訪問者たちからの質問に答えたものである。

アティーシャの知恵の書　上

◉目次

Contents

第一章

三倍偉大なアティーシャ

Atisha the Thrice Great

まず初めに、下準備を学ぶこと

全ての現象は夢のようなもの、と思うこと

いまだ生まれぬ覚醒の本質を調べよ

療法そのものさえも、独力で自由にさせなさい

基本的認識の自然な状態、その本質に落ち着くこと

修行の合間は、起こることを幻とみなすこと

合わせること、送り出すこと、

そして受け取ることを一緒に修練せよ

呼吸に乗せて、これを行なうこと

三つの対象、三つの毒素は、美徳の三つの基礎

様々な行ないの中で、警句とともに修練せよ

宗教は科学ではない。物理学、数学、化学を科学という意味においては、宗教は科学ではない。しかしながら、究極の「知ること(*knowing*)」であるために、宗教は科学だ。「科学」という言葉は、知ること、を意味する。そしてもし宗教が科学でないなら、他の何が科学であり得るだろう――それは最も高い次元での知ることなのだ。それは最も純粋な知ることだ。

普通の科学は知識であって、知ることではない。宗教とは知ることそのものだ。普通の科学は対象指向だ。それは何かを知る。だからそれは知識なのだ。宗教は対象指向ではない。それは対象を持たない。それは無を知る。知ることは、まるで鏡がそれ自身を映し出すようにそれ自身を知る。それはあらゆる点で、全く純粋なものだ。そのため宗教とは知識ではなく、知ることなのだ。

科学は低次元の知ることであり、宗教は高次元の知ることだ。宗教は究極の哲学、究極の「知ること」だ。その両者の違いは精神的なものではなく――精神は同じであるが、疑いなくその純度の違いにある。

科学には多くの泥が混合されている。宗教は純粋な実体《エッセンス》、純粋な芳香だ。泥は消え去っている。蓮華が現れている、そしてその究極の段階では、蓮華でさえ消え去る。ただ香りだけが残る。泥、蓮華、そして芳香、これが知ることの三つのステージだ。

宗教には対象がないため、それを把握することはできないが、理解することはできる。それは説明できないが、体験することはできる。宗教は情報に変えることができないため、教える方法はない。それでも宗教に続く道、方法を示すことはできる――月を指す「指」を示すことはできる。指が月でないことは明らかだが、月を指すことができる。

偉大なる師《マスター》、アティーシャの「マインド・トレーニングのための七つのポイント」がその指、月を指す七本の指だ。その指に囚われてはいけない。あまり指にとりつかれすぎてはいけない。それは要点ではない。要点を取り逃がしている。指を使い、それから指を忘れなさい。そして指が指している所を見なさい。月を見る時、誰が指を気にかけるだろうか。誰がそれを覚えているだろうか。月を指している指は自ずから非-本質的なものになる。それは消える。

宗教を体験した人々にとって、すべての聖典が全く無用なものに、すべての方法が非-本質的なものになるのは、そういう理由からだ。ゴールに到達したとき、その道は忘れられる。

アティーシャは、三人の光明を得た師から教えを受けた、という意味において類まれな師の一人だ。それは後にも先にも、決して起こらなかった。三人の光明を得た師の弟子であるとは、ただただ信じられないことだ。なぜなら光明を得た師は一人で充分だからだ。しかしこの話には――彼が三人の光明を得た師から教えを受けたという話には、隠喩的な意味もまたある。それは真実であり史実でもある。

アティーシャが長年留まった三人の光明を得た師、その一人目はダルマキルティという偉大な仏教神秘家だ。彼はアティーシャに無心《ノーマインド》を、空を、無思考である方法を教えた。彼はアティーシャに、マインドの中身を全部捨てて中身のない状態になる方法を教えた。

二番目の師はダルマラクシタ、もう一人の仏教神秘家だ。彼はアティーシャに愛、慈悲を教えた。

そして三番目の師はヨーギン・マイトレーヤー、また別の仏教神秘家だ。彼はアティーシャに他の人々の苦しみを受け取って、それを自分自身のハートの中へ取り入れる術《アート》を、行為の中の愛を教えた。

これは、三人の師がみな素晴らしい友人たちだったから可能だった。彼らは探求を一緒に始めた。各々が道の途上にある間、彼らは共に在り、達成した時もまだ一緒にいた。

アティーシャはダルマキルティの弟子になった。ダルマキルティは彼に言った。

「私はお前に第一の原理を教える。第二の原理を教わるには、ダルマラクシタのところへ行くがい い。そして第三の原理を教わるには、ヨーギン・マイトレーヤーのところへ行きなさい。このやり方でお前は、究極の真実《リアリティ》における三つの側面すべてを知るだろう。三つの神の顔——三位一体《トリムルティ》(＝ブラーフマ、ヴィシュヌ、シヴァ)、そしてこの方法で、お前はその道を極めた者からそれぞれの神の顔を学ぶことになる」

これらは、人々が究極に到達するための三つの道だ。もしあなたが空を通して達成するなら、それは他の二つをも達成することになる。だが、あなたの道は基本的に空の道のままだ。あなたは、空についてより多くのことを知っている。そのため、あなたが教えることは何でも空が強調される。

それが仏陀に起こったことだ。彼は空を通して達成した。彼の教え全体が空指向となったのは、そのためだ。仏陀の教えに神はない。神とは思考、中身、対象であるからだ。神とは他者だ。そして仏陀は、他者を落とすことによって達成した。仏陀は、マインドを完全に空っぽにすることで達成した。そこには神のための場所がない。何かのための場所は全くない。彼の道は、最も純粋なる否定の道だ。

それはダルマキルティにおいてもそうだった。彼は空に精通した師だった。空に関しては並外れた師だった。アティーシャが空であるための技法を学んだ時、その師は言った。

「次のステップへ移るには、ダルマラクシタの所へ行くのがいい。彼は、全く違った道を通って達成したからだ。ちょうど違った側からエベレストへ登頂できるように、全く違った道、慈悲の道から到達した。私も慈悲の道を教えることはできるが、その道について私が知っていることは、ただ頂上から知ったものにすぎない」

「私は虚空の道を通して達成した。いったん頂上に到達すれば、すべての道を見下ろすことができる。すべての道は視界に入る。しかし違った次元で道に従うこと、そのすべての細部、小さな細部で道に従うことは全く異なるものだ」。そしてヘリコプターから、あるいは山の頂上から見た眺めは、確かに異なった光景《ヴィジョン》だ。それは鳥瞰図だ。

そしてダルマキルティは言った。「もし、ここに私以外に誰もいなかったら、お前に別のものも教えただろう。だが、ダルマラクシタのような男がちょうどここにいるのなら——私の仲間であり、ごく近くの洞窟に住んでいる――お前は彼のところへ行ったほうがいいだろう」

最初に人は、空に、完全に空にならねばならない。だが、空にしがみつくべきではない。もしそうすると、あなたの生は宗教の肯定的な表現を知ることは決してないだろう。あなたの生は、詩を、分かち合う喜びを欠いたものになる。あなたは空のままだ。ある種の自由を得ても、あなたの自由は、ただ「～からの自由」だけであって、「～のための自由」ではない。そして自由が「～からの自由」と「～のための自由」の両方でない限り、何かが欠けている。何かが不足している。あなたの自由は貧しいものとなる。ただ単なる「～からの自由」であることは、貧しい部類の自由だ。

真の自由は、あなたが「～のための自由」である時にだけ始まる。あなたは歌い、踊り、祝い、そして満ちあふれ始めることができる。それが慈悲の何たるかだ。

人間は熱情の中に生きている。マインドが消え去る時、熱情（*passion*）は慈悲（*compassion*）へと変容する。熱情とは、あなたが托鉢碗を持っている乞食であるという意味だ。あなたはいろんな人々から、もっともっとと求め続けている。あなたは他人を搾取している。あなたの人との関係性は、搾取以外の何ものでもない――他人を所有しようとするためのずる賢い策略、支配するための非常に巧妙な戦略以外の何ものでもない。マインドの中に、熱情の中に生きている時、あなたの生全体は権力政治だ。あなたの愛でさえ、社会奉仕や人道的な活動でさえ、権力政治以外の何ものでもない。心の底では、他人を支配しようとする欲望がある。

その同じエネルギーは、マインドが落とされると慈悲になる。それは全く新しい転換になる。もう乞食生活をすることはない。あなたは皇帝になる。あなたは与え始める。今、あなたは何かを持っている——あなたはいつもそれを持っていたが、マインドのせいで気づかなかったのだ。マインドはあなたの周囲で、暗闇のような働きをしていた。それであなたは、内側の光に気づかなかった。あなたが皇帝でいた間ずっと、マインドは自分は乞食だという錯覚を作り出していた。マインドが夢を創っていたのだ。実際には、あなたは全く何も必要としていない。あらゆるものが、すでに与えられていた。あなたが必要とするもの、必要としていいものはすべて、すでに存在する。

神はあなたの内側にある。しかしマインドのせいで——マインドとは夢みること、欲することを意味する——あなたは決して内側を見ない。外側へ突進し続けている。あなた方は自分自身を見ないで、目を外側に向けている。彼らは外の世界に焦点を合わせるようになる。外の世界に焦点を合わせること、それがマインドについてのすべてだ。

そこで、外の世界に目の焦点を合わせないための方法、焦点を緩める方法を学び、もっと柔らかく、もっと流動的であるための方法を学ぶことだ。そうすれば目を内側に向けられるようになる。いったん自分とは誰かがわかれば、乞食は消え去る。実際、それは全く存在していなかった。それは単なる夢、思いつきだったのだ。

マインドがあなたの不幸のすべてを創っている。マインドが去ると不幸は去る。すると突如として、あなたはエネルギーに満ちあふれる。そのエネルギーは表現すること、分かち合うことを必要とする。

それは歌、踊り、祝祭になろうとする。それが慈悲だ。あなたは分かち合い始める。

アティーシャは、ダルマラクシタから慈悲を学んだ。ところが慈悲は二つの顔を持っている。一つは消極的な慈悲だ。瞑想者は、洞窟の中で沈黙して坐る。彼の慈悲を、すべての存在に降り注ぐ。しかし、非常に消極的な慈悲だ。それを飲むには、彼のところへ出かけねばならない。彼はあなたの所へはやって来ない。彼の喜びを分けてもらうためには、山へ行って、彼の洞窟へ行かなければならない。彼があなたの所へ来ることはない。彼はどこへも行かないし、積極的な手段はとらない。他人に向かって流れてはいない。彼は自分のダンスを分かち合える人々を、求めたり探したりしない。彼はただ待つだけだ。

これは女性的な慈悲だ。ちょうど、待つ女性のように——彼女は決して主導権を取らない。決して男性のところに行かない。その男を愛していたとしても、決して自分から「愛しています」とは言わない。彼女は待つ。彼女は期待する——いつかは、遅かれ早かれ、その男がプロポーズしてくれることを。女性は消極的な愛、受け身の愛だ。男性の愛は能動的だ。男性は主導権を取る。

そして、同じように慈悲には二つの可能性がある。女性的なものと男性的なものがある。アティーシャは、ダルマラクシタから、女性的な存在の愛し方を学んだ。さらにもう一つのステップが必要だった。ダルマラクシタは彼に言った。「ヨーギン・マイトレーヤーの所へ行きなさい」——彼ら三人の師は、皆すぐ近くに住んでいた——「ヨーギン・マイトレーヤーの所へ行って、基本的なエネルギーを、能動的なエネルギーへ変容させる方法を学びなさい。すると愛は能動的になる」

そして愛が能動的になると、慈悲も能動的になる。あなたは真理の三つの次元のすべてを経る。あなたはすべてを知った。完全な空を知った。あなたは慈悲が生まれるのを知った。慈悲が降り注ぐのを知った。生が満たされるのは、これら三つすべてが起こった時だけだ。

アティーシャは、三人の光明を得た師の下で学んだために「三倍偉大なアティーシャ」と呼ばれた。それ以外に、アティーシャの普段の暮らしや、正確な出生については何もわかっていない。彼は十一世紀のどこかにいた。彼はインドに生まれた。ただ、彼の愛が能動的になったとき、彼はチベットへ移り始めた。まるで、大きな磁石に引きつけられたかのように。ヒマラヤの地で、彼は達成した。それからインドへ戻ることは、決してなかった。

彼はチベットへ移り住んだ。彼の愛はチベットに降り注がれた。彼はチベット人の意識の質全体を変容させた。奇跡を起こす人だった。彼が触れたものは、何でも黄金に変容した。歴史上で最も偉大な錬金術師の一人だった。

この「マインド・トレーニングの七つのポイント」は、彼がチベットに与えた基本的な教え、インドからチベットへの贈り物であった。インドは世界に偉大な贈り物を与えている。アティーシャは、これらの贈り物の一つだ。まさにインドがボーディダルマを中国に与えたように、インドはアティーシャをチベットに与えた。チベットは、この男から限りなき恩恵を受けた。

これらの七つのポイント、あなたが目にする最も小さな経文には、測り知れない価値がある。アティーシャが述べている一つ一つに、瞑想することだ。それらには全宗教が凝縮されている。その一つ一つを、明らかにしていくことだ。それらは種子のようなもの、それは多くのものを含んでいる。そうは見えないかもしれないが、このアティーシャの述べていることに深く入っていく瞬間、それについて深く考え、瞑想し、試し始める時、あなたは驚くだろう——あなたは、自分の生における最も偉大な冒険の旅へと入って行く。

最初の経文

まず初めに、下準備を学ぶこと

下準備とは何か？　これから言うことがそれだ。

その一番目は、真理は在るということ。真理とは創り出すものではない。それは遠くにあるものではない。真理は、今この場にある。海が魚を取り囲んでいるように、真理はあなたを取り囲んでいる。魚は気づいていないかもしれないが——いったん海に気づくようになれば、魚は光明を得る。だが魚は気づいてはいない。気づくことはできない。なぜなら魚は海で生まれ、いつも海で生きているからだ。波が海の一部であるように、魚もその一部だ。魚もまた波だ——波よりは硬いが、しかし海から生まれ、海の中で生き、そしてある日、海の中へ消え去る。魚は決して、海を知ることはないかもしれない。何かを知るためには、少しの距離が必要だ。何かを知るためには展望が必要だ。だが、海はとても近接している。だから魚は気がつけない。

それは真理についても当てはまる。あるいは、あなたが好むのなら「神」という言葉を使ってもいい。神についても当てはまる。神は、はるか遠くにいるのではない。だから私たちは神について知ることがないのだ。その理由は、神がはるか遠くにいるからではなく、非常に近くにいるからだ。それはすぐ近くに、という言い方すら正しくない。なぜなら、あなたはそれなのだから。神はあなたの内側と外側にいる。神とはすべてであり、あらゆるものだ。

まず初めにこのことを、あなたのハートの中へ深く染み込ませることだ。真理はすでに在る。私たちはその中にいる。これが、始める上で最も肝心なことだ。それを発見する人であってはならない。それは覆い隠されているのではない。必要なことのすべては、今のあなたに欠けている新しい種類の気づきだ。真理は存在する。だがあなたは、気づいていない。それに心を留めていない。あなたは油断している。どうやってそれを見たらいいのかわからない。観察する方法がわからない。どうやって見たらそれがわかるのかが、わからないのだ。目はあっても、それでもあなたは盲目だ。耳を持ってはいるが、聴こえない。

最初の下準備は、「真理は在る」ということだ。

二番目の下準備は、「マインドは障害物である」ということだ。自分のマインド以外に、あなたを真理から妨げているものは何もない。マインドはフィルムのように、延々続く映画のように、あなたを取り囲んでいる。そしてあなたはそれに夢中になったまま、魅了されたままでいる。それはあなたを取り囲んでいる幻想だ。延々続く連続ドラマだ。そしてあまりにも魅了されているため、「在る」ものを見逃し続けている。マインドは「在る」ものではない。それはただの幻想だ。単なる夢を見るための能力にすぎない。

マインドは夢であり、また夢以外の何ものでもない――それは過去の夢、未来の夢、物事がどうあるべきかという夢、大きな野心、成就の夢、夢と希望。マインドはこうしたものからできている。しかしそれは、万里の長城のようにあなたを取り囲んでいる。そのため魚は海に気づかないままだ。

そこで二番目の下準備は、「マインドが唯一の障害物である」ということだ。

そして三番目は、ノーマインドが扉であること。アティーシャは、ノーマインドをボーディチッタと呼んだ。それが彼のノーマインドに相当する言葉だ。それはブッダ・マインド、ブッダ意識とでも訳することができる。またはあなたの好みで、キリスト意識、あるいはクリシュナ意識と呼ぶこともできる。名付けることで何か違いが生じることはない。ボーディチッタの基本的な質はノーマインドだ。

ノーマインド状態のマインド。これは見た目には逆説的だが、その意味は非常に明確だ。それは中身のないマインド、思考のないマインド、という意味だ。

ボーディチッタという言葉を、覚えておきなさい。というのもアティーシャによれば、宗教が力を注いでいることのすべては、宗教の科学のすべては、ボーディチッタを、ブッダ意識を作るための努力に他ならないないからだ。それは、ノーマインドとして機能しているマインド、もうこれ以上は夢見ることも、考えることもないマインド、純然たる覚醒、純粋な気づき、そのようなマインドを作るための努力以外の何ものでもない。

これが下準備だ。

二番目の経文

すべての現象は夢のようなものだ、と思うこと

さて、ワークが始まる。アティーシャはまるで種のように、非常に凝縮されている。経文とは単なる手がかり、ヒントだから、解読しなければならない。

すべての現象は夢のようなものだ、と思うこと

現象とは、あなたが見るものすべて、あなたが体験することすべてだ。どんなものも、体験できるものはすべて現象だ。

覚えておきなさい。その対象は、世界に現われているものや夢においてだけではなく、意識上のものも含まれる。それは世界に現われる対象であるかもしれないし、単なるマインドに現われる対象であるかもしれない。それは偉大な、スピリチュアルな体験であるかもしれない。自分の中で、クンダリーニが上昇しているのがわかるかもしれない。それらもまた現象なのだ――たしかに美しい、とても甘い夢ではある。しかし、それが夢であるということでは、みんな同じだ。

あなたは、自己の存在を満たす偉大な光を見るかもしれない。しかし、その光もまた現象なのだ。あなたは、自己の内面で蓮の花が開くのがわかるかもしれない。また、自己の存在内部に生じる偉大な芳香を知るかもしれない。が、これらもまた現象なのだ。なぜならあなたは常に見る側の人であり、見られる側ではないからだ。あなたは常に体験する者であり、体験の対象ではない。常に観照者であり、観照の対象ではない。

観照可能なもの、認知できるもの、観察できるものはすべて現象だ。物理的現象、心理的現象、心霊的現象――これらはすべて同じものだ。どんな区別もする必要はない。覚えておくべき基本的な事は、目で捕らえられるものは夢である、ということだ。

すべての現象は夢のようなものだ、と思うこと

これは、ものすごく力強いテクニックだ。次のように捉えて熟考してごらん。
もしあなたが街を歩いているとしたら、通り過ぎる人々はみんな夢なのだ、そう思って見てごらん。その店と店主、そして店を出入りする人々。これらすべては夢だ。家、バス、鉄道、飛行機、すべて夢だ。あなたはすぐに、すごく重要なことが自己の内側で起こっていることに驚くだろう。「すべては夢だ」と思う瞬間、突然閃光のように、ある事があなたの視野《ビジョン》に入ってくる——「私もまた夢なのだ」と。なぜなら、もし見ている対象が夢であるなら、この「私」は何だろう？　もし対象が夢であるなら、主体もまた夢だ。もし対象が偽物なら、どうして主体が本物であり得るだろう？　不可能だ。

あらゆるものを夢として見ていると、突然自己という存在から何かが、自己《エゴ》の観念がポロッと落ちるのに気づく。これがエゴを落とす唯一の、そして最も単純なやり方だ。ちょっとやってごらん——このやり方で瞑想してごらん。この方法で何度も何度も瞑想していると、ある日奇跡が起こる。覗き込んでみると、エゴはどこにも見当たらない。

エゴは副産物だ。あなたの見ているものは何であれ本物だ、という錯覚が生む副産物だ。もしあなたが「対象は本物だ」と思うならエゴは存在する。それは副産物だ。もしあなたが「対象は夢だ」と思うなら、エゴは消える。

そしてすべては夢なのだと絶え間なく思っているなら、ある夜、夢を見ているとあなたは驚く。突然あなたは、これも夢であることを思い出す！　その想起が起こったとたん、夢は消え去る。するとあなたは初めて、自分自身が深い眠りに入っていながら、それでもなお目覚めているという体験――非常に逆説的だが、とても有益な体験をする。

ひとたび夢に気づくことで、夢が消えるということがわかったなら、あなたの意識の質に新しい色が加わる。次の朝、あなたはそれまで一度も感じたことのない全く違う質をもって目覚める。あなたは初めて目覚める。あなたは今、それまでの朝は全くの偽物であったことを知る。あなたは、本当には目覚めていなかった。夢は続いていた――その違いはあなたが、夜には目を閉じて夢を見、日中は目を開いて夢を見ていただけのことだ。

しかし覚醒が起こったことで、突然あなたが夢の中で覚醒したことで、夢が消えたのであれば――そして覚えておきなさい、覚醒と夢を見ることは、共存できないということを――一方では覚醒が生まれ、他方では夢は消え去る。眠りの中で目覚めたら、次の朝は比較にならないほど、とても重要な朝となる。これまで一度も、そうしたものは起こらなかった。あなたの目は澄みきって透明になる。すべてがとてもサイケデリックに、実に色鮮やかに、非常に生き生きして見えるようになる。岩ですら呼吸しているかのように、脈打っているかのように、感じられるようになる。岩ですら鼓動を打つようになる。あなたが目覚める時、存在するものがその質を変える。

私たちは夢の中で生きている。私たちは眠っている。自分は目覚めている、と思う時でさえ――。

すべての現象は夢のようなものだ、と思うこと

初めに、対象はその客観性を失う。二番目に、主体はその主観性を失う。そしてあなたに超越をもたらす。対象はもはや重要ではない。主体も重要ではない。すると何が残っている？　そこにあるのは、超越意識、ボーディチッタ——ただ観照すること、『我』と『汝』の観念はなく、在るものをただ映し出す、純粋な鏡だけだ。

そして神とは、その在るもの以外の何ものでもない。

三番目の経文

いまだ生まれぬ覚醒の本質を調べよ

今、あなたは覚醒とは何かを知る。あなたは、客体と主体とがもう存在しない、この超越的覚醒を知った。あなたは、初めてこの純粋さを、この一点の曇りもない鏡を知った。そこで、この覚醒の本質について調べてみなさい。

それをよく調べなさい、念入りに調べてみることだ。自分を揺さぶって、可能な限り注意を喚起させなさい。目覚め、そして見ることだ！　すると、その本質は生まれたことも死ぬことも決してない

とわかり、あなたは笑い始めるだろう。

これは不生不死の意識だ。それはいつもここに在った。それは永遠だ。それは時代を超えている。そしてあなたは、どれほど死を恐れていたことか、どれほど年老いることを恐れていたことか、どれほど無数の事を恐れていたことか！　そしてこれまでに何も起こらなかった。すべては夢だったのだ。

これがわかると、人は微笑む。人は笑う。あなたのいままでの生の何もかもが、馬鹿げた、不合理なものだったのだ。あなたは不必要に恐れ、不必要に欲張り、不必要に苦しんでいた。あなたは悪夢の中で生きていた。そしてこれらは、あなた個人の創造物だったのだ。

いまだ生まれぬ覚醒の本質を調べよ

するとあなたはすべての不幸から、あらゆる苦しみから、すべての地獄から解放される。

療法そのものさえも、独力で自由にさせなさい

そこで、療法、技法に執着し始めてはならない。そういう誘惑が生じてくる。それは最後の誘惑、マインドが生き延びるための最後のあがきだ。マインドは裏口から入ってくる。それはもう一度やってみようとする。永遠に消え去る前に、もうひと頑張りしようとする。すべての現象は夢である、と

いう技法への執着、これがその努力だ。

その体験は、あなたが自然と執着してしまうほど喜びに満ちた、現実味の深い体験だ。そしていったん執着すれば、あなたはまた同じ古い型に戻ってしまう。マインドは変装して戻ってくる。何かに執着してみるがいい。するとマインドは戻ってくる。なぜなら執着することがマインドだからだ。何かにしがみついてごらん。何かに依存してごらん。するとマインドが戻ってくる。なぜならマインドは依存、盲従だからだ。何かを所有してごらん――心霊的な手法でさえ、瞑想の手法でさえ、あなたは所有するようになる。するとあなたは、それに所有されてしまう。持っているものがお金であっても、非常に重要な瞑想の技法であっても同じだ。所有するものが何であれ、いずれあなたはそれに所有され、それを失うことを恐れるようになる。


まえに一度、あるスーフィの神秘家が、私の所へ連れて来られたことがあった。彼は三十年間、絶え間なくスーフィの技法ズィクルを実践していた。そして数々の偉大な体験をしていた。それは人にわかるものだった。普通の人々でさえ、彼が全く違った世界で生きていることがわかった。彼の目を見ると、それが喜びに輝いていることが確認できた。彼の存在そのものが、彼方にあるものの響きを帯びていた。

彼を私の所へ連れて来たのは彼の弟子だった。「私たちの師は悟りを得た魂です。彼に何か言うことはありますか?」

そこで私は言った。「三日間、あなた方の師を私の所に居させなさい。三日経ったら、ここに戻って来なさい」

その師は三日間私と過ごした。三日目、彼はすごく怒っていた。

彼は言った。「あんたは私が三十年間やってきたことをぶち壊してしまった！」。というのも、私は彼に単純なことを言ったからだ——ちょうどこのアティーシャの経文を——。

療法そのものさえも、独力で自由にさせなさい

私は彼に言った。「さてこの三十年間というもの、あなたは一つのこと、すべては神性だということを想起し続けてきた。木は神だ。岩は神だ。人々は神だ。犬は神だ。あらゆるものが神だ——三十年間、それを絶え間なく想起し続けてきた」。そして彼は本当に誠実な努力をしてきた。彼は「その通りだ」と言った。そして私は「もう想起を止めなさい。いったいいつまで、その想起を続けていくつもりなのかね？　もしそれが起こったというのなら、その想起を止めて、どうなるか見てみようじゃないか。もしそれが本当に起こったというのなら、想起を止めた後でも残っているはずだ」

それは彼が納得してしまうほど論理的なものだった。彼は言った。「それは本当に起こったことだ」

そこで私は言った。「それなら、私の言うことを試してみなさい。三日間想起は忘れなさい。想起を止めなさい」

「止められない。それは機械的になってしまっているからだ」

「まあ試してみなさい」

それを止めることに、彼は少なくとも二日間、四十八時間を要した。止めることは大変だった。それは機械的になっていた。想起する必要はなかった。三十年間想起し続けてきたため、それは底流のようになっていた。だが四十八時間以内にそれは止まった。

そして三日目の朝、彼は非常に怒って言った。「何ということをしたのだ！　喜びはすべて消えてしまった。全く平凡な感覚しかない。まるで三十年前に、この行をやり始める前と同じ状態だ」

彼は怒り、悲しみ、泣き始め、涙を流し始めた。彼は言った。「私の技法を返してくれ。どうかそれを取らないでくれ！」

私は言った。「しっかりしなさい！　そんなに技法に依存しているのなら、何も起こってはいない。それは、あなたが連続的に想起することで創り上げた単なる幻想だ。これは自動催眠以外の何ものでもない」


すべての偉大な師はこう言っている。いつかあなたは技法を落とさなければならない、と。そしてそれは早ければ早いほど良い。あなたが達成したらすぐ、あなたの内側で覚醒が解き放たれたらすぐ、ただちにその技法を落としなさい。

いいかね、これは経文の四番目にすぎない。三番目の経文でアティーシャは言っている。

いまだ生まれぬ覚醒の本質を調べよ　と三番目で言い、

そして四番目では直ちに、

療法そのものさえも、独力で自由にさせなさい　となる。

四番目では考察はもうない。注意深さはもうない。もうすべては夢であると覚えていることはない。ひとたび自分の舌で覚醒を初めて味わったなら、急ぎなさい！　なぜならマインドは非常にずる賢いからだ――それはあなたに語り始める。「さあ、お前はもう平凡ではない、もう普通ではない。ごらん、お前は達成した、覚者《ブッダ》になった、光明を得たのだ。これがすべての人間の目的地だ。そしてそれは非常に稀なことだ。百万人の内で一人だけが達成できる。お前は百万人の内の一人なのだ」

マインドはこのような、美しくて甘い空虚なことを言う。すると当然、エゴが戻って来る。あなたはとても気分が良くなってくる。聖人ぶった気分になる。あなたは自分が特別であると、精神的であると、聖人のようになったと思い始める。するとすべてが失われる。療法によって病気が再発する。療法に執着してごらん、すると病気が再発する。

技法を落とすことについて、くれぐれも注意しなくてはならない。ひとたび何かを達成したなら、すぐにその技法を落としなさい。でなければマインドはその技法に執着し始める。それは非常に論理的に語りかけてくる。「それはとても重要な技法だ」と。

仏陀が何度も語り続けた物語がある。五人の白痴が村の中を歩いていた。村人たちは彼らを見て驚いた。彼らが頭上に舟を乗せて運んでいたからだ。

その舟はとても大きかった。彼らは、舟にほとんど押しつぶされていた。彼らはその重さでほとんど死にかけていた。それで村人たちは聞いた。「お前さんたちゃ、いったい何をしとるんじゃ?」白痴たちは答えた。「俺たちゃこの舟を置いていけないんだ。この舟のおかげで、向こう岸からこちらの岸に来れたんでね。どうして捨てられるかい? ここへ来れたのも、こいつのおかげだからな。こいつがなけりゃ、向こう岸でくたばっていただろう。夜が迫っていたし、向こう岸には獣たちがいたからね。翌朝までに俺たちは死んじまっていたに違いねぇ。永遠の借りがあるんだから、これから先も絶対にこの舟を捨てたりはしねぇ。だから俺たちは一途な感謝でもって、こいつを頭に乗せて運ぶんだ」

これはあり得る。なぜなら、マインドは全くの白痴だからだ。マインドとはそれほどの大馬鹿者だ。白痴の語源は、覚えておくべき美しいものだ。「白痴」とは私的なこと、特別なこと、あなた独自のもの、風変わりなこと、という意味だ。基本的な意味は、風変わりな機能をするということだ。

マインドはいつも、風変わりな機能の仕方をする。それはいつも白痴だ。本当に知性的な人はマインドを持たない。知性はノーマインドから生まれる。マインドは愚かさから生まれる。マインドは白痴だ。ノーマインドは賢い。ノーマインドは智恵・知性だ。

マインドは知識に、手法、お金、体験、あれこれに左右される。マインドには常に支柱が必要だ。それには支えが必要だ。単独では存在できない。単独では倒れてしまう。

あなたが覚醒に達する時、マインドは戻ろうとして最大限の努力をする。そいつは言うだろう。「見てくれ、私たちは達成したのだ」。あなたの内側で何者かが「私たちは到達したのだ」と言う時は、その言葉に注意しなさい。充分気をつけなさい。それぞれの段階《ステップ》に対して、多くの注意を払っていくことだ。

療法そのものさえも、独力で自由にさせなさい

くれぐれも、療法、技法に執着しないこと。これがＪ・クリシュナムルティが力説していることだ。しかし、彼にとってはこれが最初の経文だ。それは四番目でなければならない。彼はそこを誤っている。それが最初の経文ではあり得ない。使ったこともない技法を、どうやって落とせるだろう。落とせるのは使ったことのある技法だけだ。

アティーシャは、クリシュナムルティよりずっと論理的、科学的だ。しかし私には、クリシュナ

ムルティがなぜ技法に執着しないことを力説したかが理解できる。それは、もしあなたが最初の三つの経文に入っていくなら、四番目には到達しないかもしれない、最初の三つに囚われてしまうかもしれない、ということを恐れているからだ。多くの人々が下準備に囚われている。多くの人々が技法に囚われている。だから彼は用心し過ぎるほど、極度に用心深くなっているのだ。

この五人の白痴たちは舟を運んでいた。そしてクリシュナムルティは、その向こう岸で人々に「舟に乗ってはいけない」と教えている。クリシュナムルティは用心し過ぎている！「というのも、もしあなたが舟に乗ったとしたら、どうなるかわかったものではない。あなたはその舟を、頭上に運び始めるかもしれないからだ。だから、くれぐれも舟に乗ってはならない」

そして、多くの人々が舟に乗ることを恐れるようになっている。しかし、舟に乗るのを恐れることも同じ愚かさだ。何も違いはない。舟に乗ることを恐れている人は、舟を運んでいる人と同じだ。そうでないのなら、なぜ恐れる必要がある？

私の古い友人に、全人生をクリシュナムルティに従った者がいた。彼らは私の所へ来ては言っていた。「私たちはここに来たいと思っている。しかし、あなたの教えている技法すべてが心配だ。技法は危険なものだからな」

技法が危険なのは、あなたが無意識でいるときだけだ。自覚があれば技法をうまく利用できる。舟が危険だと思うかね？　もしあなたが純粋な感謝の気持ちから、生涯にわたってそれを頭上に運ぼうと思っているなら、それは危険だ。そうでなければ、それは使ったら捨てる筏にすぎない。すべての技法は使って処分される筏だ。使ったら捨て去られ、使用後はもう二度と顧みらることもない筏だ。そんな必要はない。それは無意味だ。

これは両極端だ。一方は五人の白痴、もう一方はクリシュナムルティに従う人々、そのどちらかである必要はない。私のやり方は、舟を使う。美しい舟を使う、できるだけ多くの舟を使う。自覚を持って——。舟が岸に着いたら、執着せずに舟から去る。舟に乗っているときは楽しむがいい、それに感謝しなさい。舟から降りる時は、ありがとうと言って先に進みなさい。

五番目の経文

基本的認識の自然な状態、その本質に落ち着くこと

もし療法を落とすなら、あなたは自動的に自身の実存に落ち着き始める。マインドは執着する。それは決して、あなたを自身の実存に落ち着かせようとはしない。それは、あなたでないもの——舟に興味を持たせようとする。

あなたがどんなものにも執着しない時、行くべき所はどこにもない。すべての舟は置き去りにされている。どこに行くこともできない。すべての道は落とされている。あなたはどこへ行くこともで

きない。すべての夢と希望が消え去っている。進むべき道はない。するとただ、くつろぎが自発的に起こってくる。

ちょっと、「くつろぐ」という言葉について考えてごらん。在りなさい。落ち着きなさい。あなたは家に戻っている。

基本的認識の自然な状態、その本質に落ち着くこと

あなたが落ち着く時、努力や技法がなくとも、純粋な覚醒が存在する。もし覚醒がある技法を必要としているなら、それはまだ真の覚醒ではない。本質的な覚醒ではない。自然な、自発的な覚醒ではない。それはまだ技法の産物だ。それは養われ、創られたものだ。それはマインドの産物であり、まだ真理ではない。

基本的認識の自然な状態、その本質に落ち着くこと

もう、しなければならないことは何もない。ただ見て、在り、そして楽しみなさい。あるのはこの瞬間だけだ。この「いま」、この「ここ」、この「カラスの鳴き声」、すべてが沈黙している。

この静けさを知ることが、自分とは誰かを、この存在がすべてであることを知ることだ。これが

パタンジャリの言うサマーディだ。これがゴータマ・ブッダの言うサンボーディだ。これがアティーシャの言うボーディチッタだ。

修行の合間は、現象を幻とみなすこと

さて、アティーシャは弟子への意識がとても高い。彼は、存在の中に落ち着くというこれらの体験は、最初は瞬間的なものでしかないことを知っている。ある瞬間は、あなたは自己の存在にくつろいでいる自分を発見する。しかし、次の瞬間それは去ってしまう。最初は当然そうなる。ある時はあなたに未知なるもの、神秘的なものがあふれている。別の瞬間、それはもう存在しない。

ある瞬間は、すべてが芳香に満ちている。が、次の瞬間あなたはそれを探している。それを見つけられない。それはどこかへ行ってしまった。

最初のうちは一瞥しか起こらない。ゆっくりゆっくり、徐々に揺るぎないものになってゆく。それは、もっともっと持続するようになる。ゆっくりゆっくりと、実にゆっくりと、非常にゆっくりと、それは永遠に落ち着くようになる。それまでは、それを当然のこととして受け取ることは許されない。それは思い違いとなる。だから彼は言う。

修行の合間は——

あなたが瞑想している時、瞑想して坐っている時、これが起こる。しかし、それは去ってしまう。では修行の合間はどうしたらいいのか？

修行の合間は、現象を幻とみなすこと

修行の合間は技法を使い続けなさい。あなたが深い瞑想状態にある時は、その技法を落としなさい。覚醒がますます純粋になっていき、突如としてそれが完全に純粋になるような瞬間がやって来る。その時に技法を落としなさい。技法を捨てなさい。すべての療法を一切忘れなさい。ただ落ち着いて、在りなさい。

しかし、最初はほんの一瞬しか起こらない。時々ここで、あなたが私の話を聞いている時に、それが起こる。ほんの一瞬、そよ風のように、あなたは別世界へと、無心の世界へと運ばれる。ほんの一瞬だがあなたは、自分は知っている、とわかる。しかし、ほんの一瞬だ。そして再び暗闇が戻り、マインドは、そのすべての夢、すべての欲望を携えて、すべての馬鹿げたことを携えて戻ってくる。

一瞬の間、雲は散り、あなたは太陽を見た。そしてまた、雲が出てくる。太陽は見えなくなって、あたり一面は暗くなる。そうなっては、太陽が存在しているなどとは、とうてい信じられない。少し前に体験したことが真実であったなどとは、信じがたくなる。それは幻覚であったかもしれない。そ

れはただの想像にすぎない、とマインドは言うかもしれない。

全く信じがたいことだ、それが自分にも起こり得るとは、奇跡としか思えない――これらのくだらない考えがマインドにありながらも、暗闇と雲だらけでありながらも、それはあなたに起こった。あなたは、ほんの束の間だが太陽を見た。そんなことが起ころうとは思えない。きっとそれは想像だったにちがいない。自分は眠り込んで夢を見ていたのだろう、とマインドは思うかもしれない。次の修行が始まるまでの間は、舟の中にいなさい。再び舟を使いなさい。

現象を幻とみなすこと――

アティーシャは、弟子に対して非常に思いやりがある。そうでなかったら、四番目の経文が最後のものになっていただろう。あるいは、あっても五番目までだっただろう。

基本的認識の自然な状態、その本質に落ち着くこと

もしアティーシャがボーディダルマのような男だったら、この説明は五番目、あるいは四番目の経文で終わっていただろう。

療法そのものでさえ、独力で自由にさせなさい

そして安定はひとりでに起こる。ボーディダルマは非常にけちだった。彼なら、五番目を使わなかっただろう。アティーシャは弟子に対して非常に思いやりがある。彼自身が弟子だったので、弟子の困難がわかっていたのだ。彼は三人の偉大な師たちの弟子だったので、弟子が直面しなければならないすべての困難を知っていた。彼は巡礼者だった。彼はすべての問題を知っていた。そしてアティーシャは三つの道を、到達可能な三つの道を、すべて歩んだ巡礼者だった。だから彼は、弟子の道で必ず現われるあらゆる問題、あらゆる困難、あらゆる落とし穴、あらゆる障害を知っていた。

そのため彼には思いやりがある。彼は言う――。

修行の合間は――

瞑想状態にある合間は、至福、空、そして純粋な瞬間にある合間は、「在る」瞬間の合間は、そのすべては夢であることを、あらゆる現象は幻であることを覚えておきなさい。永続する安定が起こるまで、この技法を使いつづけなさい。

合わせること、送り出すこと、そして受け取ることを一緒に訓練せよ

呼吸に乗せて、これを行なうこと

今、あなたは空を体験した——これが彼の学んだことだ。この経文までは、彼は最初の師、ダルマキルティとともにいた。この経文からは、二番目の師、ダルマラクシタだ。

合わせること、送り出すこと、そして受け取ることを一緒に訓練せよ
呼吸に乗せて、これを行なうこと

さて、彼は言っている。慈悲深くあり始めなさい、と。そしてその技法とは、あなたが息を吸い込むとき——いいかな、それは最も偉大な技法の一つだ——息を吸い込むとき、自分は世界のあらゆる人々のすべての不幸を吸っているのだ、と思いなさい。すべての暗闇、すべての否定性、あらゆる所に存在するすべての地獄、あなたはそれを吸い込んでいる。そしてそれを、あなたのハートの中へ吸収させなさい。

いわゆる西洋のポジティヴ思考の人々について、読んだり聞いたりしたことがあるかもしれない。彼らは全くその反対のことを言っている——彼らは、自分たちが何を言っているのかわかっていない——つまり「息を吐くときは、自分の不幸と否定性のすべてを吐き出しなさい。そして息を吸うときは、喜び、肯定性、幸福、明るさを吸い込みなさい」と言っている。

アティーシャの技法はまさにその反対だ。息を吸うときは、過去・現在・未来における世界の生きとし生けるものの不幸と苦しみを吸い込みなさい。そして息を吐くときは、あなたのすべての喜び、すべての至福、すべての祝福を吐き出しなさい。息を吐いて、あなた自身を存在の中へと注ぎなさい。これはすべての苦しみを飲み込み、すべての祝福を外側の世界へ注ぐという慈悲の技法だ。

そしてやってみると、あなたは驚くだろう。自分の内側に世界のすべての苦しみを受け入れると、たちまちそれは苦しみではなくなる。ハートは即座にエネルギーを変容させる。ハートとは変容させる力だ。不幸を吸い込みなさい。すると祝福に変容される——そうして、それを吐き出しなさい。

ひとたび自分のハートはこの魔法、奇跡ができるとわかったなら、何度もそれをやりたくなる。試してみなさい。それは最も実用的な、簡単な技法の一つだ。そしてすぐに結果が出る。今日、実際に試してごらん。

それは、仏陀と彼のすべての弟子たちのアプローチの一つだ。アティーシャは、同じ伝統、同じ系列の仏陀の弟子だ。仏陀は弟子たちに何度も言っている。「来て、確かめなさい！」。彼らはとても科学的な人々だ。仏教はこの地上で最も科学的な宗教だ。

そのため仏教は日々、ますます世界中に広まっている。世界がより知性的になるにつれて、仏陀はますます重要になっていくだろう。それは必然だ。人々がますます科学を知るにつれて、仏陀は大きな魅力を持つようになる。なぜなら彼は、科学的な思考《マインド》を納得させるからだ。

彼は語る。「私の言うことは何であれ実践可能だ。私はあなたに『信じろ』とは言っていない。そうではなく試してみなさい。体験してみなさい。そして、自分自身で実感できたときだけ、それを信頼しなさい。実感できなければ信じる必要はない」

この美しい慈悲の技法をやってみるがいい。すべての不幸を受け取り、すべての喜びを流し出すのだ。

合わせること、送り出すこと、そして受け取ることを一緒に訓練せよ
呼吸に乗せて、これを行なうこと

三つの対象、三つの毒素は、美徳の三つの基礎

そこには、三つの毒として働く、もしくは無限の美徳の三つの基礎となる、三つの対象がある。アティーシャは錬金術について語っている。毒は甘露に変えられる。卑金属は黄金へと変えることができる。

これら三つの対象とは何だろう？　一つは嫌悪、二つ目は愛着、三つ目は無関心だ。これがマインドの機能の仕方だ。あなたは、自分が嫌うものには何でも嫌悪を感じる。自分が好きなものには、それが何であろうと愛着を感じる。そして好きでも嫌いでもないものには無関心でいる。これらが三つの対象だ。この三つの間にマインドは存在している。嫌悪、愛着、そして無関心は、マインドと呼

ばれる三脚の三つの脚だ。そしてもし、この三つをそのままに生きるなら、あなたは毒の中で生きることになる。

これが、私たちが生から地獄を創り出すやり方だ。反感、嫌悪、憎しみ、拒絶――それはあなたの地獄の三分の一を創る。愛着、愛好、執着、所有――それは地獄の次の三分の一を創る。そしてあなたが魅力も嫌悪も感じない、そうしたあらゆることへの無関心は三番目の部分、三つ目、地獄の三分の一を創る。

ただ、あなたのマインドを見つめなさい。これがマインドの機能の仕方だ。

マインドはいつも言っている。「これは好き、あれは好きではない、三つ目は興味がない」

この三通りの方法でマインドは動き続ける。これはお決まりのパターン、日課となっている。

アティーシャは言う。「これらは三つの毒だ。しかしそれは美徳の三つの基礎になりえる」

ではどうすれば、素晴らしい美徳の三つの基礎になりえるのだろう？――もしあなたが慈悲の質をもたらすならば――あたかも、世界のすべての苦しみが呼吸に乗ってやって来るような、苦しみを吸収する技法《アート》を学ぶなら、嫌悪を感じることは不可能だ！　どうやって嫌うことができようか？　またどうやって無関心でいられるだろう？　そして、どうやって愛着を持てるだろう？　もしあなたが世界中の苦しみを無条件に受け取り、それを飲み込み、あなたのハートの中へ吸収したら、祝福を全存在に向けて無条件に注ぎなさい――特定の人にではなく。覚えておきなさい――人間だけにではなくすべてに対して、生きとし生けるものに対して、木や岩、鳥たちや動物たち、物質、非物質、全存在に対してだ。あなたが無条件に祝福を注ぐ時、どうやって愛着を持てるだろう。

愛着、嫌悪、無関心、すべてはこの小さなテクニックによって消える。そしてこれらの消滅によって毒は甘露に変容される。そして束縛は自由になる。地獄はもう地獄ではない。それは天国だ。この瞬間に、あなたは「この身体こそが仏《ブッダ》であり、この世こそが極楽浄土《ロータスパラダイス》である」ことを知る。

そして最後の経文

様々な行ないの中で、警句とともに訓練せよ

アティーシャは現実逃避主義者ではない。彼は現実逃避を教えているのではない。気に入らない状況から、離れるようにと言っているのではない。
彼は言う――あなたはボーディチッタの機能を学ばなければならない、ブッダ意識の機能を学ばなければならない、あらゆる種類の状況において――市場で、修道院でそれを学ばなければならない。群集で人々と共にいる時、あるいは洞窟の中に独りでいる時、友人と共にいる時、あるいは敵と、家族と、親密な人々と、そして見知らぬ人といる時、人間や動物といる時、あらゆる種類の状況において、あらゆる種類の試練において、あなたは慈悲の、瞑想の機能を学ばなければならない。なぜなら

異った状況でのこれらすべての体験は、あなたのボーディチッタをますます成熟させるからだ。どんな状況からも逃げてはいけない——もし逃げるなら、何かがあなたの中で欠けたままとなるだろう。それだと、あなたのボーディチッタは成熟したもの、豊かなものにはならない。その多次元性の中で生を生きなさい。

そして、私があなたに教えていることもそれだ。生を全面的に生きなさい。そして世間の中で生きなさい。世間に染まってはいけない。水面の蓮の花のように世間の中で生きなさい。水の中で生きているが、水はそれに触れてはいない。ただその時にだけ、あなたの中でボーディチッタの花が咲く。あなたの内側で開花する。その時初めて、あなたは究極の意識を知る。それが自由、喜び、永遠の喜び、祝福だ。それを知らずにいることは、生の要点全体を見逃すことになる。それを知ることこそが、唯一の終着点《ゴール》だ。それだけが唯一の終着点《ゴール》であること——それを覚えておきなさい。

そして覚えておきなさい。アティーシャの経文は哲学ではない。観念論や抽象論ではない。それは実践的、科学的だ。

もう一度言おう。宗教とは最も純粋な、知ること、という意味で科学だ。しかし、それは化学や物理学のような意味での科学ではない。それは外側の科学ではなく、内側の科学だ。外面の科学ではなく、内面の科学だ。それはあなたを、マインドを超えた世界へと連れてゆく科学だ。あなたを、未知なるもの、知ることのできないものの中へと連れてゆく科学だ。それは最も偉大な冒険だ。それは勇気、根性《ガッツ》、知性を持っている人々すべてへの呼びかけと挑戦だ。

宗教は臆病者のためのものではない。それは危険な生き方を好む人々のためのものだ。

今日はこれくらいでいいかな。

第二章

百合の光明

The Enlightenment of the Lily

最初の質問

ＯＳＨＯ、これは馬鹿げた質問のように思われますが、私は自分が光明を得たいと思っているのかどうか確かではありません。その欲望を持っていそうな人々が、この周りに非常に大勢いることに驚いています。私は自分の国にとても強い愛着を感じています。そして自分の仕事を愛しています。それでも、サニヤスを取りたいと思っています。それは可能でしょうか？　矛盾していないでしょうか？

ゴラン・ストランドバーグ、すべての質問は馬鹿げているし、すべての答もそうだ。木から葉が生まれるように、質問はマインドから生まれる。質問は落とすべきマインドの一部だ。質問はマインドに栄養を与える。

質問は本当は食べ物を探している。答えがその食べ物だ。質問は手探りだ。マインドは空腹を感じている。それは力をつけたい。食べ物を与えられることを望んでいる。食べ物を、満足を与えてくれるものを、見つけられる所ならどこであれ探している――マインドを物知りにするもの、「今、私はわかった」という感覚をマインドに与えるものは、どんな答えでも食べ物になる。そしてマインドはますます問い続け、答えを集め続け、物知りになり続けることができる。

マインドが物知りであればあるほど、それを落とすことは難しい。だがそれは落とさねばならない。というのも、内側で質問が止まない限り、あなたは決して沈黙しないだろうからだ。

質問が完全に消えないかぎり、あなたに気づきをもたらすものは見つからないだろう――その空間、その平静、その静寂、自分が誰であるか、そしてこの真実《リアリティ》とは何なのかは、わからないだろう。

覚えておきなさい。真実《リアリティ》は決して、答えという形でやって来ない。それはそういうふうに起こったことはないし、そういうふうに起ころうとはしていない。そういうふうには起こりえない。それは物事の性質からしてそうではない。真実とは、質問がもう残っていない時にやって来る。真実は質問のない覚醒の状態に訪れる。

だから、まず最初に覚えておくことは、すべての質問は馬鹿げており、すべての答えもそうだということだ。するとあなたは少し困惑する――ではなぜ、私はあなたの質問に答え続けているのだろう？

私の答えを深く調べてみるなら、それが答ではないことがわかる。それはあなたのマインドに栄養を与えるものではない。それはあなたのマインドを破壊する。あなたを粉々にする。それはショックを与える。私が答える目的は、あなたのマインドを打ち砕くことにある――それは打ち砕いているのであって、答えているのではない。

最初のうち、初めてここに来て、私と私の目的を理解していなければ、私はあなたに答えていると思うかもしれない。あなたがここに長くいればいるほど、より深く私と調子を合わせるようになればなるほど、さらに知るようになる。私が答えるのは、答えを与えるためではないことを。その答えは、あなたをもっと物知りにさせるためではない。まさにその反対だ。それはあなたの知識を奪い取るためだ。あなたを物知りにさせないため、あなたを無知に――再び無知に、再び無垢にさせるためのものだ――そうすれば質問は消える。

そして質問がない時、あなたの意識に全く新しい質が存在する。その質は驚きと呼ばれるものだ。驚くことは質問することではない。それは存在によって神秘化された感覚だ。質問することは、存在を非神秘化しようとする努力だ。それは生の神秘を受け入れようとしない努力だ。そのため私たちはあらゆる神秘を質問に変える。質問の意図は、「神秘はただ解明すべき問題にすぎず、いったん解明されれば、神秘は存在しない」ということだ。

あなたの質問に答えるという私の努力は、存在を非神秘化することではなく、もっと神秘的にすることにある。だから私は矛盾する。一貫することはできない。私はあなたに答えているのではない。私が一貫することができないのは、あなたを、より物知りにするためにここにいるのではないからだ。もし私が一貫するなら、あなたは知識体系を持つことになる――あなたはマインドを非常に満足させ、マインドに滋養を与え、力付け、喜ばせる。

私は、あなたが私からどんな知識体系をも手に入れられないように、意図的に一貫性をなくして、矛盾させている。だからもし、ある日あなたが何かを収集し始めるなら、私は別の日にそれを取り上げる。私はどんな収集もあなたに許さない。遅かれ早かれ、あなたは何か、全く違ったものがここで起こっているという事実に気付かざるを得ない。それはたとえば、信じなければならないような教義、あるいは生きる基本にすべき哲学を与えているのではない。全く違う。私は完全に破壊的だ。私はあなたから、あらゆるものを取り上げる。

ゆっくりゆっくりと、あなたのマインドは質問することを止める。何の意味があるだろう？　答える答えがない時、質問してどうなる？

そして、あなたが質問することを止める日は、大いなる喜びの日になる。なぜなら、そのとき驚きが始まるからだ。あなたは全面的に新しい次元に入った。あなたは再び子供だ。

イエスは言っている。「あなたが小さな子供のようでないかぎり、私の神の王国へ入ることはないだろう」。それは、あなたが本当に再び無垢であり、再び無知であり、質問がなくて驚きがあること、そのようでないかぎり……という意味だ。

だから、子供の質問と成長した大人の質問には違いがある。それは質の違いだ。子供は訊ねるが、答えてもらうためにではない。彼はただ単に、自分の驚きをはっきりと表現している。だから、もしあなたがその子に答えなくても、彼は自分の質問を忘れ、そして別の質問を問い始める。彼の目的は答えてもらうためではなく、ただ単に自分自身に対して話しているのだ。彼は自分の驚きをはっきり表現している。彼はそれが何なのかを、その驚き、その神秘を理解しようとしている。彼は答えを求めているのではない。だから答えが彼を満足させることはない。もしあなたが答えを与えるなら、彼はその答えに対して別の質問をするだろう。彼の驚きは続いていく。

教養があり、世間を知っていて読書を好み、博識な成長した大人が質問するときは、自分の知識から、より多くの知識を集めるために問いかける。マインドは常にそれ以上のものを求める。もしあなたがお金を持っていても、より多くのお金を求める。もし威信を持っていても、それより多くの威信を求める。もし知識を持っていても、それより多くの知識を求める。マインドは「より多く」の中で生きる。

そしてこれが、あなたが現実《リアリティ》を避け続けるやり方だ。現実は神秘だ。それは訊ねるべき質問ではない。それは生きるべき神秘、体験すべき神秘、愛すべき神秘だ。その中へ溶けていくこと、その中へ溺れてしまうべき神秘だ。

私は答えるためではなく、ただその質問を壊すためにあなたに答えている。私は教師ではない。教師はあなたに教える。師《マスター》は教えない。彼はあなたが学んだことを忘れるのを手助けする。

ゴラン・ストランドバーグ、あなたは「これは馬鹿げた質問のようです」と言っている。それはそう思えるだけではなく、実際にそうなのだ。すべての質問がそうだ——私にどうしようがある？　あなたにどうしようがある？

あなたは言う、「私は自分が光明を得たいのかどうか、確かではありません」

それはマインドの機能のあり方を示している。それは何も確かではない。マインドはいつも不確かだ。それは不確実な状態で生きている。マインドは混乱の中で生きている。決してどんな明晰さも持つことはできない。明晰さは全くマインドの一部ではない。明晰さはマインドの不在だ。混乱とはマインドがあるという意味だ。混乱とマインドとは同義語だ。

あなたは、明晰なマインドを持てない。もし明晰さを持つなら、マインドを持つことはできない。マインドを持つなら、明晰さは持てない。マインドは常にそれ自身に敵対し、分離されている。それは衝突の中で生きる。分裂性がその本性だ。だからマインドの中に生きている人々は、絶対に個にはならない。不可分なものにはならない。彼らは分裂したままだ。ある部分ではこれを欲しがり、また別の部分ではあれを欲しがる。

マインドとは多くの欲望の群れだ。それは一つの欲望ではない。マインドは多数の精神からなる。それらすべての断片は、それぞれ違った指揮の元にばらばらになっている。私たちが自分自身を一つに保ち続けていることは、一つの奇蹟だ。自分自身を一つに保つのはたいへんな苦闘だ。どうにかして私たちはうまくやっているが、その一つにまとまっている状態は表面上だけのものだ。心の底では騒動がある。

あなたは女性と恋に落ちる。あなたが愛していることは確かだろうか？　本当に確かだろうか？　私は本当に確信を持って愛する人には、一度も出会ったことがない。あなたは結婚さえするかもしれないが、本当にそれでよかったのだろうか？　あなたは子どもを持つかもしれないが、本当に子供が欲しかったのだろうか？

それがあなたの生きている有り様だ。何も確かではない。しかし人は、自らを何かに専念させておくために、あれやこれやをせざるを得ない。それであなたは、自分自身を専念させ続ける。しかし確実なものはマインドにはない。それは確実ではあり得ない。そこで同じ問題が、あらゆるレベルで生じるだろう。

同じ問題が、再びあなたに立ち向かっている。

あなたは言う、「私は自分が光明を得たいのかどうか、確かではありません」

しかし、そこには必ず欲望があるにちがいない。でなければ、なぜ質問をするのか。

あなたのマインドの一部はこう言っているに違いない。「ストランドバーグ、光明を得なさい」と――ほんの一部だ。他の部分はこう言っているに違いない。「お前は気違いか？　気が狂ってしまったのか？　お前には妻や子供、そして仕事があるというのに、そして自国を愛してさえいる――それなのにお前は光明を得ようとするのか？　お前は集団催眠の餌食になっているに違いない。オレンジ色の服を着た多くの者たち、気違いのような者たちと一緒に暮らすことは危険だ。それほど多くの狂った人々が、楽しみ、笑い、愛し、そしてとても幸せそうに見えるとは！　ストランドバーグ、思い出すのだ。お前は妻や子供、そして仕事を持っているのだぞ。油断するな！」

しかし、何度も何度もその欲望はやって来る。これほど多くの人々が光明を得ることに興味を持っているからには、きっと何かがあるに違いない。一人を惑わすことならできる、二人を惑わすこともできるだろう、しかし、どうやってそんなにも多くの人々を惑わすことができる？　数多くの人々が光明を得ることに興味を持っているだと？　それが全くの戯言であろうはずがない。そこで、その味を少し味わってみようとする欲望が生まれる。だがそこには恐れもある。

しかしこれが現状だ。いつもそれはそうだ。あらゆる面においてそうだ。あなたは車を買いたい、それも同じことだ。シボレーを買おうか、それともフォード？　いやベンツにするか？　もし助言をする妻がいなかったら、あなたは決してどんな車も買わないだろう。女性たちは男性よりも決断力がある。彼女たちは男性たちよりもまだマインドが少ない。彼女たちはハートから働きかける。彼女たちの感覚面は、まだまだ活き活きしている。彼女たちは幸いにも、まだ文明化されていない。まだ原始的で、少し野性的で、知力ではなく直感を身につけている。決断して行動すること、直観的に行動すること、非論理的に行動することに充分な能力と勇気を、まだ持ち合わせている。

すべての決断はハートからやって来る。マインドは決して決断しない。それは不可能だ。もしあなたがマインドで決断したくても絶対に無理だ。それに私は光明や神の存在、死後の生の存在のような大それた事を言っているのではない。私は大それた事について話しているのではない。それはほんの些細なことだ——たとえば、この石鹸を買おうか、それともあの石鹸にしようか、どの歯磨き粉にしようか——それについても、あなたは同様に困惑してしまう。

マインドは断片的で、分裂している。そのため、あなたがマインドから抜け出して生き始めることが、私の首尾一貫した主張だ。マインドはただ考えるだけで、決して生きていない。それは素晴らしい考えを抱くが、それらはすべて同じ考えであり、単なる夢だ。

もしあなたが生きたいのなら、マインドから抜け出しなさい。もしあなたがこの瞬間に生きたいのなら、マインドから抜け出すことだ。マインドはこの瞬間に生きることはできない。なぜならまず最初にマインドは決めなければならないし、その時は考えることに夢中になっているからだ。そしてマインドが決めてしまうまでに――もしそれがすでに決められていたとしても――その瞬間はすでに去ってしまっている。あなたはいつも遅れている。マインドは常に生の後を追いかける。そして遅れ、絶え間なくそれを見逃している。

あなたたちの多くは、こんな夢を見たにちがいない。アナンド・マイトレーヤーはひっきりなしに自分が列車に乗ろうとする夢を見る。そしてその夢の中で彼はいつも列車に乗り遅れる。多くの人々――私が思うに、ほとんどすべての人々がそんな類の夢を見る。あなたは、今まさに列車に乗ろうとしている、という夢を見る。まさに列車に乗ろうとしている――そしてあなたは列車に乗り遅れる。あなたがプラットホームに到着しないうちに、列車は発車してしまった。列車が出発していくのを見る。だがもう遅い。あなたは列車に乗ることができない。

アナンド・マイトレーヤーの夢は、非常に意義深く普遍的なものだ。これがマインドの単純な作用の仕方だ。この夢はマインドを象徴している。それはいつも列車に乗り遅れる。それは必ずそうなる。

マインドは考えるのに時間がかかるからだ。そして時間はあなたのために止まってはくれない。それはあなたの手からすべり落ち続けている。

あなたは、自分の手中に二つの瞬間を一緒に持つことは決してない。ただ一つの瞬間だけだ。それは動こうと思うための余地がなく、思考が存在する余地がないほどの小さな瞬間だ。あなたは、生きるかそれとも考えるかの、どちらかしかできない。それを生きることは光明を得ることであり、それを考えることは取り逃がすことだ。

光明とは、ストランドバーグ、あなたがそれを受け入れるか拒否するかを決めなければならない、という目的地《ゴール》ではない。それは目的地ではない。光明とは、私たちが生きる瞬間は現在しかない、という認識だ。次の瞬間は確かではない――それは訪れるかもしれないし、来ないかもしれない。実際のところ、明日は決してやって来ない。それはいつも何度も到着しようとしているが、決して到着しない。そしてマインドは明日の中に生きている――そして生は、ただ現在においてのみ可能なのだ。

イエスは弟子たちに言っている。「野原の百合を見なさい。何と美しいことか！　偉大なソロモンでさえ、彼の華麗さのすべてを持ってしても、これらのかよわい百合の花ほどには美しく着飾っていなかった」。では、その秘密は何だろう？　それは百合たちが明日のことを考えもしないからだ。彼女たちは今に生きる、ここに生きる。

今に生きることが光明を得ることだ。ここに生きることが光明を得ることだ。百合であることが、まさにこの瞬間に光明を得ることだ！　私が言うことを考えてはいけない。それについて考えないように。ただ、ここにいなさい。これが光明の味だ。そしてひとたび味わえば、あなたはますます味わいたくなるだろう。

それから目的地《ゴール》を作ってはいけない。それは目的地ではない。それは意識の最も普通な状態だ。並外れたものは何もない。特別なものは何もない。木々は光明を得ている。鳥たちは光明を得ている。岩たちは光明を得ている。太陽と月は光明を得ている。人間だけがそうではない。なぜなら人間だけが考え、取り逃がし続けるからだ。

あまりにも多く考え込みすぎているために、取り逃がしている、とあなたが悟る瞬間、その時に小さな一瞥が起こり始める。マインドの往来の中の小さな隙間《ギャップ》、往来がないときの小さな隙間、それが瞑想の瞬間だ。それはどこでも起こりえる。

そうだ、ストランドバーグ、あなたの国においてもしかりだ！　だから心配する必要はない――別にインドにいる必要はない。インドは光明の版権を持っているわけではない。それはまだ特許を受けていない。特許を受けることはできない。あなたはどこでも、光明を得られる。夫、父親、母親、妻でいるままで光明を得られる。一人のエンジニアとして、医師として、大工として、浮浪者として、ヒッピーであっても光明を得ることができる。あなたはどこででも、光明を得ることができる。

光明を得るのは、そのために働きかけるような、努力するようなものではない。あなたが、そのためにくつろがなければならないものだ。努力するのではなく、くつろぐことだ。くつろぎなさい。するとその瞬間、あなたは光明を得る。何度もあなたは光明を得るようになる。そして、ただ古い習慣のために、また何度も光明を失う。

あなたは言っている。「その欲望を持っていそうな人々が、この周りに非常に大勢いることに驚いています」

もし彼らがその欲望を持っているなら、彼らは決して光明を得ることはない。欲望を持つか、光明を得るか、あなたにできることは二つに一つだ。両方は持てない。ケーキを食べるか、それともそれを持つか、あなたにできるのはどちらかだ。両方はできない。もし光明を得たいという欲望を持つなら、光明は決してあなたには起こらない——絶対に無理だ。欲することが妨げになるからだ。だから光明を望むことはできない。それは明らかに矛盾している。

あなたは光明を得ているか、得ていないかのどちらかだ。それはそれほど単純だ。そして光明は何かに起因するものではない。それはあなたの本質だ。だから、大変な努力をするという問題ではない。それは事業ではない。そのために計画を立てる必要はない。それはすでに実情なのだ！

真理はある。それがアティーシャの最初の準備だ。

光明はある。至る所に降り注ぐ日の光と同じくらい、それはある。しかしあなたは目を閉じたままでもいられる。すると、たとえ太陽があらゆるところに光を注いでも、あなたは暗い夜の中にいる。目を開けなさい、すると夜は消え去り、暗闇は存在しない。暗闇は存在するとあなたが思っていた時でさえ、それは存在していなかった。それはまさに私事、馬鹿げたものだった。あなたがしていたことは、奇妙なことだったのだ。

光明を得ていないことは、あなたが獲得したものだ。光明を得ないという性質のために、大変な努力をずっと続けている。そして、光明を得ないままでいるために、絶えず努力し続けるはめになる。光明を得ないままでいるための努力は、もう一切やめなさい。そうすれば、あなたは光明を得る。光明とはあなたの自然な状態だ。それが、ありのままのあなただ。

だからどうか私の人々を誤解しないでほしい。新しく訪れて来る人々は、確かに願望を持っている。彼らは、何かを探求したいという欲望からやって来た。しかし、ここで私と一緒に少し長くいる人々には、もうどんな欲望もない。彼らは瞬間、瞬間に生きている。生の特別な普通さを楽しんでいる。それは小さな事——朝、熱いお茶を飲む。あなたは光明を得た飲み方で、お茶を飲める。また、あなたは光明を得ていない飲み方でお茶を飲める。もし、早朝に熱いお茶を飲むその瞬間にあなたがいなくて、何か別の事を考えているなら——たとえば、朝の講話に行かなければならないとか——それでは、あなたは光明を得ていない。あなたは光明を得た一杯のお茶を飲みそこなった。

そして覚えておきなさい。もしそれがあなたの習慣であるなら、あなたは講話さえも聞き逃がす。これもまた、一杯のお茶にほかならないからだ。それから、講話中にあなたは考える。「スーフィ瞑想をしなければならない。あれやこれやを急いでやって、帰らないといけない」

それは一つの瞬間の問題ではない。それはあなたの行動様式の、形態の問題だ。もしあなたの形態が、いつも前もって急いで次の瞬間のことを考える、というものであるなら、あなたは光明を得ないままだ。そしてこれこそがあなたの努力だ。これがあなたのしていることだ。

光明を得るためにすべきことなど何もない。ただこの理解だけで充分だ——「なぜ私は、自分自身を光明を得ないままにし続けているのだろうか？」

ある日、私が決心したことがこれだった。「私は光明を得ないやり方で、とても多くの生を生きてきた。それはもうたくさんだ」。それ以来、私は光明を得たやり方で生きてきた。これは単純に一つの理解であり、欲望ではない。

あなたは言っている。「私は自分の国にとても強い愛着を感じています。そこでの自分の仕事を愛しています」

完璧によろしい！　あなたの仕事を愛しなさい。あなたの国を愛しなさい。そこへ帰りなさい。しかし、あなたは光明を得たままでいるというような、単純な瞬間から瞬間への生き方をしなさい。遅れてはいけない。先へ急いではいけない。ただ、今とここにいなさい。あなたがどこにいようと、何をしていようと——。

にもかかわらず、あなたは言っている。「私はサニヤスを取りたいと思っています。それは可能でしょうか？　矛盾していないでしょうか？」

それは矛盾している。しかし、あなたは矛盾の中で生きている。それは最後の矛盾だ。自分の矛盾した生から、葛藤の生から外へ出る前に、あなたはその生の扉を閉めなければならない。サニヤスとは扉を、最後のものを閉めること以外の何ものでもない。それは「私はとても長い間、マインドの中で生きてきた。そして私が体験したものは不幸以外になかった。今、私はマインドから未知なるものへと跳び込む。私は全面的に異なった種類の生の中へと入って行く」という単純な宣言だ。

サニヤスとは、ただ、あなたの側からのイエスという意思表示であり、理解が生まれ始めることであり、それが本当は何なのかを見るために私にもっと近寄りたい、ということだ。

師《マスター》の近くにあること、師と関係を持つこと、師と親密であることは、あなた個人の究極の理解、あなた個人の光明へ向けてのアプローチ以外の何ものでもない。マインドは、未知なるものに対してあなたをひどく恐がらせるだろう。それはあなたを引きずり戻す。そして既知のものと生きることは、いつも安全だ。それはお馴染みのものだ。それと生きる中ではあなたは有能だ。未知なるものの中へ入って行くためには、案内人が必要だ。未知なるものの中へ入って行った、未知なるものの中で生きている、無垢に生きている案内人が――。ただ、その精神《スピリット》を吸収するために、あなたには案内人が必要だ。どんな指導も受けるのではなく、ただ未知なるものの精神を、未知なるものの喜びを、未知なるものの祝祭を吸収するために。

ひとたび師の何かを飲み始めたら、マインドの古い習慣に戻ることはない。それがサニヤシンであることのすべてだ。

そう、ストランドバーグ、あなたはサニヤスを取ることができる。最初のうちは、またもや同じ葛藤をせざるを得ない。それを取るか取らないか、その中へ入って行こうか行くまいか、と。それは自然なことだ。なぜなら多くの生において、あなたはそのように働きかけてきたからだ。これはあなたの第二の本性になっている。

私はあなたを説き伏せる。私はあなたをサニヤスへと引き込む。それには大変な説得力が必要となる。大変な魅惑が必要だ。だから私はサニヤスを作った。そうでなければ、その必要はなかった。あなたはここに来て私の話を聞き、去って行くことができた。あなたは私を聞くだろうが、私の近くには来なかっただろう。これは橋だ。あなたは私を聞くだろうが、私の沈黙を味わいはしなかっただろう。あなたは私が愛について語ったことを知るだろうが、私の愛を知ることはなかっただろう。

サニヤスはそれを可能にする。それはエネルギー場だ。それがブッダフィールドだ。それは交感《コミュニオン》だ。言葉ではなく、ハートとハートの交感、そしていつか、存在から存在への交感となる――。

第二の質問

拝啓、OSHO。今日、実際のあなたを見、あなたの話を聞きました。そして私はあなたと調和し、心を動かされ、霊感《インスピレーション》を得ている自分自身を発見し、二つの質問の必要を感じています。一つはこれに関連したもので、もう一つは直接関係のない質問です。

なぜあなたは、それほどマインドに反対するのでしょうか？　確かにみんなそれを使いますし、それを必要としています。マインドを批判する権利があるのは、マインドをただ乱用する時だけであるようです――つまり、あまりにも深く感じることに反対し、マインド自身を超えることに反対するための防御として、マインドを使う時です。

もう一つの質問は、より自分の問題に関わっています。とはいえ、疑いなく私のように感じる人々が他にもいます。

サニヤシンがオレンジ色の服を着ることと、あなた自身の写真を身につけること、要するに一種の制服と肖像が必須であり、重要とするのはなぜですか？　もし私が、賢者、ヒーラーへの深い尊敬と愛の感情を持ってここを去るなら、彼の写真を持ち歩く必要はないでしょう。彼の姿は私の内なる自己に、とても深く浸透しているでしょう。もし、私の心の中で彼の助言を求める必要があるなら、彼を心に思い浮かべて、写真を見るよりもはるかに生気にあふれた彼に出会えるでしょう。私はすごくサニヤスを取りたいと思っていますが、しかしこの最後の質問のせいで、あなたは私を受け入れてくれないかもしれませんね。

ジョイス・ブランド。拝啓、お嬢さん。大変申し訳ないが、あなたが私と調和していると感じたのは、単なる偶然の一致であったに違いない。それは偶然の一致でしかあり得ない。もしそうでなければ、私と調和していると感じるのは不可能だ。

それに、そんなにすぐ決心することはない。あなたはただ一回だけ私の話を聞いた。ちょっともう少し長くここにいてごらん。すると、とても多くの矛盾を見るだろう！　少し待ちなさい。私にもう少し時間を与えてごらん。するとあなたは、全く私と調和していないと感じるだろう。実際、この時間もそうだ。それはあなたが私と調和していると感じていたのではなく、私がなんとなくあなたと調和しているように見えたのだ。

あなたはすでに、大した考えを持っている。あなたは大変な物知りだ。あなたの質問は無垢から出てきたものではない。知識から出てきたものだ。

ここにはとても多くの人々がいる。私には、すべての人のマインドを打ち砕くような事を言うことはできない。もし私が何かを言って、それがある人のマインドを打ち砕いたとするなら、それは誰か別の人のマインドと一致するかもしれない。彼に対しては、明日か、その次の日に私は働きかけるだろう。しかし遅かれ早かれ、ハンマーはすべての人の上に打ち落とされる。するとあなたは、あまりインスピレーションを感じないだろう。実際、あなたの質問に答えることで、私はあなたがもっとインスピレーションを感じないようにさせている。待ちなさい！

あなたの言う「インスピレーション」とは、どういう意味なのだね？　あなたはすでに何かを知っているかのようだ。そうでなければ、「インスピレーション」という言葉は何を意味しているのだろう。「調和」という言葉で、何を言おうとしているのだろう。あなたはすでに何かを知っている。そしてあなたは言う。「そうだ、この人はもっともなことを言っている」。もっともなこと、というのもこれがあなたのいつも信じてきたものだからだ。

私は、あなたが信じていることを支持するためにここにいるのではない。私はあなたが信じているものを取り去らねばならない。私はあなたにインスピレーションを与えるために、ここにいるのではない。というのも、すべてのインスピレーションは奴隷状態を作り出すからだ。もしあなたが私からインスピレーションを得るなら、あなたは私の奴隷になってしまう。あなたは私に依存することになる。私はあなたにインスピレーションを与えてなどいない。私はただ単にあなたを打ち砕き、ショックを与え続けているだけだ。いずれにせよ、私はここにいる、あなたはここにいる。そして私たちにはとても深い繋がりがあるが、奴隷状態はない。依存はない。私たちは関わり合う。しかし、インスピレーションの問題はない。なぜならあなたにインスピレーションを与える人は、自動的にあなたにとって重要な人になっていくからだ。それほど重要であるため、あなたは依存していると感じ始める。

あなたは父親的存在を探している――インスピレーションを与えてくれる人、活気がなくて死んでいるあなたの生に、ささやかな火を灯してくれるような。しかし、もし他の誰かがあなたの生に火をつけるなら、彼はあなたに強い影響力を持つようになる。

私は、あなたに火をつけるためにここにいるのではない。私はただ、あなたが自分自身の火を見るように助けるために、ここにいる。あなた自身に火を灯しなさい。インスピレーションとは、あなたが他の誰かに従うという意味だ。あなたは彼らの真似をする。あなたはキリスト教徒、あるいはヒンドゥー教徒、あるいはイスラム教徒になる。サニヤスとは、あなたはもうヒンドゥー教徒やキリスト教徒、イスラム教徒ではないという、あなたはどんな信条も、どんな教義にも属さないという宣言だ。私は信条や教義を持っていない。サニヤシンになるということは、単純にあなたは自分の自由を宣言するという意味だ。

しかし、確かに疑問が生じる。なぜオレンジ色なのか？　なぜマラと写真が？　なぜだ？　お嬢さん、これは不要な人たちをここに入れずにおくための工夫なのだ。これは群衆のためのものではない。これは大衆のためのものではない。それはただ、選ばれた小数の人たちのためにだけある。究極のものは――それを神、あるいは光明と呼ぼうが――ただ本当に勇気のある、桁外れに勇気のある人々のためにある。なぜなら究極のものは、マインドを落として、目の前にあるものに入って行ける人々だけが、手にできるものだからだ。目の前にあるものが究極への扉だ。そしてマインドを落とすことは大変な勇気を必要とする――それはすべての人々のためのものではない。

これは単なる手段だ。オレンジ色は、他の色や無色と同じくらいいいものだ。そこに何も特別なものはない。私はどんな色でも――緑や黒でも、選ぶことができた。それでもよかった。しかしその目的は、それが手段であるということだ。それは、少し気違いじみた事をする用意のある人々のためのものだ――その後で、それ以上に大きな気違いじみた事が待っているからだ。もし、オレンジ色、ロケット、そしてマラを身につけるというごく簡単な、馬鹿げたことができないなら、もしあなたが、行くところはどこであれ物笑いの種になり、馬鹿のように見られ、滑稽で奇妙に感じられることへの充分な勇気を持てないなら――もし、これくらいのこともできないなら、この場所はあなたには向いていない。なぜなら、それよりもっと大きな事をしなければならないからだ。

あなたが私と、より深く親密な仲になるにつれ、私はますます不合理なことを要求していくだろう。なぜなら、ただその要求を通してのみ、マインドが消せるからだ。他に方法はない。その要求は電気ショックのようなものだ。ただその時だけ、あなたの教養あるマインドは、何世紀にもわたって培われてきたマインドは根底から揺さぶられる。

これは、ここにいることに意味がない麻薬崩れの人々を助けるための、単純な手段にすぎない。彼らはただ単に逃げているだけだ。オレンジ色を着ている人々、そのような狂った群衆を見ると、彼らは恐くなり、そして逃げ出す。

これは意図的になされたものだ。私はあなたがここにいやすいように、もっと知識を集めることができるように、インスピレーションを与えたりと、そのようにすることはできた。しかしこれはクリスチャン・サイエンス（医薬を用いないで信仰で治療をするキリスト教の一派）ではない。私はビリー・グラハムではない。私はあなたに、インスピレーションを与えるためにここにいるのではない。これは全面的に異なった現象だ。実際のところ、私は宗教的でさえない。私は全くスピリチュアルではない。これらの呼び方すべては、全くの見当はずれというものだ。これは私と共に行く用意のある、不条理の限界まで私と共に行く用意のある人々を選ぶための、単なる手段にすぎない。

しかしあなたはもっと利口だ。あなたは言っている。「私はあなたを自分のハートの中に、自分の実存の中に深く浸透させることができます」。まるであなたは実存とは何か、深さとは何かを知っているかのようだ。あなたはずる賢くて頭がいい。あなたは言う。「私はあなたを心に呼び起こすことができます」。しかしあなたが心に呼び起こすものは何であれ、あなたのマインド、あなた自身の想像の産物だ。それは私ではない。それは私ではあり得ない。もしあなたが無条件に私と共に動くなら、あなたは私を手に入れることができる。あなた側からの条件は受け入れられない。そして時々、私はあきらかに不合理なことを要求する。それが馬鹿げていることは承知の上だ。

私の人々は、実にゆっくりと理解し始める。もしあなたに不合理なことができたら、それは少し気を緩め、自身のマインドから離れる助けになる、ということを理解し始める。

ひとたび、あなたが無条件で私と共にあるなら、もし私が「街の中を裸で行動してきなさい」と言っても、あなたはオーケーと言う——。もしあなたが、素直に、かつ純粋にそう言えるなら、私はあなたを裸で行動するよう、街へ送り出しはしない。その目的は満たされたのだ。もしあなたがためらうなら、もし「どういう意味ですか？」と言うなら、あなたは行かなくてはならない。

これは小さな策略だ。そして時々、小さな策略はとても深く働く。なぜなら、あなたにはそれを見破ることができないからだ。大きな策略なら見破ることができる。それはとても大きい。どんな馬鹿な人々でもそれの意図がわかる。

つい先日、クリシュナ・プレムが私宛に書いた手紙の中で、数多くの過去生において、ディヴィヤナンダ――彼が今愛している女性と関係があったことを思い出したと、言ってきている。過去生においてクリシュナ・プレムは母親であり、ディヴィヤナンダは息子だった。そして彼は、その生の中で母親としての義務を全く果たせなかった。だからそのため、彼は現在ディヴィヤナンダとの愛の中にある。「しかし今、借りは返されたように思えますが、ディヴィヤナンダはいろんなやり方で私を傷つけます。私は関係を終わらすべきでしょうか？」

私は彼に伝えた。「ティアサのところへ行って話しなさい」。彼はとても傷ついた。当然だ。彼はそれほど大それた事を話していたのだ。彼は私がこう言うのを待ち続けていたにちがいない。「クリシュナ・プレム、あなたは達成した。過去生を思い出すなんて、すごいことだ！　これはあなたにとっての最初の悟りだ、クリシュナ・プレム」と。心の底では、彼はこれを待っていたにちがいない。

私は彼に、自分の偉大な体験について語るよりは、むしろティアサのところへ行って話してみなさい、と言った。これは彼を深く傷つけたにちがいない。なぜなら私は直接彼には答えず、彼をティアサのところへ行かせたからだ。ではこのティアサというのは一体何者だ？ クリシュナ・プレムがティアサのところへ行かされるだと？ クリシュナ・プレムはティアサと同じくらい高く到達している。ではなぜ？ あるいは、たぶん彼はティアサよりももっと高いレベル、もっと神聖であるかもしれないのだ。ではなぜ？ どうしてティアサのところへ？

二日間、彼は大変な絶望の中に生きた。そもそもそんな小さな事で。しかも彼はそれを見破ることができなかった。それを見破るために彼は四十八時間もかかった。その後、彼は理解した。「これはただ、私のエゴにショックを与えているだけなのだ」。それからすぐに、その理解ですべての絶望は消え去った。その理解の中で、まさにその瞬間、すべての暗闇は去って行った。そして彼は輝き、幸せになり、再び彼の自然な姿に戻った。しかし、彼はそれを見破るのに四十八時間もかかった。

もうその必要はない。クリシュナ・プレム、あなたはティアサのところへ行く必要はない。今度は何か別の事を見つけよう！

小さな、非常に小さな事は、小さいという単純な理由のために、見破ることはより難しい。大きな事は見ることができる。そこに山があれば、見ることができる。しかし、ほんとうに小さな砂粒は見つけることはできない。

ジョイス・ブランド、もしあなたがここにいたいのなら、もし本当に私と関わりたいのなら、あなたは全面的に違う関わり方を学ばねばならない。私は教師ではない、だからあなたが、ここでインスピレーションやその他もろもろのことを受け取るための、それだけの生徒であるなら、私は伝道師でもない。ある哲学にあなたを転向させるために、私はここにいるのではない。

もしあなたが本当に師と関わるのなら——知識を持たないがわかっている人と、知ってはいるが知識はない人と関わるのなら、あなたは少しくつろがなければならない。物事はどうあるべきか、という自分の考えを落とすことだ。いつも覚えておきなさい。それは何回も起こる。あなたはサニヤシンになりたくなるが、誰が師で誰が弟子であるかを忘れてしまう。そして心の底では、師によって満たされることを期待し始める。彼はあなたに一致しなければならない。それなら彼は正しい。

しかしどんなに高名な師でさえ、決してあなたに一致することはできない。あなたに一致している人々は政治家たちだ。彼らは、自分たちがあなたに一致すれば、あなたは自分たちに従ってくるということを知っている。お互いに利用し合っている。彼らはあなたたちの中から追従者を作るために、あなたに従わなければならない。それはお互いに利用し合っているのだ。それが政治指導者であることだ。追従者たちの追従者たち。彼らはあなたを、あなたの期待するものを見続ける。そしてそれらを満たし続ける。

私はあらゆるやり方で、あなたを怒らせる。私はあなたの期待を満たすことはできない。もし私があなたの期待を満たし始めるなら、私はあなたのどんな役にも立たないだろう。それだと、本当にあなたが師であり私が弟子ということになる。

誰が誰からサニヤスを受け取っているのだね？　これは最初に決めなければならない。私があなたからサニヤスを受け取っているのか、あなたが私からサニヤスを受け取っているのか？　それをはっきりさせなさい。何度サニヤスを取っても、そこのところがはっきりしていない。そしてあなたはこのやり方、あのやり方、この生き方、あの生き方を私に望む。そして、もし私があなたに一致していないなら、あなたは失望してしまう。

真の師は常にあなたを失望させる。彼はあなたを失望させなければならない。このようにして、マインドの塊はゆっくりゆっくりとあなたから崩れ落ち、取り去られる。私はあなたを、絶え間なく打ち砕かざるを得ない。そして私は、始まりそのものから、それに関して絶対的にはっきりさせる必要がある。オレンジ色、マラ、写真に、それ以外の目的はない。その目的とは、私に無条件に一致すべきなのはあなたの方であること、そしてあなたは、私の実存があなたと一致するというすべての期待を落とす必要があることを、はっきりと知ることだ。そのためのものだ。その時にのみ、ワークは始められる。その用意ができている人々、サニヤスはただ彼らのためだけにある。その用意ができていない人々には、サニヤスは彼らが逃げ出すため、途方にくれるための役に立つ。

あなたは言っている。「なぜあなたは、それほどマインドに反対するのですか？」

私はマインドに反対してはいない。私はただ単にその事実——マインドとは何かということを述べているだけだ。もしあなたにマインドとは何かがわかれば、それを落とすだろう。私が「マインドを落としなさい」と言う時、それはマインドに反対しているのではない。私はあなたに対して、マインドとは何か、それはあなたに何をしたか、どのようにして束縛となったのかを、ただはっきりさせているだけだ。

そしてそれは、利用するとか誤用するという問題ではない。マインドそれ自体が問題であり、それを利用することや誤用することが問題なのではない。そして覚えておきなさい。あなたがマインド無しで在る方法を知るまでは、マインドを利用することはできない。マインド無しで在る方法を知っている人だけが、マインドを使う能力がある。そうでなければ、マインドが彼らを使うことになる。マインドがあなたを使っている。しかし、マインドは非常に頭がいい。それはあなたを欺き続ける。それは言い続ける。「あなたは私を使っている」。マインドがあなたを使っているのだ。あなたは使用される存在だ。マインドがあなたの主人になっている。あなたは奴隷だ。しかしマインドは非常にずる賢い。それはあなたを支持し続ける。

それは言う。「私は単なる道具です。あなたが主人なのです」。しかし、よく観察してみなさい。マインドの仕組みを、それがどのようにあなたを使い続けているかを、調べてみることだ。あなたは自分がそれを使っていると思っている。あなたは自分がそこから分離しているのをわかっている時にだけ、それを使える。でなければ、どうやってそれを使うというのだろう？　あなたはそれと同一化してしまっている。

もしあなたが「私はキリスト教徒だ」と言うなら、あなたはキリスト教的マインドに同一化している。もしあなたが「私はヒンドゥー教徒だ」と言うなら、あなたはヒンドゥー教的マインドに同一化している。もしあなたが「私はドイツ人だ」と言うなら、あなたはドイツ人のマインドに同一化している。

この同一化を壊すことだ。あなたは自分がマインドではないことを知らねばならない。そしてただ、マインドが機能していない時にだけ——あなたが何もしていない時、そこにギャップがある時、静けさ、沈黙がある時、マインドが停止している時、その瞬間にだけ——あなたは自分が誰であるかを知ることができる。意識としての自分自身を知ることができる。その時、あなたはマインドを使うことができる。

私はマインドを使っている。ブランド、あなたはマインドを使っていない。では、どうやって私はマインドに反対できるというのか？　私はマインドに反対していない。そのように見えるかもしれないが、私の努力のすべてはあなたをマインドから切り離すためのもので、そうすればあなたは自分がそれから分離していることを、自分の自由を知ることができる。ひとたびあなたが自分の自由を知れば、あなたはマインドを使うことができる。その時、それは美しい道具、最も美しい道具の一つだ。人間は、まだそれよりも良いものを作れないでいる。

最大のコンピューターですら、最も能率的なコンピューターですら、マインドにできることをする能力はまだない。一つのマインドは、世界のすべての図書館を含有できる。マインドの力は凄まじい。

しかし、これらの力が大変なものであるために、危険もまた存在する。それはあなたを圧倒できる。

それが起こっていることだ。マインドがそのように素晴らしく力強い道具であるために、あなたはそれに夢中になってしまう。あなたはもうそれ以上、それを使うことができない。それはあなたを使う。それはあなたをあやつる。それはあなたにプログラムを与える。それは決まった方針に従うように、とあなたを扇動し続ける。それはどんな自由もあなたに許さない。どんな選択の余地も、あなたに残さない。それが納得しない限り、あなたは一インチ動くことすら許されない。

で、誰が主人なのだ？　自分はマインドと自己同一化していない、と知るようになるまでは、あなたが主人であることはできない。

自分の車と同一化している男は、それを運転できない。その車が彼を運転する。すると事故が必ず起こってしまう。あなたは、自動車から切り離されなければならない。あなたは自分が分離していること、その自動車は素晴らしい、使用する分には素晴らしい装置であることを、知らねばならない。すると、それは多くの事ができる。しかしそれには、あなたが分離している必要がある。

あなたは言っている。「なぜあなたは、それほどマインドに反対するのですか？　確かに私たちみんなはそれを使っています――」

違う。すべての人はそれを使うことはできない。マインドを使う人はわずか、非常に稀にしかいない。仏陀、イエス、アティーシャ、ティロパ――わずか、非常に稀だ。めったにあり得ない。そうでない限り、あなたはマインドに使われている。いいや、すべての人はマインドを使っていない。そうでないとすれば、仏陀とあなたとの間にある違いとは何だろう？　違いなどない。あなたはマインドを使い、仏陀もマインドを使う。では何が違う？　仏陀はマインドを使い、あなたはマインドに使われる――それが違いだ。そして仏陀は、自分が完全に分離していることを知っているから、マインドを使うことができるのだ。

そして覚えておきなさい。それは誤用するという問題ではない。あなたがマインドを使えないのなら、どうやって誤用できるというのだろう。それがマインドだ。それがあなたを使うか、あなたを誤用するかのどちらかであり、あなたは誤用できない。

科学者が原子力エネルギーを発見した時、あなたは彼らがマインドを使ったと思うだろうか？　それとも誤用したと？　原子爆弾が広島と長崎に落とされた時、アルベルト・アインシュタインは一晩中眠れなかった。何日もの夜、彼はかき乱された。眠ることもできず、休むこともできず、彼は本当に酷く心をかき乱された。彼は原子爆弾を造ることに手を貸してしまったのだ。原子爆弾は可能だ、という内容の手紙をアメリカ大統領に出したのは彼だった。

そこで問題が起こる。アインシュタインはアメリカ大統領宛の手紙を書くのに、政治家に対してこの強力な情報を発表するのに、マインドを意識的に使っていたのだろうか？　彼はその重大性に気づいていたのだろうか？　彼は広島と長崎のことをこれまで考えていたのだろうか――数多くの人々、罪のない民間の人々が、彼ら自身に何の過失もないのに、瞬時の内に焼き尽くされてしまうだろうことを。いや、彼は考えてはいなかった。彼はそれを意識してはいなかった。実際彼は、原子爆弾を使用することが進行していたことに対して、警戒すらしていなかった。

彼が死ぬ前に誰かが訊ねた。「もし再び生まれ変わるとしたら、あなたは何になりたいですか？　また偉大な数学者に？　それとも偉大な物理学者？　あるいは偉大な科学者にでも？」

彼はこう言ったと伝えられている。「いいや、絶対にそれはない！　むしろ私は配管工になりたかった。しかしもう遅すぎる」

アインシュタインは最も素晴らしい頭脳《マインド》を持った一人だった。彼はそれを誤用したのだろうか？　あなたは、偉大な技術を創って地球の全生態系を破壊した科学者たちが、自分たちのマインドを利用したと思うだろうか？　それとも誤用したとでも？

もしいつか、この惑星地球が死ぬなら、それは二十世紀の偉大なマインドが原因だ。なぜなら、もし人類の全歴史において百人の科学者がいたとすれば、九十九人は二十世紀に生きているからだ。実際、あらゆる時代の偉大な科学者たちの七十五％は現在も生きている。

マインドは、それほど大変な勢いを増している。私たちはこの百年以内に、正確にはその最後の十年内に偉大な技術を作り出した。しかし、その技術は地球を破壊しようとしている。誰が責任を取る？　あなたはどう思う？　科学者たちはマインドを利用したのか、それとも誤用したのか？

もしあなたが私に訊ねるなら、私は、彼らは自分のマインドの主人ではない、と言おう。彼らはマインドを利用しているのでもないし、誤用しているのでもない。マインドが彼らを利用しているのだ。マインドが彼らを誤用しているのだ。

科学には今、偉大な瞑想者たちが必要だ。それが無理なら、この地球は運に見放されている。今、科学には自分のマインドを利用できる人々が、自分の存在の主人である人々が、意識的なやり方で科学を利用できる人々が必要だ。そうでなければ、私たちは世界的な自殺を犯す瀬戸際にいる。

徹底的な変化がない限り、人間は今のような生き方では、二十五年以上長く生きられない。では、長く生きるために最も重要なことは何か——人類が生き残り、地球がまだ生き続けるために……。

そして、ここは美しい地球だ。この地球と比べれば、無数の星々はただ死んでいる。花は咲かないし川は流れない。鳥たちはいないし、動物たちも人間もいない。この宇宙は、ほとんどが広大な不毛の地だ。この地球は生きている！　何かものすごく重要なもの——意識がここで起こった。しかし、この意識はまだ主人ではなく奴隷だ。それは解放すべきだ。

それが、ここでの私の仕事だ。それが私の基本的な主要な仕事だ。それはあなたがマインドを利用できるように、マインドから自由であるように助けるためのものだ。そしてもしあなたが主人なら、それを誤用することはできない。それは不可能だ。あなたが油断なく、意識的で、瞑想的であるとき、誤用はあり得ない。

もしアインシュタインも覚者《ブッダ》でもあったなら、原子エネルギーは存在しただろうが、原子爆弾は存在しなかっただろう。そして原子力エネルギーは恵みに——最も偉大な恵みにさえなっていただろう。

地球はパラダイスになっていただろう。しかし、アルベルト・アインシュタインは覚者ではない。不幸にも、瞑想については何も知らない――偉大な頭脳《マインド》だが、主人のいない優れた機械、操縦士のいない高性能の飛行機のようなものだ。

操縦士が誰もいなくても、超遠距離飛行ができる飛行機が作られた、という話を聞いたことがある。操縦士のいない全自動。そこには大変なスリルと熱狂があった。そしてその初飛行で、自動装置は乗客にアナウンスした。「私たちは○○の高度と、○○の機内温度と、○○の速度で飛んでいます。どうぞご安心ください。心配はいりません。どこも故障はありません、どこも故障はありません、どこも故障はありません、どこも故障はありません――」。そしてそれは続いていった！

それは既に故障していた。乗客のことを考えてごらん、これらの人々に起こったに違いないことを！

さあ、どうしよう？

偉大な科学が存在する。マインドの副産物。しかし、それは奴隷たちの手中にある。人間らしさを手に入れるために覚者たちが必要とされている。だが一人や二人の覚者では不可能だ。とても多くの覚者たちが、あらゆる場で、あらゆる方面で、生のあらゆる次元で必要とされている。そうすれば、マインドを利用できる。もともとマインドは、決して今ほど効率的ではなかった。だが、今それは危険なものだ。それまでは、マインドは決して今ほど利口ではなかった。決して今ほど力強くはなかった。

私たちは、子供たちの手に原子爆弾を与えた。もし何も事故が起こらないとすれば、それは奇跡だ。

そこには事故が必ず起こるあらゆる可能性がある。子供たちは原子爆弾と遊んでいる。

政治家とは世界で最も未熟なマインドだ。ただ三流のマインドだけが、政治に興味を持つようになる。平凡な人々と劣等感に苦しむ人々、彼らが政治家になる。そしてこれらの人々の手中に原子爆弾が、水素爆弾が、レーザー光線が、あれやこれやがある。

あなたはいつ何時でも止めることができる！　私は自分の講話を終わらせることはできないかもしれない。どんな瞬間でも――私たちは水素爆弾の山の上に座っている。それはとても多く存在している――どれだけ馬鹿だったら人間はそこにいられるのか、それは信じがたい。私たちは七百回も、一人一人の人間の存在を破壊できるほどの多くの水素爆弾を持っている。さて、何と馬鹿げていることか！　何のために？　一人の人間はただ一回だけ死ぬ。もしあなたが非常に注意深くありたいなら、二度死ぬだろう（注：肉体の死とエゴの死の意味）。しかし、七百回とはどういうことだ？

そして彼らは絶え間なく、さらに多くそれを造っている。地球全体は水素爆弾でいっぱいだ。私たちはこのように七百個の地球を破壊できる。それにも増して、私たちのエネルギーの七十％は戦争の準備に注がれている。この地球全体は気違い病院のようだ。

そしてブランド、あなたは言う。「確かにみんなそれを使いますし、それを必要としています。マインドを批判する権利があるのは、マインドをただ乱用する時だけであるようです――つまり、あまりにも深く感じることに反対し、マインド自身を超えることに反対するための防御として、マインドを使う時です……」

私はそれを批判していない。事実、私の言うことを理解するなら、あなたはそれをもっと評価できるだろう。もし私の言うことを理解するなら、あなたはそれをもっと使えるだろう。もしあなたがマインドを超えるなら、マインドの観照者になるなら、そして自分がそれと分離していることを知るなら、マインドがあなたへのどんな支配力も持たないなら、もうこれ以上それによって催眠術をかけられることがないなら、あなたは本当にその真価を認めることができる。私はその真価を認めている。

そしてあなたは、それを利用することもできる。それを誤用することは決してできない。意識的な人は、どんなものも誤用できない。

最後の質問

愛するＯＳＨＯ、私は自分が特に愛らしい女性を見て、その甘い沈黙の中に心を奪われる時、哲学や宗教に関するすべてを忘れてしまって自分を失い、その瞬間に入っていることに気づかされます。私は動物たちは利口だなと思います。というのも、神は彼らを形而上学で悩ませたりしないからです。いまでも私は、自分の本を捨てたいと思っています――それでもまだ私はそれを好んでいます。

デヴィッド・ライト、女性は形而上学、哲学で詩だ。男性もそうだ。確かに、生きた形而上学、生きた哲学、生きた詩に出会う時、人は形而上学と哲学を忘れる。それは、あなたがまだ生きているということを、率直に現わしている。美しさを味わうこと、それに溺れて酔ってしまうことは非常に貴重なものだ。

もし美しい女性を見て、それでもまだあなたが旧約聖書やバガヴァッド・ギータ、コーランなどを思い出すなら、それは何かが間違っている。それはあなたの何かが間違っていることを示している。これはあなたが自然であること、人間であることを率直に示すものだ。

この感受性を成長させなさい。するとゆっくりゆっくりと、ますます感じやすくなるにつれて、ますます感覚的になるにつれて、あなたはもっと美しいものを周辺に見るだろう。あなたの洞察が深ければ深いほど、美しさはより大きくなる。そしてあなたがこの存在全体を一つのすばらしい踊りとして、祝祭として見る時、あなたはそれによって解放される。

解放するものが祝祭だ。解放するものが愛だ。解放するものが美だ――それは形而上学でも哲学でもない。

しかし私はあなたに、自分の本を捨てなければならない、とは言っていない――なぜなら美しい本もあるからだ。それは偉大な体験の副産物だ。それらに没頭してはいけないが、シェイクスピアやカリダスに関するものを読むこと、あるいは仏陀やアティーシャから何かを読み取ることは、異なった扉から同じ美の世界へ入って行くことだ。

神の寺院に至る多くの扉が存在する。美はその一つだ。知恵はその一つだ。愛もまたその一つだ。その他にもいろいろある。音楽ではそれが可能だ。詩ではそれが可能だ。文学ではそれが可能だ。木々の花は美しい――あなたが偉大な詩だと思うもの、それらは意識の花だ。

本を捨てる必要はない。実際、本を捨てることによって、あなたは自分がまだそれに愛着を持っていることを素直に言っている。憎しみとは、頭立している愛、シルシアーサナをしている、逆立ちをしている愛に他ならない。愛と憎しみは別々ではない。それらは一つだ。実際私たちは、それら二つの言葉を別々に使うことを止めるべきだ。私たちは一つの言葉を作る必要がある。愛憎という言葉を――ハイフォン(-)すら、その二つの間には必要ない。それらは温と冷、夏と冬、生と死、暗と明のような単なる一つのエネルギーだ。

本を捨てる必要はない。それを楽しみなさい！　そして、女性の美しい姿を楽しむことを止める必要はない。それもまた神聖なものだからだ。そのすべての次元において、生を楽しみなさい。なぜ、あれかこれかという一つの次元になることに、途切れなくとりつかれるのだろうか？　なぜ両方ではないのだろう。なぜ「～か、それとも～か」の中で生きるのか。なぜ「～も、そして、～も」の中で生きないのか。それが私のアプローチだ。「～も、そして、～も」の中で生きなさい。そして「～か、それとも～か」の中で生きることを落としなさい。

セーレン・キルケゴールは『あれかこれか』という本を書いた。彼はその全人生を、あれかこれかの中で生きた。彼は自分が愛した、途方もなく愛した女性と結婚するかどうか決められなかった。彼は決断できなかった。そのあれかこれかは、最終的にその女性が別の男と一緒に去ってしまうほど長く続いた。何年もの間、彼は決められなかった。

彼の本はとても有名になった。彼自身とても有名になった。彼がコペンハーゲンをよく歩いていると、いたずら小僧と少年たち、そして大人たちが彼の後ろで「あれかこれか！　それかこれか！　さあ始まるぞ。あれかこれか！」とはやし立てた。子供たちですら、彼が交差点に立っては「どこへ行こうか？　あっちかこっちか――この道を行くか、それともあの道か？　両方の道は同じ目的地へ行く。両方の道は駅へ続いている。しかしどっちの道に進もうか？」といつも考えているのを知るようになっていた。それから彼は、交差点で四時間も考えていた。

彼はただ、思考の中だけで生きた。彼は本当の形而上学者だった。彼の父は遺産を残した。彼には充分なお金があった。だから働く必要もなかった。それで一日中、二十四時間、彼は考えていた。そして銀行から最後のお金を引き出した時、その帰り道で彼は急死した。彼はうまくやった――もしそうならなかったら、彼は苦労し続けただろう。

私の感じでは彼は「生きるべきか死ぬべきか？　あれかこれか！」と考えていたにちがいない。なぜなら、もうお金が全く残っていなかったからだ。彼はそのあれかこれかの間《はざま》で、心臓発作で苦しんでいたにちがいない。それが彼の全人生の生き方だった。
選択する必要はない。なぜ無選択に生きない？　なぜ、生があなたに手に入れさせようとしているものすべてを生きようとしないのか。心霊主義者《スピリチュアリスト》でいないようにしなさい。または物質主義者でいないようにしなさい。両方でありなさい。ゾルバであってはならない。ブッダであってはならない。両者でありなさい。ゾルバ・ザ・ブッダでありなさい。神があなたに注いでいるものすべてを楽しみなさい。

それが、私のサニヤシンへのメッセージだ。デヴィッド・ライト、あなたはまだ私のサニヤシンではない。しかし、もしあなたが全面的に生き始め、すべてを受け入れ、それぞれの瞬間を公平に扱い、すべてに敬意を払い、そして美しい女性が通り過ぎる時に、あなたが突然興奮させられるなら、それはあなたが生きていることを示している。それは、まだあなたは死んでいないということだ。

しかしこれはあなたの中で、ただ性的な興奮だけである必要はない。それは非常に貧しい。それはそれ以上のものであるべきだ。それはスピリチュアルな興奮であることもできる。私はセックスに反対してはいない。しかし、ただ性的な生だけを生きることは、最も小さな生を生きることだ。なぜセックスからサマーディへと、そのすべての領域《スペクタル》を生きないのだろう。

本当に美しい女性が通り過ぎることによって、もしあなたの性的なものだけが興奮させられるなら、それは動物が生きているのであって、あなたが生きているのではない。しかし、もしあなたの霊性《スピリチュアル》も興奮させられるなら、その時あなたは自分の全体性を生きている。そして、全体性の中で生きることが神への道だ。
今日はこれくらいでいいかな。

第三章

シトナルタと十七のチャクラ

Sitnalta & the Seventeen Chakras

最初の質問

愛するOSHO、なぜ私はあなたを信頼できないのでしょう?

プレム・プラギータ、信頼が可能であるには、まずあなたが自分自身を信頼することだ。初めに最も基本的なことが、あなたの内側で起こらなければならない。もし自分自身を信頼するなら、あなたは私を信頼できるし、人々を信頼できる。存在を信頼できる。しかし、自分自身を信頼できないなら、他人を信頼することなどできない。

そして、社会は信頼の根そのものを破壊している。社会はあなたに、自分自身を信頼させない。社会は、他の種類の信頼はすべて教える——両親を信頼すること、教会を信頼すること、国を信頼すること、神を信頼することなど、きりがない。しかし、基本的な信頼が完全に破壊されている。それだと他のものを信頼することは、すべて偽りとなる。偽りであって当然だ。他のものを信頼することは、すべて単なるプラスチックの花にすぎない。あなたには、本物の花が成長するための本物の根がない。

社会はそれを故意に、意図的に行なう。なぜなら社会にとって——従属に依存し、従属にとても多く投資している社会にとって、自分自身を信頼している人間は危険だからだ。

自分自身を信頼している人間は、自立した人間だ。彼について予知することはできない。彼は独自のやり方で行動するだろう。自由が彼の生だ。彼は自分が感じる時を、自分が愛する時を信頼する。その時、彼の信頼は非常に強烈で、その中に真理を持つ。その時彼の信頼は、活き活きとしていて本物だ。そして彼は、自分のすべての信頼に対して危険を冒す用意がある。しかしそれは、彼がそれを感じる時だけであり、それが真実である時だけだ。彼のハートをゆり動かし、彼の知性と愛をゆり動かす時だけであり、そうでなければだめだ。どんな種類の信仰も、彼に押し付けることはできない。


この社会は信じることに頼っている。その機構全体は自動催眠だ。その機構全体は、人間ではなくロボットと機械を創ることに基づいている。社会は依存する人々を必要とする——そのために支配者を絶えず必要とする。自分たちの支配者、自分たちのアドルフ・ヒトラー、自分たちのムッソリーニ、自分たちのジョセフ・スターリン、そして毛沢東を探し求めている。

この地球、この美しい地球を、私たちは巨大な牢獄に変えてしまった。少数の権力にとりつかれた者たちが、人類全体を烏合の衆へと格下げしてしまった。人間は、あらゆる種類のナンセンスと妥協しなければ、存在することが許されていない。

さて、子供に神を信じろと言うことはナンセンスだ。全くナンセンスだ。それは神は存在しないということではなく、子供はまだその渇きを、欲望を、あこがれを感じていないからだ。彼は生の究極の真実を探求するには、まだ準備ができていない。その恋愛関係はいつか起こるべきだ。しかしそれは、信仰が彼に押し付けられなければ起こりえる。もし、探求や未知への渇きが生じる以前に改宗させられたら、自分の全人生をごまかして生きるだろう。偽りの方法で生きるだろう。

たしかに彼は神について語るだろう。というのも彼は、神は存在する、と教えられてきたからだ。厳然とそう教えられてきた。子供時代に非常に権力的であった人々——両親、司祭、教師たち——からそう教えられてきた。そして彼は、受け入れざるを得なかった。彼にとっては死活問題だった。彼は両親にノーと言えなかった。両親なしで生きることなど、不可能だったからだ。ノーと言うことはとても危険だった。イエスと言わざるを得なかった。しかし彼のイエスは真実ではあり得ない。

真実であることなどできるのだろうか？　彼は生き延びるために、ただ政治家が策略を用いるようにイエスと言っている。あなた方は、彼を宗教的な人間に変えたわけではない。彼を一人の外交官に、一人の政治家にしてしまっている。あなた方は、彼の潜在能力が真正な存在へと成長することを妨害している。彼を毒している。彼の知性の可能性そのものを破壊している。というのも、知性はただ知ろうとする熱望が生じる時にだけ、表われるからだ。

今は、もはや熱望は決して生じないだろう。というのも、疑問が彼の魂を捕らえてしまう前に、答えがすでに供給されているからだ。空腹を感じる前に、食べ物が彼の存在の中へ無理に詰め込まれている。だが空腹を感じていないため、この強制された食べ物は消化できない。それを消化するための空腹感が存在しない。それが人々が生を、未消化の食べ物を通過させるパイプのように生きる理由だ。

人は子供に対して、非常に忍耐強くあるべきだ。独自の知性を達成する妨げになるようなことを、言わないように。キリスト教やヒンドゥー教、あるいはイスラム教へと改宗させないように、非常に油断なく、非常に意識的でなければならない。人には果てしない忍耐が必要だ。

子供自身が質問をぶつけ始める時は、奇跡の起こる日だ。その時もまた、既成の答えを供給してはいけない。既成の答えは誰の役にも立たない。既成の答えは愚鈍で間抜けたものだ。彼がもっと知性的になるように助けなさい。答えを与えるより、彼の知性を鋭くしてもっと深い質問をするような、質問が彼の核心そのものを貫くような、質問が生と死の問題になるような状況と機会を与えなさい。

しかしそれは許されていない。両親は非常に恐れている。社会は非常に恐れている。もし子供たちが自由なままでいたら、誰にわかるだろう？　彼らは両親が属していた羊の群れには決して来ないかもしれない。教会には決して行かないかもしれない。カトリック、プロテスタント、そしてあれやこれや……、彼らが自らの力で知性を持つようになる時、何が起ころうとしているのか、誰にわかるだろう？　彼らはあなたの支配下にはいない。そこでこの社会はあらゆる人々を支配するために、あらゆる人々の魂を所有するために、ますますずる賢くなってゆく。

だから彼らが最初にすることは、信頼を壊すことなのだ――その人の内なる子供の信頼を、内なる子供の自信を壊すことだ。彼らはその人を震え上がらせ、恐がらせなければならない。いったん彼が震え上がったら、その人を支配することは可能だ。もし彼に自信があるなら、支配することは無理だ。もし彼が自信に満ちているなら、自分の権利を主張するだろう。彼は自分の事をしようとするだろう。

彼は、誰か他の人に関する事は決してしたくないだろう。彼は独自の旅を続ける。彼は誰か他の人の個人的トリップの願望を、実現させようとはしない。彼は決して物真似人間ではない。決して鈍くて死んだ人間ではない。誰も彼を支配できないほど、彼は生き生きとしている。生に打ち震えている。

彼の信頼を破壊しようとしてごらん。それは彼を骨抜きにすることになる。彼の力を奪い取ってしまう。いまや彼は常に無力であり、いつも自分を支配し、指導し、命令する誰かを必要とする。いまや彼は善良な軍人であり、善良な市民であり、善良な国家主義者であり、善良なキリスト教徒、善良なイスラム教徒、善良なヒンドゥー教徒だ。そう、彼はこれらすべてだ。しかし彼は真の個人ではない。彼はどんな根も持たない。彼は自分の生全体を根こそぎにされている。彼は根無しで生きる――そして根無しで生きることは不幸の中に生きること、地獄の中に生きることだ。ちょうど木々が大地に根を必要としているように、人もまた木であり、存在の中に根を必要とする。でなければ、彼は非常に知性の欠けた生を生きるだろう。彼は世界で成功するかもしれないし、非常に有名になるかもしれないが……。ちょうど先日、私はある物語を読んでいた。

三人の外科医である古い友人たちが休日に出会い、日中の浜辺に座って自慢話を始めた。最初の一人の話、「俺は戦争で両足を失った男に出会って、そいつに義足を作ってあげたんだ。すると奇跡というべきか、今やそいつは世界の偉大なランナーの一人になったんだぜ！　来るべき次のオリンピックで彼が勝者になるのは間違いないいね」

別の男が言った。「そんなことどうってことないな。俺は三十階のビルから転落した女性に出会った。彼女の顔は完全にメチャクチャだった。俺は大変な整形手術をしてやったんだ。今しがた、ちょうど先日の新聞で知ったんだが、なんと彼女は世界の美人コンテストの女王になったんだ」

三人目は謙虚な男だった。彼ら二人はその男を見て言った。

「どうだい、最近は？　何か目新しいことでもあるかい？」

その男は言った。「たいしてないな。それに、僕はそれについて話すのを許可されていないから」

同僚は二人ともその話が気になったので、言った。

「しかし俺たちは友だちだ。君の秘密は守れるよ。大丈夫だ。秘密が漏れることはないさ」

そこで彼は言った。「わかった、君がそう約束するのなら言おう。ある男が僕の所へ連れて来られた。彼は交通事故で頭を失っていた。僕はどうしていいかわからず呆然としていたんだ。ただ、どうしたものかと考えて、自分の庭へ走って行った。するとふいにキャベツに出くわしてね。それ以外のものは見つからなかったので、僕はその男の頭があった部分に、そのキャベツを移植したんだ。するとどうなったと思う？　その男はインドの総理大臣になったんだ」

あなたは子どもを破壊することができる。それでも、その子供はインドの総理大臣になることができる。知性なしで成功者になるのが、生まれつき無理だということはない。実際、知性をもって成功者になるほうがもっと困難だ。知性的な人は創意力があるからだ。彼は常に時代に先んじている。彼を理解するには時間を要する。

知性のない人を理解するのは簡単だ。彼は社会の様相に合っている。社会には彼を判断する価値基準がある。しかし社会は、一人の天才を評価するには長い時間がかかる。

私は、知性を持たない人は成功できない、有名になれない、とは言っていない。しかし、そうなれたとしても彼は偽者のままだ。それは不幸だ。あなたは有名になることはできる。しかし、もしあなたが偽者であるなら、あなたは不幸の中に生きている。あなたは、どんなに祝福に満ちた生が自分に注がれているのかを知らない。決して知ることはない。知るための充分な知性がない。あなたは存在の美しさを見ることは決してない。それを知るための感受性がないからだ。あなたは自分の周りにある全くの奇跡を見ることは決してない——毎日、数え切れない方法であなたの前を横切っている奇跡を、決して見ることはない。それを見るには、理解するための、感じるための、存在するための途方もない能力が必要だからだ。

この社会は権力指向の社会だ。この社会は全く原始的だ。どうしようもなく野蛮人だ。少数の人々——政治家、聖職者たち、教師たちが、多くの人々を支配している。そしてこの社会は、子供に知性を持たせないような方法で営まれている。たまに覚者《ブッダ》がこの地上に現われるということは、全くの偶然だ——完全に偶発的な出来事だ。

稀に、何とかして社会の支配から逃げる人がいる。稀に、社会に毒されないままでいることがある。

それは社会が何かを誤り、失敗したためだ。そうでなければ、社会はあなたの根を破壊すること、自分自身への信頼を破壊することを上手くやり遂げてしまう。そうすると、あなたは決して誰も信頼できなくなる。

自分自身を愛する能力がなくなってしまえば、誰をも愛することはできなくなる。それは絶対的な真実だ。それに例外はない。自分自身を愛することができてこそ、他人を愛せるのだ。

しかし社会は自己愛を非難する。それは利己的だ、自己陶酔だと言う。確かに自己愛は自己陶酔になり得るが、そうなる必要はない。もしそれ自身を超えて行かなかったら、自己陶酔の状態になる。もしそれが、あなたを自分自身の殻に閉じこめてしまうなら、わがままの一種になる。でなければ、自己愛はすべての人たちを愛することの始まりだ。

自分自身を愛する人は、いずれ愛に満ちあふれ始める。自分自身を信頼する人は、誰も疑うことがない。彼を騙そうとしている人々や、すでに彼を騙した人々に対してでもだ。そう、彼はそういう人々を疑うことすらできない。今、彼は信頼が他のものよりはるかにもっと大切であると、知っているからだ。

あなたは人を騙すことができる――しかし、彼の何を騙せるだろう? あなたは彼からいくらかのお金や他の物を取ることはできる。しかし信頼の美しさを知っている人間は、こんな小さな事で取り乱したりはしない。彼はそれでもあなたを愛する。それでもあなたを信頼する。

するとと奇跡が起こる。もしその人があなたを真に信頼するなら、彼を騙すことはできない。ほとんど不可能だ。

それは、あなたの人生でも毎日起こっている。あなたが誰かを信頼する時はいつでも、その人があなたを騙したり欺いたりできなくなる。あなたは駅のホームに座っているとする。自分の横にいる人は知らない他人だ。全くの他人だ。あなたはその人に言う。「ちょっと私の荷物を見ていてくれますか。切符を買いに行かなければならないので、お願いします、ちょっとその荷物に気をつけていてください」。そしてあなたは行く。あなたは絶対的にその人を信頼している。するとその人は、あなたを欺くことはほとんどない。もしあなたが彼を信頼していなかったら、彼は欺くことができただろう。

信頼はその内に魔法を持っている。あなたが彼を信頼しているなら、彼はどうやってあなたを欺くことができようか？　どうしてそんなに低く落ちることができる？　もしあなたを欺いたなら、彼は自分自身を許せないだろう。

人間の意識の中には、信頼することと信頼されることという質が、もともと備わっている。あらゆる人々が信頼されることを楽しむ。それは他の人からの敬意だ。そしてあなたが赤の他人を信頼する時は、それはもっと強くなる。信頼する理由がなくても、あなたは彼を信頼する。あなたがその人を高い地位へ持ち上げ、その人をとても尊重すると、彼がその高い地位から落ちることはほとんどありえない。万が一、落ちるようなことがあれば、彼は自分自身を許さないだろう。彼は、全人生を罪の重荷を背負って生きなければならない。

自分自身を信頼している人は、その美しさを知る。自分を信頼すればするほど、あなたは自分が開花していくことに気づく。自分が手放しとくつろぎの状態にあることを、落ち着き、穏やかで、静かで安息していることを知る。

そして、あなたが人々をより信頼し始めることは、とても美しいことだ。というのも、信頼すればするほど、あなたの静けさはますます深まっていくからだ。あなたの沈静さは、自らの存在の核心そのものへとますます深く進んでいく。そして信頼すればするほど、あなたは高く舞い上がる。信頼できる人は、いずれその論理を知る。するとある日、未知なるものを信頼せざるを得なくなる。

あなたが師を信頼できるのは、未知なるものを信頼できる時だけだ。それ以前ではだめだ。なぜなら師とはまさに、未知なるものを代表しているからだ。彼は地図なきものの代表だ。彼は無限、果てしなきもの、大海、野生の代表だ。彼は神の代表だ。

プラギータ、あなたは言う。「なぜ私はあなたを信頼していないのでしょう?」

単純なことだ。あなたは自分自身を信頼していないのだ。自分自身を信頼し始めなさい。それが基本的レッスン、最初のレッスンだ。あなた自身を愛し始めなさい。もしあなたが自分自身を愛さないのなら、いったい他の誰があなたを愛するというのだろう? しかし覚えておきなさい。もしあなたが自分自身だけを愛するのなら、あなたの愛は非常に貧しい。

偉大なユダヤ教の神秘家ヒレル、彼は言った。「もしあなたが自分自身のためにいないのなら、誰があなたのためにいようとするだろうか?」。そしてまた、こうも言っている。「もしあなたが自分自身だけのためにいるのなら、あなたの生はいったいどんな意味があるのだろう？」――すばらしく意義深い声明だ。それを覚えておきなさい。あなた自身を愛しなさい。あなたが自分自身を愛さないなら、他の誰かがあなたを愛することなど全く不可能だ。自分自身を憎む人を、愛することなどできない。

そしてこの不運な地球においては、ほとんどの人が自分自身を憎んでいる。あらゆる人が自分自身を非難している。自分自身に非難を向けている人を、どうやって愛せるだろうか。彼はあなたを信じていない。彼は自分自身を愛せない。どうやって彼に近づけるだろう。彼は自分自身を愛せない。どうやって彼を愛せるだろう？　あなたが愛という名目で自分を欺こうとしているのではないか、と彼は疑うだろう。彼は非常に慎重で警戒している。そして彼の疑いは、あなたの存在を毒する。

自分自身を憎んでいる人を、もしあなたが愛したら、彼自身の概念を破壊しようとすることになる。己についての概念は、誰にも簡単に落とせない。それは彼の自己証明だ。彼はあなたと戦うだろう。正しいのは自分であり、間違っているのはあなただと、彼は証明するだろう。

それが、あらゆる愛の関係性に起こっていることだ。それは愛の関係と呼ばれているものすべてにおいてだ、と言わせて欲しい。すべての夫婦間で、すべての愛し合う者同士の間で、すべての男女間で起こっている。他人の自分自身についての概念を、どうやって壊せるだろう。それは自己証明、彼のエゴだ。彼にとってはそれが、自分自身を知る方法なのだ。もしあなたがそれを取り去るなら、彼は自分が誰なのかわからなくなるだろう。それはあまりに危険だ。彼はそんなに簡単に、自分の概念を落とせない。彼は、自分が愛する価値などなく、ただ憎しむに価するだけであると証明するだろう。

そしてあなたの実情も同様だ。あなたもまた、自分自身を憎んでいる。自分を愛してくれる人は、誰であれ許せない。誰かが愛のエネルギーをもって近くにやって来ると、あなたはいつでも尻込みし、逃げたくなって恐れる。あなたは、自分が愛する価値などないことを完璧によく知っている。あなたは、自分がただ外見だけは良く、美しく見せかけているが、本心では醜いことを知っている。そしてもしあなたが、自分を愛するこの人を許すなら、遅かれ早かれ——それは早くやって来る——彼は本物のあなたを知ることになるだろう。

あなたと愛の生活を送らねばならないその人に、どれだけ長く外見を装うことができるだろうか？　あなたは世間の中では外見を装うことができる。あなたはライオンズ・クラブやロータリー・クラブの中では外見を、笑いを、ありったけの笑いを装うことができる。あなたはすばらしい行為と任務を、演じることができる。しかし、もしあなたが一日二十四時間、女性あるいは男性と一緒に暮らすなら、ずっと笑い続けることは疲れる。その笑いはあなたを疲れさせる。なぜならそれは偽物だからだ。それは単なる唇の運動だ。そして唇は疲れる。

どうやって可愛らしくあり続けられる？　いずれあなたの苦い面が表面化してくる。だから、ハネムーンが終わるまでにすべてが終わる。二人はお互いの本当の姿を知ってしまう。お互いのインチキ臭さを知ってしまう。お互いの虚偽を知ってしまう。

人は親密になることを恐れる。親密であることは、自分の役割を取り除かなければならない、という意味だ。するとあなたは、自分が誰であるかを知る。あなたは自分が取るに足らない、ただの塵にすぎないことを知る。それはあなたが、物心ついた頃から言われ続けてきたことだ。あなたの両親、教師、聖職者、政治家たちすべてが、あなたは塵だ、無価値だと言い続ける。これまで誰も、あなたを受け入れてくれたことがない。あなたは愛されている、尊敬されている、必要とされている、この存在があなたを恋している、あなたがいなければこの存在は同じではあり得ない、あなたがいなければそこに穴があくことになる、という感覚を誰もあなたに与えない。あなたがいなければ、この宇宙はある詩を、ある美しさを失ってしまう。歌がなく音色がない、そこには隙間があるということを、誰もあなたに言わなかった。

それが、私のここでの仕事だ。私は、あなたの中に創られてきたあなた自身への疑いを破壊する。あなたに押し付けられてきたすべての非難を破壊する。私はそれをあなたから取り上げる。そして、あなたは愛され、尊敬され、存在に愛されているのだという感覚を、あなたに与える。神はあなたを愛するためにあなたを創った。彼は途方もなくあなたを愛していたため、あなたを創るという誘惑に抵抗できなかった。

画家が絵を描く時、彼は自分が愛するから描く。ヴィンセント・ファン・ゴッホは生涯絶え間なく太陽を描いた。彼は太陽を非常に愛した。実際、彼を狂気に駆り立てたのは太陽だった。一年間絶え間なく、暑い太陽の下で立って描いていた。全人生において、太陽の周りを歩きまわった。そしてある日、自分がいつも描きたかった絵に満足していた。この絵を描くために他の多くを描いてきたのだが、彼は満足していなかった。その日、彼は満足していた。その日、彼は「そうだ。これこそが俺の描きたかったものだ」と言うことができた。そして彼は自殺した。なぜなら彼は「俺の仕事は済んだ。俺は、自分はそれをするために生まれてきた、と言えるものをやりとげた。俺の運命は満たされた。もう生きている意味はない」と言ったからだ。

彼の全人生は、ある決まったものを描くことに専心していた。彼は太陽を狂おしいほど愛し続けていたにちがいない。彼は目がつぶれてしまうほど、視力がつぶれてしまうほど、太陽を長く見つめていた。それが彼を狂気に駆り立てた。

詩人が詩を作る時は、彼がそれを愛しているから作る。神はあなたを描いた。あなたを歌った。あなたを踊った。神はあなたを愛している！　もし、神という言葉に何の意味も感じられないとしても気にすることはない。それを「存在」と呼ぶがいい。それを「全体」と呼ぶがいい。存在はあなたを愛している。でなければ、あなたはここにいなかっただろう。

あなたの実存の中にくつろぎなさい。あなたは全体に守られている。全体があなたの中で呼吸し、脈打ち続けているのはそのためだ。いったん、全体のあなたへのこの途方もない敬意と愛と信頼を感じ始めるなら、あなたは自分の実存の中へと根付き、成長し始めるだろう。自分自身を信頼するだろう。そしてただその時だけ、あなたは私を信頼できる。ただその時だけ、あなたは自分の友人たちを、自分の子どもたちを、夫、妻を信頼できる。ただその時だけ、あなたは木々を、動物たち、星、月を信頼できる。その時、人はただ信頼として生きる。これを信頼するか、あれを信頼するかという問題はもうない。人は、ただ単に信頼する。信頼が、ほんとうに宗教的であるということだ。

それがサニヤスについてのすべてだ。サニヤスとは、社会が為したことすべてを元に戻すことだ。聖職者が私に反対しているのは、単なる偶然ではない。政治家が、両親が、体制全体が私に反対しているのは、単なる偶然ではない。それは偶然の出来事ではない。私はその論理を、完全にはっきり理解できる。私は彼らが行なったことを、元に戻そうとしているのだ。この奴隷社会の型全体を、私が妨害している。

私の努力は、反逆を創り出すことにある。反逆の始まりが、自己を信頼することだ。もし、あなたが自分自身を信頼するよう手助けできたら、私はあなたを助けたことになる。他には何も必要ない。その他はすべて、自発的にその後に従っていく。

二番目の質問

愛するＯＳＨＯ、ジョン・リリィは言っています。「マインドが信じているものは真理であるか、または真理になる」。どうかこれについてコメントしていただけますか？

サムブッド、それが昔からずっと起こっていることだ。それは自己催眠術のやり方だ。ジョン・リリィは完全に間違っている。「マインドが信じるもの」と彼は言う。「……は真実である」――それは違う。ただ真実らしく見えるだけだ。

そして彼は言う。「……またはそれは真実になる」。それは、信じることによって真実にはならない。が、真実らしく見え始める。そう、信じる者にとってそれは真実になる。たとえそれが真実でなくても。なぜなら、信じることは無知から始まるからだ。信じることで真実を創ることはできない。真実はすでにそこに在るからだ。

アティーシャの、最初の準備を思い出しなさい。真実は存在する。それを存在させるために信じる必要はない。あなたの信、または不信は、どんな違いも真実にもたらさない。真実は真実だ。あなたがそれを信じようと信じまいと――。

しかしあなたが何かを信じるなら、少なくともあなたには、真実のように見え始める。それが信じることの意味だ。信仰とは、何かを真実として信じる――自分は知らないということを承知している、という意味だ。あなたは、真実が自分にとって未知なるものだと知っている。しかし、無知であるためにあなたは信じ始める。なぜなら信仰は安く手に入るからだ。

真理を発見することは骨が折れる。それは長い巡礼の旅が必要だ。それには卓越した空っぽのマインドが、卓越した清浄なハートが必要だ。それには確かな無垢が、再誕生が必要だ。あなたは再び子どもにならなければならない。

ただ非常にわずかな人たちだけが、真理の発見にあえて挑んできた。それは危険だ。なぜならそれは、あなたを慰めはしないかもしれないからだ。それはあなたを慰める義務がない。それは危険なものだ。それは、あなたがこれまでに知っていたものすべてを、粉々に砕くかもしれない。あなたは自分の人生を再構築しなければならない。それは危険だ。あなたのすべての幻想を破壊するかもしれない。あなたのすべての夢を、粉々に砕くかもしれない。それは本当に火を通り抜けようとする。それは今あるあなたの姿を焼き尽くそうとする。今のままのあなたを殺そうとする。そしてその後に何が起こるのか、誰にわかるだろう？

土の中に死ぬことで大きな木になるということを、種はどうやって知るだろうか？　起こっていることを目撃するものはいない。種は、もし死んだら、ある日そこには広大な葉の茂み、緑の葉々、大きな枝、そして花々と果実が存在することを、どうやって知ることができるだろう。どうしたら、種は知ることができるだろう？　種は存在しない。種はそれが起こる前に、消えなければならない。種は決して木と出会うことはない。種は消え、そして死ななければならない。

ただ非常に少数の人々だけが、その偉大な勇気を持っている。真理を発見するためには、本当にガッツが必要だ。あなたはあなた自身として死ぬ。そして確かに生まれてくる。しかし、どうやってそれを確信できるだろう？　どんな保証があるというのか？　保証などない。

それゆえ、一度死んで再誕生した、自分自身を十字架に磔にして復活した師と一緒に居ない限り、キリストや仏陀、あるいはアティーシャのような人に出会わない限り、あなたは充分な勇気を集められないだろう。

アティーシャに会うことで、何かがあなたのハートの中で騒ぎ始めるかもしれない。心の琴線が奏されるかもしれない。何かが誘発されるかもしれない。達成した人の現存は、同時発生的に、あなたの中に大きな憧れを作り出すかもしれない。それは、真理を探求する強烈な情熱を生み出すかもしれない。

信じることは、あなたに真理を与えることはできない。それはただの見せかけだ。それは安っぽい。プラスチックの花だ。あなたは、薔薇の木の成長に関するすべての問題を抱え込む必要はない。あなたは市場に行って、ただプラスチックの花を買えばいい。それはより長持ちする。実際、それはほとんど永久に存在する。ときたま、それを洗うこともできる。それはまた新鮮になる。それはあなたをごまかしはしないが、少なくとも隣の人をごまかすことはできる。それが要点となる。あなたはそれがプラスチックの花だと、初めから知っている。では、どうやってそれを忘れられるだろう？　あなたはそれを買ったのだ！　隣の人はごまかせるかもしれないが、あなたがどうやってごまかされるというのだろう？

だが私は、隣の人でさえごまかされるとは思わない。なぜなら、彼らもまたプラスチックの花を買ったからだ。彼らは自分たちがあなたをごまかしていることを知っているし、あなたが自分たちをごまかしていることも知っている。すべての人々は、他の人々がごまかしていることに完全に気付いている。「しかし、これが人生の有り様なのさ」と人々は言う。誰も本当にごまかされてはいない。ただ単に、ごまかされているふりをしているだけだ。あなたは、本当の花を持っているふりをする。他の人々は、ごまかされているふりをしている。ちょっと見てみるがいい。観察してごらん。するとあなたは私が言うことを経験するだろう。それは単純な事実だ。私は哲学を語っているのではない。ただ事実を述べているだけだ。

ジョン・リリィの言うことは、全くナンセンスだ。

彼は「マインドが信じることは真理だ」と言う。それは絶対に真理ではない。信じることは、真理とは全然関係がないからだ。あなたはこれが夜だと信じることはできるが、それはただあなたがそう信じているだけであって、あなたが信じたから夜になるのではない。しかしあなたは、信じることはできる。あなたは自分の目を閉じることができる。そうすれば、それはあなたにとって夜になる——しかしそれは、ただあなたにとってにすぎない。覚えておきなさい。それは真理ではない。あなたはある種の妄想の中に生きている。

信じることには、この危険が存在する。それはあなたに、自分は真理を知っていると感じさせる。探求において最も大きな障害になるのは、それがあなたに、自分は真理を知っていると感じさせるからだ。信じていても信じていなくても、あなたは妨害される。不信もまた、信じることを否定しているからだ。

カトリック教徒は神を信じている。共産主義者は神を信じていない。両者とも信じる者だ。カーバ神殿（イスラム教神殿）に行こうと、国際共産党に行こうと、カイラス山に行こうと、クレムリンに行こうと、すべて同じことだ。信者は、それはそうだと信じる。非信者は、それはそうではないと信じる。そして両者が、それを発見しに行くという労を惜しんで、すでにもう腰を落ち着けてしまっているため、彼らの信仰が深ければ深いほど、強ければ強いほど、障害は大きくなる。彼らは決して巡礼し続けない。それは無意味なことだ。彼らはそれ独自の、自ら創った、独立した幻想に取り囲まれて生きている。それは慰めてはくれるかもしれないが、解放させてはくれない。

非常に多くの人々が、信仰と不信仰の中で自分たちの生を浪費している。

あなたが信じることのすべてを落とす時にだけ、真理の探求が始まる。あなたは言う。「私は自力で真理に出会ってみたいと思っています。私はキリストも仏陀も信じていません。自分自身がキリストか仏陀になってみたいのです。自分自身の光でありたいのです」

なぜ、キリスト教徒でなければならない？　それは醜い。もし可能ならキリストでありなさい。しかし、キリスト教徒ではいけない。もしあなたが、自分自身にいくらかの尊厳を持っているなら、仏陀になりなさい。しかし仏教徒であってはいけない。仏教徒は信じ、仏陀は知る。

あなたが知ることができたら、知ることが可能なら、なぜ信じることに甘んじるのだろう。しかしまたもや社会は、あなたに信じてもらいたがる。なぜなら信じる人々とは、善良で従順で法律を守る人々だからだ。彼らはすべての形式と礼儀に従う。彼らは決してやっかい者ではない。簡単に群衆に従う。彼らはどんな群衆であれ、そこへ参入してしまう。彼らはあっさりと群衆とともに進む。彼らは本当の人間ではない。彼らは羊であり、人間はまだ出現していない。

かつて誰かが、ジョージ・バーナード・ショウに言ったことがある。「あなたは文明というものについてどう思いますか？」。すると彼は言った。「それはいい考えだ。誰かがそれを試してみるべきだ」それはまだ試されていない。人間とは、いまだに起こりつつあるものだ。私たちは、まだ動物性と人間との間を手探りしている状態だ。私たちは世界から忘れられた状態だ。人間は生まれなければならない。人間には誕生することが与えられるべきだ。私たちは人間が出現するために、その地盤を準備しなければならない。

そして、もし私たちが「信じること」を落とすなら――もし私たちが、キリスト教徒、ヒンドゥー教徒、イスラム教徒、ジャイナ教徒、仏教徒、共産主義者であることを落とせるなら――人間が世に現われるのを助けるという、最も意義深いことになる。もし、あなたが「信じること」を落とせるなら、すぐさまあなたのエネルギーは新しい方向へ向かう。それは探求し始めるだろう。そして探求することは美しい。あなたの生は、真理への巡礼の旅になるだろう。その巡礼の旅そのものの中で、あなたは成長する。

成長とは、真理を探求することの副産物だ。信じる者は決して成長しない。彼らは子供っぽいままだ。そして覚えておきなさい。子供のようであることと、子供っぽいことは正反対だ。それは同じではない。子供のようであることは美しい。信頼の人は子供のようであり、信仰の人は子供っぽい。子供のようであることは、成長の最終段階だ。それはまさに最高地点だ。意識的な状態が最終的な頂点に達する。子供のようであることは、賢者であるという意味だ。そして子供っぽいということは、ただ単に成長していないということだ。

今日の地上での人間の平均精神年齢は、十二才以上ではない。最初にこれがわかった時は、すごいショックだった。誰もそれについて考えたことすらなかった。それがわかったのは、単なる偶然によるものだった。第一次大戦において人間の歴史上初めて、志願兵だった人たち、自ら軍隊に入隊した人たちが検査を受けた。彼らの精神年齢が調査され、その知能指数が測定された。これは大変意外なことだった。彼らは十二才以上ではない。平均精神年齢はたったの十二才だった。

これが子供っぽい状態というものだ。身体は成長し続けるが、マインドは十二才で止っている。何という類の人間を、この地上に創ってしまったのだろう？　なぜマインドは十二才で止るのだろうか？　人は十二才までに、あらゆる種類の信仰を集めてしまうからだ。人はすでに信じる者だ。人はすでに真理とは何かを知っている。ある人はキリスト教徒であり、ある人は共産主義者であり、ある人は神を信じ、ある人は信じていない。ある人は聖書を信じ、そしてある人は資本論を信じている。ある人はバガヴァッド・ギータを信じている。ある人は毛沢東の『語録』を信じている。

私たちは、かわいそうな子供たちの無垢なマインドの中へ概念と観念を教え込む。彼らはすでに知っている者になる。あなたは知っているだろうか？——七才で子供はすでに、彼が知るだろうすべての五十パーセントを知る。そして十四才になるまでには、ほとんど到達してしまう。もう行くべき所はどこにもない。彼はただ無為に暮らすだけだ。今や彼は、キャベツのように存在している。それからもし彼が大学に行くなら、諺のとおり、彼はカリフラワーになるかもしれない。大学の教養を持つキャベツがカリフラワーだ。しかし、たいした違いはない。ただラベルが変わっただけだ。キャベツは修士号や博士号などのあれやこれやになる。そしてただ敬意を示すために、私たちはそれをカリフラワーと呼ぶ。しかし精神年齢は十二才だ。

真の人間は最後まで成長する。死のうとしている間ですら、彼は成長している。生の最後の瞬間でさえまだ調べ、探求し、学んでいるだろう。彼はまだ問うているだろう。今や、死について調べている。彼は、死がそれほど未知な現象であることに、それほど神秘的であることに、生よりもはるかに神秘的であることに心を奪われるだろう。知的な人は、どうやって恐れることができるだろう？もし彼が生において、地図にも載っていない、未知なるものの中へ行くことを恐れないなら、死の瞬間に、彼はわくわくして夢中になるだろう。今、最後の瞬間がやって来る。彼は暗闇の中へ、死の暗いトンネルの中へ入って行く。これは、人がこれまでに進むことのできる最も偉大な冒険だ。彼は学んでいる。

真の人間は決して信じない。彼は学ぶ。真の人間は決して博識にはならない。彼は常に開いたままだ。真理に対して開いたままだ。そして彼は常に「真理が私に、適応しなければならないのではない。まさにその反対だ」と覚えている。信じる者は、自分自身に真理を適応させようとする。探求者は真理に彼自身を適応させる。その違いを覚えておきなさい。その違いは途方もない。信仰する人は言う。「真理はこのようなものであるべきだ。これが私の信仰だ」

ちょっと、キリスト教徒のことを考えてごらん。もし神がイエス・キリストのようにでなく、クリシュナのように、十字架ではなく、フルートと彼の周りで踊っているガールフレンドたちと共に現われるなら、キリスト教徒は目を塞ぐだろう。彼は「これはどうも趣味に合わない」と言うだろう。ガールフレンドだと？　あなたはガールフレンドと一緒にいるイエスを考えられるだろうか？　十字架とガールフレンドは、一緒に行くことはできない。イエスは十字架を担ぎ、そしてガールフレンドがその周りで踊る？　それは変だ。それは非常に奇妙だ。彼はキリストが現われるのを待っていたが、キリストの代わりにこの野郎が、クリシュナが現われた。彼は道楽者のようだ。フルート？　世界は苦しんでいる、人々は飢えている、彼らにはパンが必要だ――だが、この男はフルートを吹いている？

彼は全く無慈悲のように、気ままのように見える。キリスト教徒はクリシュナを信じられない。もし神がクリシュナとして現われるなら、キリスト教徒は言うだろう。「こいつは神ではない」

そして同じことが、クリシュナを待っていたヒンドゥー教徒に当てはまる。もしキリストが現われるなら、それは彼の考える神ではない――とても悲しく、なんとも陰気な顔、とても暗く、苦しみの表情をしている。

キリスト教徒は、イエスは決して笑わなかったと言う。私は彼らが正しいとは思わない。彼らが真のキリストを記述しているとは思わないが、彼らがどうにかして伝承してきたものがそれだ。ヒンドゥー教徒は啓示を受け入れられない。彼は、これはある種の悪夢だと考えるにちがいない。イエスは彼にアピールしない。

信者は、彼個人の体験を信頼することすらできない。もし真理が明らかにされても、自分に合わない限り、彼は拒絶するだろう。真理それ自体よりも彼が重要なのだ。真理には彼と合致する義務がある。彼が価値基準であり、決め手なのだ。この種の人間は、決して真理を知ることができない。彼はすでに偏見をいだいて毒されている。

真理を知りたいと思う人間は、真理についてのすべての概念を落とすことだ。真理についてのあらゆることを落とすことだ。ただその時にだけ、あなたは真理を知ることができる。よく理解しなさい。真理について知ることは、真理を知ることではない。あなたが知るものは、何であれ全くのナンセンスかもしれない。それが、全くのナンセンスだというあらゆる可能性がある。実際、人々はどんな種類のナンセンスも信じるように条件付けられる。彼らは納得させられる。

一度私は、神智学者たちの会合で講義をしたことがある。さて、神智学者たちはどんな戯言も信じる人々だ――どんなことも、だ！　それが大げさであればあるほど信じる。だから私はちょっとからかってみた。私はあるものを簡単に考案した。私は「シトナルタ」という社会をでっち上げてみた。彼らはみんな居眠りしていたが、それで目を覚ました。「シトナルタ?・」(*Sitnalta*)。私はただ「アトランティス」(*Atlantis*)を後ろから読んだ言葉を、作っただけだった。そして私は彼らに言った。「この知識は、大西洋に消えた大陸アトランティスから来たものだ」

それから私は、それについて話した。「そこには七つではなく本当に十七のチャクラがある。その偉大な古代の秘教的知識は失われている。しかし、光明を得た師たちの社会はまだ存在する。それはまだ働いている。それは非常に秘教的な社会だ。非常に少数の人々だけが、そこととどんな接触も持つことが許されている。その知識は全く秘密を守られている」

そして私は、自分で扱えるあらゆる種類のナンセンスを話した。するとその協会の会長が「私はその社会について聞いたことがある」と言ったのだ。今や、驚くのは私の番になった。そして彼は、私の言ったことが何であろうと、この秘教的社会に関する知識が、これほどまでに明らかにされたのは初めてのことだ、と言った。

それから手紙が私に届けられた。ある男はこのように書いてきた。「私は、神智学者たちにこの内的秘教サークルを紹介してくれたあなたに、非常に感謝しています。なぜなら私は、その社会の一員だからです。そして私は、あなたが言ったことは何であれ、絶対的に真実であると保証できます」

このように、どんなことでも信じようと、ただ待っている人々がいる。なぜなら、信仰が無意味であればあるほど、より重要に見えるからだ。それが馬鹿げていればいるほど信用できる。というのも、もしあるものが論理的であるなら、それを信じるかどうか、という問題はないからだ。あなたは太陽を信じない。あなたは月を信じない。あなたは相対性理論を信じない。それを理解するかしないか、のどちらかだ。そこには信じるという問題はない。あなたは引力を信じない。その必要はない。誰も科学的理論を信じない。それは論理的だ。何か不合理なものが、何か全く馬鹿げたものが提出される時だけ、信じることが必要となる。

テルトゥリアンは言った。「私が神を信じるのは、それが馬鹿げているからだ。私の教義は馬鹿げたものだ」

すべての信仰は馬鹿げている。もし信仰が非常に論理的なら、あなたの中に信仰は生まれない。そこで人々は、信仰を生むための物事を考案し続ける。

人間は基本的に臆病者だ。彼は問いかけたくないし、「私は知らない」と言いたくはない。さて、神智学協会の会長は言った。「私はこの社会について聞いたことがある」。彼は自分が知らないとは言うことができない。彼はそれほどの勇気すら持ち合わせていない。自分が無知であることを受け入れるのは勇気がいる。自分は知らないということを受け入れることが、真の知識の始まりだ。あなたが信じ続けるのは、自分の生の中に満たすべき穴があるからだ。信仰は簡単に利用できる。

地球には三百の宗教がある。一つの真理に三百の宗教？　一人の神に三百の宗教？　一つの存在に三百の宗教？　私は宗派について語っているのではない——各宗教はまた、数十の宗派を持っているからだ。そしてさらに、その宗派の分派がある。それはどんどん続く。もしあなたが、すべての宗教とすべての分派を数えるなら、三千、あるいはさらにもっと多くなるだろう。

とても多くの信仰が、お互いに相容れないで、どうやって先に進めるのだろうか? それは確かに人々には必要だ。それは無知を表わさないために必要なのだ。どうすればこの必要を満たせるだろう?

少しの信仰を集めてごらん。すると信仰が馬鹿げていればいるほど、あなたはより博識に見える。なぜなら、他の誰もそれについて知らないからだ。

地球の内部には空洞があり、そこには文明が存在すると信じている人々がいる。さて、もし誰かがそう言うなら、あなたはそれを否定できないし、受け入れることもできない。しかし少なくとも、あなたは注意深く聞かなければならない。それは一つの要点にかなう。あらゆる人は、注意深く聞いてもらいたがっている。そして確かなことは、この人間はあなたよりも知っている、ということだ。あなたは地球が空洞かどうか知らない。だがこの人間は知っている。そして誰にわかる? 彼は正しいかもしれない。彼は千と一つの証拠を集めることができる。彼はそのために論争ができる。彼は、もしあなたが同意しないなら、少なくともあなたが沈黙せざるを得ないようなやり方で提議できる。

信仰者——世の中は信者たちでいっぱいだ。しかしどこに真理があるのだろう? とても多くの信者たちがいる。しかし真理はどこにあるのだろう? もしジョン・リリィが正しいなら、世界は真理でいっぱいなはずだ。あなたはあらゆるところでそれに出会っただろう。あらゆる人が真理を持っただろう。なぜなら、あらゆる人が信者だからだ。だが違う。それはすべてナンセンスだ。

彼は言う。「マインドが信じているものは真理であるか、または真理になる」

違う。マインドが信じるものは、決して真理ではない。なぜなら、真理は信じる必要などないからだ。信じることは真理の邪魔になる。そしてマインドが信じるものは、決して真理にはならない。なぜなら真理とは「なる」ものではないからだ。真理とは存在するものだ。それはすでに実情なのだ。あなたはそれを見なければならない――あるいは、あなたはそれを見ないようにし続けることができる。しかしそれは存在する。何もそれに加えられない。それは永遠に存在する。

そして真理を避ける最も良いやり方は、信じることだ。その時、あなたはそれを見る必要がない。あなたの目は信仰でいっぱいになる。信仰は目の上の埃のような働きをする。あなたは自分自身の内側へ閉じこもるようになる。信仰はあなたの周りの牢獄になる。信仰はあなたを閉ざす。その時あなたは、窓のない存在の中で自分自身の内側で生きている。そしてあなたは、自分が信じたいものは何であれ、信じ続けることができる。しかし覚えておきなさい。それは信仰だ。そして信仰とは偽りだ。

真理があなたに語られる時ですら、それを信じてはいけない！と言わせてほしい。探検し、問い、探求し、実験し、体験しなさい。それを信じてはいけない。真理があなたに伝えられる時でさえ、もしそれを信じるなら、あなたはそれを偽りに転じてしまう。信じられた真理は偽りだ。信じることは真理を偽りへと転ずる。

仏陀を信じてごらん。するとあなたは偽りを信じている。キリストを信じてごらん。するとあなたは偽りを信じている。キリストを、仏陀を信じてはいけない。私を信じてはいけない。私が言うことは注意深く、知的に聞きなさい。実験し、体験しなさい。そしてあなたが体験した時は、それを信じる必要があるだろうか？　疑いは残っていない。では、信じるというその要点とは何だろう？　信じることは、疑いを抑圧するやり方だ。あなたは疑っている。だから信じる必要がある。

信仰という岩が、疑いという春を抑圧する。

あなたが知る時、あなたは知る！　あなたは、それがそのようであるのを知る。そこに疑いは残されていない。あなたの体験は、すべての暗闇とすべての疑いを追放した。真理は在る。あなたはそれで満たされている。真理は決して信仰を作らない。

どうやって真理を達成するか？　それは、すべての種類の信仰を落とすことによってだ。そして覚えておきなさい。私はすべての種類と言っている——それは私を信じることも含まれている。私を体験しなさい。私と共に来なさい。私が見てきたものを分かち合ってほしい。しかし信じてはいけない。急いではいけない。「今、何がその要点なのだろう？　ＯＳＨＯはそれを見てきた、私にとって残されているもののすべては、それを信じることだ」と言ってはいけない。

私が見てきたものは、あなたがそれを見ない限り、あなたの体験になり得ない。無知や束縛や災いからあなたを解放するのは、真理の体験だ。あなたを解放するものは信仰ではなく、真理なのだ。イエスは言っている。「真理とは解放だ」。しかし、どうやって真理に達しよう？　それは信仰の問題なのではなく、瞑想的状態の問題だ。では瞑想とは何だろう？　瞑想とはすべての信仰、イデオロギー、概念、思考に対して、あなたのマインドが完全に空っぽである、ということだ。ただ、空っぽのマインドにおいてだけ、鏡の上に埃が積もっていない時にだけ、真理は反映する。

その反映が祝福だ。

最後の質問

OSHO、ただただ生に感謝しています。すべての素晴らしい技法は、もうこれ以上効果はありません。「私」はマインドが落ちるのにまかせ、技法も落ちるにまかせるでしょう。私は、あなたが私を地獄に送り戻すことを心配しています。

サーベッシュ、技法は決してどんな役にも立たない。技法は決して効果的ではない。しかしそれはまだ目的の役に立っている。その目的は否定的だ。もし刺があなたの足に刺さっているなら、あなたはそれを引き抜くために別の刺を必要とする。一つ目の刺が二つ目の刺によって引き抜かれたとして、感謝の意をこめてその傷に二つ目の刺を戻してはいけない。両方捨てなさい！　二つ目の刺は一つ目と同じくらいのものだ。それの質は変わらない。

あなたのマインドは屑で一杯だから、それを引き抜くためのものが必要だ。しかしそれを引き抜こうとするものは何であれ、それも屑だ。それは同じことだ。毒は毒を殺すために必要だ。それを薬と思って、二番目の毒に執着してはいけない。二番目の毒依存症になってはいけない。

「すべての素晴らしい技法は、もうこれ以上効果はありません」と、あなたが言っているのはいいことだ。それらは決して存在しなかった。しかしそれでも、それらは目的に役立っている。というのも人はそれを取り去らなければならないほどの、馬鹿げた生を生きているからだ。そして覚えておきなさい。あなたの偽り、信仰、無知は、何とかしてでも落とすことだ。いくつかの方法と手段が、考案されなければならない。一度あなたのマインドが落とされたら、すべての技法の馬鹿げた全体を見るだろう。その時あなたは、それらが全く必要なかったことを理解する。

しかし、それについて他人に話し始めてはいけない。なぜなら多くの人々は、その始まりの時からそれを落とすかもしれないからだ。もしそれが必要でないのなら、なぜわざわざするのだろう。それは必要とされる。たとえ、それを落とさねばならない時が来るとしても。それを使いなさい、そして落としなさい。すべての技法は梯子のようなものだ。あなたが梯子に登って上の階に達したなら、その梯子について心配する必要はない。それは捨てることができる。

実際、それは捨てなければならない。それを保つことは、戻ろうとする何らかの無意識な欲望が、あなたの中にあるのかもしれない。あなたは自分が、その古い層に戻りたいときのために、梯子をそこに置いておこうとしているのだ。その梯子はそのやり方でも、役に立つことができる。梯子は中立だ。それはあなたを上の階へ送ることができる。古い状況まで戻すことができる。しかし、梯子があなたに指示することはできない。

実際、あなたが梯子を登った瞬間、あなたはそれを使い、そして生の違った段階に、理解の違った段階に達する。梯子をすぐに捨ててしまいなさい。あなたがそれに執着し始める前に。

だからあなたが、技法はもう効果がない、と思うことはいいことだ。

「私はマインドが落ちるのにまかせ、技法も落ちるにまかせるでしょう」

もし技法がもうこれ以上は効果的でないのなら、サーベッシュ、マインドはどこにある？　そしてもしマインドが落とされるためにまだ存在しているのなら、どうか急がないでほしい。技法にはまだ果たすべき働きが少しあるのだ。

あなたはマインドを落とすことはできないだろう。マインド以外のあなたとは誰なのか？　誰がマインドを落とすのだ。誰がマインドを落とさせるのだ？　あなたはまだそうではない。ただマインドが落とされる時にだけ、あなたは自分自身を知る。マインドが消える時、あなたは自分が誰であるかを知る。それ以前では、あなたは知らない。それはただ、マインドがマインドを落とすことを考えているだけだ。マインドは非常に微妙だ。非常にずる賢い。それは新しいゲームで遊び続けられる。それは「そうだ。マインドを落とすことはとてもすばらしいことだ」と言える。それもまた、マインドなのだ！　そしてマインドは「どんな技法も必要ない。サーベッシュ、あなたは私を簡単に落とすことができる――それはあなた次第だ」とも言える。

マインドは、非常に微妙なトリックで遊んでいる。それは、最初に技法を落とすようにあなたを助ける。それからマインドは考える。「私たちにはわかる。もしあなたが私を落とせるなら、それは私たちにわかる！」

もしそれが――その技法はもう役に立たない、と本当に理解されていたなら、それはマインドが落とされたと理解することと同義だ。それは同じ事を意味している。技法はもう必要ではないということ、もう役に立たないと知ることは、マインドはもう存在していないということが解る、ということだ。マインドが技法なのだ。マインドがテクニックなのだ。マインドは技法なしでは存在できない。技法は、マインドなしでは存在できない。それらは一緒に行く。それらは同じエネルギーの二つの局面なのだ。

そしてあなたは言う。「私は、あなたが私を地獄に送り戻すことを心配しています」

もし技法が本当に落とされるなら、地獄へ戻る道はない。たとえ、もし私があなたを送りたいと思っても私にはできない。地獄へ行くためには技法が必要だ。地獄から戻ってくるためには、技法が必要だ。地獄の中へ入って行くためには技法が必要だ。しかし、天国に行くために技法は必要ない。あなたが地獄から出てくる時、あなたは天国にいる。

だから質問のすべては、どうやって地獄から出てくるか?ということだ。地獄から出ることが天国だ。天国とは、あなたが行かねばならない「ある場所」ではない。そうでないなら技法が必要だっただろう。道と方法が必要だっただろう。道も方法も必要ない。すべての道、すべての方法は地獄へと導く。しかし、もしもあなたが地獄にいるのなら、そこから戻ってくるために、同じ道と同じ方法を使わなければならない。

人間がこれまでに創り上げてきた最も美しい寓話の一つ、知識の木の実をアダムとイヴが食べるという寓話を話させてほしい。知識の木の実を食べた瞬間、彼らは堕落した。原型は崩壊した。彼らはもう楽園にはいない。もう不死ではない。もう永遠ではない。彼らは接触を失った。何が起こったのだろう? マインドが創られたのだ。

それが寓話の持つ意味だ。知識の木を食べることがマインドを創る。彼らが知識の木の実を食べた瞬間、マインドが創られた。アダムとイヴはまだ同じ所にいる。同じ空間にいる。彼らはどこにも行っていない。しかしマインドが創られた――そして一度マインドが存在すれば、楽園は失われる。忘れられる。人は眠りに落ち、地獄の夢を見始める。死、そしてその他諸々の……、今やあなたは、知識の実を吐き出さなければならないだろう。

自分のシステムから、マインドを吐き出すことだ。いったん自分のシステムから、知識やマインドを吐き出してしまったら、突然あなたは自分が楽園の中にいる事実に気づくだろう。そしてあなたは、そのバカバカしさ全体を笑い始めるだろう。なぜなら自分が、決して他のどこにも居なかったということに完璧に気付くようになるからだ。あなたはそれを知る。あなたは常にここにいる。いつも、いつも……。あなたはただ眠りに落ちていて、悪夢を見ていただけなのだ。今、その毒があなたのシステムから出てくる。悪夢は終わりとなる。

私たちはエデンの園にいる。たった今、この瞬間そのものに。何者も、あなたを地獄に送ることはできない。サーベッシュ、知識以外、技法以外、マインド以外の何者も……。

理解してごらん。何かを落とすことに急ぐよりは、むしろ理解しようとしてごらん。もっと気づくようになりなさい。もっと油断なく、もっと用心深く、もっと注意深くなりなさい。すると技法は消え、そしてマインドは同じ瞬間に消える。その時、地獄は存在しない――実際、それは決して存在していなかった。あなたが、ただそれを想像していただけだ。それはすべて楽園であり、常に楽園なのだ。私たちは神の中にいる。私たちが神なのだ。

今日はこれくらいでいいかな。

第四章

反逆のための最後のチャンス

The Last Chance to Rebel

最初の質問

OSHO、ほんの少し前、夜眠っている間に、あなたの講話の夢を見ました。その朝あなたが、「詩は明け渡しである」と言った以外は、何も思い出せませんでした。それ以来、詩が明け渡しと関係があるのか、また逆もそうなのか、そして詩がどのようにして愛や祈り、瞑想のような道になるのか、不思議に思い続けています。

デヴァ・リチャ、詩は全体を包含する。それは愛を、祈りを、瞑想を、そしてもっと多くのものを包含する。神聖なものすべて、美しいものすべて、あなたを超越へと導くものすべては、詩の中に包含されている。

詩とは、ただの詩だけではない。詩は宗教の本質だ。詩とは、マインドがあなたと存在との間で、もうこれ以上、口出ししてはいない状態のことだ。あなたと存在との間に交感があれば――直接的に、即座に、あなたが突然、全体に所有される時、分離した実体としてのあなたは消える。そして全体があなたを通して語り始める時、あなたを通して踊り始める時、あなたは空洞の竹になり、全体はあなたを一本の笛へと変容させる。

詩とは全体が部分の中へと降下すること、大洋が露の中へ消えることだ。詩とは一つの奇跡だ。そして私が「詩」という言葉を使う時、それはシェイクスピアを、カリダスを指しているのではない。彼らはただの部分的な詩人だ。そう、彼らは詩の確かな瞬間を知ったが、詩人ではない。彼らは、未知の扉が開かれた時に、ほんの少しの一瞥を得た。彼らは生の最も深い源泉に、いくらか接触した。しかしその瞬間とは、未知なるものからの混ぜ物のない贈り物だったのだ。彼らはそれに到達する方法を、何も知らなかった。全体がどうやって彼らに到達するのか、何も知らなかった。ほとんど無意識だった。それは夢の中で起こった。ちょうど、夢の中であなたに起こったように。彼らは夢想家たちだった。

世界のいわゆる偉大な詩人たち、偉大な画家たち、音楽家たち、彫刻家たち、彼らはすべて夢想家たちだ。そう、彼らは自分の夢の中でほんの少しの一瞥を得た。何かが浸透した。あちらこちらで、光線が夢の壁を通り抜けることができた。そのただ一つの光線でさえ、シェイクスピアやカリダスを創り出すのに充分だった。しかし、それは私が指し示しているものではない。

私が詩と言う時、それは覚者《ブッダ》たちを通して流れたものを意味する。それは真の詩だ。仏陀は夢想家ではない。アティーシャは夢想家ではない。もし何かであるとすれば、彼らは目覚めた人だ。夢は消え、蒸発してしまった。今やそれは不意に彼らに訪れ、彼らを支配し、それから彼らを空っぽにし、消耗させ、疲れさせたままにしておくというような、ただ真理の一瞥だけではない。

普通の詩は単なる跳躍だ。ほんの一瞬、彼は大地から離れる。しかし、ただほんの一瞬だけだ。そして、再び彼は大地に戻る。

覚者《ブッダ》は翼を持っている。彼は跳躍しない。彼は、どうやって最も遠い星に行くかを知っている。未知なるものへのアプローチの方法を知っている。神秘への扉を開く鍵を持っている。彼は師《マスター》だ。そしてその時、彼自身ではないものが彼を通して流れ始める。彼はただ、媒体であるにすぎない。彼は支配される。その時、彼が語ることは何であれ詩となる。あるいは、もし彼が沈黙を保っていても、その沈黙が詩だ。彼の沈黙には、途方もない音楽がある。彼が語るかどうかは問題ない。語る時、彼は詩を語る。語らない時、彼は詩にとどまる。彼は詩に囲まれている。彼は詩の中を歩く。彼は詩の中で眠る。詩は、彼のまさに魂そのものだ。それは彼の存在の真髄だ。

この詩は、どのようにして起こるのだろう。それは明け渡しの中に起こる。部分が全体へと明け渡せるだけの、充分な勇気が集まった時に起こる。水滴が、大洋の中へ消えて大洋そのものになる時に起こる。

明け渡しは、非常に逆説的な状態だ。一方の手の上であなたは消え去り、もう一方の手の上であなたは初めて無限の栄光の中に、多次元の光輝の中に現われる。そう、水滴は消え去る。永遠に去る。それを奪還するための、取り戻すための方法はない。水滴はしずくとして死ぬ。しかし実際のところ水滴は大洋になる。海になったのだ。それはまだ存在している。もはや有限の実体としてではなく、無限で際限のない、限りなきものとして存在している。

これが不死鳥《フェニックス》の神話の意味だ。彼は死ぬ。彼は完全に燃え尽きて灰になる。それから突然、灰の中から再誕生し復活する。不死鳥はキリストを表わしている。磔と復活。不死鳥は仏陀を表わしている。エゴとして死ぬ。そして、全くエゴのない状態で新しく生まれる。それは、知った人々すべてを表わしている。知ることは、不死鳥であることを表わしている。あるがままのあなたとして死になさい。そうすれば、本当のあなたとして在ることができる！　あなたの偽物、でたらめ、存在から分離しているものすべてを死なせなさい。

私たちは、自分は分離していると信じ続けている。そうではない。一瞬の間ですらそうではない。あなたの信仰にもかかわらず、あなたは全体と一つだ。しかし、信仰はあなたに悪夢を創り出すことができる。それは必ず創り出す。「私は分離している」と信じることは、恐れを作るということだ。

もし全体から分離していたら、決して恐怖を取り除くことはできない。全体はとても広大であなたはとても小さく、ちっぽけで原子のようだからだ。そして全体に吸収されないように、あなたは絶え間なく全体と戦わねばならない。大洋があなたをすっかり飲み込まないようにと、あなたは絶えず警戒し、気が休まらない。あなたは何重もの壁の後ろ側で、自分自身を防御せざるを得ない。この努力すべてが、まさに恐れそのものだ。死が自分に迫り、あなたの分離しているものが破壊されようとする時、あなたはずっと気づいている。それが死のすべてだ。死とは、全体が部分の返還を求めることだ。死が訪れ、自分が死ぬことをあなたは恐れる。どうやって長く生きる？　どうやってある種の不死の状態に達する？　人間は多くのやり方でそれを試す。子供を持つのは一つの方法だ。そのための子供を持つという継続した衝動がある。子供を持つというこの欲望の根っこは、子供とは全く関係ない。それは死と関係がある。

あなたは、自分が永遠にはここにいられないことを知っている。どう試みようとも、あなたは失敗するだろう。あなたはそれを知っている。なぜなら無数の人々が失敗しており、誰も成功したことがないからだ。あなたは空頼みをしている。その時、他のある方法を見つける。最も単純な方法の一つ、その最も古い方法が子供を持つことだ。あなたはここにいない。しかしあなたの何か、あなたの粒子、あなたの細胞は生き続ける。それは、不滅になるための身代りの方法だ。

今や科学は、よりはるかに高度な方法を見い出した。あなたの子供は、あなたにほんの少し似ているか、全く似ていないかもしれない。だが、子供があなたそっくりに現れるという保証はない。そこで科学は、あなたを複製する方法を見つけた。あなたの細胞のいくつかは、保存ができる。そしてあなたが死ぬと、保存されたあなたの細胞から複製が創られる。複製は、全くあなたのようであるだろう。双子ですらそれほど似てはいない。もし自分の複製に出会ったら、あなたは驚くだろう。彼は確かにあなたのようだ。ほんとうにあなたのようだ。

今やより安全のために、あなたが生きている間に複製を造ることができる。その複製は、深い冷凍庫の中で保存できると言う。そこでもし、ある事故が起これば、あなたが交通事故で死ねば、あなたはすぐに取り替えることができる。あなたの妻は、決して見破ることはできないだろう。あなたの子供たちは決して、このお父さんがただの複製だと知ることはないだろう。彼は完全にあなたのようであるからだ。

人間たちはまた他の方法も、これよりもはるかに洗練された方法を試した。本を書いてごらん。絵を描いてごらん。偉大な交響曲を作曲してごらん。あなたは去るが、音楽は残る。あなたは去るが、あなたのサインは本にある。あなたは去るが、あなたが作った彫刻は存在する。それはあなたを、人々に思い起こさせる。あなたは彼らの記憶の中に生き残るだろう。あなたは大地を歩くことはできないが、人々の記憶の中を歩くことができる。それは何もないよりかは、ましだ。有名になるがいい。歴史の本の中にいくつか印を残すがいい。もちろん、それらはただの足跡にすぎない。しかしそれでも、何もないより何かあったほうがましだ。

人間は試み続けてきた。古来より、どうにかしてある種の不死性を持とうと試み続けてきた。それほど死の恐れは大きい。それはあなたの生全体を悩ます。

あなたが分離という観念を落とす瞬間、死の恐怖は消える。だから私は、この明け渡しの瞬間を最も逆説的なものと呼ぶのだ。あなたは自発的に死ぬ。その時、あなたは全く死ぬことはできない。なぜなら、全体は決して死なないからだ。ただその部分だけが取り替えられる。しかしあなたが全体と一つになるなら、あなたは永遠に生きる。あなたは誕生と死を超えていく。

それが涅槃《ニルヴァーナ》、光明、解脱《モクシャ》、神の王国の、不死なる状態の探求だ。しかし満たすべき条件は、非常に恐ろしいものだ。その条件とは、初めにあなたは、分離した実体として死ななければならない。それが明け渡しについてのすべてだ。分離した実体として死ぬこと。一つのエゴとして死ぬこと。そして実際、それを心配することは何もない。あなたは分離していないからだ。それは、ただそう信じているだけだ。だから信じているものだけが死ぬのであって、あなたではない。それはただの概念、一つの考えであるだけだ。

それはまるで、夜の暗闇で一本のロープを蛇だと思い込み、とてつもなく恐れ、震え、汗をかいて蛇から逃げるようなものだ。それはただのロープだ。そして誰かがやって来て言う。「心配しなくていい。私はそれを日中に見た。それはただのロープだと、よく知っている。もし私を信頼できないなら、私と共に来なさい！それがただのロープなのだと見せてあげよう！」

それが覚者《ブッダ》たちが古くからしてきたことだ。

「私と一緒に来なさい！　来て、見なさい！」。彼らは手にロープを取り、それがただのロープであることをあなたに見せる。蛇は最初から決して存在していなかった。すべての恐れは消える。あなたは笑いはじめる。自分自身を笑い始める。自分は何と愚かであったことかと……。あなたは最初から、決して存在していなかったものから逃げ続けていた！　しかしそれが存在していようがいまいが、汗をかいたことは現実《リアル》だった。その恐れ、震え、心臓の鼓動の高鳴り、血圧の上昇――これらすべては現実だった。

現実でないものは、現実を誘発できる。それを覚えておきなさい。それが現実だと思うなら、それは現実的なものとしてあなたに作用する。ただあなただけに――。それが夢のリアリティだ。しかしそれは、あなたに影響を与えることができる。それはあなたの生全体に、あなたの生き方全体に影響を与えることができる。

エゴは存在しない。あなたが少し油断なく覚醒し、意識的になる瞬間には、エゴは全く見つけられない。それは、あなたが蛇だと誤認していたロープだ。あなたはどこにも蛇を見つけることはない。

死は存在しない。死は現実ではない。しかしあなたはそれを創る。あなたは分離を創ることで、それを創る。明け渡しとは、分離という観念を落とすことだ。死は自動的に消える。恐れはもう見つけられない。そしてあなたの生の風味全体が変わる。その時それぞれの瞬間は、純粋な喜び、楽しみ、至福、そのような純粋な結晶だ。その時、それぞれの瞬間は永遠だ。そのやり方で生きることが詩だ。エゴ無しで、瞬間から瞬間へと生きることが詩だ。エゴ無しで生きることは優美なもの、それは音楽だ。エゴ無しで生きることが生きること、本当に生きることだ。その生を、存在に明け渡している人の生を、私は詩と呼ぶ。

そして覚えておきなさい。もう一度くり返させてほしい。存在に明け渡す時、あなたは現実の何かを明け渡しているのではない。あなたは単に誤った概念を明け渡しているだけだ。幻想を明け渡しているにすぎない。あなたは幻《マーヤ》を明け渡している。最初から、あなたが決して持っていなかったものを明け渡している。持っていないものを明け渡すことで、あなたは自分が持っているものに到達する。

そして「私は家にいる。私はいままでもずっといたし、これからもずっといるだろう」と知ることが、くつろぐという偉大な瞬間だ。「私は部外者ではない。隔離されていない。私は根こそぎにされてはいない」ということ、「私は存在に属している。存在は私に属している」ということを知ると、すべては平穏で、平静で静寂となる。この静寂な状態が明け渡しだ。

「明け渡し」という言葉は、まるであなたが何かを明け渡している、という非常に間違った観念を与える。あなたはどんなものも明け渡してはいない。ただ単純に、夢を落としているだけだ。あなたはただ、社会が創り出した独断的なものを落としているだけだ。

エゴは必要だ。それは社会の中で任務を果たすための、確かな機能を持っている。神に明け渡す時でさえ、人は「私」という言葉を使い続ける。しかし、今それはただ実用的なものであり、実存的なものではない。彼は自分がいないことを知っている。彼が「私」という言葉を使うのは、それを使わないと他人との間に不必要な問題が生じ、コミュニケーションが不可能になるからだ。それはすでに不可能だ！　人々とコミュニケートすることはより困難だ。それは単なる任意の方便だ。それは任意の、実用的で役に立つ方便だ。もし、「私」という言葉が全く実存的ではないと知っていたら、何も問題はない。

リチャ、あなたの夢はあなたに一瞥を与えた。その夢はあなたに何かを、目覚めている間は見ることができない何かを見せてくれた。それは時々起こる。意識的なマインドは、明らかにより利己的《エゴイスティック》だ。

エゴは決して無意識の中へ入り込まない。社会はただ意識だけを教えることができる。無意識を教えることはできない。彼らは一生懸命試みているが、少なくともまだ無理だ。

特にロシアでは、無意識を教えることを一生懸命試みている。そしてあいにく、彼らは成功している。彼らは人々が眠っている間に教えている。眠っている時、あなたの意識はもう機能せず、無意識が機能している。今、特にロシアでは、人々が眠っている間に教えるというたいへんな実験をしている。それはできる。それは試されている。

これは、次世代が直面すべき重大な危険の一つだ。もし政治家たちが、人々が眠っている間に教えられる装置を持ったら、誰も反逆できなくなるだろう。

彼が眠っている間、あなたはその人を共産主義者に、カトリック教徒に、ヒンドゥー教徒に、仏教徒に、キリスト教徒に、イスラム教徒にすることができる。そしてそれが自らの無意識の中にあるために、彼は絶対にそれを超えて行くことができない。それを取り除くことができない。なぜなら無意識は意識よりも九倍も強力だからだ。意識はただ、氷山の一角にすぎない。意識はあなたのマインドの十分の一だ。十分の九は無意識だ。もし政治家が無意識に到達できたら、人類は運が尽きる。その時子供たちは、彼らが眠っている間に教えられることだろう。眠りですらあなた個人のものではなく、プライベートではない。眠りですら個人的なものではない。それは国家に所有される。あなたはプライベートな夢を見ることすら、許されないだろう。国家があなたの見る夢を決定する。あなたは反国家の夢を見ているかもしれないし、国家はそれを受け入れる余裕はないからだ。あなたの夢は操られる。あなたの無意識は操られる。しかし、幸いにもそれはまだ起こっていない。

あなた方は、反逆の可能性を持つ最後の世代かもしれない。もし、あなた方が反逆しなければ、もうチャンスはないかもしれない。人類は、ロボットのような存在に変形させられる。だからまだ時間がある間に、反逆することだ。私は時間が多く残されているとは思わない。たぶんこの二十世紀のわずか最後の部分、来たる二十年か二十五年間だろう。もし人類が、この次の二十五年間に反逆できるなら、これは最後の機会だ。もしそうでなければ、人々は全く反逆できなくなるだろう。彼らの無意識は自らを支配するだろう。これまで社会はただ教育を通して、教会を通して、布教を通して、あなたの意識的なマインドを汚染し続けることができた。しかしそれは、ただあなたの意識的なマインドに対してだけだ。あなたの無意識はまだ自由だ。

あなたが深く眠っている時は、あなたは真理の、真実《リアリティ》のより近くにいる、ということがしばしばよく起こる。それは非常に奇妙なことだ。それはそうあるべきではない。あなたは目覚めている間に、真実のより近くにいるべきだ。しかしあなたの目覚めは、すでにあなたのものではなくなっている。それはヒンドゥー教徒だ。キリスト教徒であるし、イスラム教徒だ。それはもうあなたのものではない。社会はすでにそれに干渉し、影響を与え、歪めてきた。しかし、無意識はまだあなたのままだ。

そのため、精神分析があなたの夢にとても関心を持つようになった。なぜなら、夢の中ではあなたはより真実だからだ。夢の中では、あなたはそれほど偽ってはいない。夢の中では、社会のすべての検閲官は消える。夢の中では、あなたはあるがままの事を言っている。あるがままのことを見ている。あるがままのあなた自身を見ている。目覚める瞬間、あなたは偽り始める。あなたの目覚めた状態は長い長い虚偽だ。

したがって眠りはとてもくつろげる。というのも、絶え間なく用心すること、言うべきことを言うこと、社会が必要なことをするのは疲れる。非常に疲れるからだ。人は毎日、こうしたすべてを取り除くために、再び八時間の深い眠りに落ちる必要がある。再び自然であるために。社会と、それが創り出した悪夢と地獄を忘れるために——。

あなたが警戒すればするほど、注意深くあればあるほど、社会の束縛とその把握力から自由になる。その時はあなたの身体だけが眠りを必要とし、その眠りの中ですら、覚醒の底流は続いているだろう。あなたのマインドはどんな眠りも必要としない。それを眠らせるための内在的な必要性はない。それは創られた必要性だ。

あなたのマインドが明晰で、拘束されず自由であれば、マインドを眠らせる必要はますます減るだろう。その時、奇跡が起こる。もし、身体が眠っている間でさえ注意深いままでいられたら、あなたは初めて、自分が身体から離れていることを知るだろう。身体は眠っているがあなたは目覚めている。どうやって、両方同一であり得るだろう？　どうやって、一つであり得るだろう？　あなたにはその違いがわかる。その違いはとても大きい。

身体は大地に属している。あなたは空に属している。身体は物質に属している。あなたは神に属している。身体は粗野だが、あなたはそうではない。身体には限界がある。それは生まれ、そして死ぬ。あなたは決して生まれないし、死ぬこともない。これはあなた自身の体験であって、信じることではない。

信じることとは恐怖指向だ。あなたは自分が不滅なのだと信じたがっている。しかし、信じることはただ単に信じるだけのこと、偽りであり、外側から描かれたものにすぎない。体験は全面的に違ったものだ。それはあなたの内側でこみ上げて来るもの、あなた独自のものだ。そしてあなたが知る瞬間，何ものも、あなたの知ることを揺さぶることはできない。何ものも、あなたの知ることを破壊できない。全世界が反対するかもしれない。それでもあなたは、自分が分離していることを知るだろう。全世界は、魂など存在しないと言うかもしれない。それでもあなたは、その存在を知るだろう。全世界は、神など存在しないと言うかもしれない。しかしあなたは笑うだろう。なぜなら、その体験が自己確認されているからだ。それは自明なことだ。

リチャ、あなたの夢は非常に意義深いものかもしれない。あなた自身の目覚めた意識では認めていないものが、夢見る意識状態の中で起こったのだ。一筋の光があなたの中に入った。

西洋では、フロイト以前は、目覚めている意識だけが意識であると考えられてきた。東洋においてはそうではない。フロイト以降は、夢見る意識状態は貴重だと承認され続けている。しかし、まだ一つの事が起こっていない。夢のない眠りはまだ無視されている。東洋ではちがう。東洋では常に、目覚めた意識を最も取るに足らないものとしてきた。夢見る意識をはるかに深いものとして、より意義深いものとして認めてきた。そして、眠りの意識状態を夢見る意識状態よりもさらに深く、さらにもっと意義深いものとして受け入れてきた。西洋が、眠りを最も意義深い部分として取り上げるには、さらにもう一人のフロイトが必要だ。

しかし、東洋はさらにそれ以上のものを知っている。意識の四番目の状態、そこが要点だ。それはトゥリヤ、ただ「四番目」と呼ばれている。他に名前はない。トゥリヤとは四番目という意味だ。目覚め、夢見、そして眠りのすべてが消え去れば、人はただ単に証人なのだ。それを目覚めとは呼べない。なぜなら、この証人は決して眠らないからだ。それを夢見と呼ぶことはできない。この証人には、決して夢が現れないからだ。それを眠りと呼ぶことはできない。この証人は決して眠らないからだ。それは永遠の覚醒だ。これがアティーシャのボーディチッタだ。これがキリスト意識だ。これがブッダフッド、光明だ。

だから、いつも注意深くありなさい。あなたの目覚めよりもあなたの夢に対して、より注意深くありなさい。夢見ることよりも、夢のない眠りに対して、さらにもっと注意深くありなさい。そしてあなたには、四番目を探求する必要があることを覚えておきなさい。なぜなら、ただ四番目だけが究極だからだ。四番目とともに、あなたは我が家に到着する。今やどこにも行く所はない。

リチャ、あなたは言う、自分の夢はすべて忘れてしまったが、ただ「詩は明け渡しだ」という一つの語句だけは覚えていると。それが、私の教えのまさに本質だ。世界に対する私のメッセージの最も基本的なことは、詩は明け渡しであること、そして逆もまた同じく、明け渡しは詩だということだ。

私は私のサニヤシンたちに、私のサニヤシンたちすべてに、創造的な詩人、音楽家、画家、彫刻家、等であってほしい。過去におけるすべての宗教の出家僧《サニヤシン》は、非常に非創造的な生を生きてきた。彼らは自らの非創造性ゆえに、尊敬された。この非創造性が理由で、彼らは世界にどんな美も与えることはない。彼らはお荷物であり続ける。地上に何の楽園ももたらさない。実際、彼らは破壊的であり続ける。というのも、あなたは創造的か、破壊的であるかのどちらかだからだ。中間にはとどまれない。あなたはすべての喜びをもって人生を肯定するか、それとも非難し始めるかのどちらかだ。

過去は長い間、破壊的な態度を引き出す悪夢であり続けた。生の否定的なアプローチであり続けた。私は生の肯定を教える。生に対する崇敬を教える！　放棄ではなく悦びをあなたに教える。詩人になりなさい！　そして私が詩人になりなさいと言う時、それはあなたたちすべてがシェイクスピアやミルトンやテニソンにならねばならない、という意味ではない。もし私が、シェイクスピアやミルトンやテニソンに出会ったとしても、彼らにも詩人になりなさいと言うだろう。なぜなら彼らはただ、詩の夢を見ているだけだからだ。真の詩は、意識の四番目の状態において起こる。いわゆる偉大な詩人たちのすべては、ただの夢見る者たちにすぎない。彼らは意識の二番目の状態に閉じ込められていた。散文は一番目――目覚めている意識に閉じ込められたままだ。そしてあなたの詩は、二番目に閉じ込められている。

私が話している詩とは、ただ四番目においてのみ可能だ。あなたが完全に注意深く、明晰である時、マインドが全く存在しない時、あなたのすることは何であれ詩となる。あなたのすることは何であれ音楽となる。たとえあなたが何もしなくても、詩はあなたを取り囲むだろう。それはあなたの香りだ。それはあなたの現存そのものだ。

リチャ、あなたは私に訊ねている。「それ以来、私は詩が明け渡しと関係があるのか、そして逆もそうなのか、そして詩はどのようにして愛や祈り、瞑想のような道になれるのか、不思議に思い続けています」

愛が道だ。祈りが道だ。瞑想が道だ。なぜなら、それらが詩への道だからだ。あなたを神へと導くものは何であれ、必ずあなたを詩へと導く。神は詩人以外の何者でもない。彼は歌を歌う。もちろん彼個人の歌ではなく、それ以上の歌を歌う。彼は神の歌を歌う。神の沈黙を語りかける。彼は全体の代弁者になる。

私はあなたに瞑想を、祈りを、愛を教えている。それは、それらすべてがあなたを中心へと連れて行くからだ。その中心が詩だ。それらはすべて詩への道だ。あなた自身を詩の中へ溶かすことは、神の中へあなた自身を溶かすことだ。それは確かに、明け渡しなしでは不可能だ。もしあなたというものがあまりにも多く残っているなら、神は起こらない。彼があなたの中に現存するためには、あなたは消えねばならない。
死になさい。そうすればあなたは在る。

二番目の質問

愛するＯＳＨＯ、私の一部は全くの混乱です。善と悪は消えてしまいました。私は誇りに思っても恥じてもいませんが、また、その両方でもあります。私が達成したものは何であれ霧の中に失われ、私の失敗と一緒に溶けてしまったように見え、それは煙のように感じられます。しかしその煙を通して、物凄い悲しみがビロードで覆われた鋭い岩石のように生じます。ＯＳＨＯ、私はその終わりを知覚できません。それとも終わりはないのでしょうか？　そのエクスタシーは、不純な重荷を運んでいるのでしょうか？　お願いですＯＳＨＯ、私にサニヤスを与えてください。

ロナルド・サロモンソン。混乱は重要な機会だ。混乱していない人々は重大な問題を抱えている。彼らは自分たちが知っていると思っているが、実は彼らはわかっていない。自分たちは明晰だと信じている人々は、本当に重大な問題の中にいる。彼らの明晰さは非常に浅薄だ。実際、彼らは明晰さの何もわかっていない。彼らが明晰さと呼ぶものは、全く馬鹿げている。

愚か者は非常に明快だ。混乱を感じる知性がないから、明快なのだ。混乱を感じるには偉大な知性が必要だ。ただその知性だけが、人に混乱を感じさせる。別なところでは、凡庸な者たちが人生の中で動き続け、微笑み、笑い、金を貯め、より多くの権力と名声を得ようと苦心し続けている。もし彼らを見たら、少し嫉妬を感じるだろう。彼らはとても自信がありそうだ。幸せそうにも見える。

もし彼らが成功しているなら、あなたは少し嫉妬を感じるだろう――彼らの金が増え、権力が増大し、名声が大きくなっているなら。あなたはとても混乱しているが、彼らは自分たちの人生に関してはとても明快だ。彼らには方針があり、目的地がある。そこに到達するための方法を知っている。そして彼らはうまくやっている。すでに達成している。梯子を登っている。そしてあなたはただ、何をするか何をしないか、何が正しくて何が間違っているかわからず、混乱して立っているだけだ。

しかし、これはいつもそうだ。凡庸な者は確信したままでいる。混乱や混沌を感じるのは、ただ、より知的であるということだ。

混乱は重要な機会だ。それは単純に、マインドを通しては道はない、ということだ。もしあなたが本当に混乱しているなら、「私は全く混乱しています」とあなたが言うように、もし本当に混乱しているなら、あなたは祝福されている。今や、何かが可能だ。それは非常に貴重なものだ。あなたは際だったところにいる。もしあなたが全く混乱しているなら、それはマインドが失敗したということだ。今やマインドはあなたに対し、これ以上どんな確実なものも供給できない。あなたはマインドの死にますます近づいている。

それが生において、どんな人間にも起こり得る最も重要な事、最も偉大な祝福だ。なぜなら、ひとたびあなたが、マインドとは混乱であり、マインドを通して出口はないとわかれば、どれほど長くマインドに執着し続けられるだろう？　遅かれ早かれ、あなたはマインドを落とすことになる。たとえあなたが落とさなくても、ひとりでに落ちるだろう。混乱が非常にひんぱんで酷くなると、あまりの重苦しさから、マインドは落ちる。そして、マインドが落ちれば混乱は消える。


私は、「あなたは確信的なものに達する」とは言えない。違う。なぜならそれもまた、マインドへの単なる適切な言葉であり、マインドの世界だからだ。混乱があれば、確信が存在できる。混乱が消え去れば、確信もまた消え去る。あなたはただ在る。明快だ。混乱もなく、確信もない。ただ、明晰、透明だ。その透明さが美だ。その透明さが優雅さだ。それが優美さだ。

混乱も確信も存在しない時が、人生における最も美しい瞬間だ。人はただ在る。鏡は在るものを反射している。方向を伴わず、どこにも行くことなく、何かをするという考えも持たず、未来を持たず、ただ全くその瞬間の中に、途方もないその瞬間の中に――。

マインドが存在しなければ、未来は存在できない。未来に関するプログラムは存在できない。その時、その瞬間がすべてだ。それが全部だ。この瞬間があなたの全存在だ。存在全体は、この瞬間に一点集中し始める。そしてその瞬間が、途方もなく意義深いものになる。それは深みを持ち、高みを持ち、神秘を持つ。強さを持ち火を持つ。それは即時性を持ち、あなたをつかむ。あなたを所有し、あなたを変容させる。

だが私は、あなたに確信を与えることはできない。確信は概念によって与えられる。確信は、あなたの混乱を繕う以外の何ものでもない。あなたは混乱している。すると誰かが言う、「心配するな」と。それを非常に厳然と言う。聖書をもって論証して納得させる。そしてあなたの混乱を繕う。それを美しい毛布で包む——聖書で、コーランで、ギータで。するとあなたはいい気分だ。しかしそれは一時的なものだ。なぜなら混乱は内側で沸騰しているからだ。あなたはそれを取り除いていない。それは、ただ抑圧されているだけだ。

だから人々は信仰に、教会に、聖書に、教義に、思考体系に執着する。なぜ人々は、思考体系にとても多く投資するのだろう？　なぜ、ある人はキリスト教徒かヒンドゥー教徒でなければならないのだろう？　なぜ、ある人は共産主義者でなければならないのだろう？　何のために？　そこには理由がある。それは重要な理由でもある。あらゆる人が混乱している。そこで、確信性をあなたに提供するための誰かが必要となる。彼はローマ法王であり得る。あるいは毛沢東、カール・マルクス、マヌ、またはモーセであることができる。誰でもいい。そして重大な危機が存在する時はいつでも、確信的であると見せかけられ、それを頑固に主張して叫ぶ人なら、どんな愚かな人でもあなた方のリーダーになるだろう。それが、アドルフ・ヒットラー、ジョセフ・スターリン、ムッソリーニらが重要な人物になった方法だ。

なぜアドルフ・ヒットラーが、ドイツ人のような偉大な知性の民族を支配できたのか、人々はいつも不思議に思い続けている。なぜだろう？　マルティン・ハイデッガーのような男、この時代で最も偉大な思想家の一人が、アドルフ・ヒットラーの支持者であったことは逆説的に見える。ドイツの偉大な大学の教授がアドルフ・ヒットラーを支持した。なぜ？　どうしてそれは可能だったのか？

そして、アドルフ・ヒットラーとはただの愚か者で、無教育で洗練されてもいない。しかし、教授には欠けている何か、知性的な人には欠けている何か、マルティン・ハイデッガーには欠けている何かが、彼の中にある。彼は、知性的な人が持てないものを、自分の中に持っていた。彼は絶対的な確信を持っていた。彼は白痴的だ。だが彼は「もしも」と言うことも「しかし」と言うこともなく、物事を話せた。まるでそれを知っているかのように、声明書を作ることができる。彼は狂人だ。しかし彼の狂人性は、大きな影響力があった。それは人間の歴史のすべての進路を変えた。

ドイツ人たちが彼にとても興味を持ち、感銘を受けるようになったのは驚くべきことではない。彼らは知性的な人々だった。地球上で最も知性的な人々だった。そして知性は常に混乱をもたらす。それがアドルフ・ヒットラーの成功の秘密だ。知性は混乱をもたらし、混乱は震えを、恐れをもたらす。人は行くべき所、為すべきことがないことを知っている。そこで人は指導者を探し始める。人は、絶対的に物事を話せ、断定的に主張できる誰かを求め始める。

同じことがインドで起こっている。それは、ちょうど今現在起こっている。ここは、最も長い思想と考察の伝統があり、最も長い哲学の伝統を持った、世界で最も古い国の一つだ。他の国にはそれほど多くの哲学はない。そしてその時、この国はモラジ・デサイのような人間を首相に選んだ——一つのキャベツを！　しかし彼は自分の中に何かを持っている。平凡なマインドの頑固さを、愚かさの絶対性を。彼は供給するための重要な何かを持っている。

人々が混乱の中にいる時はいつでも、彼らは三流のマインドの犠牲になる。一流のマインドは三流のマインドの犠牲になる。なぜなら、三流のマインドは混乱していないからだ。三流のマインドは、ただあなた自身の尿を飲むことによって、すべての病気が治療できることを知っている。癌でさえ、あなた自身の尿を飲むことで治療可能だ。もしあなたが本当に、全く非知性的であるなら、これを断言できる。

知性的な人々はためらい、思案し、ぐらつく。非知性的な人は決してぐらつかない、決してためらわない。賢明な人がささやくところで、愚か者はそれを屋根の上から無邪気に宣言する。

老子は言う。「私は世界で唯一の間抜けな男かもしれない。あらゆる人々はとても確信しているように見える。私を除いては……」。彼は正しい。彼には、どんなことについても確信できないほどの、物凄い知性がある。私は、あなたがマインドを落とすだろうと確実に約束できない。私はあなたに、ただ一つの事だけを約束できる。あなたは明快になるということだ。そこには明晰さが、透明性がある。あなたはありのままの物事を見ることができる。あなたは混乱してもいなければ、確信してもいない。確信と混乱とは、同じコインの二つの面だ。

しかし、あなたはすばらしい瞬間にいる。そして世界もまた、すばらしい瞬間にある。

自己認識の危機がある時、自分とは誰かがわからない時、過去がその支配力を失う時、人々が伝統から根こそぎにされる時——過去がもはや現在と関係ないように見える時はいつでも、この「私たちは誰だろう？ 私たちは何をすべきなのだろう？」という自己認識の重大な危機が現われる時——はいつでも、それはすばらしい瞬間だ。

もしあなたが、どこかのアドルフ・ヒットラーの犠牲になるなら、この機会は不幸の種にも変わり得る。しかし、もし幸いにも覚者《ブッダ》の近くにいられたら、この不幸の種は、未知なるものへの偉大な突破口にもなる。もしあなたが、幸いにも覚者との愛の中にいるなら、あなたの生は変容される。

伝統の中にまだ根ざしていて、何が正しくて何が間違っているか自分たちは知っている、と思っている人々は、決して覚者のところへ来ることはない。彼らは自分たちの人生を生き続けるだろう。単調な人生、活気のない死んだ人生を。彼らは祖先がそうしたように、彼らの任務を成し遂げ続けるだろう。何世紀もの間、その行程に従い続けているし、その踏みなれた行程に従い続けるだろう。もちろん、あなたが踏みなれた行程に従う時は確信を感じる。だから多くの人々はそこを歩くのだ。しかしあなたが覚者のところに来て、未知なるものの中へ動き始めたら、そこに高速道路は、踏みなれた道はない。歩くことで、あなた独自の道を創ることだ。その道は既製品では見つからない。

それが、私のサニヤシン一人一人に理解してもらいたいことだ。あなたは、私に依存するためにここにいるのではない。あなたは私に従うためにここにいるのではない。あなたはただ私を受け入れるために、そして私を信じるためにここにいるのではない。あなたは実験するためにここにいるのだ。あなたは一人で動かなければならない。私はあなたに、一人で動くための励ましを与えることはできる。探求の過程のきっかけを与えることはできる。しかし、思考の体系を与えはしない。私はあなたにどんな確信も与えない。私はただ、巡礼だけを与える。危険な巡礼を、何百万もの落とし穴を持つ巡礼を、あなたが毎日、ますます多くの危険に直面せざるを得ない巡礼を、あなたを人間の意識の頂点へ、第四番目の状態へと連れて行く巡礼を――。しかし、あなたがより高くなるほど、落ちる危険性はさらに増していく。

私は、あなたがそれを達成するという約束ではなく、あなたにすばらしい冒険を、危険を、リスクを約束できるだけだ。未知なるものは保証できないからだ。

だからロナルド、もしあなたが、自分の混乱への何かの治療を見つけるために私の所へ来たのなら、あなたは間違った人物の所へ来てしまった。私はそれにふさわしくはない。

しかし、もしあなたが混乱と確信を落とすため、そして混乱または確信かの、どちらかを与えるマインドから自由であろうとしてここに来たのなら――もしあなたが、神の探求という究極の冒険を続けるために、私のところへ来たのなら――もしあなたが、他の岸を見る可能性なしで、未知なる海の、騒々しい波の挑戦をあえて受け入れるために私のところへ来たのなら、あなたは適切な人物のところへ来た。それなら、多くの事が可能だ。

私はただ「可能」と言うだけだ。それが絶対に確実であるとは言えない。それは常に可能性だ。あなたはそれをそれを創れるかもしれないし、できないかもしれない。そこに保証はない。それは保証できる商品ではない。それは賭けだ。

そして、もしあなたに賭けをする用意があるなら、このブッダフィールドの中に入りなさい。もうこれ以上長く待つ必要はない。あなたはすでに充分待った。非常に多く何生ものあいだ──。

あなたは私に訊ねている。「お願いです OSHO、私にサニヤスを与えてください」

それは、私があなたにサニヤスを与えるという問題ではない。あなたがそれを取るという問題だ。ハートを開きなさい！　私は常にそれを与えている。問題は、あなたがそれを受け取るということだ、それを歓迎するということだ。

あなたは言う。「善と悪は存在しなくなりました」

それは良い、それは美しい。善と悪は、すべて人間が作ったものだ。罪人たちと聖人たちは、すべて人間が作ったものだ。彼らは全く違っていない。その違いは、ただ表面的なものにすぎない。非常に表面的だ。皮一枚ですらない。少し引っ掻いてみるがいい、すると、いわゆる聖者の中にあなたは罪人を見つけるだろう。

この男はローマ法王の所へ行き、そして言った。「おい法王、この馬鹿野郎!」

法王は信じられなかった。彼は言った。「私が? このカソリック教主が? 何百万人もの精神霊的《スピリチュアル》な首長である私が? イエス・キリストの直系の子孫である私が? この地球上での神の唯一の代表である私が? 馬鹿野郎だと? この馬鹿野郎!」

そこに多くの違いはない。ちょっと少しだけ引っ掻いてみてごらん。すると、聖人たちの中に罪人を見つけるだろう。そして罪人たちの中に、聖人を見つけるだろう。すべての善、すべての悪はただ確たる根拠のないもの、人間が作ったものだ。

あなたが入っている所は美しい場所だ。もし、善と悪が存在するのをやめたのなら、今のところはうまくいっている! 今、別の次元に入りなさい、人間が創ったものではなく、区別の関連のない次元に、何も良いものはなく何も悪いものはなく、在るものは何であれ在り、無いものは何であれ無い、という次元に——。そこに善と悪の問題はない。何かがある、あるいは何かがない、そのどちらかだ。善と悪とは選択するための、これを選ぶかあれを選ぶかという、二者択一以外の何ものでもない。それらはあなたをあれか、これかと、分割にしたままにする。

善と悪の、すべてのいい加減さが解り始めた途端、それらは社会的に作り上げられたものだと解り始める――もちろんそれらは実用的だ。私は、「世間の中に入って行き、良いものも間違ったものも、まるで存在しないかのようにふるまいなさい」と言っているのではない。私は道の真ん中を歩きなさいと言うのではなく、人が右側を歩こうが左側を歩こうが、どっちでもかまわないと言っているのだ。

あなたが人々と共にいる時は、覚えておきなさい、彼らにとって善悪はまだ存在している。彼らと、彼らの夢に敬意を表しなさい。みんなの夢の邪魔をしないように。あなたは何様だろうか。干渉はすべきでない。人々とその愚かさに、礼儀正しくありなさい。彼らとそのゲームに、礼儀正しくありなさい。しかし、本心ではいつでも覚えておきなさい、何も善いものはなく、何も悪いものはない、ということを。


存在はただ在る。選ぶためのものなど何もない。そして覚えておきなさい。選ぶものなど何もなければ、あなたは非分割になる。選ぶものが存在すると、それはあなたをも分割する。分割は両刃の剣だ。それは外側では現実《リアリティ》を分割する。内側ではあなたを分割する。もしあなたが選ぶなら、あなたは分割を選んでいる。あなたは分けるために選ぶ。あなたは精神分裂症を選ぶ。もしあなたが選ばないなら、もしあなたが、何も善いものはなく何も悪いものはない、と知っているなら、あなたは正気を選ぶ。

何も選ばないということは、正気を選ぶということだ。選ばないことは正気であるということだ。

なぜなら、今や外側は分割されていないからだ。どうやって内側を分割できるだろう。内側と外側は一緒になる。あなたは分割できないものになる。あなたは個人になる。これが個人化へのプロセスだ。善は存在しない。悪は存在しない。これがあなたの意識の中で判明してくると、突然あなたは一つになる。すべての断片は一つの統一性へ消え去る。あなたは結晶化する。あなたは中心にいる。

これは、世界に対する東洋の意識の最も偉大な貢献の一つだ。西洋の宗教は、まだ善悪の観念にまつわりついている。ウパニシャッドや老子、荘子を理解することが、キリスト教徒にとってとても困難な理由がそれだ。彼らは理解できない。彼らは常に、キリスト教的マインドで見ている。「どこに戒律がある？」。だが何もない！　ウパニシャッドは決して、何が良くて何が間違っているかなどとは言わない。彼らは決して、何をすべきで何をすべきでないか、などとは言わない。彼らは非難しない。彼らは詩的に断言する。彼らは詩人だ。彼らは存在の中で歓喜する。彼らは恍惚として、満ち溢れている。彼らはただ恍惚の放出だ。

ウパニシャッドは言う。「神は在る。そしてあなたがそれだ」

ウパニシャッドは言う。「神は在る。そして私が神だ」。そこにはエクスタシーから生じてくる断言がある。彼らは倫理を持たない、道徳、参照すら持たない。キリスト教徒マインド、イスラム教徒マインド、ユダヤ教徒マインドは、なぜこれらの本が宗教だと考えられているのか理解できない。それらは良い文学であるかもしれない。しかしなぜ、宗教として考えられているのだろうか？

そしてもし、あなたがウパニシャッドの覚者と同じエクスタシーに到達した人に尋ねるなら、彼らは、聖書、タルムード、コーラン、これらは倫理的教訓だが、それは宗教に関係のあるものなのか？と言うだろう。それは善いものだ。それは社会を円滑にするからだ。しかし、その中に宗教的なものを何もない、が、たぶんほんの少しの声明がそこここにあるくらいだ。大部分は倫理的だ。宗教的な部分は、それを見過ごし、無視できるほどにとても小さく見える。それは無視され続けている。

何も善いものはなく、何も悪いものはないと知ることは、転換地点《ターニングポイント》にあるということだ。それは転換だ。あなたは内側を見始める。外側の現実性《リアリティ》は意味を失っている。社会の現実性は虚構だ。美しいドラマだ。その中へ参加はできる。しかしその時、あなたはそれを深刻に受け取ることはない。それはただの遊びのルールだ。美しく、効率的に、可能な限り遊びなさい。しかし、それを深刻に受け取ってはいけない。その中に究極的なものは何もない。

究極は内側だ。分割されていない魂はそれを知っている。

そしてその魂に至ること、それが善いターニング・ポイントだ。

あなたは言う。「善と悪とは存在しなくなりました」

これがサニヤスを取る正しい瞬間だ。それがサニヤシンについてのすべてだ。今や待つ必要はない。今や、私の許可を伺うことすら必要ない。サニヤスとは常に起こること《ハプニング》だ。このブッダフィールドの中に入りなさい。長い間あなたは待っていた――とても長くだ、本当だ。聞い話だが――。

ある年老いたカップルが、離婚裁判所に着いた。彼らは本当に高齢で、九十五歳だった。そして彼らは七十五年間結婚していた。裁判官は自分の目が信じられなかった。彼は言った。

「で、あなたたちは離婚を考えているのですね、結婚してから七十五年後に？　なぜ今？」

彼らはお互いを見つめ、その老人は言った。

「そうだね。私たちは、子供たちがみんな死ぬまで待っていたのだよ」

人は待って待って待ち続ける――さて、何という望みだろう！

これ以上待つ必要はない。あなたは歓迎されている。あなたには用意ができている。用意ができていない人々でさえ、私は彼らを歓迎する。なぜなら、今日用意ができていない人々は、明日用意ができるかもしれないからだ。サニヤスを取る時、彼らは用意ができていないが、サニヤスを受け取った後に用意ができるかもしれない。そしてもし、神があなたを受け入れているのなら、あなたを拒絶する私とは何様だろう？　私はあなたを拒絶する者ではない。

それが、誰も拒絶せず、条件を設けず、誰もふさわしくないと考えられていない理由だ。もし神があなたを、生きることに値すると考えているなら、それはつまり、あなたもまたサニヤシンに値するという充分な証明なのだ。

あなたは言う。「私は誇りに思っても恥じてもいませんが、また、その両方でもあります」

それが混乱の状態だ。あなたはそのような、あらゆるものを見つけるだろう。これでもなくあれでもなく、それにもかかわらずその両方であるものを。

「私が達成したものは、何であれ霧の中に失われて――」

あなたは本当に祝福されている。

「――私の失敗と一緒に溶けてしまった」

多くの人々が、あなたに嫉妬を感じるべきだ。すべて失敗したと知ることは、新しい旅の始まりだ。「私が達成したものは、何であれ霧の中に失われている」と知ることは、失うことのできないものへの新しい探求の始まりだ。人が、世界と成功のすべてに全くの幻滅を感じる時、その時だけ人はスピリチュアルになる。

「煙のように感じられます。しかしその煙を通して、物凄い悲しみがビロードで覆われた鋭い岩石のように起こってきます」

それはそうだろう。幻想を通して生き続け、ある日突然、すべてはずっと無意味であり、役立たずであると感じたら、「私は影にぶつかっていた」と感じたら、大きな悲しみが生じる。しかし、ロナルド、私はあなたの洞察力を見ることができる。悲しみはある。しかし「ビロードで覆われている」。そう、過去のせいでの悲しみはある。そして、ビロードで覆われていることは可能だ。今やそれだけが可能になる。この混乱のすべてから離れることは悲しみだ。しかし、この混乱とその徹底さが理由で、深いところで新しい動きが起こっている。あなたはまだ気づいていないかもしれない。しかし何かが鼓動している。新しい喜びが、悲しみのカーテンの後ろに現われている。新しい探求の、新しい冒険の、新しい生の、新しい在り方の喜びが。

「OSHO、私はその終わりを知覚できません。それとも終わりはないのでしょうか?」

マインドの始まりは存在し、その終わりも存在する。エゴの始まりは存在し、その終わりも存在する。しかしあなたに始まりは存在しないし、終わりも存在しない。存在の神秘に始まりは存在しないし、あなたに終わりはない。それは一つの進行中のプロセスだ。神秘中の神秘が、あなたを待っている。それゆえのスリルとエクスタシー……。

生に終わりはないというエクスタシーを、あなたが一つの頂点に到達した時のエクスタシーを感じなさい。突然、別の頂点があなたに挑戦を、より高いものを、より困難な上昇を、より危険な探求を与え始めるというエクスタシーを、感じなさい。そしてあなたが他の頂点に達した時、そこにはもう一つの頂点があるだろう。頂点の頂点、それは永遠なる生のヒマラヤだ。

ちょっと、あなたが到達する地点を、そこには今や他の何も残されていないと、考えてごらん。その時あなたは、完全に退屈させられるだろう。退屈が、その時のあなたの唯一の運命だ！　だが生は退屈ではない。それは踊りだ。生は退屈ではない。それは歓喜だ。それは満ちあふれている。

非常に多くの事が起こりつつある。そして、非常に多くの事が常に起こったままである。神秘は決して終わらない。それは終わることができない。それが神秘と呼ばれる理由だ。それは知ることすらできない。それは決して知識にはならない。それが神秘と呼ばれるゆえんなのだ。その中のあるものは永遠に捕まえにくい。それが生の喜びのすべてだ。生の偉大な輝きが、あなたを永遠に引き止めさせ、探求させ、探検させる。生とは探検、冒険だ。

あなたは訊ねている。

「ＯＳＨＯ、私はその終わりを知覚できません。それとも終わりはないのでしょうか？」

あなたに終わりはある。しかし真実のあなたに終わりはない。

「そのエクスタシーは不純な重さを運んでいるのですか？」

どこにも不純性は存在しない。すべてが純粋だ。不純性とは、あなたがたった今感じている混乱の単なる影だ。混乱と、混乱しているマインドが落とされる時、その影は自動的に消え去るだろう。あなたの一番奥の核心は、常に純粋であり続ける。その純粋性は、もともとあなたに備わっているものだ。それは取り去ることはできない。あなたの純潔は永遠だ。それを失うことはできない。それを失う方法はない。あなたはただ、それを忘れるか思い出すことができるかだけだ。もしそれを忘れるなら、あなたは混乱の中に生きる。もし思い出すなら、すべては明瞭《クリヤー》だ。再度私は「確信」とは言わずにただ「明瞭」と言う。すべては透明だ。その透明さが自由だ。その透明さが智恵だ。この透明性があなたの生得権だ。もしあなたがそれを請求していないなら、それはあなた以外の誰の責任でもない。それを請求しなさい！　それはあなたのものだ。ちょっと望みさえすれば、それはあなたのものだ。

サニヤスとはあなたのものを再請求し、あなたのものでないものを落とす一つの努力だ。サニヤスとは、あなたが本当は持っていないものを落とし、そしてあなたが常にずっと持っていたものを請求する一つの努力だ。

エクスタシーは、私たち本来の姿そのものだ。エクスタシーでないものは、ただ必要ない。エクスタシーは自然であり、自然発生的だ。エクスタシーであろうと努力する必要はない。不幸であるためには大変な努力が必要だ。それが、あなたがとても疲れて見える理由だ。不幸は本当にきつい仕事だからだ。それを維持することは、本当に困難だ。あなたは自然に反しているからだ。あなたは流れに逆らっている。それが不幸の何たるかだ。

では、至福とは何だろう？　川と共に流れること。あなたと川との区別が単純に失われるほど多く——。あなたが川だ。どうすれば、それは困難であり得るだろう？　泳がずに川と共に流れることが必要だ。あなたはただ川に浮かぶ。そして川は、あなたを大洋へと連れて行く。川は常に大洋へ流れている。

生は川だ。それを推し進めてはいけない。すると、あなたは不幸ではない。生の川を推し進めないという技《アート》がサニヤスだ。

ロナルド、あなたは用意ができている。混乱のこの瞬間、あなたの生における混沌のこの瞬間が、新しい扉を開く。新しい頁をめくることができる。もうこれ以上、待ってはいけないよ。

今日はこれくらいでいいかな。

第五章

白い種を蒔く

Sowing White Seeds

あなた自身の導きの啓発をはじめよ

悪が無情有情の宇宙を満たす時は、

悪条件を目覚めの道へと変化させよ

あらゆるとがめをひとつにすること

すべての人に感謝せよ

空の、越えることのできない防護とは、

困惑の顕われを四つのカーヤと見ること

卓越した手段とは四つの準備を持つこと

いかなる状況をもすばやく道へともたらすには、

出会うや否や、それを瞑想に結びつけることだ

心の教えの簡潔なる要約、「五つの力」で働くこと

大乗における転移の教えは「五つの力」

行動が重要である

あらゆる法の目的は一点に含められる

瞑想は源泉だ。慈悲はその源泉からあふれ出す。非瞑想的な人には、愛、慈悲、祝祭のためのエネルギーがない。非瞑想的な人は、彼自身のエネルギーの源から分離している。彼は大洋に触れてはいない。食べ物や空気や物質で造り出された、ほんの少しのエネルギーを持っているだけだ。彼は肉体エネルギーで生きている。

肉体エネルギーには限界がある。それは時間の中のある瞬間に生まれ、時間の中の別の瞬間に消えゆく。それは、誕生と死の間に存在する。油で燃えているランプのようなものだ。油がなくなると、炎は消えてしまう。

瞑想的な人物は、何かしら無限なるものを知るにいたる。尽きることなきエネルギーの源泉に、橋がかけられる。彼の炎は燃え続けてゆく。彼の炎は止むことを知らない。それは消滅しない。そもそも最初から、それは一度も現われたことなどないからだ。それは死ぬこともない。それは生まれていないものだからだ。

この尽きることなき生命の源泉、豊かさ、富に、どうやって橋をかけるのだろう? あなたはその無尽蔵の源泉を「神」と呼ぶこともできるし、真実と呼ぶこともできる。あなたが呼びたいように呼ぶことができる。ただし、一つ絶対に確かなことがある。それは、人とは無限なるものの波であるということだ。

もし波が内側をのぞき込んだら、無限を見つけるだろう。もし外側を見続けるなら、分離されたままだ。それ自身の王国から分離されたままだ。本性から分離されたままだ。イエスはこの本性を、神の王国と呼んでいる。彼は何度も何度も言っている。「神の王国はあなたの内側にある。内側に入ってゆきなさい」と。

瞑想とは、内側に入るための橋だ。ひとたび瞑想が起これば、引き続き起こるのは慈悲だけだ。

アティーシャの流れにおける最初の師、仏陀曰く「慈悲が起こらない限り、瞑想そのものに満足したままではならない」。あなたは道の半分をやって来ただけだ。まだ、もう少し先に進むことだ。瞑想は——もしそれが真実なら、慈悲の中へとあふれ出してゆくものだ。ちょうどランプに火が灯されれば、すぐさま光を放ち始めるように、それはすぐさま闇を追い散らす。内なる光が一度灯されれば、慈悲はその放射となる。

慈悲は、瞑想が起こった証だ。愛は芳香だ。あなたの実存の最も深い核の内で、一千枚の花弁の蓮が開花したことの証明だ。それは春の到来を、あなたがもはや以前と同じ人物ではないことを、証明する芳香だ。それは人格が死滅し、個人が誕生した証明だ。あなたがもう闇の中に生きてはいなくて、あなたは光であることを証明する。

これらの経文は実践的な教えだ。それを覚えておきなさい。アティーシャは哲学者ではなく、これまでのような賢者でもない。彼は思索家ではない。思索とはただ、凡庸なるもの、愚かなるもののためにある。賢者は考えない。賢者は知る。思索とは知ろうとする一つの努力だ。それは当て推量、闇の中の手探り、闇の中で射られた矢だ。

　知恵とは知ることだ。あなたが知れば、推察は必要ない。これは朝で、鳥たちはさえずり、木々は陽の光を浴びている……と推察などしない。あなたは推察したりしない。それがそうであると考えたりしない。もし誰かが推察するなら、彼は盲目であるか、酔っ払っているに違いない。それは一つの経験だ。あらゆる経験はそれ自体で有効なのだ。

　アティーシャは思弁的な思索家ではない。彼が言うことは、哲学や思索の体系ではない。それは彼が到達した方法だ。彼はあなたに、その道を示している。それに覚者《ブッダ》たちは、ただ道を示すだけだ。あなたはその上を歩いていかねばならない。他の誰も、あなたの代わりには歩けない。誰もあなたの代わりはできない。存在において代理人は不可能だ。

　そう、他の者たちは、彼らがどうやって到達したかを伝えることはできる。道に関するささやかなヒントを、あなたに授ける——何が避けるべき落とし穴であるか、あなたが正しい方向に向かっているか否か、どうやって判断してゆくか、どんなエネルギーを使い、どんなエネルギーを放棄するか、何が役立ち、何が障害になるのかを。私は「ささやかなヒント」と言ったが、彼らはあなたに完璧な地図は授けられない。なぜなら各個人は、それぞれ微妙に異なる道に従うものだからだ。各個人はそれぞれ、かつて誰も出会ったことがなく、誰も再び出会うことさえないような、ユニークな経験に出会うだろう。

各個人はそれぞれとてもユニークだから、完全な地図を与えることはできない。ただヒントだけ、かすかなヒント、指示だけだ。

こういった教えにこだわるべきではない。ただそれを理解してごらん。それらを吸収してごらん。狂信的にならないこと。「こうでなければいけない。そうでなかったら、私は従っていないことになる。するとと何かが間違っていることになる」などと言ってはいけない。それはそうかもしれないが、とても微妙なものなのだ。それは似た香りを持つだろう。けれども正確に同じものではない。似ている。そのとおりだ。しかし同じではない。それに気づいていることだ。もし気づかなければ、人は狂信的になってしまう。狂信者は、決して到達できない。彼らのまさに狂信そのものが、妨げてしまう。

これらは小さなヒントだ。これらは数学的なものではない。二足す二は四になる、という類いのものではない。神秘的な世界では、時として二足す二は三になる。時として二足す二は五になる。二足す二が四になるのは極く稀なこと、非常に稀だ。例外であり通例ではない。数学ではなく音楽だ。論理ではなく詩なのだ。

論理的な論文を読む時、あなたは異なるマインドで読む。もし詩を読めば、あなたには全く異なるアプローチが必要となる。論理の中には明瞭なプロセス、三段論法的なプロセスがある。あなたはこれがそうであることを知っている。そしてこれはそうなのだ。それゆえに、これはそうであるほかはない。そこには「それゆえに」が存在している。

詩の中には「それゆえに」が存在しない。詩は量子的跳躍をする。詩は一つの光景であり、論理的プロセスではない。一つの歌であり三段論法ではない。そう、歌にすら本質的論理がある。だが表面的なものではない。それは道の途上にある者のためでなく、到達した者だけのものだ。

ひとたびあなたが到達すると、自分が踏んできた各段階の論理性の全貌を見るだろう。しかし、それ以前にではない。なぜ自分がジャンプしなければならなかったか、なぜある種の段階を踏まねばならなかったかがわかるだろう。その段階を踏んでいる時には、何一つ明瞭ではなかった。絶対に確かで保証されたものなど、何一つなかった。あなたはその段階を、自分のフィーリングで踏んだのだ。あなたの思索に従ったのではない。けれども後々になると、吟味、回顧、思考がよみがえってくる。今やあなたは、論理の底流を探求できる。

到達した人々はとても論理的だ。しかし、道の途上にある者たちが論理的であろうとするなら、彼らは決して生き残らないだろう。これは理解されるべき逆説の一つだ。そのため、仏陀、ティロパ、サラハ、アティーシャの言明は実に論理的だ。しかしそれは、到達した人たちだけのものだ。論理はただ後になって感得され得る。あなたがゴールに向かって、究極なるものに向かって成長している時は、あらゆるものが曖昧だ。あらゆるものが雲の彼方にかくれている。それは早朝のもやのようだ。午後になれば、真昼になれば、もはや消えてしまうだろう。だが真昼はまだやって来ない。

だから、これらの教えを考察してごらん。瞑想してごらん。感じてごらん。ただ、重苦しい深刻さで受け取らないこと。少々の相違はあって当然だ。アティーシャの道では起こらなかったことが、あなたの道で起こる。私の道では起こらなかったことが、あなたの道で起こる。世界には人の数ほど多くの道がある。誰もあなたの場所には立てない。あなたのすぐ近くに立っている人ですら、正確には同じ場所に立っているのではない。あなたの物を見る角度は、あなたの横であなたの手を取り、立っている人の、物を見る角度とは微妙に違っている。二人の人物が、全く同じ仕方で世界を見るのはあり得ない。それは不可能だ。皆、その人独自の場所、その人独自の空間から動くことだ。

さて、アティーシャは千年前に存在していた。彼は全く異なった世界を見ていたに違いない。彼は全く異なった世界を歩いていたに違いない。異なる種類の言葉、流布していた異なる種類の理解、まだ有効だった異なる態度、アプローチなどとともに。それらはもう有効ではない。もはやふさわしいものではない。当時の世界は消えてしまった。アティーシャの世界はもう存在していない。

それでも、彼の教えはとてつもなく重要だ。狂信的に受け取らないこと。狂信的に受け取ってしまうと、要点を全部見逃してしまう。とても深くゆるんで、リラックスすることだ。過去の覚者《ブッダ》たちについて考えている間は、彼らに譲らなければならない。彼らに対して開いていなさい。けれども、しがみついたり執着したりしないこと。何世紀も過ぎ去ってしまったことを、完璧によく知ることだ。

「私はアティーシャじゃない。だから、どうやってこれらの教えに絶対的に従えるだろうか？」と完全に知ることだ。

アティーシャはあなたに、彼の教えに絶対的に従えと言ってはいない。彼はただ彼の洞察の一瞥を、そして彼がそこに到達した道を授けているだけだ。彼はただ彼の詩をあなたと、彼の慈悲をあなたと分かち合っているだけだ。

それを覚えておきなさい。さもなければ、人が狂信的になるのは容易なことだ。なぜ世界のほとんどの人々は、狂信的になるのだろう？　その単純な理由とは――狂信的になれば、あらゆる経験を回避するからだ。狂信的になれば、自分で考え、自分で感じることを回避する。狂信的になることで、人はあらゆる責任を他人の肩に投げつける。イエスや仏陀、クリシュナやアティーシャの上に。

覚えておきなさい。あなたの責任はあなたの責任だ。他の誰にも負わせられない。それは他の誰かに押しつけることはできない。あなたの責任は完全にあなたのものだ。あなたは考えなくてはならないし、感じなくてはならない。瞑想が必要だし、自分自身のために歩かなくてはならない。そしてもう一度思い起こしてほしい。あなたは、アティーシャが一度も出会わなかったような光景に出会うかもしれない。

もしあなたが、ヒマラヤに行きエベレストに登りたいと思うなら、登るための数多くの道が、数多くの山腹がある。ある山腹から行けば、美しい谷や川や木々に、めぐりあうかもしれない。他の山腹から行けば、どんな川にも出会わないかもしれない。一本の樹にも出会わないかもしれない。出会うものといえば、ただ岩また岩だ。第三の山腹から行けば、あなたは氷河に、一度も溶けたことのない処女雪に出会うかもしれない。そしてあなたはいずれにしても、頂上に達するだろう。

頂上に到達した人々というのは、常に思慮深く寛大だ。偏狭さは微塵もない。彼らは「これだけが唯一の道だ」などとは言えない。その頂上からは、とても多くの道が見渡せるからだ。彼らは、多くの巡礼たちの異なるルートからの到来を、到着を見ることができる。そして各ルートには、それぞれ独自の世界がある。

アティーシャは、あるルートに従った。だが彼はとても幸運なことに、三人の悟りを開いた師《マスター》を持つことができた。彼は少なくとも三つのルートからエベレストに到達したのだ。彼の光景はとても包括的だ。彼の光景はとても広い。それは狭くない。

イエスは言う、「私の道は狭いけれども、まっすぐだ！」と。彼はただ一人の師に従った。当然、彼の道は狭く、そしてまっすぐなものになる。アティーシャの場合はそうではない。彼の道はとてもジグザグとしていて広い。それは数多くの道を含んでいる。それは大いなる統合だ。

最初の経文

あなた自身の導きの啓発を始めよ

思い起こしてほしい。前回の経文でアティーシャは言っている。息を吸う時、世界のあらゆる衆生の苦悩が入ってくる呼吸に乗って、あなたのハートに到達するのを瞑想してごらん。あらゆる苦悩を、痛みを、惨めさをハートの中に吸収してごらん。そうすれば、一つの奇蹟が起こるのを見るだろう。いつであれ、あなたが誰かの惨めさ、痛み、苦悩を吸収する時には、あなたが吸収するやいなや、それは変容される。それを避けようとするほうが自然だ。苦悩から自分自身を守ろうとするほうが、自然だ。よそよそしくして同情せずに、感情移入しないほうが自然だ。同情するときですら、彼らはただ形式的に同情するだけだ。彼らは口先だけのサービスをする。彼らは本気で言っているのではない。もし彼らが本当に本気で言ったら、彼らは他の人々を助けることもできただろう。彼の苦悩を吸収することもできただろう。彼の苦悩を飲み干すこともできただろう。

それはほんの時折起こっている。あなたはそれを知っている。そういう人々は存在する。もし彼らに出会ったら、あなたは重荷から解放されたと感じるだろう。彼らが去ると、あなたは軽やかさを感じる。あなたは流れているのを感じる。あなたはより活力に満ち、生き生きしているのを感じる。まるで、彼らが大変な重荷をあなたの頭から、あなたの胸から取り除いてくれたかのように。まるで、彼らがあなたの実存の内部に、甘露を注ぎ込んでくれたかのように。あなたは彼らが去ったあと、あなたのハートの内に、一つのダンスが残されているのを感じるだろう。あなたは何度も何度も、彼らがあなたのもとに来てくれるのを待つだろう。彼らとの交遊を求めるだろう。あなたは楽しむ。なぜならあなたは、彼らの現存によって育まれるからだ。

また、正反対の人々も存在している。もし彼らがあなたに会えば、彼らはあなたに今以上の重荷を残してゆく。彼らはあなたにある種の絶望を、活力のなさを残してゆく。あなたは吸い取られてしまったと感じるだろう。あなたのエネルギーは低くなる。彼らはあなたのエネルギーから何かを奪い去り、何一つあなたに与えない。これが通常の経験だ。

もし、人々があなたを避けるようなら、覚えておきなさい。彼らに責任はない。あなたの内にある何かが、彼らをあなたから遠ざけているのだ。もし人々が、あなたに会いたがらないなら、もしあなたを避けるための口実を見つけようとするなら——覚えておきなさい。彼らに責任はない。あなたが彼らに、何かしら否定的なことをしているに違いない。

もし人々が、あなたを探し求めるなら、もし人々がすぐさま友達になるなら、もし人々がある種の親近感を感じているなら——見知らぬ人までもがやって来て、あなたの側に坐りたいと思い、あなたの手を握りしめたいと思い、ただあなたとともにいたいと思うなら、それはあなたが知らず知らずのうちに、彼らを助けているに違いないからだ。

あらゆる人々が、大いなる不幸を背負っている。あらゆる人々が、大いなる苦悩のもとにある。あらゆる人々のハートが傷ついている。数多くの痛みが存在している。

アティーシャは言う。あなたが全存在にそうする前に、まず自分自身のことから始めなさいと。これは、内なる成長のための基本的な秘密の一つだ。あなたがまず第一に、自分自身にしないことを他の人にできるわけがない。もし自分自身を傷つけているなら、あなたは他人をも傷つけてしまう。もし自分自身を嫌っているなら、あなたは他の人からも嫌われるだろう。自分自身を祝福している時にだけ、あなたは他の人を祝福できる。

何であれ、あなたが他の人にできることは、まずあなたがその前に、自分自身にしていることに違いない。それこそ、あなたが分かち合える唯一のものだからだ。あなたは、自分が持っているものだけを分かち合える。自分が持たないものを分かち合うことなど、できない。

アティーシャは言う。

あなた自身の導きの啓発を始めよ

世界のすべての不幸を受け取って、それをハートの中に吸収するよりはむしろ、あなた自身の不幸から始めなさい。深い海の中に、そんなに急いで入っていかないことだ。浅瀬で泳ぐことを学びなさい。それに、すぐに全存在の不幸を受け取ることから始めたら、それはただ単に、推測の実験のままだ。それは本物《リアル》にならない。本物ではあり得ない。ただ言葉だけのものになるだろう。

あなたは自分自身に、こう言って聞かせることができる。「そうだ、私は全世界の不幸を考慮している」と。けれども、全世界の不幸の何をあなたが知っているというのだろう？　あなたは自分自身の不幸すら、経験したことがないというのに。

私たちは、自分自身の惨めさを避け続けてゆく。もし惨めさを感じたら、あなたはラジオやテレビをつける。そしてあなたは暇をつぶす。惨めさを忘れられるように、新聞を読み始める。さもなければ映画に行ったり、彼女や彼氏のところに出かけて行ったり、クラブに行ったりする。あなたは市場へ買い物に出かける。ただあなた自身を自分から遠ざけ、その傷を見ないですむように。どれほど多くそれが内側で傷ついているかを、見ないですむように。

人々は自分自身を避け続けてゆく。彼らが不幸の何を知っているというのだろう。どうして彼らに全存在の不幸を考えることなどできるだろう。

まず、自分自身から始めることだ。もし精神的苦痛を感じているのなら、それを一つの瞑想にしてごらん。静かに坐って扉を閉じて、まずできるだけ強烈に、その精神的苦痛を感じなさい。その傷を感じなさい。誰かがあなたを侮辱した。さて、その傷を避ける最上の方法は、行って彼を侮辱することだ。そうなるとあなたは彼に囚われることになる。それは瞑想ではない。

もし誰かがあなたのことを侮辱したら、あなたの深い傷を感じ取る一つの機会を与えてくれたと、その人に感謝するがいい。彼はあなたの中の傷を剥き出しにした。その傷は、全生涯であなたが受けてきた多くの侮辱から、生み出されたのかもしれない。彼は、すべての災いの原因ではないかもしれないが、そのプロセスの引き金をひいたのだ。

ちょっと部屋を閉めて、静かに坐りなさい。その人への怒りは持たず、ただあなたの内側に起こってきた感情、傷ついた感情に、全面的に醒めていなさい。あなたは拒否され続けてきた。あなたは侮辱され続けてきた。するとその時、あなたは驚くことだろう。この男がいるばかりか、今まであなたを侮辱し続けてきたあらゆる男、あらゆる女、あらゆる人々があなたの記憶の中を動き始める。

あなたは、ただ彼らを思い出し始めるだけではない。あなたはそれを、もう一度生き始める。あなたは一種の原初の中へと入ってゆくだろう。

傷を感じなさい。痛みを感じなさい。それを避けたりしないことだ。だから多くのセラピーでは、患者はセラピーが始まる前に、薬物をいっさい禁止される。その単純な理由は、薬物はあなたの内なる惨めさを避けるための、一つの方法だからだ。それは、あなたが自分の傷を見ることを許さない。それは抑圧してしまう。それはあなたが自分の苦悩に入って行くことを許さない。自分の苦悩の中に入っていかない限り、その牢獄からは解放されない。

グループに参加する前に、あらゆる薬物を落とすのは完璧に科学的なことだ。もし可能なら、コーヒーやお茶やタバコといった薬物でさえだ。これらはすべて回避の道だからだ。

あなたは見守ったことがあるだろうか。いつであれいらいらする時は、あなたはすぐさまタバコを喫い始める。それはいらいらを回避する一つの方法だ。あなたの心は、タバコを吸うことで一杯になってしまう。実際それは一つの退行だ。タバコは、あなたを再び心配がなく責任のない子供のように感じさせる。というのも、タバコは象徴的な乳房にすぎないのだから。入っていく暖かい煙は、ただあなたを、自分が母親の胸で温かい乳を吸っていた当時へと連れ戻す。乳首は今やタバコとなっている。タバコは象徴的な乳首なのだ。

退行によってあなたは責任を、成人であることの痛みを回避する。それは数多くの薬物を通して続けられている。現代の人間は、かつてないほど薬物を利用している。それは現代の人間が、大いなる苦悩の中に生きているからだ。薬物なしには生きられないほどの苦悩だ。こういった薬物は障壁をつくりあげてしまう。それはあなたを薬物づけにする。それは、自分の痛みを知るに充分なほどの感受性をあなたに許さない。

まず最初にすべきことは、扉を閉めてすべての作業を停止することだ。テレビを見るとか、ラジオを聴くとか、本を読むといったあらゆる作業を止めることだ。なぜならそういったものもまた、微妙な薬物だからだ。ただ静かにしていなさい。完全に独りでいて、祈ることすらしないこと。それもまた一つの薬物だからだ。あなたは占有されている。あなたは神と話し始め、祈り始め、自分自身から逃避している。

アティーシャは言う。ただあなた自身で在りなさい。その苦痛が何であれ、苦悩が何であれ、そのままで在りなさい。まずそれを、全面的な強烈さの中で経験してごらん。それは困難だろう。ハートを引き裂くことだろう。あなたは子供のように、泣き叫びはじめるかもしれない。深い苦痛の中に、大地をころがり始めるかもしれない。あなたの身体は引き裂かれるかもしれない。あなたは突如、痛みはハートばかりでなく、身体全体なのだと気づくかもしれない。身体全体が痛んでいる。身体全体が痛みに満ちている。あなたの身体全体が痛みなのだ。

それが経験できたら、途方もない重要性を持つ。その時、それを吸収し始めなさい。投げ捨ててしまわないことだ。それほど価値のあるエネルギーだ。それを投げ捨ててしまわないことだ。それを吸収してごらん。それを飲んでごらん。受け容れてごらん。招いてごらん。それに感謝してごらん。

そして、自分自身にこう言いなさい。「こんどは避けない。こんどは拒絶しない。こんどは投げ捨てない。こんどは飲んでしまおう。お客のように受け入れよう。こんどは消化しよう」と。

あなたがそれを消化できるには、数日かかるかもしれない。しかしそれが起こる日には、自分を本当に遥か彼方へと連れ去るだろう扉に、あなたは出会う。新しい旅があなたの人生に始まる。あなたは、新しい種類の存在へと移動する。というのもあなたが何も拒絶せず、その苦痛を受容した途端、そのエネルギーの質が変化する。それはもう苦痛ではない。

実際、人はただただ驚くことだろう。人はそれを信じられない。どこまでも信じがたい。人は苦痛がエクスタシーへと変容されることが、痛みが喜びになることが信じられない。

だが通常の生活では、対極のものは常に互いに結びあっていること、それらは対極ではなく、お互いに補足し合うものだと、あなたは気づいている。あなたは完璧によく知っている――あなたの愛はいつ何時にも憎しみに変わるし、憎しみはいつ何時にも、愛に変わり得ると。実のところ、もしあなたが強烈に、全面的に憎しみすぎると、愛にならざるを得ない。

それが、後にパウロとなり、キリスト教会という醜い現象の基礎を築いたサウロと呼ばれる人物に起こったことだ。イエスはキリスト教会の創始者ではない。キリスト教会の創始者は聖パウロだ。その物語は、心にとめておくだけの価値がある。

生まれた時の彼の名は、サウロだった。彼は大変な反キリストで、彼の全生涯はキリスト教徒やキリスト教を破壊するために献げられた。彼の献身のすべてはキリスト教徒を迫害すること、キリスト教徒の未来への可能性を破壊すること、キリストの名をかき消すことにあった。彼はとてつもなく憎んでいたに違いない。彼の憎悪は、ありきたりではなかった。自分の全人生を憎しみの対象に献げる時、それは実に全面的なものとなる。さもなければ誰がかまう？　たとえあなたが何かを憎んだとしても、自分の全人生を献げはしない。だが、もし全面的に憎むなら、その時それは生死の問題になってくる。

キリスト教徒を迫害すること、キリスト教徒を破壊すること、彼らの勢力を破壊すること、キリスト教徒を説き伏せること、それが馬鹿げたものであることをわからせること、このイエスという男は狂人であり、神経症であり、にせ者であり、偽善者であることを彼らに説得すること。ある日それが起こった。奇跡が起こったのだ。彼は別の街で、キリスト教徒を更に迫害しようとしていた。その道程で彼は独りだった。と、突然彼は見た。イエスがどこからともなく現われ、彼にこう訊ねるのを。

「なぜお前は私を迫害するのか？」

衝撃を受け恐怖にかられ、彼は大地に崩れ落ちた。弁明し、悔い改めの涙を流し泣き叫んだ。その光景は消えていった。そしてこの光景の消滅とともに、古いサウロは消え去った。この点を覚えておくために、彼は自分の名をパウロと変えた。古い男は死に、新しい男が誕生した。そして彼は、キリスト教会の創始者となった。彼はイエスの偉大な恋人になった。世界が知っている最大の恋人に。

憎しみは愛になり得る。イエスは現われたりしなかった。彼のまさにその強烈な憎しみが、イエスを投影させたのだ。彼に「なぜお前は私を迫害するのか?」と訊ねたのはイエスではない。それはイエスへの憎しみのために、たいそう苦しんでいた彼自身の無意識だった。彼に「なぜお前は私を迫害するのか?」と訊ねたのは、彼自身の無意識だった。イエスの幻影を擬人化させたのは、彼自身の無意識だった。奇跡はその憎しみが全面的であったため、起こったものだ。

何かが全面的であればいつでも、それは正反対に転換する。これは覚えておくべき偉大な秘密だ。何かが全面的であればいつでも、その正反対のものへと変化する。それ以上先に進む道がないから、袋小路がやって来る。

古い振子時計を見てごらん。それは振れ続ける。振り子は左に振れ、いちばん端まで振れると、それ以上行けない点がある。その時、それは右にむかって動き始める。

対極はお互いに補足し合う。自分の苦悩を全面的に、大変な強烈さで経験できるなら、あなたは驚くことだろう――サウロはパウロになる。はじめてそれが起きるまで、あなたは信じられないだろう。あなた自身の苦悩が、進んで招かれ吸収されるなら、大いなる祝福となる。それは憎しみとなり愛となる、同じエネルギーだ。苦痛となり快楽となる、同じエネルギーだ。苦悩となり祝福となる、同じエネルギーだ。

しかし自分自身から始めなさい。あなた自身の痛み、苦悩、惨めさで小さな実験をやってごらん。そしてひとたびその鍵を見つけたら、その時あなたは、それを全存在と分かち合える。その時あなたは世界中の苦悩を、あらゆる世界の苦悩を受け取ることができる。
入って来る呼吸に乗りなさい。もしあなたが、それがどんな奇跡を起こすかがわかっているなら、あなたの小さなハートは全宇宙よりも大きい。その時、あなたの祝福を注ぎなさい。入って来る呼吸はあなたのハートを通過して至福となり、祝福となる同じエネルギーだ。そうなったら祝福を、存在のすみからすみまで、出て行く呼吸に乗せて行かせるがいい。

アティーシャは言う。これが慈悲だ。慈しみとは、存在の内部で変容力となるもののことだ。醜いものを美しいものに変容させ、カエルにキスをして王子に変身させ、闇を光に変えるものだ。変容のための、こういった媒体となることが慈悲だ。

あなた自身の導きの啓発をはじめよ
悪が無情有情の宇宙を満たす時は、悪条件を目覚めの道へと変化させよ

これは仏教徒の錬金術だ。あらゆる悪は目覚めの道へと、覚者になる道へと変容できる。悪はあなたに対立していない。あなたは、ただ使い方を知らないだけだ。毒はあなたの敵ではない。あなたがただそこから、薬を作る方法を知らないだけだ。賢者の手にかかれば毒は薬になる。愚者の手にかかれば薬は毒になり得る。それはすべてあなた、あなたの腕次第だ。

「悪 (*evil*)」という文字を見たことがあるだろうか？　逆さに読めばそれは「生きる (*Live*)」だ。生

(*life*) は悪 (*evil*) になり得るし、悪 (*evil*) は生 (*life*) になり得る。それはすべて、あなたがそれをどう読むかにかかっている。

悪条件を目覚めの道へと変化させ、目覚めの意識《ボーディチッタ》、覚者《ブッダ》のマインド、もしくは無心《ノーマインド》に達するためのこの経文について、理解すべきことが三つある。第一に、悪に抵抗しないこと。それはイエスの言葉だ。イエスが仏教徒の源泉からそれを得た可能性は充分ある。彼はインドを旅した。彼はイスラエルで伝道を始める前に、インドに住んでいた。

彼の生涯について、聖書の中でほとんど説明されていないのはそのためだ。ただ一度、両親とともに大きな寺院へ行き、律法学者たちと議論したと言及されているだけだ。その頃彼は、十二才そこそこだったに違いない。この出来事のあと、聖書には彼のライフストーリーがない。十八年間、彼はただただイスラエルから消えてしまう。そして突然、三十才の時再び現われる。彼の伝道は、たった三年間続いただけだった。三十三才になって十字架にかけられた。

十八年もの間、彼はどこに行っていたのか？　とても長い年月だ。そして、なぜ聖書はそのことに関して言及していないのだろう？

チベットでは、この十八年間のすべてに関する書物が今なお手に入る。彼は東洋にいた。実のところ、それが彼がユダヤ人に受け入れられなかった理由の一つだ。なぜなら彼は、とても異質で見慣れぬ何かをもたらしたのだから。なるほど彼は、旧約聖書の預言を引用しているが、彼はこれらの古い声明に、未だ聞いたこともない新しい意味を付与した。何かしら異郷のものをユダヤ世界にもたらした。

たとえばこの声明、「悪に抵抗するなかれ」だ。これは大いに反ユダヤ的だ。ユダヤの神は大いに悪に対立している。ソドムやゴモラの都市すべてを破壊した話があるほどに、彼は悪に対立している。彼は全都市を、この都市が悪に落ちたという理由で滅ぼした。善良な人々もいたのだが、邪悪な人々を滅ぼすために、善良な人々までもが滅ぼされてしまった。

ユダヤの神は言う。「私は大いなる嫉みの神。もし服従しないなら、あなたは滅ぼされてしまうだろう」。彼はとても横暴だ。旧約聖書は、悪は罰せられるべきである、目には目を、と言う。

イエスは何度もこう言っている。「あなた方はこのように聞かされてきた。もし誰かがあなたにレンガを投げたなら、彼に石や岩を投げよと。しかし私はあなた方に言おう。もし誰かがあなたの頬を打てば、もう一方も彼に差し出せと」

これはユダヤ的思考にとっては、異質で奇妙なものだ。しかし仏教徒の思考にとっては、異質ではない。これは純粋な仏教だ。悪に抵抗するなかれ。もしあなたが悪をそのハートに吸収し、それを変容させようと思うなら、これがまず第一の事柄だ。もしそれに抵抗すれば、どうやって変容できる？受け容れなさい。

イエスは「あなたの敵を愛せよ」と言う。ユダヤ教の神には、敵を愛することなどできない。どうして、人間が愛さなければならないのか？　神が敵を愛せないのなら、どうやってかわいそうな人間に敵を愛せよと望めるのか。「そしてあなたの敵を愛しなさい」――イエスは言う。「あなた自身を愛するように」と。またもや、彼はユダヤ人が気づいていない未知の源泉から、それを得ている。

これは仏教徒のアプローチだ。これは世界に対する仏陀の貢献だ。これまでで最も偉大な貢献の一つだ。なぜなら、これは内なる錬金術だからだ。悪を受け容れなさい。それに抵抗しないことだ。それと戦わないこと。それに腹を立てないこと。それを吸収してごらん。それは善に変容されるものだから。

苦悩、痛み、悪を何かしら善きものへと変容させる技とは、対極の必要性を見る技だ。光は闇の在るところにのみ在る。ではなぜ闇を嫌う？　闇がなければ光はない。だから光を愛し、闇を嫌うものはジレンマに陥る。彼らは、自分たちが何をしているかをわかっていない。

生は死なくしてあり得ない。それなら、なぜ死を嫌う？　生が存在する空間を創り出すのは、死だからだ。これは大いなる洞察だ。死はコントラストであり背景であり、その上に生が白いチョークで描かれる黒板なのだ。死とは、生がその上で星のように瞬き始める夜の闇だ。もしあなたが夜の闇を破壊したら、星は消えてしまう。それが起こっているのが昼間だ。星はまだそこにある。あなたは星が消えてしまったと思うだろうか？　それはまだそこにある。けれども多すぎる光のために、星は見えない。星はコントラストの中でのみ見える。

聖者が可能なのは、罪人が存在するからだ。それゆえに仏陀は、罪人を憎むなと言う。彼は聖者が存在するのを可能にしている。彼らは同じコインの二つの局面だ。

これを見ることで、人は善に執着もせず、悪を遠ざけもしない。生の本質的な部分として、その両方を受け容れる。その受容において、あなたは変容できる。ただその受容を通してのみ、変容が可能になる。

苦悩を変容できるようになる前に、あなたは証人にならねばならない。これが第三のポイントだ。一番目は悪に抵抗しないこと、二番目は対極は対極ではなく、お互いに補足し合うものであること、離れがたい結びつきを知ること、選択せず無選択のままでいること、三番目は証人になることだ。もしあなたが、自分の苦悩への証人であれば、それを吸収できるからだ。もし苦悩と同化してしまうと、それを吸収できない。

自分の苦悩に同化した途端、放棄してしまいたいと思う。それを取り除いてしまいたい。それほどまでに痛みに満ちている。しかし、もしあなたが証人であるなら、その時苦悩はすべての刺、すべての針を失う。そうなれば苦悩はあっても、あなたはその証人となる。あなたはただの一枚の鏡だ。それはあなたと何の関係もない。幸福がやって来ては去ってゆく。不幸がやって来ては去ってゆく。それは過ぎ去りゆく一つの見世物《ショー》だ。あなたはただそこにいる。反射する一枚の鏡。生は来ては去る。死は来ては去る。鏡はどちらにも影響されない。鏡は反射はするが影響されぬままだ。鏡はどちらによっても痕跡を付けられる。

あなたが見守る時、大いなる距離が生まれる。そしてただその見証の中でのみ、あなたは卑金属を黄金に変容させることができる。ただその見証の中でのみ、あなたは内なる科学者、超然とした観察者になる。今やあなたは、対極が対極ではないことを知っている。そう、それらはお互いに変換され得る。そうなれば、それは世界から悪を滅ぼすという問題ではなく、悪しきものを有益なものに変容させ、毒を甘露へと変容させるという問題だ。

あらゆるとがめを一つにせよ

三番目の経文。通常の心は常に、責任を誰か他人の上に投げ捨てている。あなたを苦しませるのは、いつも他人というわけだ。妻があなたを苦しませる。夫があなたを苦しませる。あなたの両親があなたを苦しませる。あなたの子供があなたを苦しませる。社会の経済システム、資本主義、共産主義、ファシズム、流布している政治イデオロギー、社会構造、運命、カルマ、神――。あなたはそれに名を付ける。

人々には、責任を回避するための無数の道がある。あなたが誰かに、X、Y、Zが私を苦しませていると話したら、その状況を変えることはあなたには不可能だ。あなたに何ができる？　社会が変わり、共産主義がやって来て階級のない社会になれば、すべての人々が幸福になれるだろう。それ以前では不可能だ。貧しい社会の中で、どうやって幸福になれるだろう。資本家に支配されている社会の中で、どうやって幸福になれるだろう。官僚政治の社会の中で、どうやって幸福になれるのか。あなたに自由を許さない社会の中で、どうやって幸福になれるだろうか。

言い訳につぐ言い訳。「私には自分自身に対する責任がある。他の誰も私への責任はない。それは絶対に完全に私の責任だ。私が何であれ、私は私自身の創造物だ」という、ただ一つの洞察を回避するための言い訳。これが第三番目の経文の意味だ。

あらゆるとがめを一つにせよ

その一つとは、あなたのことだ。ひとたびこの洞察が定着すれば「私は自分の人生に責任がある。私の苦悩、痛み、私に起こったすべて、私に起こりつつあるすべては、私が選んだことだ。これらは私が播いた種だ。今、私はその実を刈り取っている。責任は私にある」。ひとたび、この洞察があなたの中の自然な理解になれば、他のすべては単純だ。そうなると人生は新しい転回を始める。新しい次元の中で動き始める。この次元は回心、革命、変換だ。なぜなら、ひとたび責任は自分にあると知れば、自分がそれを落とそうと決意した瞬間に、いつでも落とせるとも知るからだ。それを落とすのを妨げる者は誰もいない。

自分の惨めさを落とすのを、自らの惨めさを至福へと変容させるのを、誰が妨げられるだろう？誰もいない。たとえあなたが、牢獄で鎖につながれ幽閉されようとも、誰もあなたを幽閉することはできない。あなたの魂は自由のままだ。

むろんあなたは、限られた状況を持つことにはなる。けれども限られた状況の中ですら、あなたは歌を歌うことができる。どうしようもなさの中で、泣き叫ぶか歌を歌うかのどちらかだ。たとえ足に鎖をかけられていても、ダンスができる。そうすれば、鎖の音ですらメロディーになるだろう。

第四の経文

すべての人に感謝せよ

アティーシャは、実際とても科学的だ。まず彼は言う。あなた自身にすべての責任を取りなさい。次に彼は言う。すべての人に感謝しなさい。今やあなた以外に、あなたの不幸に責任があるものは誰もいない。それがすべてあなた自身の行為であるなら、他に誰がいるだろう。

すべての人に感謝せよ

なぜならすべての人々が、あなたの変容のための空間を創り出しているからだ。あなたに敵対していると思う人々、あなたが敵だと思う人々ですら――あなたの友人や敵、いい人や悪い人、好ましい環境や好ましくない環境、それらはすべてそこであなたが変容され、あなたが一人の覚者《ブッダ》になる情況を創り出している。すべてのものに感謝してごらん。

一人の男がかつて仏陀の許にやって来て、仏陀の顔に唾を吐きかけたことがあった。

もちろん彼の弟子たちは激怒した。彼の最も近くにいた弟子アーナンダは、彼に言った。「これはあんまりです！」。彼は怒りで真っ赤になっていた。

彼は仏陀にこう言った。「この男に、彼が何をしたのか見せてやります。お許しください」

仏陀は顔を拭くと、その男にこう言った。「ありがとう。あなたは、私がまだ怒れるかどうかを見る状況を作り出してくれた。でも私にはできなかった。私はとても幸福だ。それにあなたはアーナンダのためにも、状況を作り出してくれた。今彼は、まだ自分が怒れるのを見ることができた。とてもありがたいことだ。私たちは感謝している！　時々、ぜひまた来て欲しい。あなたが誰かに唾を吐きかけたくなったら、いつでも私たちのところに来るといい」

それはその男にとって、大変なショックだった。何が起こったのか、自分の耳が信じられなかった。彼は自分が仏陀を怒らせていると思っていた。彼はしくじった。一晩中、彼は眠れなかった。ひっくり返ったり、のたうち回ったりして眠ることができなかった。絶え間なく、その考えが彼につきまとって悩ませた。仏陀にかかった彼の唾、最も侮辱的なものの一つだ。そして仏陀は、まるで何事もなかったかのように、それ以前と同じように穏やかで静かなままで顔を拭き、彼に言ったのだった。「ありがとう。そして、あなたが誰かに唾を吐きかけたくなったら、いつでも私たちのところに来るといい」

男はそれを、何度も何度も思い出した。あの顔、穏やかで静かなあの顔、慈しみに満ちたあのまなざしを。そして仏陀がありがとうと言った時、単なる形式ではなかった。仏陀は本当に感謝していた。

彼の全存在が、感謝していることを語っていた。彼の雰囲気全体が感謝だった。ちょうどアーナンダが怒りで真っ赤になるのを見た時、仏陀はとても冷静でとても愛に満ち、たいへん慈悲深かった。今となって、彼は自分自身を許せなくなってしまった。何ということをしてしまったのか？　仏陀のような人物に唾を吐きかけるなんて！

翌朝早く、彼は駆けるように戻ってきて、仏陀の足許に平伏すとこう言った。

「お許しください、先生。私は一晩中眠れませんでした」

仏陀は言う。「すべて忘れてしまうがいい。すでに過ぎ去ってしまった物事の許しを請う必要はない。実に多量の水がガンジス河を流れていった――」。仏陀はガンジス河のほとりの木陰に座っていた。彼は男に示した。「見るがいい。あらゆる瞬間に、こんなにも多量の水が流れ去ってゆく！　二十四時間が去って行った。なぜあなたは、もう実在していないものを担いでまわるのか？　すべて忘れてしまうがいい。それに私はあなたを許すことはできない。第一、私は腹を立ててはいないのだから。もし私が腹を立てていたのなら、許すこともできただろう。もしあなたが本当に許しを請いたいと思うなら、アーナンダに請うがよい。彼の足許に平伏せば、彼は喜ぶことだろう！」

すべての人に感謝せよ

助けてくれた人々に、妨害をしてくれた人々に、公平だった人々に、すべての人々に感謝するがいい。なぜなら、彼らはすべて皆、覚者《ブッダ》が生まれ、あなたが覚者になれる状況を作り出しているのだから。

空の、越えることのできない防護とは、困惑の顕われを四つのカーヤと見ること

アティーシャは、四つの身体について語っている。四つの身体は理解すべき意義がある。一番目はダルマ・カーヤ、究極の法の身体と呼ばれる。究極の法とは何か？　空が究極の法だ。すべては空。もしあなたが本当に成長したいと思うなら、この洞察を自分自身の内に沁み込ませることだ。すべては空、生は空、死は空、あらゆる現象は空だ。なぜなら何ものも留まらず、あらゆるものは過ぎ去ってゆくからだ。すべては夢の素材だ。もしこれを理解したら、これがあなたを守るだろう。もしすべてが空であるなら、どうしてあなたが侮辱され得るだろう。もしすべてが空であるなら、どうしてあなたが惨めになれるだろう。もしすべてが空であるなら、苦痛はあり得ない。あなたは空だ、他者は空だ。だからあなたは、他人があなたを侮辱し、他人があなたに唾を吐きかける夢を見ていたのだ。

もし本当に、自分の理解を大切にしたいと思うなら、これがあなたのまわりに育むべき第一の身体、空の身体、空の環境だ。すべては空だ。

仏陀は彼の弟子達を、瞑想するために火葬場へ送り出すのを常としていた。新参者は、初めの三ヶ

月間そこにいなければならなかった。身体が焼かれる場所で、彼らは来る日も来る日も、ただ座って見守った。人々が運ばれてきて、焼かれる。そして友人たちは去ってゆく。これは何という人生であることか？　どんな実質があるというのだろう？

ほんの数日前、その男はとても傲慢で、とてもプライドが高く、とてもエゴイスティックだった。もしあなたが何かまずいことを言えば、彼はあなたに飛びかかってきた。だが今、彼はどこにいるだろう。炎の中に消え去ってしまった。これが人生というものだ。「遅かれ早かれ、私もまた火葬の薪に乗るだろう。すべて焼かれてしまうだろう。だったら、なぜ思い煩う？　どうしてそんなに騒ぎ立てる？　それはほんの数日の夢だ。この数日は永遠の時の中ではわずかなものだ、ほんの束の間のものにすぎない」

この空の身体を、あなたのまわりに育みなさい。あなたはそれに守られることだろう。

第二の身体はニルマナ・カーヤ、慈しみの最初の現われだ。すべてが空である時、あらゆる人々が火葬の薪の上にある時、慈しみが湧いてくる。それは修養されたものではない。覚えておきなさい。それは第一の身体から生まれてくるものだ。もしそれを修養するのであれば、あなたはまだエゴを信じている。もしそれを修養するのであれば、あなたはまだ人格を信じている。もしそれを修養するのであれば、あなたはまだ美徳を信じている。けれども自己が存在しないなら、美徳とは何だろう？　自己が存在しないなら、人格とは何だろう？　自己が存在しないなら、善とは何だろう？

最初に、空《ダルマ・カーヤ》の身体の中に落ち着けば、その自然のなりゆきとして第二の身体が現われてくる。ニルマナ・カーヤとは創造の身体という意味だ。それは奇妙だ——第一の身体は空の身体、第二の身体は創造の身体だという。だがこれが、あらゆる偉大な覚者《ブッダ》たちの洞察だ。それは、もしあなたが空の身体になったなら、大いなる創造があなたから生まれてくる、というものだ。全体があなたから流れ出始める。あなたは全体のための乗り物に、通路に、媒介に、声になる。

そして第二の身体が現われるとともに、その最初の経験は、大いなる慈しみとなるだろう。もちろんその初めは、部分的で条件付きの、他者の苦悩によって起こるものになるだろう。路上で一人の老人が死にかけているのを見かけると、慈しみが湧いてくる。誰かが飢えていると、慈しみが湧いてくる。それは原因が外にある。もし誰も死にそうでなく、誰も飢えていなければ、慈しみはないだろう。第二の身体の中では、慈しみは来ては去って行く。ある状況で生まれては、別の状況で消えていく。

第二から第三が結晶化してくる。第三の身体はサンボガ・カーヤと呼ばれている。至福の身体だ。第三の身体において、慈しみは無条件のものとなる。それは現われもせず、消えもしない。それは残る。それは留まる。それは、誰かが苦しんでいるかどうかの問題ではない。第三の身体の中では、人はただ慈しみのみだ。第二の身体では、慈しみは一つの関係だった。必要があれば、それは起こっていた。第三の身体では、慈しみはあなたの存在の状態そのものとなる。必要があろうとなかろうと、それは存在している。

それは闇に燃え上がる火のようなものだ。それは光を放射し続ける。部屋に誰かがいようがいまいが、光を誰かが必要としていようがいまいが、それは要点じゃない。光は放射し続けてゆく。

第三の身体、至福の身体において、慈しみは自然な現象になる。ちょうどあなたが呼吸をし続けるように、眠っている間ですら、あなたは呼吸をし続けている。仏陀は眠っている間ですら慈悲深い。仏陀はただ慈悲深い。慈しみは、波のように現われ消えゆくものではない。今や慈しみは大洋的だ。

そして第四の身体は、スワバーヴァ・カーヤと呼ばれている。究極の本性、自然、あなたのあるがままの実存の内奥の身体だ。第四の身体において、あらゆる区別は消えてゆく。二元性が超越される。善と悪、自己と非自己、マインドとノーマインド、サンサーラとニルヴァーナ、神と悪魔、あらゆる二元性が超越される。人はただ在る。どんな区別もどんな種類も、どんな分割もなしに、これが実存的身体だ。これが達成されるべき真実だ。

それぞれの真理の探求者は、この四つの身体を通って行く。

卓越した手段とは四つの準備を持つこと

この四つの身体をどのようにして達成するか？　そのための四つの準備がある。第一は、観察すること。評価することなく観察してごらん。あらゆるものを観察してごらん。どんな機会も逃さずに観察するのだ。というのも、問題はあなたが何を観察するかではなく、その観察が成長することが問題だからだ。あらゆるものを観察してごらん。樹々、鳥たち、動物たち、人々、往来を、あなた自身の心とその往来を、あなた自身の反応と他者の反応を、あらゆる状況を観察のために使いなさい。そうすれば観察は、あなたの中に深く根付いてゆく。

そして第二は、分析することだ。しかしあなたが観察した後でだ。それを混同しないこと。最初の観察はどんな分析も、どんな判断も、どんな評価もないシンプルな観察でなければならない。観察してそれから分析すること。それから細部に入ってゆく。それから解剖する。そして部分を見なさい、どうしてそれができているのかを。というのも、それぞれの経験はとても複雑だからだ。もし本当に理解したいと思うなら、その部分の中まで解剖しなければならない。

そして第三は、至福、沈黙、落ち着き、穏やかさを、ますますあなたにもたらすものを選ぶことだ。そして第四は、緊張、心配、苦悩、地獄をもたらすものを、すべて放棄すること。

これらが四つの準備だ。もし、これらの四つの準備に従うなら、四つの身体があなたの中に現われてくる。

いかなる状況をもすばやく道へともたらすには、

出会うや否や、それを瞑想に結びつけることだ

そして覚えておきなさい。それぞれの状況が、瞑想の機会となるべきだ。瞑想とは何か？　それは、あなたがしていることに気づくことだ。あなたに起こっていることに気づくことだ。

誰かがあなたを侮辱する。気づいていなさい。侮辱があなたに届いた時、あなたに何が起こっているか？　それに瞑想してごらん。これがその形態全体を変化させる。誰かがあなたを侮辱すると、あなたはその人物に集中してしまう。

「なんであいつは俺を侮辱するんだ？　あいつは自分を誰だと思っているんだ？　どうやったら復讐できるだろう？」

もし彼がとても力強ければ、あなたは降参してしまう。あなたは尻尾を振ってしまう。もし彼がそれほど強くなかったら、彼を弱いと見たなら、あなたは彼につかみかかってゆく。しかしあなたはこうしたことの中で、自分自身を完全に忘れてしまう。他人が焦点になる。

これは瞑想のための機会を逃すことだ。誰かがあなたを侮辱したなら、瞑想してごらん。

グルジェフは言っていた。「私の父が死んだ時、私はまだ九才だった。彼は私をベッドに呼び寄せると、私の耳に囁いた。『息子よ、私はお前に世間的なものを多くは残してやれない。しかし、私の父が死の床で私に言ったことは、お前に残しておこう。それは大そう私に役立った。それは私の宝だ

った。お前はまだそれほど大きくないから、私の言うことを理解しないかもしれぬ。だが心にとめておくがいい。覚えておくがいい。いつかお前が大きくなれば理解するかもしれぬ。これは鍵だ。それは偉大な宝の扉を開けるのだ』」

もちろんグルジェフは、その時それを理解できなかった。しかしそれは、彼の全生涯を変えてしまうものだった。父はとても単純なことを言った。「いつであれ、誰かがお前を侮辱する時には、息子よ、彼にこう言いなさい。私は二十四時間それに瞑想してみよう、それから答えに戻って来ると」

グルジェフは、これがそれほど偉大な鍵であるとは信じられなかった。彼は「これが、私が覚えておかねばならないほど価値がある」とは信じられなかった。九才の幼い子供のことだから、大目に見ることができる。しかしそれは、彼をとても深く愛し、死に赴く父の言葉だった。父は言い終えるとすぐさま息をひきとったため、彼の心に深く刻まれた。彼はそれを忘れることができなかった。いつであれ父のことを思い出すときには、その言葉を思い出したものだった。

真実の理解を欠いたまま、彼はそれを実修し始めた。もし誰かが彼を侮辱すれば、こう言った。「すみません。二十四時間、私はそれに瞑想しなければなりません。父がそう言ったのです。彼はもういませんが、私は故人を裏切るわけにはいきません。彼は私を大そう深く愛してくれました。私も彼を深く愛していました。彼を裏切るわけにはいかないのです。父が生きていれば裏切ることもできますが、死んでしまった父をどうして裏切れますか？　だから、どうか私を許してください。二十四時間経ったら戻って来て答えます」

そして彼は言っている。「二十四時間瞑想することは、大いなる洞察を私の実存にもたらした。時としてその侮辱が正しいことを見出すと、それが私の有様なのだから、その人物のところに行って言う。『ありがとう、君は正しかったよ。それは侮辱じゃなかった。それは単純な事実の表明だった。君は私を馬鹿だと言ったがそのとおりだ』

あるいは、時として二十四時間瞑想していると、それが全くの嘘であることに気づいた。だが何かが嘘であるなら、なぜそれに腹を立てる？　だから私は彼の所へ行って、それが嘘であると告げることすらしなかった。嘘は嘘だ。それに煩わされることはない」

だが彼は見守りながら、瞑想しながら、実にゆっくりと、他人の反応よりも自分の反応にますます気づくようになってきた。

これがアティーシャが言うことだ。

いかなる状況をもすばやく道へともたらすには、
出会うや否や、それを瞑想に結びつけることだ

善、悪、成功、失敗、何が起ころうとも、ただちに何が起こっているのかに気づきなさい。一刻も無駄にしないこと。遅れずに、それに直面するのだ。するとあなたは驚くだろう。誤ちがあなたの人生から消え始める。そうなれば、何であれあなたの行為は正しいことになるだろう。

人々は私に、何が正しくて何が間違っているかを訊ねる。そして私の答えはこうだ。自覚の中から生まれたものなら、それは正しい。無自覚の中から生まれたのなら、それは誤りだ。正しいか間違いかは、あなたが何をするかではなく、どのようにするのかという問題だ。それは「何を」ではなく、「どのように」の問題だ。瞑想的であるか非瞑想的であるか、油断なく醒めているか、それともまるで夢遊病者のように物事をし続けているか、という問題だ。

心の教えの簡潔なる要約、「五つの力」で働くこと

これらが五つの力だ。第一の力は強烈さ、全面性だ。もしあなたが、本当に変容された生を持ちたいなら、もし本当に自分自身の光になりたいと思うのなら、もし本当に存在の究極の神秘を、生き生きとして在ることとの究極のエクスタシーを知りたいと思うのなら、その第一の力は強烈さ、全面性だ。何であれあなたがすることを、その最善をもって強烈にやりなさい。ゆるまないこと、怠けないこと、断片的になってしまわないこと。その中に、全身全霊を込めて入って行きなさい。それに全面的にのめり込みなさい。

もしダンスをするなら、踊り手が消えて、ただダンスだけが残されるほど全面的に踊りなさい。するとそれは変容するだろう。もし愛するなら、全面的に愛しなさい。そこに愛する人が見当たらない

ほど全面的に。愛する人が見つかるのは、あなたが何かを背後に控えていて、それを出し惜しみしているからだ。あなたが控えているものが、愛する人になる。もしあなたが何かを背後に控えているなら、その控えているものが踊り手になり、歌い手になる。もしあなたが、ダンスの中に、歌の中に、愛の中に全面的にあるなら、「私は愛する人だ、私は踊り手だ」というものが残されるだろうか？　誰も残されはしない。

そして全面性が変容を生む。人は百度の強烈さの中でのみ、物質的なものからスピリチュアルなものへと、地上的なものから天上的なものへと、普通のものから並外れたものへと蒸発してゆく。

第二の力は習熟だ。あなたの本当にしたいことをして、本当に在りたいように在りなさい。生とは、あなたが自分の周りに創り上げてきた形態に従って生まれるものだ。もしあなたが本当に、何か別のものでありたいのなら、それなら、あなた自身をそれに慣れ親しませなさい。もしあなたがギターを弾きたいと思うなら、実習しなさい。もしあなたがダンスをしたいなら、実習しなさい。もしあなたが、何かを自分の人生に起こしたいと思うなら、それをどんどん吸収することだ。そしてそれに対立するものを落としなさい。それを落とす道は、それを使わないことだ。それを使用することで、自分の中に何度も何度もそれがやって来るための道を創り出すからだ。

第三の力は白い種の力。「白い種」というのは比喩だ。アティーシャの言う意味は、黒いものをすべて落とすこと。怒り、嫉み、憎しみ、所有、支配の黒い種を栽培しないことだ。すべての黒い種を落としなさい。もしそれが芽を出したとしても、見守って、ハートの中に吸収してごらん。そうすれば、それは白い種になる。では白い種とは何だろう？　愛、慈悲、奉仕、誠実、感受性、自覚、これらが白い種だ。いつか白い花をあなたの生命に咲かせたいと思うなら、白い種を播かねばならない。

そして第四の力は叱責だ。エゴに方向づけられた思考を、完全に捨てることだ。エゴから生まれ出てくるものは何であれ、見守りなさい。エゴトリップが何であれ、ただちにあなた自身をそれから分離するのだ。しばらくの間、耳を傾けることすら危険だ。なぜなら耳を傾けることは、それにエネルギーを与えることになるからだ。それをエゴトリップと知ったなら、ただちに自分自身を分離しなさい。そして誰もが、いつエゴトリップに走るかを知っている。それは学ぶべき技ではない。誰もがそれを持って生まれて来る。あなたにはそれがわかる。わかっているにもかかわらず、あなたはそれに従う。それはまた別問題だが、あなたにはそれがわかる。プライドがわき起こってくる時にはいつであれ、エゴがその頭を持ち上げて来る時はいつであれ、あなたはそれを知る。すぐさまその頭を、一撃のもとに切り捨てなさい。

そして第五の力は、すべての美徳を他人の幸福に捧げる力だ。あなたに起こった良きものは、何であれ、ただちに分かち合いなさい。これは仏教の中で、最も基本的なことの一つだ。蓄えたりしないこと。けちん坊にならないこと。もし愛が起これば、分かち合いなさい。それを降り注ぎなさい。もし人を見つけられなければ、樹々の上に、岩の上に降り注ぎなさい。それでも降り注ぐのだ。それを蓄えたりしないこと。なぜなら、もし蓄えようとすると、それは毒に変わるからだ。もし蓄えようとすると、それはすっぱくて苦くなる。分かち合いなさい。

そしてあなたが分かち合えば分かち合うほど、知られざる源泉から、より以上のものがあなたにやって来る。ゆっくりゆっくりと、あなたは内なる経済の法則を知るようになる。外側の経済では、もし物を持ちたければ、蓄えろと言う。だが内なる経済ではちょうどその反対だ。蓄えてごらん。するとあなたは、それを手にしないだろう。与えてごらん。するとあなたは手に入れるだろう。もっと与えてごらん。そうすれば、あなたはより以上のものを得るだろう。

大乗における転移の教えは「五つの力」行動が重要である

これらすべての五つの力は、あなたが行動する時にのみ、あなたがそれに従って行為するなら、意味深いものになる。それらをただ黙って見ているだけなら、それらは無意味だ。それらは力を発揮しないままだ。あなたの人生の中に、それらを現実化してごらん。

そして最後の経文だ。

あらゆる法の目的は一点に含められる

その一点とはエゴの消滅のことだ。エゴは偽りだ。もし偽りのエゴに従って生きているなら、あなたの人生全体は偽りのままだろう。もしエゴなしで生きるなら、あなたの人生全体はリアリティ、真実、真正さの香りを持つだろう。

考えてごらん、瞑想してごらん、実修してごらん。

今日はこれくらいでいいかな。

第六章 サニヤスは獅子《ライオン》のためのもの

Sannyas is for Lions

最初の質問

ＯＳＨＯ、自らを空にすることと、自らを消してしまうことの違いを、説明していただけますか？　そして、消滅における個であること《インディヴィジュアリティ》の役割とは何でしょうか？

ディヴィヤ、自らを空にするプロセスと、自らを消してしまうプロセスに共通点はない。それらは違っているだけでなく、完全に正反対だ。

自らを空にすることは、個をもたらす。ますます個をもたらす。自らを空にするとは、人格に含まれているものを、すべて空にするという意味だ。

人格はばかげたもの、偽りであり、社会があなたに与えたものだ。人格は外側からあなたに課せられる。それは仮面だ。個であることは、あなたの存在そのものだ。個であることは、あなたが世界にもたらすものだ。個であることは神の贈り物だ。

人格が醜いのは、それが偽りだからだ。あなたが人格を持てば持つほど、個が成長する可能性は少なくなる。人格はあなたの空間全体を占領し始める。まるで癌が成長するようなものだ。それは成長し続ける。あなたを全面的に占有する。それは、個がそれ自身の中心を持つための空間すら残さない。人格を落とすことだ。そうすれば、個であることが可能だ。

個であることは非‐利己的な現象だ。それは純粋な「在る状態」だ。それはその中に「私」を持たない。人格とは「私」以外の何ものでもない。それはその中に「在る状態」を持たない。人格は攻撃的、暴力的、支配的、政治的だ。個であることは沈黙し、愛し、慈悲深い。それは宗教的だ。

自らを空にするとは、すべての中身を空にすることだ。ちょうどあなたが、長年そこに溜まっているすべてのゴミを、部屋から取り出すようなものだ。家具やすべてのもろもろを取り出して部屋を空っぽにしても、部屋を破壊してはいない。全くしていない。あなたはそこに、より広い部屋の状態、より大きな空間を与えた。すべての家具がなくなった時、その部屋はそれ自身を主張する。部屋が在る。

自らを消してしまうとは、部屋自体を破壊することだ。あなたの実存の空間そのものを破壊すること、あなたの存在のユニークさを破壊すること、神からの贈り物を破壊することだ。あなた自身を消してしまうということは、奴隷になるという意味だ。

個人性はあなたに統御力を与える。あなたを非常に確かにし、大地に根付かせる。あなたに実体を与える。あなたはもうこれ以上ものを夢見ることはない。それはあなたに堅実さを、明快さを、透明さを、先見を与える。それは存在の美しさを気づかせる。あなたにすべての美しさを気づかせる。

あなた自身を消すことは、あなたを破壊する。それは自滅的だ。あなたは自分の人格を落としていない。あなたは自分のユニークさそのものを落としている。あなたはますます空虚になっている、より実質的になるよりはむしろ――あなたは奴隷になっている。

そして皮肉なのは、もし自分自身を消してしまったら、エゴが留まってしまうということだ。今やそれは、非常に微妙なエゴになるだろう。それを検出することが、ほとんど不可能であるほど微妙に。今やそれはつつましさを、誰でも無さを、謙遜さを公言するだろう。だがその公言は主張する。それは言う、「見てくれ、私は自分自身を消した。私はもういない」

しかしあなたが「私はもういない」と言う時、あなたはいる。でなければ、誰が「私はもういない」と言っているのだろう。

いわゆる聖者が一度、「あなたは神ですか?」と訊ねられた。彼は「違う」と答えたが、すぐさまこう付け加えた。「太陽は朝、昇ってくる。しかしそれは『私は太陽だ』と宣言はしない」

彼は別の言い回しをしている。「私は神だ。しかし私は、毎朝昇ってはいるが『私は神だ』とは宣言しない太陽のようなものだ」

私は、この話をした男に言った。「いわゆる聖者の所へ戻って行き、彼に告げなさい。『太陽自身は、自分は太陽ではない、とも言わないものだ』と」。太陽は「私は太陽だ」とも「私は太陽ではない」とも言わない――それは、太陽が光明を得ているからではなく、単純に話せないからだ! もし話すことができたら、それは千と一つの方法でそう宣言しただろう。実際それは、千と一つの方法で宣言している。「私はここにいる!」。それは花々において、鳥たちにおいて宣言されている。それはくまなく宣言されている。「私はここにいる!」と。

一度、クリシュナムルティが訊ねられたことがあった。「なぜあなたは話し続けるのですか？」彼は言った。「話すこと、これはただ、私の本性なのだ」

彼は言った。「私は、花がその芳香を放つのと同じやり方で話す」。花は話せない。花は独自の言語を持っている。芳香がその言語だ。太陽は話せない。しかし、拡散する光がその事実を伝える方法だ。「私はここにいる。私は到着した」

日本に「花は語らず」という諺がある。その諺は全くの誤りだ。彼らは話すが、もちろん彼ら独自の言語で話す。

チベット人は彼らの言語を話す。あなたは、彼らが話さないとでも言うのだろうか？　中国人は彼らの言語を話す。彼らが話さないとでも言うのだろうか？　ただ、あなたが理解できないという理由だけで、あなたは彼は話していないとでも言うのだろうか？　中国人は独自の言語を持つ。太陽もそうだ、花々もそう、動物たち、鳥たち、岩々もそうだ。数限りない言語で、全世界はそれ自身を主張する。

しかし、へりくだった人は言い始める。「私はいない。私はエゴではない。私は自分自身を消した」。しかし、誰がこう言うだろう。自分自身を空にした人は、そんな事は言わない。

彼はこう言うだろう。「私は在る。そして私は初めて在る。しかし今、私の『私は在る』という状態における『私』とは、ただそれを言うための方法、言語学にすぎない。実存的に、そこにはただ『在る』状態だけが存在する」

そしてこれを、あなたが自分自身を空にしているか、消しているかの評価基準にしなさい。もし自分自身を空にしているなら、あなたはますます幸福になるだろう。なぜなら、あなたはますます広々としてくるからだ。あなたはますます神に、そして神の祝祭に役に立つだろう。あなたは存在とその喜びすべて、その祝福すべてに開くようになるだろう。

しかし、もしあなたが自分自身を消しているのなら、あなたはますます悲しく、そして重苦しくなるだろう。あなたはますます鈍くなり、死んでしまうだろう。自分自身を消すことは、ゆっくりとした自殺以外の何ものでもないからだ。それに注意しなさい。そこであなたは、意識しなければならない。非常に意識しなければならない。それらは、両方とも同じように見えるからだ。

スピリチュアルな成長において本当に危険なものは、完全に反対ではあるが、非常に同じように見えるものから来る。本当に問題となるのは、明らかに正反対なものからはやって来ない。それは、それほど明らかには正反対ではないが、それでも正反対なものから生じる。

憎しみの本当の反対は愛ではない。愛の本当の反対は憎しみではない。それはとても明らかだ。誰がごまかされるだろう？　愛の本当の反対は擬似的な愛、愛するふりをしている愛だ。だが、それは愛ではない。人はそれに注意深くなければならない。

慈悲の本当の反対は怒りではない。慈悲の本当の反対は、修養された慈悲だ。あなたの内側にではなく、ただあなたの人格の中にだけある慈悲、あなたが自分の周辺に描いた慈悲だ。

あなたの笑いの本当の反対は涙ではなく、描かれた笑い、唇より少しも深く行くことのない、唇の運動以外の何ものでもない笑いだ。ハートがそれに協力して作用することはない。感覚がその背後にあるわけではない。笑いの後ろには誰もいない。笑いは、単なる習得されたトリックだ。涙は笑いの反対ではない。それはただ、それを補うものにすぎない。しかし、嘘の笑いは本当に反対のものだ。

それを常に覚えておきなさい。嘘は真実の敵だ。もしあなたの笑いが真実であり、あなたの涙が真実であるなら、それは友人だ。それはお互いを助けるだろう。その両方が、あなたの存在の真実を強化するからだ。もしあなたの涙が嘘で、あなたの笑いが嘘だったら、その時もまた、それは友人だ。それはあなたの虚偽を、あなたの人格を、あなたの仮面を強化する。

葛藤は本物と偽物との、あるいは見せかけとの間にある。自らを空にすることは、とてつもなく価値あることだが、あなた自身を消すことは危険だ。あなた自身を消すことはエゴの微妙な道――エゴが裏口から入ってくるやり方だ。

そして当然、それはあなたをますます深刻にさせるだろう。だから、あなた方のいわゆる聖者たちは、とても深刻そうに見えるのだ。彼らの深刻な状態はそれが理由だ。その理由とは、彼らが本当は持っていない謙遜を持ち続けているということだ。本当は持っていないものを持ち続けるのは困難であり、耐え難いことだ。人は絶え間なく用心しなければならない。あちらこちらでちょっとうっかりすると、そこで真実が主張する。それは、あなたが長い間持ち続けてきたものを破壊する。それはあなたの体面を破壊する。

維持しなければならないものは、どんなものであれ、あなたを深刻に、そして悲しいままにする。あなたの虚偽が捕まえられること、それが現行犯で捕まえられることを、心の底では恐れている。もし自分の中に、何か虚偽のものを運んでいるなら、あなたは人々から逃げ出すだろう。あなたは誰にも自分に対して好意的、親密にはさせない。というのも親密さが危険なのは、赤の他人には見えない何かを、その相手は見るかもしれないからだ。あなたは人々との距離を保ったままにするだろう。あなたは人々から遠くへ逃げ出す。あなたはただ、礼儀的な関係だけを持つ。だがあなたは、本当には関係していない。本当に関係するということは、あなた自身を露わにすることだからだ。

だから、あなた方のいわゆる聖者たちは、修道院の中へ逃げ込む。それは恐怖から来ている。もし世間の中にいたなら、彼らは捕えられていただろう。彼らが不正行為をしているところを、発見されただろう。彼らがごまかしていることを、偽善者であることを――。修道院の中では、彼らは自分たちの偽善を維持し続けられる。誰もそれを見つけることすらできない。そしておまけに、別の偽善者がいる。彼らは、おのおのの偽善者が一人で維持するよりもっと簡単に、彼らの偽善をすべて一緒に共謀して維持できるのだ。

修道院は逃避者のために創られたものだ。だが、世間でも修道院的なやり方で生きることもできる。

常に人々と距離を保ち、決して内なる実存に人がかかわらないように、決して開かないように、あなたが誰であるかを見るために、人があなたの内側を覗き見することを誰にも許さないように、人々の目を避けるように、横目で見るように――。そしていつも急いでいるので、人々はあなたがとても手が一杯の状態であるのがわかる。あなたには「こんにちは」と言う時間もない。誰かの手を取る時間も、気さくに誰かと坐ることもない。あなたはとても忙しい。絶えず活動している。

あなたは、自分の近くにいる人と親密になることすら、決して許さない。夫たち、妻たち、子供たち――彼らともあなたは形式的な関係を、制度上の関係を持つ。

そのため、結婚は制度になっている。とても、途方もなく美しいものが制度になっているのを見ることは、本当に醜い。そして当然、人々はとても不幸に見える。制度の中で生きるならあなたは不幸だ。

ディヴィヤ、あなたは訊ねている。「自らを空にすることと、自らを消してしまうことの違いを説明していただけますか?」

自らを消してしまうことはエゴの道だ。自らを空にすることは理解の道だ。あなた自身を空にすることで、あなたは単純にエゴの道を理解する。その理解により、エゴは独りでに消えていく。あなたはそれを落とさない。あなたはそれを落とさなくていい。あなたはそれと闘わない。それは見つからない。

あなたが注意深く、覚醒の光で内側を見るなら、どんなエゴも見つけられない。だから問題は、なぜ、あるいはどうやって自らを消すべきなのか、ではない。消すためのものは何もない！　在るものは在る、そして消すことはできない。無いものは無い、そしてそれを消す必要はない。

自らを空にすることは、単に自分自身を見るという意味だ。その時、多くのものが落ち始める。というのも、あなたはそれを不必要に運んでいたからだ。そもそもそれは、存在していない。それは幽霊、悪夢だ。光がもたらされる時、それはそれ自身を分散させる。自らを空にすることは、瞑想的なプロセスだ。ちょっと内側を見てごらん、深く、先入観を持たずに、前もって作られた観念を持たずに、賛成も反対もなく、ちょっと内側を見てごらん。すると空が起こり始める。

そしてあなたがすべての内容──思考、欲望、記憶、投影、希望──を空っぽにした時、すべてが去った時、初めてあなたは自分自身を発見する。なぜならあなたとは、その内側の純粋な空間、純潔な空間以外の何ものでもないからだ。重荷を降ろした、その内容のない意識、それがあなたなのだ！

それを見なさい、それを実現しなさい。人は自由だ、人は喜びだ、人は至福だ。

しかし、自らを消してしまうことは危険だ。それは、エゴが存在していて、それを消さねばならないと、既に容認したということだ。あなたは一つの幻想を容認した。そして今、あなたはそれを壊したがっている。あなたは最初の要点を取り逃がしてしまった。あなたは、その紐が蛇であることを容認した。そして今、その蛇を殺そうとしている。あなたは大きな面倒に巻き込まれている。その蛇は決して殺すことはできない。最初から存在していないからだ。その紐を叩き続けることはできる。しかし蛇についてはどうする？　蛇はそこに留まるだろう。

その蛇は、あなたの幻想の中に存在している。蛇は外側には存在していない。でなければあなたはそれを殺すことができた。しかし、どうやって存在していない蛇を殺すことができようか？　あなたは影と闘っている。あなたは敗北せざるを得ない。

この原理をいつも覚えさせなさい。もし何か虚偽のものと闘うなら、あなたは負かされるだろう。その虚偽を負かすことはできない。それは虚偽だからだ。どうやって、非実存的なものを負かすことができるのか。その方法はない。ただ一つの方法は、灯りをつけて見ることだ。

来て、そして見なさい！　そのままに見ることにおいて、蛇は見つからない。紐は存在する。蛇は消えた。今やあなた自身を消す必要はない。闘う必要はない。

数多くの人々が、謙遜しようとしている。だが彼らの努力はすべて無意味だ。全くの愚行だ。


一度、ある男が私に訊ねたことがある。「あなたはエゴイストですか？　それとも謙虚な人ですか？」

私は言った。「どちらでもない。ネティ（否）、ネティ（否）、これでもなくあれでもない。私はどちらかであることはできない」

彼は言った。「あなたは何を言っているのですか？　人はエゴイストであるか、そうでなければ謙虚な人でなければならないのですよ」

私は言った。「あなたは理解していない。あなたは何も知らない。あなたは一度も自分自身の内側に入ったことがない。もしあなたが謙虚なら、逆立ちしたエゴイストだ。謙虚な状態とはエゴの一つの表現だ。私はどちらでもない。私はただ、何であれ私とある。謙虚でも利己的《エゴイスティック》でもない。なぜなら、エゴは存在しないとわかったからだ。どうやって謙虚な状態でいられよう？」

謙虚な状態は、薄められたエゴだ。だが、エゴが存在しなければ、どうやって薄めることができるだろう。もし蛇が存在しないなら、どうやって蛇の毒歯を取り去ることができるのか。それが謙虚な状態だ。毒歯は蛇から取り外されてしまった。今や蛇は殺傷できない。今や蛇は噛むことができない。今や蛇は、どんな害も加えることができない。だが蛇はいる。

それらの歯は偽物だった。蛇それ自身が偽物だからだ。

仏陀は利己的でも謙虚でもない。了解した人間にとっては両方不可能だ。無知な人は利己的であるし、また謙虚であることもできる。両方は無知の様相だ。そして無知な人は、エゴを消そうとする。エゴがないのは立派なことだからだ。人はエゴを消すことで聖者になる。エゴを消すことで、偉大な威信と権力に到達する。しかしそれは同じゲームだ。ゲームは変わっていない。

あなた方への私のメッセージは、どうかあなた自身を消そうとしないでほしい、というものだ。自分自身でありなさい。自分自身の内側を見なさい。すると、見ることそのものでエゴは消え去る。「消え去る」と言うことさえ正しくない。エゴは見つけられない。それは決して存在したことがない。その存在は、自分自身の内側を見ないことに左右される。見てしまえば、それ以上存在しなくなる。それは存在したことなどない。

そしてその時は、あなたは個性的で、ユニークな状態、神性のユニークな表現だ。その時、大いなる悦びが存在する。あなたは開花し始める。春がやって来る。あなたは踊り始める。あなたは歌い始める。あなたの中に、神があなたをユニークな個人にしたことへの大いなる感謝が、現われてくる。

あなたのような人は、これまで決して存在したことがない。全世界の中で、たった今、あなたのような人は他に存在しない。そしてこれからも存在しないだろう。神がどれほど多くの敬意をあなたに払ってきたか、ちょっと見てごらん。あなたは傑作であり、二度と繰り返せない。比較にならないほど全くユニークな存在だ。最も堅いハート、岩のようなハートでさえ、感謝の中で溶け始めるだろう。涙が流れ始めるだろう。至福と喜びの涙、笑いの涙が――。

だがどうか覚えていてほしい。あなたは自分自身を空にするのであって、自分自身を消してはいけないということを。

二番目の質問

OSHO、家に戻ったら捨てるつもりで、プーナでサニヤスを取る人たちについては、どうなのでしょうか？

アナンド・ライオネル、彼らは論外《くそったれ》だ。彼らが論外であるのは、サニヤスを落とすからではなく、受け取るからだ。彼らの考えは、ここでサニヤスを取ることで何かを獲得する、それから家に帰り、それを落とすことができるというものだ。

しかしもし、「自分の家に帰ったら、それを落とすつもりだ」という考えが、事の始まりからあるのなら、そのサニヤスはあなたを祝福してはいない。そのようなずる賢いマインドに対して、祝福することはできない。あなたはサニヤシンになるだろうが、まだサニヤシンにはなっていない。

私はそういう人々が、少なくとも十パーセントはそういう人々がいるのを知っている――。彼らがサニヤスを取りに来る時、私には即座に解る――彼らの目がそう語り、彼らの波動がそう語り、彼らの全存在がずる賢い悪臭を放ち始めているのが。しかし私はそういう人々に敬意を払う。私は「ノー」と言うことはできない。で、その時私は、何か差し支えがあるだろうかと思う。それなら彼らに、サニヤシンというゲームで遊ばせよう。そして誰にわかるだろう。時たま少数の人々が捕えられもする。最初のうちは、彼らがサニヤスを受け取る時は、それがいったい何なのかを見るために、ただ取っているだけだ。しかし気づかないまま、それに捕まるかもしれない。罠にかかるかもしれない。

三～四ヶ月の間、サニヤシンとしてここにいると、家に帰ってそれを落とすことが、ほとんど不可能だとわかるかもしれない。しかし、たとえ彼がそれを落としても、それは彼らの問題だ。彼らはただの愚かな存在なのだ。彼らは私と親密さを持とうと試みている。その親密さはあなたを変容させ、あなたに新しい誕生を与えることができる。しかしその親密さは、ただあなたと私との間に、ずる賢い壁が存在しなければ可能だが、その壁が存在している。

　私は彼らにサニヤスを与え、私と彼らの間に壁を、万里の長城を見る。私は彼らが本当にその中へは入っていないのがわかる。彼らはただの利口な存在にすぎない。賢明ではなく、ただの利口な存在にすぎない。本当に賢明な人は、自分自身をごまかさない。ここでサニヤスを受けることは、非常な利をもたらす。が、それはただ、あなたがゲームで遊ばない時だけだ。

　たとえば、愛はあなたの生を変容させる力になる。しかし、単にその役目を果たす行為をするだけなら、あなたは豊かにならない。実際、かえってさらに貧しくなるかもしれない。女性または男性を愛していて、本当に愛するのではなく、あなたがただ、ふりをするだけなら――その時、愛は空しいものだということを学ぶ。あなたの生全体が、汚されてしまうかもしれない。あなたが愛する時はいつも、抜け目なさが存在する。それはあなたの血の中を、あなたの存在の中を循環するだろう。最初から、愛はすべてゲームとなる。あなたは決して、どんな人とも親密にはならない。親密さとは露わになることだ。

　サニヤスとは究極の親密さだ。抜け目なくあることはできない。もしそうなら、あなたは自分自身だけをごまかしていることになる。

しかしアナンド・ライオネル、なぜこの質問があなたの中に生じたのだろう？　あなたはほんの数日前に、サニヤスを受け取ったばかりだ。これはあなたの無意識の中の、どこかに潜んでいるに違いない。これはあなたの問題だ。これはあなたの考えかもしれない。たぶんあなたは、それについてそんなに意識はしていないかもしれない、あなたは自分が、他の人たちのためにその質問を訊ねていると考えているかもしれない。しかし、他の人たちは自分自身のために質問できる。あなたが彼らについて心配する必要はない。彼らについて心配するあなたは、何様なのか？　あなたは自分自身を心配してはいないのかね？　しかしこの質問は、あなたの無意識深く、どこかに存在しているに違いない。これはあなたの戦略であるに違いない。そしてさらに、私は繰り返そう。あなたはそれを意識していないかもしれないが、無意識がこの質問で噴火したのだ。

しかしこれは例外ではない。世界は論外《くそったれ》でいっぱいだ。だからもし、少数の論外がどうにかしてここへ来るのなら、それは驚くべきことではない。それは自然なことだ。私は彼らのために十パーセントの余地を保つ。十パーセントの人々は、必ずあてにはならない。実際、それがたったの十パーセントにすぎないのは奇跡だ。

人々は委ねるという、没頭するという言葉を忘れている。人々は委ねることの美しさを知らない。彼らは献身の喜びを知らない。何かに対してすべてを捧げるということが、どういう意味なのかを知らない。何かに対してすべてを捧げることは、あなたの中に魂の誕生を与えるということだ。それはあなたを統合する。あなたに気骨を与える。

もしそうでなければ、愛の中に、信頼の中に委ねるというどんな体験も持たない人々は、意気地のない生を生きる。彼らは意気地なしだ。彼らは単なるごった煮で、シラミだらけだ。彼らは本当の人間ではない。彼らはまだ、人間の威厳に到達していない。

人間であるという意味は、ある体験の極みそのものへと行く用意をすること、委ねること、没頭することだ。もしそれが、あなたを魅了するなら、あなたを納得させるなら、改心させるなら——それがあなたを導くところならどこへでも、未知なるところへ、地図上にない所へ行く用意をすることだ。そう、そこには多くの恐怖が存在する。またそこには対面すべき多くの問題と、受け容れるべき多くの挑戦がある。しかし、これが人が成長する方法だ。これが人が成熟する方法だ。

世界中の数多くの人々は未熟なまま、子供っぽいままで留まっている。どうやって自分自身を委ねたらいいかわからないという、単純な理由のために——。彼らはただ根なしのままだ。そして木が根なしであると、木がどうなるのかが推測できる。ゆっくりゆっくりと、木からすべての精髄《ジュース》が消える。木はもはや、精髄《ジュース》のどんな源泉にもつながっていないからだ。樹液はその中を流れない。それは緑を失う。もうそれ以上、若くも生き生きともしていない。光沢を、壮大さを、輝きを失う。それはすべての光明度を失う。それは開花しない。春は来ては去る。しかしそれはただ在り、死に、そして乾いたままだ。

それが数多くの人々に起こってきた。彼らは自分の土壌を失った。私はサニヤスを通して、あなたに栄養をもたらす土壌を与えようと試みているのだ。そうすれば、樹液はあなたの中で、再び流れ始める。そうなれば、あなたは再び生き生きとする。あなたは再び若く、若々しく新鮮になる。

人間は一つの質を、情熱に満ちた質を失ってしまった。情熱なくして何が生だというのだろう。ただ死を待つだけなのか？　生は別の何かではあり得ない。ただ情熱とともにのみ、あなたは生きる。でなければあなたは植物人間だ。

サニヤスは放棄ではない。その全面性と強烈さの中で、生を生きる道だ。すべての次元において生を生きる術《アート》だ。すべての豊かさの中で生を生きるための道だ。それは古い概念のサニヤスではない。私は僧や尼僧を創っているのではない。いや、全く違う。私は生き生きとした人々を創っている。敏感で、脈動していて情熱のある人々、若くて新鮮で、真理の探求、愛の探求、神の探求において、どんな冒険もやり続ける用意のある人々を――。

あなたは、どうやってサニヤスを落とせるというのか？

だから私は、彼らは愚かだと言うのだ。彼らがサニヤスを落とすからではなく、それを受け取るから愚か者なのだ。彼らは自分たちがしていることを理解していない。自分たちがどこへ動いているのか気づいていない。彼らは意識していない。彼らは単なる夢遊病者、ロボット、ゾンビ（魔術で生かされている死体）だ。とても多くの人々がサニヤシンになるのを見ると、彼らの群衆心理、その集団マインド、羊のようなマインドは、彼らにこの考えをすぐさま与える。「だから私もまた、サニヤシンにならなければ」と。

なぜだ？　あなたの最も奥深い核そのものから起こった決心でないのなら、なぜそれに悩まされるのだろう。あなたが私と愛の関係を持ち始めないのなら、なぜそれに悩まされるのだろう。私があなたのハートの弦に触れていないのなら、ある音楽が私を通してあなたの中で奏でられないのなら、なぜそれに悩まされるのだろう。

だが、彼らは私からサニヤスを受け取っているのではない。彼らはあなたから、他のサニヤシンたちからサニヤスを取っている。オレンジ色のとても多くの人々を見て、幸せで喜びに満ちたとても多くの人々を見て、彼らは嫉妬する。彼らは競争するようになる。彼らは自分が何かを取り逃がしていると感じ始める。一つの夢が彼らの中で生まれる。「私もまた、このサニヤスが何なのかを知るべきだ」。確かに彼らは、ずっとそれに従えないだろうことは、わかっている。しかし彼らは心の内で言う、議論している――「少なくともここにいる間は、なぜサニヤシンになってその味を味わおうとしないのだ？　その後で家に帰ったら、ただすべてを忘れたらいいじゃないか。そうすれば誰にもわからないだろうし、お前はまた自分の古い日常の一部であることができるのだ」

これが群集心理の機能の仕方だ。そしてサニヤスは群集心理のためのものではない。それは羊のようなマインドのためのものではない。それは獅子《ライオン》のためのものだ。

そして私は本当に驚いている。アナンド・ライオネル――、私はあなたに間違った名前を与えてしまったようだ。ライオンはそうした質問をするだろうか？　その質問は、非常に臆病なマインドから生じる。その質問は、非常にずる賢いマインドから生じる。だがそれでも私は繰り返す。あなたはそれに気づいていないかもしれないが——それはより危険だ。もしあなたが気づいたら、何かが起こる。

それが、私があなたの質問に答えている理由だ。あなたにそれを気づかせるために。これは生が変容するプロセスの一つだ。もしあなたが何かに気づくようになれば、非常に簡単にそれを取り除くことができる。もしあなたが気づかないのなら、それを取り除くという問題はない。

だから私は、時々あなたを困難にしなければならない。時々あなたに残酷にならねばならない。無意識から真実をもぎ取るのは、簡単ではないからだ。それは手術だ、それは傷つく。そして私がやっていることは手術だ。私はどんな麻酔もなしで執行する。無意識は意識にならねばならないからだ。だから私があなたに話すことで、ある無意識の真実をあなたの意識的な状態へともたらす間は、あなたは眠ることはできない。もし眠るなら、無意識は決して意識にならない。

だからこの心理学的手術は、どんな麻酔もなしに行なうのだ。その痛みを受け容れることだ。そして理解する人々は、彼らはそれを歓迎するだろう。歓迎するだけではなく、私が彼らのマインドの意識的な部分の中へ、暗闇の中に深く潜んでいるものをもたらすことに対して、彼らは感謝し、ありがたく感じるだろう。今、それは落とすことができるのだ。

これが意識の奇跡だ。意識的になるものは、どんなものでも非常に簡単に落とせる。これが精神分析学と、そこから発展したすべての精神療法《サイコセラピー》の全秘密だ。無意識から意識へと物事を持ってくること、それが精神分析医の全役割だ。それらがいったん意識されるようになると、あなた自身にそれを落とす力がある。それがあるとわかれば、誰が醜いものを運びたがるだろう？　だが、もしあなたが気づかなければ、醜いものを何生も運ぶことになる。

そして覚えておきなさい。意識それ自体は、多くのものを取り除きたがっている。しかしあなたは自分からそれを言うのが嫌なのだ。だから間接的な方法で見つけなければならない。たとえば夢の中では、あなたは何かを伝えられているかもしれないが、朝までにはあなたはそれを忘れる傾向がある。

非常に少数の人々は夢を覚えている。なぜだろう？　それは何とも色鮮やかな体験であり、一晩中あなたは夢を見ている。八時間から、少なくとも六時間は夢を見ている。私は正常な人々について話している。そういう人は存在しないが――。異常な人についてはどうだろう？　彼らは八時間で、十六時間の夢を処理できる！　彼らは多くの夢を一緒に見ることができる。一つの夢が別の夢に重なっている。夢の中の夢の中の夢――。彼らはそんな夢を見ることができる。たとえばあなたは、自分が映画を見に行く夢を見ることができる。その映画の中で、自分自身をスクリーンの上で見る――眠りにつこうとして眠りに落ち、彼が映画を見に行こうとしている夢を見始めている人として――これは何度も何度も続けられる。夢のまた夢のまた夢――。

私は異常な人々について話しているのではない。正常な人々ですら、とても正常な人々ですら、一晩で六時間夢を見る。実際、それはあなたの最も偉大な行為だ。あなたは毎日六時間は、他に何もしていない。六時間、連続的に夢を見る！　そして朝、すべては忘れられる。あるいは目覚めの数秒間だけ、四～五秒はあなたは少しのこと、少しの断片を覚えている。それからすぐに、ベッドでお茶を飲むまでにはそれは消えてしまう。

無意識は精一杯試みている。毎晩六時間、自分の生でしていることを、あなたに関わらせるために。しかしあなたは耳を傾けないので、それは別のやり方も試みる。

たとえばこの質問は、種として存在するものをあなたに関わらせるための、無意識の努力だ。無意識は常に意識と関係したがっている。なぜだろう？　無意識にはとても重荷がかかっているからだ。それはとても重い。それはそれ自身を、打ち明けたがっている。ではどうすれば、打ち明けられるだろうか？　たった一つだけやり方がある。それは意識と関わることだ。

だからフロイトは、自由な連想のテクニックを開発した。彼は寝椅子を発明しなければならなかった。もし患者が座っているなら、無意識に繋がることは困難だからだ。無意識に繋がるための私たちの習慣的なやり方は、ベッドに横たわることだ。それは永続的な習慣になっている。あなたは水平でなければならない。フロイト流の寝椅子は意義深いものだ。それはあなたの無意識が意識と関わるのを助ける。

そしてフロイトは、いつもその寝椅子の背後に消え去った。カーテンの後ろに――なぜならもし誰かがいたら、無意識は内気なまま、困惑したままでいるかもしれないからだ。そして意識は歪曲するかもしれない、検閲官であるかもしれない。だから彼はいつも、スクリーンの背後に隠れた。患者は寝椅子の上にくつろいで横たわっている。そしてフロイトは言う、「ちょっとあなたのマインドに来るものを、何であれ言い始めてください。それを編集しないでください。それを訂正しないでください。それを美化したり、洗練したり、論理的にしたり、意義深いものにしたりしないでください。ただ、あるがままに表わしてください。単純に、あるがままに、それを表に出させてください」

最初のいくつかのセッションは、たいして意義あるものではない。しかしゆっくりゆっくりと患者はくつろいでゆく。自由に連想し始める。そして、無意識はそれ自身を打ち明けていく。

精神分析学とはそれ以外の何ものでもない。それはただ、無意識を打ち明けさせるための助けになる。それは長い間無意識の中に留まっていたものを、意識的にする。するとまさにそのプロセスそのものの中で、物事は変わり始める。一～二年間の精神分析で、人は途方もなく変わってしまう。彼は完全に違った人物になる。さらに安心し、さらにくつろいでいる。何が起こったのだろう？　というのも、精神分析学者は何もしていないからだ。薬も投与されず、精神科的療法も処方されていない。

実際、本当の精神分析学者は説明すらしない。なぜなら説明は妨害になるかもしれないからだ。彼はただ聴く。彼はただの耳であり、耳以外の何ものでもない。彼は受け身、沈黙の聞き手だ。だからあなたは、自分自身を完全に打ち明けることができる。どんな妨害もなしに。

無意識はそれ独自の言語を持っている。それは隠喩で語る。それは絵画で語る。その言語は概念ではない。その言語は絵画的だ。が、それはあなたが知っている言語とは完全に異なる。

さて、これが無意識の道だ。ライオネルは、まるでそれが誰か他人の問題であるかのように訊ねている――そうではない。
私は聞いたことがある。

ある友人が黒人のカップルに会いに来た。父親は自分の子供、十八ヶ月の女の赤ん坊をとても自慢していた。友人が興味を持って見たくなるほど、赤ん坊についてとても自慢していた。赤ん坊を呼んでは父親は彼女の知性、天才ぶり、そしてあれやこれやについて話し始めた。で、その時、その赤ん坊がしゃべった。「おかあちゃん――」。父親は輝き、そして友人に言った。

「どうだい、この子はすでに言葉を半分しゃべったのだぞ！」


わかるかな？

今あなたはそれがわかった――ただ少し時間はかかるが！　今、赤ん坊は単純に「おかあちゃん」と言っているが、父親には彼独自の考えがある。彼は彼独特のやり方で解釈している。

解釈を落としなさい。少なくとも私のもとでは、全くの裸でいなさい。なぜあなたはその質問を訊ねることができるのか。「ＯＳＨＯ、もし私が家に帰ってサニヤスを落としたとしたら、その時は――」

それはとても美しく、とても誠実であっただろう。しかしあなたはそれを変えてしまった。

あなたは言う、

「家に戻ったら捨てるつもりで、プーナでサニヤスを取る人たちについてはどうなのでしょうか？」

彼らは決してサニヤスを受け取っていない。いったんあなたがサニヤスを取れば、それは落とすことはできない。それは落とせるようなものではない。それは環境であり、あなたのハートそのものになるほど、あなたの中に深く入って行く一つの体験なのだ。それはあなたを染める。

サニヤスとは、ただオレンジ色とマラだけではない。それはただの象徴だ。サニヤスとは完全に違ったもの、それはもっとはるかに深く行く。それは服装ではない。一度あなたがサニヤスを受け取れば、それを落とすことは不可能だ——しかし本当の要点は、あなたがそれを取ったかどうかだ。もしあなたにそれを落とせるのなら、そもそもあなたは、全く受け取っていなかったことを単純に示している。もし受け取っていなかったなら、何も得てはいない。その時は当然のようにマインドは言う、「どんな意味がある？　三ヶ月の間、お前はサニヤシンであり続けた。だが何も起こらなかった。それならどうして、それを落とさないのだ？」

そして何も起こらなかったのは、そもそもの始まりからあなたはそこにいなかったからだ。あなたは関与しなかった。あなたは策略的存在だった。あなたは外交的存在だった。

どうか、ここでは外交的でないようにしてほしい。これは一つの親密な関係なのだ。どうか私とあなたとの間に、どんな利口さも、もたらさないでほしい。私とともに、シンプルで無垢でありなさい。するとその時、奇跡が可能となる。あなたは奇跡の権利を与えられる。しかし、あなたがそれを許さない限り、それは起こらない。それはただ、あなたの協力があるときのみ起こる。

三番目の質問

ＯＳＨＯ、なぜサニヤシンでない人たちは、緑の線の後ろに座らなければならないのですか？　そこからあなたを見るのはとても大変です。そしてこれは、そこで聞いている人にとって、あなたを感じる助けにならないだけです。全く私は、ほんの少し二流の市民のように感じます。

エライン・サントッシュ、実のところ、あなたは二流の市民であるということだ。私にはどうすることもできない。私はあなたに嘘をつくことはできない。サニヤシンは完全に異なった、私との関係性の中にある。彼らはあらゆる可能なやり方において、特権が与えられている。サニヤシンでない人々は、少なくともそれが緑の線まで許されていることに感謝すべきだ。

もしあなたが一流の市民になりたいのなら、サニヤシンになりなさい。あなたはそのための代価を払うことなく、一流の市民になることはできない。生においてあなたは、そのための代価を支払わない限り何も得ることはできない。たとえ、代価を支払わずに何かを得られるとしても、それはあなたにとってどんな価値もないだろう。その価値は、ただあなたが代価を支払う時にだけ生じる。あなたが代価を支払えば支払うほど、それは貴重なものになる。私の近くに来るためには、あなたは何かをしなければならない。

そしてこの席の位置——サニヤシンたちは私のそばに座り、サニヤシンでない人々は、さらに少し離れて座ること——には別の意味もある。もし、サニヤシンでない人々が私の前にいたら、私は自分の話し方では話せない。私の話は、準備されたものではないからだ。それは反応だ。

私の人々は、沈黙して座り、注意深く、あらゆる一語を飲み込んで集中し、瞑想的だ。それを見れば、私ははるか高次元のことを話すことができる。よりずっと複雑なことを、説明できるのだ。

しかし、もしサニヤシンでない人々が私の前に座っているなら、私は常にＡＢＣから始めなければならない。その時、飛行機は決して離陸できない。その時、飛行機はバスのように機能しなければならない。あなたは、飛行機をバスのように動かすことができる。それはただ、スピードを増す時だけ離陸できる。その特定の状況を起こすには、スピードを増すことが必要なのだ。

私はこの国で、いつも百万人もの人々に話していた。それから私は、それを止めなければならなかった。私はただ一回の会合で、数千人の人々や、五万人の人々に話していた。私は十五年間、隅から隅までこの国を旅した。私はただ物事全体に疲れるようになった。なぜなら毎日、ＡＢＣから始める必要があったからだ。それはいつもＡＢＣ、ＡＢＣ、ＡＢＣだった。それは決して、ＸＹＺに達することはないことが、絶対的にはっきりしてきた。私は旅を止めざるを得なかった。

今、私はこのアシュラムの門の外へすら行かない。そこでは、再びABCの中で生きている人々と出会うからだ。私はもうこれ以上、彼らに興味がない。もし彼らが興味を持つなら、その時は彼らが来ればいい。そして彼らは障壁を通り抜ける必要がある。ゆっくりゆっくりと、彼らは関わらねばならない。サニヤシンになることだ。

私は生徒にではなく、ただ弟子にだけ話している。今はまだ出入りを許されているが、生徒がアシュラムに入ることを完全に止めさせられるまで、時間はそんなに長くないだろう。だから遅れすぎない前に、サントッシュ、緑の線を越えなさい！　私は、私の人々に対してだけ話したいからだ。そうすれば、私が話したいものは何であれ話せる。そうすれば私は、語られることは何であれ誠実に、愛をもって受け取られるだろうことを当てにし、信頼できる。そうすれば私は最初から、あらゆるものを明らかにできるし、何も誤解されないことがわかる。

つい先日、私はインディアン・エクスプレスの記事を読んでいた。そのジャーナリストがほんの二、三日間ここを訪れた。彼は、何千人もの人々が、まるで鳥が木々の中で鳴くのを聞く事ができるほど沈黙して坐っていた、と記事に書いている。彼らはそれほど沈黙していた。それはまるでそこに誰もいなかったかのようだった。

で、彼の結論は何だろう？　彼は、インディアン・エクスプレスから来た気の毒な記者に、感銘を与えるための演出《パフォーマンス》だと思った。彼はそれが信じられなかった。なぜなら彼はインド人を知っているし、インド人の会合を知っているからだ。

私もまたインド人を知っている。一度私は会合の中で、クリシュナについて話したことがある。人々は背中を私の方に向けて坐っており、お互いに話し、世間話をしていた——自分の背中を私の方に向けて、だ！　それは忍耐の限度を超える最後の日だった。会合の途中で私は立ち去った。その会合の会長は言った。「どこへ行くのです?」。私は言った。「私は永遠に立ち去る！　私はこれらの愚か者たちとはこれ切りだ。私はクリシュナについて話している。彼らは自分たちに話してもらうために、私を招待した。が、誰も聞いていないようだ」

そのインド人ジャーナリストは、そうした会合を多く見てきたに違いない。だから三千人もの人々がここで沈黙して坐って、誰も騒がしくしていないのを、誰もお互いに話していないのを見ることは、全く彼を感動させるものであると結論を出したのは当然のことだった。

私が立ち去ったその日、絶対に場違いに見える二人の人物がそこに坐っているのを見た。そして私がお辞儀をした時、彼らはそれに応じなかった。

さて、もしそのような人々が私の周りに多くいるなら、私は無反応で、自分のハートを流れ出すことはできないだろう。それは不可能だ。

そのための、エライン・サントッシュ、その緑の線だ。もしあなたがそれを越えたいのなら、その扉は閉じられてはいない。しかし、そのために代価を支払う用意が本当にあるのでなければ、何も求めてはいけない。そして同じくらい多くの、いやもっと多くのサニヤシンたちがやって来るだろう。

ただ本当に捧げ、ゆだねる人々だけが、彼らだけが近くに坐ることができる。

そして私にはあなたの問題がわかる。そばに坐ること、私の近くに坐ることは、それ独自の祝福を持つ。その接触はより深く進む。その振動はあなたをもっと全面的に染め上げる。なぜならそれは、ただ私が答えているその質問、あるいは私が使っている言葉の問題だけではないからだ。基本的にはそれは私の臨在なのだ。あなたはそれを飲まなければならないし、あなたはそれを消化しなければならない。

しかし申し訳ないが、私はそれについては何もできない。サニヤシンでない人は、ここでは二流の市民にならざるを得ない。

最後の質問

OSHO、もう一つの講話、もう一つの愚かな質問です。

なぜ、あなたのサニヤシンたちを「選ばれたわずかな者たち」と言及するのですか?

現代風のゲシュタルト指向のセラピー・グループに参加する意欲をもってプーナに迷い込み、そしていくつかの瞑想をする人は、明らかにサニヤスを受け取ることはできますね? 誰かこれまでにサニヤスを拒否されましたか? そしてそれはどんな根拠で?

追伸：ボブ・ディランは言っています。「私は決してグル・トリップするようなやつらのどんな仲間にも加わらなかった。私は決して道を失ったとは感じなかった」

ディック・ブラックバーン、誰もこれまでに拒否されていない。トム、ハリー、あるいはディックもだ。それは、すべてのものが受け容れられているという意味ではない。誰もこれまでに拒否されていない。それは本当だ。しかしそれは、すべてのものが受け容れられているという意味ではない。ただ明け渡している人々だけが、受け容れられる。ただ全く委ねている人々だけが、私と愛に落ちてしまった人々だけが、信頼できる人々だけが、そしてその信頼が無条件で絶対的である者だけが、受け容れられる。彼らは受け容れられる。

サニヤスは誰に対しても否定されない。サニヤスは一つの機会だからだ。少数の人々は、サニヤスを受け取る前ですら明け渡している。少数の人々は、サニヤスを受け取った後に明け渡す。少数の人々は数ヶ月間か数年間、サニヤシンであった後に明け渡す。ゆえにサニヤスは否定されない。それは空間を、文脈を作る。明け渡すための――。

しかし本当に受理され、本当に受け容れられている人に関しては、それは全面的に違った事柄だ。それは宣言されない。それは秘教的なままだ。ただ私だけが知っている。そしてゆっくりゆっくりと、受け容れられている人はそれを知り始める――しかし非常にゆっくりとだ。時々それは、彼が受け容れられていることを理解するのに、数年間を要することがある。それは決して語られない。あなたは受け容れられていた、ということをその人に言うこともない。それは理解すべきなのだ。それがその美しさだ。ただその時だけ、それは意義深い。

だが、それは起こり始める。もし私がある人を受け容れるなら、だんだんと彼のエネルギーが、自分は受け容れられたのだというメッセージを彼に与え始める。ある日それは、あらゆる人に対して、宣言したり正当だと認めさせる必要がないほど、あるいはどんな証明も必要ないほど自明なものに、それほど絶対的に確かなものになる。

私はサニヤスをすべての人に与える。しかし、本当にサニヤスを受け取った人々だけが、受け容れられる。それが私が、「サニヤシンとは選ばれたわずかの者たちのことだ」と言う理由だ。それは、私は誰も拒絶しないという私の慈悲から来ている。最もそれに値しない人もまた尊敬され、愛され、受理され、歓迎されるべきだ。そして誰にわかる？　それに値しない人は変わるかもしれない。人間は予測できないものだ。卑金属はいつでも黄金になることができる。

そして追伸：ボブ・ディランは言っています。「私は決してグル・トリップするようなやつらのどんな仲間にも加わらなかった。私は決して道を失ったとは感じなかった」

師《マスター》を見つけることは、道を失ったと感じる人々のためのものではない。道はそこにあり、そこに光がある——それは失われてはいない、と感じ始める人々のためのものだ。彼らは自分たちを助け、事態をより明確ではっきりさせる者を、見つけることができる。

今日はこれくらいでいいかな。

第七章 コツを学ぶ

Learning the Knack

最初の質問

OSHO、私のマインドは、存在の始まりのない状態を理解するのに苦労しています。どうか、それについて話してくれませんか？

プレム・ヴィラジ、真実《リアリティ》は定義できないものだ。真実はただ在る。真実は何か、と言う方法はない。真実は「何か」ではない。それは「それ」ではない。それはこれだ。真実はこの状態なのだ。あなたはそれを体験できるが、説明はできない。

真実は始まりがなく終わりもない。マインドは始まりと終わりを持つ。だから、マインドと真実は出会うことができない。マインドは永遠を理解できない。マインドは時間の中に存在している。実際のところ、マインドが時間なのだ。それは過去と未来との中に存在している。そして覚えておきなさい。時間はただ二つの時制、過去と未来から成る。現在は時間の一部ではない。現在は永遠の一部だ。

だから、マインドは現在の中では決して見つけられない。それは常に揺れ動いている。過去に向かっているか、未来に向かっているかのどちらかだ。それは存在しないもの、あるいはまだ存在していないものの中へ動く。その全技術は夢見ることの中にある。それは非-存在に根付く。だからそれは、存在そのものが理解できない。

それは闇のようなものだ。闇はどうやって光を理解できるだろう。死はどうやって生を理解できるだろう。もし、死が生を理解できるなら、死は生でなければならないだろう。もし闇が光を理解しなければならないのであれば、闇は光でなければならない。

そして、マインドに関する場合も同じだ。マインドが真実を理解したければ、過去と未来から外へ出てこなければならない。しかし、過去と未来から外へ出ることは、それはもう全くマインドではないということになる。ゆえに、世界の全ての偉大な師《マスター》たちが主張してきた真実への扉は、ノーマインドなのだ。

マインドから外へ抜け出なさい。するとあなたは、始まりのないもの、終わりのないもの、それが何であるかを知る。マインドに閉じ込もってみてごらん。あなたは当惑させられるだろう。真実は、考えられないものとしてとどまる。

私はそれを説明できない。説明することは、マインドを使わなければならないからだ。それを理解しようとすることで、あなたはマインドを使わなければならない。私はあなたと一緒に沈黙することはできる。そしてもし、あなたもまた私と一緒に沈黙できるなら、そこには理解がある。マインドによる理解ではない。その時、大いなる知性が、大いなる洞察がある。突然あなたは知る。そしてあなたは、自分の存在の全く違った中心《センター》から知る。あなたはハートから知る。あなたの知は知識ではなく愛の質を持つ。あなたの知は超越の質を持つ。それはもはや、科学的な知識ではない。概念にできるものではない。それは詩的な光景《ヴィジョン》だ。神秘体験だ。

ヴィラジ、もし本当に理解したいのなら、マインドを消さなければならない。それはマインドを失うという代価を支払うことになる。だが、もしあなたが「私はマインドで理解しなければならない」と主張するなら、たったひとつの事が可能だ。マインドはあなたを納得させるだろう。ゆっくりゆっくりと、始まりのないものは何もない、終わりのないものは何もない、定義できないものは何もない、知られざるものは何もない、ということを――。

マインドはあなたの体験を測定可能なものへと、推測可能なものへと、知ることのできるものへと引き下げる。知ることのできるものは普通であり、世俗的だ。不可知のものは神聖だ。そしてただ、不可知のもとでのみ生は祝福になる。ただ不可知のもとでのみ、あなたは生と存在の驚きに打ち震える。突然一つの歌が、あなたのハートの中に生まれる――内に抑えきれない歌、あふれ出し始める歌、別のものに届き始める歌が――。一つのダンスがあなたの中に生まれる――分かち合わねばならないダンスが、けちん坊ではいられなくなるようなダンスが、あなたを寛大にするダンスが――。一つの愛があなたの中に生まれる――無限の存在を満たすことができるほどの無限の愛が――。

それが真の理解だ。しかしそれは、ただマインドが落とされる時にだけ起こる。

不可能なことをしようとしないことだ。マインドを通して真実《リアリティ》を理解しようとすることは、自分の靴のヒモを引っ張って、自分自身を引っ張り上げようとするようなものだ。たぶんあなたは、ほんの少しは跳べるかもしれない。だがその跳躍は、助けにはならない。あなたは何度も何度も、地面に戻ってくる。それは非常に疲れさせる。ただ靴のヒモを引っ張るだけでは、空を飛ぶことはできない。それはあなたに翼を与えようとはしていない。

マインドの干渉なしに、だんだんとリアリティと接する術《アート》を学びなさい。時々、太陽が沈んでいく時には、ただそこに坐って太陽を見なさい。それについて考えないことだ。観なさい。評価してはいけない。しゃべる事さえもだめだ。「何て美しいのだろう！」と、あなたが何か言う瞬間、マインドは入って来る。

マインドは言語から成る。言葉を使ってはいけない。日没とその美しさを、ただ見ることはできないだろうか？　その美しさに圧倒されることはできないだろうか？　その壮大さに占領されることはできないだろうか？　言葉を持ってくる意味は何だろう？　誰もあなたに、何かを言うように頼んではいない。太陽はあなたの言葉を理解していない。落日でとても美しく光り輝くようになった雲は、あなたの言語などわからない。なぜそれを持ってくる？　それを脇に置きなさい。直接触れなさい、そして打ち震えなさい。もし涙が流れそうになるなら、それはいい。もし踊り始めるならそれはいい。もし自分がただ動かないままでいるなら、太陽の美しさに唖然としたり、酔いしれたりするなら、あなたは小さな体験を――遥か彼方へ行くという小さな体験、ノーマインドの小さな一瞥を獲得するだろう。

そして毎日そこには、千と一つの状況が存在する。あなたの恋人の手を握りなさい。話す必要はない。人々は絶え間なく話している。おしゃべり、おしゃべり、おしゃべり——彼らが話す理由は、沈黙を恐れているからだ。真実を見ることを恐れている。自分たちの全く空虚な状態を見るのを、恐れている。自分自身を露わにすることを恐れている。他人の中を深く覗き込むことを恐れている。絶え間なく話すことは、あなたを表面的なままにする。余裕がなく、何かに取り付かれるままにさせる。

あなたの恋人の手を握りなさい。なぜ静かに坐らないのだろう。なぜ目を閉じて感じないのか。相手の存在を感じなさい。相手の存在の中へ入りなさい。相手の存在をあなたの中へ入らせなさい。一緒に震えなさい。一緒に揺れなさい。もし、突然大きなエネルギーがあなたを占領するなら、一緒に踊りなさい——すると、これまでに知らないほどの恍惚《オーガズミック》な絶頂に達するだろう。これらのオーガズミックな絶頂は、セックスとは何の関係もない。実際それらは、沈黙と多く関係している。

もしあなたが、自分の性生活で瞑想的になれるのなら——愛を交わしている間に、ある種のダンスの中で沈黙していられるなら、あなたは驚くだろう。あなたは、最も遠い岸へ自分を連れて行くための内蔵のプロセスを持っている。

両親が愛を交わしているところを子供たちが見たら、両親がレスリングをしていると、ケンカをしていると思うほどの醜いやり方で、人々は愛を交わす——パパはママを殺そうとしている！　うめき声、醜い呼吸の仕方、暴力、彼らの動きには優雅さがない。それは踊りではない。確かにそれはダンスではない。

ダンスにならない限り、それは非常に生理的なままだ。その中にどんな精神性も持たないだろう。しかしそれは不可能だ。あなたの生全体が、マインドが止む時が来る瞬間に飽和されない限り、その愛の生活は、沈黙の中へ動いていくことはできない。

夜は星で満ちている。地面に横たわりなさい。大地の中へ消え去りなさい。私たちは大地からやって来る。ある日私たちは、永遠に休むために大地へと帰って行くだろう。夜、時たまは、芝生の上に横たわって、大地の中に消え去りなさい。星を見なさい。ただ見なさい。純粋に見なさい。星の名前を、星座の名前を考え始めてはいけない。星について知っていること全てを忘れなさい。あなたの知識全てを脇に置きなさい。ただ星を見なさい。すると、突然そこには交感《コミュニオン》がある。星はその光を、あなたの中へどんどん流し始める。するとあなたは、意識の広がりを感じるだろう。どんな麻薬《ドラッグ》もそれはできない。

ドラッグとは、すんなり手に入るもの、簡単に手に入るもの、有益に利用可能なものを知るための人工的で任意的、かつ有害な方法だ。ちょっと星を見てごらん。あなたは高揚感《ハイ》を感じ始めるだろう。あなたは高く上昇《ハイ》し始めるだろう。

生と存在が許す全ての機会を、できるだけ多くもたらしなさい。マインドを落とせる時は、決してひとつの機会も逃してはならない。だんだんと、あなたはそのコツを知るだろう。それはコツだ――確かに科学ではない。それは一定の方法を持たないからだ。

ある人は星に感動するかもしれない。別の人はしないかもしれない。ある人は花に感動するかもしれない。他の人は全く影響されないかもしれない。人々とは、科学的な方法で定める公式がないほど、違っているものだ。それは科学ではない。芸術でさえない。芸術は、教えることができるからだ。

だから私は「コツ」という言葉を強張する。それはコツだ。あなたは自分自身と少し実験をすることで学ぶべきだ。そしていったんコツを掴めば――コツはあらゆる人が掴める。なぜなら、あらゆる子供はそれを持って生まれてくるからだ。あらゆる子供は、存在の中へ驚きの目を注ぐ。すぐに私たちは、力づくで彼の目に埃を押し付ける。私たちは埃で、彼の純真な鏡をおおい隠す。遅かれ早かれ、彼は博識になる――彼が早くそうなればなるほど、私たちは幸福になる。私たちの幸福は、本当に子供を毒することにある。

自分が博識になると両親が非常に幸せになるとわかれば、子供はもっともっと知識を集め始める。彼はこの生の中へ、彼と共にあったコツを忘れ始める。大学を卒業するまでに、彼は神から与えられた最も美しいものの一つを完全に忘れてしまっている。驚くという能力、考えることなしに見るという能力、マインドが絶え間なく干渉して歪めることなく、現実《リアリティ》に接する能力を――。

あなたはそれを取り戻さなければならない。

賢人とは、幼年期を取り戻す人のことだ。ゆえに彼は「二度生まれ」と呼ばれる。イエスは言う、「汝が再び生まれない限り、私の神の王国へ入ることはできないだろう」。そして神の王国はここにある。しかしあなたは再び誕生――ノーマインドとして再び誕生しなければならない。

ノーマインドとして再び誕生すると、あなたはマインドを使えない、とは言っていない。マインドには限られた用途がある。それを使いなさい。私は、あなたが自分の職場で働いている時はノーマインドであるべきだ、とは言っていない。あなたが自分の店、あるいは会社で働いている時はノーマインドであるべきだ、とは言っていない。私は完全にマインドであれと言っている。マインドを使いなさい。しかしそれを連続的に、二十四時間、明けても暮れてもあなた自身と一緒に運んではいけない。それを引きずり続けてはいけない。あなたが椅子を使うようにそれを使いなさい。あなたは自分の椅子を、それが必要かもしれないという理由だけで、あなたの行くところへ、どんなところへも運び続けたりしない。

もしあなたが、ノーマインドである方法をも知っているなら、マインドとは美しい道具なのだ。

ヴィラジ、マインドは始まりもなく終わりもないものを知ることはできない、それについては無力だ。マインドは、誕生と死との間に存在する。誕生を超えたものと死を超えたものについては、何も知らない。

あなたは生まれる前にここにいた。そして死後もここにいるだろう。マインドは非常に限定された存在で、非常に束の間だ。ある日それはやって来る。そして別の日にそれは去ってゆく。あなたは永遠だ。あなたの永遠性のある体験を持ちなさい。

しかし、それはただノーマインドを通してのみ可能だ。ノーマインドとは瞑想の別の名前のことだ。

二番目の質問

愛するOSHO、イエス！

サルジャノ、この単純な言葉「肯定《イエス》」は、世界の全ての宗教を含んでいる。それは信頼を含んでいる。愛を含んでいる。明け渡しを含んでいる。それは、これまでにもされ、また現在もされていて、今後もされるであろう全ての祈りを含んでいる。もし、全面的にハートでイエスと言えるなら、あなたに言える全てを言ったことになる。存在にイエスと言うことは、宗教的であることだ。ノーは非宗教的だ。

それが、無神論者と有神論者についての私の定義だ。無神論者は神を否定する者ではない。そして有神論者は神を信じる者ではない――そんな必要はない。私たちは、どんな神をも決して信じたことのない偉大な有神論者を、見たことがあるからだ。私たちは仏陀を、マハーヴィーラを、アディナータ（ジャイナ教の最初の聖人）を知っている。私たちは、神については決して話さなかった、大いなる光明を得た人々を知っている。しかし彼らも肯定《イエス》について語った。肯定《イエス》について語らざるを得なかった。

神は不必要な仮説として、落とせる。しかし肯定《イエス》は落とせない。イエスは神の精神そのものだ。イエスは神なしで存在できるが、神はイエスなしで存在できない。神とはただ身体であるにすぎない。イエスがその魂だ。

神を信じている人々がいるが、それでも私は彼らを無神論者と呼ぶ。彼らの信仰は、その背後に肯定《イエス》がないからだ。彼らの信仰はインチキだ。彼らの信仰は儀式だ。彼らの信仰は他人によって与えられたものだ。それは借り物だ。彼らの両親、聖職者、そして教師たちは、神はいると教えてきた。彼らは神の存在について質問すらできないほど、彼らを恐れさせてきた。もし神を信じるなら、彼らは偉大なものを彼らに約束してくれた——あなたが信じれば天国ですばらしい報酬がある、もし信じなければ地獄で大変な罰がある。

恐怖と強欲が利用されてしまった。聖職者は、ほとんど心理学者が実験し続けているネズミを扱うように、あなた方を扱かってきた。心理学の実験におけるネズミは、罰と報酬で支配されている。彼らに報酬を与えてごらん。報酬を得るために学び始める。彼らを罰してごらん。すると、自分たちが罰されることは学ぼうとしなくなる。

聖職者は人間に対して、まるで人間がネズミであるかのように振るまってきた。最初に人類から人間性を失わせたのは、心理学者たちではない。聖職者たちがその開拓者だ。最初に聖職者たちが人間に、まるで彼らがネズミであるかのように振るまってきた。今や心理学者たちが、まるでネズミが人間であるかのように、ネズミを扱う。だがそのプロセスは同じだ。そのテクニックは全く同じだ。
有神論者である人々――神の信者、礼拝出席者、参拝客は、いまだにハートの中に肯定《イエス》がない。彼らのハートの中には疑いがある。外見上は彼らは宗教的に振るまうが、心の底では彼らは疑わしげだ。それはあなたを決定づけるほど、深いものだ。決定的なものは、あなたのすることではない。あなたを決定づけるものとは、あなたが自分の存在の最も深い核心で感じるものだ。それがあなたを創造する。神は全くいないと言い続ける無神論者がいるが、いずれにせよ、信仰者たちとそれほど大差ない。彼らの非信仰には、信仰者たちの信仰と同じくらい多くの疑問がある。

ロシア、中国、そして他の共産国では、非信仰が信仰だ。信じないことは順応的であり、信仰することは革命的だ。その国家は、神は存在しないと教え続けている。もし人々が何かをずっと教え込まれたら、絶え間なく条件付けられたら、条件付けられたものが何であれ、彼らはそれになる。それはある種の集団催眠だ。

有神論者と無神論者、両者とも犠牲者だ。本当に宗教的な人は聖書またはコーラン、あるいはバガヴァッド・ギータとは関係ない。本当に宗教的な人は存在と深い交感を持つ。彼はバラの花にイエスと言う。彼は星にイエスと言う。彼は人々にイエスと言うことができる。彼は彼自身の存在に、彼自身の欲望にイエスと言う。彼は生がもたらすものなら、何にでもイエスと言う。彼はイエスを言う人だ。

そしてこのイエスを言うことの中に、本質的な祈りが含まれる。

地上でのイエス・キリストの最後の言葉は「御国が来ますように、御心がなされますように、アーメン」だ。

この「アーメン」という言葉がどういう意味なのか、知っているだろうか？　それは単純な意味だ。「イエス（肯）、主よ、イエス（肯）。どうか御心がなされますように。私の言うことなど聞かないでください。私は無知です。私の欲するものなど、聞かないでください。私の欲望は馬鹿げたものです——そうあらざるを得ません。あなたが正しいと感じることは何であれ、行ない続けてください。私にかまわず行ない続けてください」。それが「アーメン *Amen*」という言葉の意味だ。

モハメッドもまた、祈りを「アーミン *Amin*」で終える——それは同じ言葉だ。

サルジャノ、あなたの質問は途方もなく意義深い。まず初めに、それは質問ではない。ゆえにそれは意義深い。それは宣言だ。献身だ。明け渡しだ。それは信頼だ。

あなたは言う、「愛する OSHO、イエス！」

これが真のサニヤスの始まりだ。もしあなたが全面的にイエスと言えるなら——それに縛られず、条件を付けることなく、どんな報酬への欲望もなしにイエスと言えるなら——もしあなたがイエスと言うことをただ単純に楽しめるなら、もしそれがあなたのダンスであるなら、あなたの歌であるなら、それは祈りだ。そして全ての祈りは神に達する——神が言及されていようとなかろうと、あなたが神を信じようと信じまいと――全ての祈りは神に達する。神に達するためには、祈りはただ本物の祈りでなければならない。

しかし、あなたのイエスはただ、祈りだけであるべきではない、と言わせてほしい。それはあなたのライフスタイルそのものになるべきだ。それはあなたの風味に、あなたの香りになるべきだ。

古《いにしえ》の昔より、宗教は人々に生の否定を、生の非難を教え続けている。古の昔より宗教は、あなたは罪人であると言い続けている――あなたの身体は罪の家である、主を讃えるためには、あなたの生を破壊すべきだ、主に受け容れられるために世界を放棄すべきだと。これは全て聖なる戯言だ。全く無意味なことだ。

生の肯定、生を否定しないことが宗教だ――なぜなら神が生なのだから。その他に神はいない。神は木々の緑であり、木々の赤色であり、木々の金色だ。神は全ての場所にいる。ただ神だけがある。生の否定は神を否定すること、生への非難は神を非難することだ。生の放棄とは、自分自身は神より賢明だと考えている、という意味だ。

神はあなたにこの生を、この途方もなく貴重な贈り物を与えた。だがあなたは感謝すらできない。それを歓迎できない。あなたはどんな感謝の意も感じない。それどころか、数え切れない不平ばかり言い続ける。あなたのハートは感謝の意《グラティチュード》(*gratitude*)ではなく、恨み《グラッジェ》(*grudges*)でいっぱいだ。

しかしこれこそ、古の昔よりあなたが聖職者たちによって教えられたことだ。聖職者たちはそれによって生きている。これは人々を搾取するための、彼らの基本的な戦略であり続けている。

もし全面的に生を生きるなら、聖職者などは全く必要ない。もし、すでにあるがままのあなたでオーケーなら、もし生がそのままで美しいのなら、聖職者の必要性とは何だろう？　あなたと神との間の仲介の必要性とは何だろう？　あなたは直接神と接している。あなたは神の中に住んでいる。神の中で呼吸している。神はあなたの中で脈動している。聖職者は全く役に立たない。彼の迷信、彼の宗教と聖書の全てが役に立たない。聖職者はただ、あなたと神との間に裂け目を作れる時だけ意義深いものになる。初めに裂け目が作られねばならない。そして聖職者はやって来て「今私はここにいます。私は裂け目に橋を渡せます」とあなたに言う。しかし初めに裂け目が必要だ。ただその時だけ、橋を渡すことができる。

そしてもちろんあなたは、代価を支払わなければならない。聖職者が裂け目に橋を渡すような偉大な仕事をする時は、その代価を支払わなければならない。実際のところ聖職者は、本心では橋渡しに興味がない。ただ、橋渡しをするふりをするだけだ。裂け目はそのまま残るだろう。実際、ますます橋渡し不可能なものにする。それが橋渡し不可能であればあるほど、聖職者は重要になる。彼の重要性は生を否定すること、生を破壊することで、あなたにそれを放棄させることで成り立つのだ。

私はあなたに、生への途方もない全面的なイエスを教える。私は放棄ではなく喜びを教える。喜びなさい！　歓喜しなさい！　何度も何度も私は、喜びなさい！と言う。なぜなら、喜びの中であなたは神の最も近くに来るからだ。

踊る人がその人の踊りの中に消え去る時、彼は神性だ。歌う人がその歌の中に消え去る時、彼は神性だ。あなたが自分の喜びの中に消え去ってしまうほど深く、全面的に喜びなさい。歓喜はあるが、喜んでいる人が誰もいないように。

そのような最適な状態に至ると、変容、革命がある。あなたはもう古く、暗く、醜いあなたではない。あなたは祝福を浴びている。初めてあなたは自分の壮大さを、自分の存在の光輝を知るに至る。

生にイエスと言いなさい。生に対して全面的にイエスと言いなさい。それが、サニヤスについての全てだ。私はあなたに概念や教義、信条を与えているのではない。私はただ確かな、生を肯定するライフスタイルを、生を崇敬する哲学を与えているだけだ。

三番目の質問

OSHO、あなたは、真理は伝達されない、あるいは移すことはできないと、それはただ体験によってのみ達せられると言いました。数年前、私がカトリック教に改宗して「聖餐式」を受けた時、私は「イエス」への本物で純粋な愛のフィーリングを持ち、そして「真理」に到達したと感じました。

今日わかったところでは、私は牧師による自己催眠を通した単なる悪質な誤りの犠牲になったのでした。そして一切れのパンにすぎないものを、崇めたり礼拝しました。この体験によって、私は誤った真理を達成したのだという事実に、面と向かわざるを得ませんでした。

これらの無意識による自己幻想の実情と「真実のもの」を、どうやって区別するのでしょう？

どうやって欺瞞を避けたらいいのでしょうか？

ファリッド、真理は移せない。真理は、誰か他の人からあなたに引き渡されることはない。それは商品ではないからだ。それは物事ではない。それは体験だ。実際、「体験」という言葉は、正確には正しくない。それは「体験している」と言う方がより真実だ。これは理解すべき最初の事だ。

私は、既に存在する、この世紀に作られた言語を使うしかない。明らかにあらゆる類の誤りをもって——。言語は日常使うために作られる。言語は世俗的な世界のために作られる。ある程度はいいものだ。世間にとっては完全に適切だ。しかし、あなたがより深い水域へ動き始めるなら、それはますます不充分になる——不充分だけではない。それは全く誤ったものになり始める。

たとえば、この二つの言葉「体験」と「体験している」について考えてごらん。あなたが「体験」という言葉を使う時、それは「完成」という感覚を与える。まるで何かが完成されたかのような、まるで終着点に到着したような感覚を与える。生においては終着点は存在しない。生は終着点については何も知らない。それは一つの進行中のプロセス、永遠の河だ。ゴールには決して到着しない。それは常に到着しつつあるもので、決して到着することはない。そのため「体験」という言葉は正しくはない。完成、完全性という偽りの概念を与える。あたかも、あなたが到達したかのような感覚にさせる。「体験している」の方が、よりはるかに真実だ。

真の生を言及することでは、全ての名詞は誤りだ。ただ動詞だけが真実だ。あなたが「これは木だ」と言うと、実存的に誤った声明になる。言語学的にではなく、文法的にではなく、実存的に誤った声明になる。木は静的なものではないからだ。それは成長している。決して「在る *is-ness*」という状態ではない。それは常に「成っている *becoming*」。実際、木と呼ぶことは正しくない。それは「木でありつつある *Tree-ing*」だ。川は「川でありつつある *revering*」だ。

もしあなたが、生の中を深く見るなら、名詞は消え去り始める。そこにはただ動詞だけがある。しかしそれは、世間では問題になるだろう。人々に「私は川でありつつあるものへ行った」とか「今朝私は、美しい木でありつつあるものを見た」とは言えない。あなたのことを気が狂ったと思うだろう。生においては、何ひとつ静的ではない。何ひとつ休んではいない。

偉大な科学者エディントンは、「休む」という言葉には、それに相当する真実性《リアリティ》がない、と言ったそうだ。というのも、これまでに何も休んではいないし、あらゆるものは動いているからだ。それは全て動きなのだ。

だから真理は、「体験している *experiencing*」という意味において「体験」なのだ、と私に言わせてほしい。あなたは決して宣言できない。あなたは決して「私はそれを持っている」と主張できない。

あなたはただ、控えめでいられるだけだ――「それは起こっている」――その時、あなたは思い違いをすることはないだろう。思い違いは、あなたが「私はそれを持っている」と主張し始めるために生じる。その時エゴが生じ、「私は真理を持っている。他の誰でもない、ただ私だけが真理を持っている。私は到達した」と言う。エゴはその頭をもたげてくる。

真理とは体験することだ。あなたはそれを主張はできない。それは非常に移り気なものだ。もしあなたがそれを奪いたいなら、それはあなたのこぶしから消え去るだろう。あなたはただ開いた手だけで、握らずに、持つことができる。あなたが名詞を作る時は、握ることでそれを奪おうとしているのだ。それは消え去るだろう。それを動詞のままにしておきなさい。「私は到達した」と言ってはいけない。ただ「巡礼の旅が始まった。私は巡礼者だ。私は動いている」と言いなさい。

もしエゴが生じていないなら、誰もあなたを欺くことはできない。それが覚えておくべき二番目の事だ。欺き、そして欺かれるのはいつもエゴだ。もしあなたにどんなエゴもないなら、欺かれるという可能性は全くない。しかし、もしあなたにエゴがあるなら、その時は別のものがあなたを欺くだろう。別のものとは何のことだろうか？　あなたがあなた自身を欺くのだ。

エゴとは根本的な詐欺だ。あなたの中でそれが成長するのを助けてはいけない。それに栄養を与えてはいけない。それに栄養を与える最も大きな事が、体験だ。特にスピリチュアルな体験だ。あなたはキリストを見た、仏陀を見た、あなたは自身の背骨の中をクンダリーニが上っているのがわかった。

トグロを解いた蛇が——。あなたは偉大な光を見た。あなたは自身の頭の内側で、蓮の花が開花するのがわかった。ハートのチャクラが開いているのがわかった。その嘘、美しく響く言葉の全て——しかし、ただ愚か者たちだけがそれに欺かれる。

もし愚か者たちが世界から消え去るなら、全ての秘教《エソテリシズム》は消え去るだろう。そこには偉大な詩が存在するだろうが、その中に秘教はない。そこには偉大な神秘があるだろうが、その中に秘教はない。

三つ目は、あなたがある体験をする時は、いつであれ——スピリチュアルであろうとなかろうと、賢明であろうとなかろうと——ある体験をする時は、いつでも覚えておきなさい。あなたは体験ではない。それは意識の中身だ——そして全ての中身は、落とすことだ。ただその時だけマインドは消え去る。マインドは全ての中身が一緒になったもの以外の、何ものでもない。中身の蓄積がマインドだ。ちょっと見て、注視してごらん。あなたのマインドとは何だろう？　マインドという言葉が意味するものは何だろうか？　それはいったい何からできているのだろう。あなたの体験、知識、過去、蓄積されたもの全て、それがマインドだ。あなたは物質主義のマインドを持っているかもしれない。精神主義のマインドを持っているかもしれない。それは重要ではない。マインドはマインドだ。精神的マインドは物質的マインドと同じくらいマインドだ。私たちはマインドを超えていかねばならない。

その中身を信じてはいけない。それを見守りなさい。それを過ぎ去らせなさい。そうだ、時々その内容には、人が執着したくなるほど大変魅了させられ、釘付けにされてしまう。心霊的、いわゆるスピリチュアルな体験が起こり始める時、マインドは実に大した誘惑をする——世界中のどんなものよりも誘惑する。あなたが内側で偉大な光を見ると、マインドはそれに執着するようにと誘う。「私は達成した」と主張するように、あるいは、少なくともあなた自身の深い内側で「私は到達した。他のすべての人々が暗闇で手探りしている間に、光が私の中で生じた」と信じるように誘い込む。

これは単なる新しい種類の暗闇だ。あなたは再びその中身につかまり、捕えられてしまうからだ。これらの二つの物、中身と意識を覚えておくことだ。意識は決して中身にはならない。そして中身は決して意識にはならない。意識とは純粋な鏡、それはただ反射するだけだ。

さて鏡にとっては、その前に美しい女性が立とうが醜い女性が立とうが、何の問題もない。あなたはそれを重大事だと思うかね？　鏡が美しい女性——ソフィア・ローレン——を映すことに執着し始めるなどと、あなたは思うだろうか？「彼女を行かせないでくれ。しがみつかせてくれ」

または、もし醜い女性なら、鏡がきっぱり拒絶すると思うだろうか？　それは重大事ではない。鏡に何の関係があるだろうか？

鏡は影響を受けないままだ。何であれ、実体をただ映し続ける。もしそれが暗闇なら、鏡は暗闇を映す。それが朝なら、朝を映す。もし誰かが死ぬなら、死を映す。もし子供がくすくす笑い、笑って跳びはね始めるなら、それらを映す。バラの花は、刺を映すのと同じ質で映される。区別はない。

この状態が本当の精神性《スピリチュアル》なのだ。

ファリッド、あなたは訊ねている。

「これらの無意識による自己幻想の実情と『真実のもの』を、どうやって区別するのでしょう?」

『真実のもの』は、決して物としては現われない。『真実のもの』は物ではない。『真実のもの』とは鏡のような意識のことだ。

常に覚えておきなさい。いつも、いつであれ「私は証人だ」と覚えておきなさい。どんな内容とも自己同化してはいけない。そうしなければ、あなたは間違うだろう。どんな内容であれ自己同化するようになると、それがどんなに美しくスピリチュアルなものとして現われようと、あなたは誤りを犯す、あなたは迷ってしまう。

その誘惑は確かに強大だ。あなたの内側ですばらしいメロディが起こっているのがわかる時、それを何と言うべきか――アナハット、音なき音、片手が打ち鳴らす音(隻手の音声)、それはそれほどにも美しい体験だ。人は永久不変にその中に溺れてしまいたい。あるいは突然、内側で芳香が放たれる時などは――。

そして覚えておきなさい。外側で起こるものは、何であれ内側でも起こり得るのだと。なぜならそれぞれの感覚は、二つの扉を持っているからだ。それぞれの感覚は二つの潜在的可能性を持っている。一つは外側のためであり、もう一つは内側のためだ。あなたの目は外側で、光と色と雲の中の虹と星を見ることができる。そしてあなたの目はそれぞれの別の様相を、もう一つの側面を持つ。

もし目を閉じて内面を見る方法を学ぶなら、あなたは驚くだろう。はるかな美しい空が、あなたに対してその扉を開く。はるかに信じられない美しい世界が、あなたを歓迎する。それはすばらしい光輝を持っている。あなたはこれまで、こうした物がとても美しいものであるとは、一度も想像できなかった。石はダイヤモンドへと変わる。当然、人は執着したがる。すばらしい宝石があるのだ。人はそれらを蓄えたくなる。あなたと競い合う者は誰もいない。あなたはひとりだ。そして王国全体はあなたのものだ。

ちょうどあなたの鼻に、美しい花の匂いを嗅ぐ能力があるように、それは内的な能力をも持っている。ひとたびあなたが内側を向くなら、この世のものではない香りを嗅ぐことだろう——それらに捕まることは非常に自然なことだ。

しかし、これらの体験は全て邪魔物、障害だ。真の探求者は内側へ移るとき、それまで外側にいた時よりも、もっと油断せずにいることだ。何かに捕まらないために、本当に油断なくありなさい。

私は、楽しんではいけないとは言っていない。楽しみなさい——しかしあなたはそれではないと、覚えておきなさい。楽しみなさい。楽しむことはあなたの権利だ——しかし覚えておきなさい。「私はその全ての証人である」ということを。もしその目撃することが想い出されるなら、あなたは決して「しくじる」ことはないだろう。あなたは決してごまかされないだろう。もしもそうでなければ、あなたは何度も何度もごまかされるだろう。

要約すると、スピリチュアルな体験とは体験ではなく、体験している、ということだ。二番目に、体験しているものは中身だ。そしてあなたは中身ではない。あなたは単なる鏡だ。もしもこれだけが想い出されるなら、あなたにとって落とし穴は全くない。その時、あなたの道はまっすぐだ。

四番目の質問

OSHO、数多くのサニヤシン一人一人の正しい名前を、あなたは見つけています。その秘密は何ですか?


本当のところ、秘密など全くない。

この物語に瞑想してごらん。

三人の賢者たちがいた。自分たちの主を迎えるための贈り物を持って、彼らは一つの星に導かれて進んでいた。いろんなところへ旅をした。そして彼らが従っていた星がその厩舎のちょうど真上にあったため、そこで休むことになった。彼らはロバから降りて、最初の男はその厩舎の中へ入って行き、そして飼葉桶の底に彼の贈り物を置いた。二番目の男もそれに従い、彼もまた飼葉桶の底に贈り物を置いた。三番目の男は他の二人よりも背が高かったので、厩舎に入ろうとした時、自分の頭を梁にぶつけるというハプニングが起こった。大変な痛みのために彼は「ジーザス・クライスト（イエス・キリスト）！（俗語で『何てこった！　ちくしょう！』という意）」と叫んだ。

どうしたのかと思ってマリアは彼を見上げ、微笑み、そして言った。

「おお、何という美しい名前でしょう！　私は彼をフレッドと呼ぼうとしていたのです」

五番目の質問

OSHO、私はあなたが話した男性と女性のタイプに関する一般論を、単純に理解できません。時々あなたは、性に関係ない男と女の本質を認めています。しかしたいていの場合、あなたは女性が「原始的」な存在であることと、男性の中には「狼」が発見されることについて話します。自分自身は当然、創始者であると見る女性、または自分の恋人に狼ではなく猫を見る女性はどうなるのでしょう？

ある男性たちは、本当に受け身でありたいと望んでいます。ある女性たちは、成長のために自分自身を主張する必要があるかもしれません。女性たちを知的に洗練させ、極端な理性的存在にすることが、なぜ単純に女性解放《ウーマン・リブ》の運動となり得るのでしょうか？

ジャッキー・アングス、女性たちは男性たちよりも原始的である、という私の言明は彼女たちを非難しているのではない。私は男性たちを非難する。「原始的」とは、より自然であること、より存在と調子が合っているという意味だ。文明とは捏造されたものだ。文明は自然から道に迷うようになる。男性が文明化されればされるほど、彼は頭の中に引っ掛かっている。彼は自分のハートとの接触を失う。ハートはまだ原始的だ。そして、大学がまだハートを教える方法と、それを文明化する方法を発見していないのはいいことだ。それは人間らしさを残すための唯一の望みだ。女性は人間らしさを残すための唯一の望みだ。これまで、男性は支配し続けてきている。そして男性は、非常に奇妙な理由で支配している。その理由は、本心では男性は劣等感を感じているということだ。劣等感から、ただそれを補うために、男性は女性を支配し始めた。

ただ一点においてのみ、男性は女性よりも強い。それは筋力だ。他のあらゆる点では、女性は男性よりもはるかに強い。女性は男性よりも長生きする。五～七年も長く――。女性は男性よりも病気による苦しみは少ない。

毎回百人の女子に対して百十人の男子が生まれる。しかし性的に成熟する時までには、その数は等しくなる。十人の少年が無駄に姿を消してしまう。

女性は全種類の病気と疾病に対して、より多くの抵抗を持っている。男性のほうがより狂人になる。その数はほぼ二倍だ。そしてより多くの男性が自殺する。その数もまた二倍だ。

筋肉を除いたあらゆる可能性において、女性ははるかに優れている。だが筋力を持つことは本当に、そんなに優れたことではない。それは動物的性質だ。そういう意味では、狼ははるかに優れている。虎はもっとそうだ。ライオンにおいては、なおさらだ。

男性は何百万年も前に、自分が劣っていることを意識したに違いない。そしてこれは心理的なメカニズムのひとつだ。自分が確かに劣っていると気づく時はいつでも、それを補わなければならない。醜い人は美しく見せようとする、美しいふりをする。あらゆる可能なやり方で、衣服、化粧品で試みるだろう。彼は美容師、形成外科医に行くだろう。それでは補い過ぎだ。ともかく彼は自分が美しくなく、美しくなければならないことを知っている。劣った人は優れているようになろうとする。そして筋力があるために、男性は自分が主人であることを判明できた。そして男性は太古以来、女性を支配してきた。

しかし時代にはもう、大きな変化が訪れている。未来は女性たちのものであり、男性たちのものではない。なぜなら男性がこれらの時代を通してしてきたことは、非常に醜いものだったからだ。戦争、戦争、また戦争――それが彼の歴史の全てだ。男性が創り出してきた偉大なものの全て――、ジンギス・カーン、タメルラーノ（十五世紀のタタールの帝王）、ナディルシャー（ムガール王朝を破壊した最後のアジア的専制君主）、アレキサンダー、ナポレオン、アドルフ・ヒトラー、毛沢東――人々はこれらが好きだ。

そう、ゴータマ仏陀のような、イエス・キリスト、クリシュナのような少数の男性が存在した。しかしあなたは、あるポイントに気づいただろうか？　彼らはみんな女性的に見える。実際それはフリードリヒ・ニーチェの仏陀とイエス・キリストに対する批判のひとつ、彼らは女性的で女々しく見える、というものだった。

仏陀は確かに女性的に見える。男性がハートの中へ入って行く時はいつでも、彼の中の何かが女性になる。彼はより丸く、より柔らかく、より傷つきやすくなる。

フリードリヒ・ニーチェはゴータマ仏陀を理解できない。これまでニーチェに起こった最も美しいこと、彼がこれまで見たことのある最も美しいものは、星ではなく夕日あるいは朝日でもない。美しい女性ではなく、薔薇や蓮ではない——違う、そんなものではないと言っているからだ。

彼が出くわした最も美しいものが、何であるかはあなたに想像できない。彼は、軍人が白刃、そして日光で輝いている刀を持ってパレードしている、それが最も素晴らしい経験であったと言っている。彼らのブーツの足音は、彼がそれまでに出会った最も音楽的なものだった。それはモーツァルトでもなく、ワーグナーでもなく、ブーツの足音だった。そして白刃を日光に輝かして行進する連隊は、彼が見た中で最も美しいものだった。

当然、彼は仏陀を理解できない。今世紀の父親であり続けているのが、フリードリヒ・ニーチェであり、今世紀は最も醜いもののひとつだ。彼は二つの世界大戦の父であり、彼は三つ目を待っているかもしれない、第三次大戦が生じるのを、待っているかもしれない。彼は戦争が世界で最も美しいものであると言っている。それは男性における最も素晴らしいものを、表面上にもたらすからだ。

ニーチェは気が狂っていた。非常に論理的に見えるそうした男は、気が狂ってしまうにちがいない。

気が狂ってしまった時、彼は自分の手紙に「反キリスト、フリードリヒ・ニーチェ」と記名し始めた。その狂気の状態においてすら、彼はひとつの事を忘れられなかった。自分が反キリストであることを。それ以外のことは全て忘れ去られた。彼は自分の友人たちを認識できなかった。彼は、その全人生で彼の世話をしてきた自分の妹すら認識できなかったが、一つの事、自分が反キリストであることは忘れられなかった。

そう、そこには何人かの覚者《ブッダ》たちがいた。しかし、もし彼らをしっかりと見るなら、彼らが男であるよりも女であることを発見するだろう。世界の偉大な芸術家たちは、だんだんと女性的な優美さ、気品のある繊細さの質を成長させ始めている。柔軟性、リラックス、穏やかさ、および静けさのある風味が彼らを囲んでいる。彼らはもう熱っぽくはない。

私がここで教えていることは、本当に世界全体を女性的なものへ転換することだ。しかしジャッキー・アングスは、ウーマン・リヴと呼ばれている醜い運動からやって来たに違いない。

女性が解放されるべきだけではなく、男性もまた解放されなければならない。女性は彼女の過去から解放されるべきだ。そして男性は、彼の過去から解放されるべきだ。私たちには解放が必要だ。私たちは人間を解放させる必要がある。そして覚えておきなさい。私が「*men*」という言葉を使う時は女性（*women*）も含まれている。

しかし女性たちは、それに関して非常に扱いにくくなっている。

以前、私はコルカタで、非常に洗練された女性たちのいるクラブで話していた。私は「全ての人間(*men*)は兄弟だ」と声明をした。するとジャッキー・アングスに似ていたに違いない女性が、非常に腹を立て、怒り狂った状態で立ち上がった。そして彼女は言った。「なぜあなたは男性たち(*men*)についてだけの声明を出し続けているのですか？　『全ての男性たち(*men*)は兄弟だ』——では女性たちはどうなのですか？　なぜあなたは、全ての女性たちはみんな姉妹であり、姉妹関係は強いものだと言わないのですか？」

私はその女性に言った。「お嬢さん、申し訳ない。私は妥協するつもりだ。私は全ての人間(*men*)は姉妹であると言おう。他に何ができるだろう？　もし私が全ての女性たち(*women*)は姉妹である、と言うなら、何人かの男たちが私に腹を立てるかもしれないからだ」

愚かであってはいけない。私が話す時は、もう少し好意的であろうとしなさい。あなたは私よりも好意的な人物を見つけることはないだろう。私は男と女との間に、区別を作ってなどいない。両方とも苦しんできた。事実、苦しみはいつもそのようにやって来る。それは両刃の剣だ。もしあなたが誰かを苦しめるなら、あなたは苦しまなければならない。もしあなたが誰かを奴隷にするなら、あなたは奴隷にならなければならない。それはお互い様だ。

女性たちが解放される日は、男性たちが解放される偉大な日でもあるだろう。しかし物事の全体を醜くしてはいけない。でなければ、そこにはあらゆる可能性がある。私はその可能性があることを恐れている。そしてその大変な可能性とは、男性たちと戦うことで、彼女たちは貴重な何かを失うかもしれない、ということだ。まだ男によってつぶされてなく、破壊されていないものが、男と戦う際に女性自身によって破壊されるかもしれない。もし獰猛に戦うなら、あなたは女性的な美しさを失うだろう。あなた自身は男性と同じくらい醜くなるだろう。

それは戦うことで決定される必要はない。それは理解することで決定されるべきだ。もっともっと理解することを広げなさい。男だとか女だとかいうこれらの概念を落としなさい！　私たちは全て人間なのだ。男であることや女であることは、ただ非常に浅薄なことだ。それについて、あまり騒ぎ立てないようにしなさい。たいして重要なものは何もない。それを大げさにしてはいけない。

そして私が言うことは、時々一般的に見えるかもしれない。なぜならその都度、私は、すべての状態を受け入れられるわけではないからだ。もしそうでなければ、私があなたと話すことは脚注をたいへん背負い込むようになる。そして私は脚注のある本が嫌いだ！　私は単純にそれらを読まない。脚注を見つけたときは、私はその本を捨てる。それはある教師、ある学者、ある愚かな人物によって書かれたものだ。

あなたは言う。「私はあなたが話している男と女のタイプに関する一般論を、単純に理解できません」

私はいつもタイプについて話している。性は含まれていない。私が「男」と言う時は、いつでも男らしいタイプを意味している。そして私が「女」と言う時は、いつでも女らしいタイプを意味している。しかし毎回「男らしいタイプ」「女らしいタイプ」と言うことはできない。そして、女性的でない女がいる、彼女は狼だ、また、狼でない男がいる、彼は猫だ、と言うあなたは正しい。しかしそれなら、私が男らしいタイプについて言うことは何であれ、狼である女に該当することになる。そして、私が女らしいタイプについて言うことは何であれ、猫である男に該当することになるだろう。

私は男と女との間の生物学的区別について、話しているのではない。私は心理学的なものについて話している。そう、どんな女よりも女性的な男がいる。そしてどんな男よりも、はるかに男性的な女がいる。しかしこれは美しい状態ではない。これは醜い。なぜなら、あなたの中に二重性を作っているからだ。もしあなたが男の身体と女のマインドを持っているなら、そこにはあなたの中に闘争が、社会的な戦いが、あなたの内側で内戦があるだろう。あなたは絶え間ない戦い、争い、緊張の綱引きの中にいる。

もしあなたが、生理的には女であって男のマインドを持っているなら、あなたの生は不必要な闘争の中でエネルギーを浪費するだろう。調和しているほうがはるかに良い。身体が男なら、マインドも男であること、身体が女なら、マインドも女であることだ。

そしてウーマン・リヴ運動は、よけいなトラブルを作っている。それは女を狼へと変換している。それは彼女たちに戦う方法を教えている。男は敵というわけだ。あなたはどうやって、敵を愛することができるだろう？　どうやって、敵と親密な関係の中にいられるだろうか？

男は敵ではない。女が本当に女であるためには、もっともっと女性的でなければならない。柔軟性と脆弱性の高みに触れなければならない。そして男は、本当に男であるためには、可能な限り深く彼の男らしさの中へ入って行かねばならない。本当の男が本当の女と接するとき、彼らは正反対、対極だ。が、ただ対極だけが愛に落ちることができる。そして唯一、対極だけが親密さを楽しむことができる。ただ対極だけが、お互いに引き寄せ合う。

今起こっていることは、ある種の単性《ユニ・セックス》だ。男はますます女性的になり、女はますます男性的になっている。遅かれ早かれ、全ての区別が失われるだろう。それは非常に無色な社会だ。それは退屈なものだ。私は、女性が可能な限り女性的であってほしい。ただその時だけ、彼女は開花できる。そして男性は、可能な限り男性的であることが必要だ。ただその時だけ、彼は開花できる。彼らが対極、正反対であると、大きな魅きつける力が、大きな磁力が彼らの間に現われる。そして彼らが接近する時、親密な出会いをする時、彼らは二つの違った世界、二つの違った次元、二つの違った豊かさをもたらす。そしてその出会いはすばらしい祝いであり、祝福だ。

今日はこれくらいでいいかな。

第八章

クリシュナムルティのソロ・フルート

Krishnemurti's Solo Flute

最初の質問

OSHO、舟はいつ向こう岸に到着するのですか？

デヴァ・ヴィギャン、向こう岸は存在しない。ここにあるのが唯一の岸だ。そして問題は、どこか別の所へ到着するということではない。それは「ここ」と「今」に目覚めるということだ。それは決してそこにはない。それは常にここにある。それは決してその時ではない。それは常に今だ。この瞬間が真実《リアリティ》の全体性を含んでいる。

私の話している舟とは、現実の舟ではない。私は目覚めについて話している。人は眠り込んでいる。人はすでに、彼が必要とする所にいる。彼が意図する所にいる。人は楽園の中にいる。エデンの園は決して後にされたことはない。誰もあなたをそこから追放できない。しかしあなたは眠り込むことができるので、千と一つの物事を夢見始める。その時その夢が、あなたの現実《リアリティ》になる。そのリアリティははるか遠くへ消え失せ、非現実になる。

あなたはどこへも行く必要がない。瞑想とは空間の旅でも時間の旅でもなく、その瞬間に目覚めることだ。もしあなたが今、沈黙できるなら、これが向こう岸だ。もしあなたが、マインドを機能させずに止めることができたら、これが向こう岸だ。

しかし、マインドは非常に利口でずる賢い。あらゆる偉大な教えを歪める。言葉に飛びかかり、言葉を捕まえる。そして真実でない意味をつけ始める。

そう、私は向こう岸について話した。するとあなたのマインドはこの言葉「向こう岸、舟」を捕まえてしまったに違いない。「向こう岸はどこだ？　そして舟はどこにある？　それからどうしたら私は舟を手に入れることができる？　どうやってそれに乗り込むことができる？　そして、いつ私は向こう岸に着くのだろう？」

あなたは物事の全体を誤解した。目覚めなさい。そうすれば、この岸が向こう岸になる。この瞬間そのものが永遠になる。この身体そのものがブッダだ、この場所そのものが蓮華の楽園だ。目覚めることに時間は必要ない。ほんの一瞬の時間でさえ、それが起こるのには必要ない。それはただ、あなたの中に大変な欲望が起こっているという、あなたがそれに熱中するという強烈さの質の問題だ。その火の中で、古いものは去り新しいものが到来する。古いものは、元々の場所には決して存在していなかった。あなたがただ、それがあると信じていただけだ。そして新しいものが常に、真相であり続ける。あなたはただ、それを忘れていただけなのだ。

私はあなたに、これが存在する唯一の世界であり、これが存在する唯一の生であることを宣言する。

死後のどこか、天国の、七つの空を超えた所にある別の生について、考え始めてはいけない。それらはすべて単なるマインドの夢、マインドの旅《トリップ》、再び眠りに落ちるための新しい道にすぎない。

だから、サニヤシンは世間から去ってはいけない。私がこう主張するわけは、世間から去ることは、別の世間に到達するという投影の一部、夢の一部であるからだ。そこには何もないために、努力のすべては無駄になるだろう。修道院やヒマラヤに行くべきではない。あなたはここから逃げ出すべきではない。あなたはここで目覚めなければならない。

そして実際、ヒマラヤの洞窟の中よりも、ここで目覚めるほうが簡単だ。それを観察したことがあるだろうか？　もし悪夢に苦しんでいるなら、目覚めることはより簡単だ。もし甘い夢を見ているなら、目覚めることはより困難になる。もし夢の中で、あなたが恋人とハネムーンの中にいるなら、誰が目覚めたがるだろう？　実際、あなたを起こそうとする人は敵に見えるだろう。しかし、もしあなたが虎に追われていたら、それが生死の問題なら――あなたは必死に走るが虎はますます近づき、背後に虎の息遣いを感じ始める――その時突然、あなたは目覚めるだろう。それは受け容れ難く耐え難いものだ。

ヒマラヤの洞窟の中で、あなたは甘い夢を見続けるだろう。それが修道院の中で人々がしていることだ――神の、天使の、天国の、永遠の平和と喜びの美しい夢を見ること。世界では、人々は悪夢に苦しんでいる。株式市場の悪夢、権力政治の悪夢……。ここで目覚めることはより簡単だ。もしここで目覚められないなら、他に目覚められる場所はない。

しかし、覚えておきなさい。また私に繰り返させてほしい。そこには別の現実《リアリティ》はない。唯一つの現実があるだけだ。しかし一つの現実は、二つの方法で見ることができる。眠っている目で、夢見る目で、埃でいっぱいの目で――その時、あなたが見るものは歪められてしまう。そして、その同じ現実は眠ることなしに、夢見る目でなく、埃もなしに見ることができる。その時に見るものは、何であれ真実だ。そして真実は、夢からあなたを解放する。

二番目の質問

OSHO、あなたは今日、月を指さしながら言いました。
「男性はもっと男らしくあるべきだ」と。この、男らしくとは何ですか？

プレム・アヌバーヴァ、男らしさは二つの方向性をもつ。ちょうど女らしさがそうであるように。男らしい心は攻撃的、暴力的、破壊的になる――それは可能性のひとつだ。男たちはそれをやってきたし、そのために人類は大いに苦しんできた。

男たちが、この男らしさのネガティヴな側面を表に出そうとすると、女たちも彼らと調子を合わせようとして、自然とネガティヴな女らしさのほうへと移ってゆく。そうでないと裂け目が大きくなりすぎて、橋渡しできなくなるからだ。女らしさがネガティヴになると、不活発に、無気力に、冷淡になる。ネガティヴな男性は、ネガティヴな女性としかつながりを持てない。

だが、ポジティヴな側面というのもある。ネガティヴだけしかないことは決してないし、どんなネガティヴにもポジティヴな側面はある。どんなに暗くて悪いことにも良い面があるし、夜のあとには必ず夜明けがやって来る。

ポジティヴな男らしさは物事を主導し、創造的で冒険心に富んでいる。いずれも同じ質で、ただ異なった地平を動いているにすぎない。ネガティヴな男らしい心《マインド》は破壊的になり、ポジティヴな男らしい心《マインド》は創造的になる。破壊性と創造性は二つの別のものではなく、一つのエネルギーの二つの側面だ。同じエネルギーが攻撃的にもなるし、主導的にもなる。

攻撃性が主導の気性になるなら、それには独自の美しさがある。暴力が冒険に、暴力が探求に、新しいもの、未知なるものの探求になるなら、それは途方もない恩恵をもたらす。

女らしさでも同じことだ。無気力さはネガティヴだが、受容性はポジティヴだ。それらはよく似ているし、ほとんど同じもののように見える。無気力さと受容性とを見分けるには、ごく深い洞察力のある眼が必要だ。受容性はいつでも喜んで迎えようとし、待ち受けていて、そこには祈りがある。受容性は客を待つ主人、受容性は子宮だ。無気力さは怠惰であり、死んでいて希望がない。何も待ち望んではいないし、何も期待していない。何事も決して起こりはしない。それはすっかり無気力になっていて、ある種の無関心に陥っている。この無関心と無気力とは有害だ。

だが無関心になることは、超然とすることにもなり得る。が、それは全く違った趣きを持つ。無関心は超然とした状態と同じように見えるが、それは違う。無関心は単に関心がないだけだ。超然としていることは、関心がないのとは違う――超然としている状態は、大きな関心、途方もない関心を寄せてはいるのだが、それでも執着はしない。

ある特定の何かがある間は、その瞬間を楽しみなさい。その瞬間が消え始めたら、あらゆるものがいずれは消えていく。そうなっていくにまかせなさい。これが超然としていることだ。

無気力さはネガティヴな状態だ。人はまるで泥の固まりのように横たわっている――成長の可能性はないし、満ち溢れているわけでもないし、花開くものがない。だが、その同じエネルギーが貯水池に、大きなエネルギーの貯水池にもなり得る――どこにも行かず何もしないが、エネルギーのほうはどんどんたまって蓄えられていく。

科学者の言うところでは、ある一点において量的な変化は質的な変化になる。百度に熱せられると水は沸騰して、蒸発する。九十九度では、まだ沸騰しない。九十九・九度でもまだ沸騰してはいない。だが、あとほんの〇・一度で、水は量子的な飛躍を遂げる。

ポジティヴな女性は無気力ではなく、途方もないエネルギーの貯水池のようなものだ。エネルギーが集まり蓄えられるに従って、多くの質的な変化を通り抜ける。

男性が本当に男らしくあるためには、冒険心を持ち、創造的になり、人生で可能なかぎりの多くの事を主導して進めていくことだ。女性が本当に女らしくあるためには、男性の背後でエネルギーの貯水池にならなければならない。その冒険心が、できるかぎり多くのエネルギーを持てるように。エネルギーが必要なのは、冒険心が何らかのインスピレーションを持つため、冒険心が何らかの詩を持つため、冒険心に満ちた魂が女性の中にくつろぎ、生命力で満たされ、若返るためだ。

一緒になってポジティヴに進んでいく男性と女性は、ひとつの全体だ。本当のカップルは――本当のカップルはごくわずかしかいない――お互いが、相手とポジティヴに結びついている。九十九パーセントのカップルは、ネガティヴな形で結びついている。世界にこれほどの惨めさがあるのはそのためだ。

繰り返そう――男性は男らしく、女性は女らしくあるべきだが、ポジティヴな形でそうあるべきだ。そうなれば共に在ることは瞑想になり、共に在ることは本当に素晴らしい冒険になる。共に在ることは日々、新たな驚きをもたらす。その時、生はこれら二つの極の間のダンスになる。彼らはお互いに助け合い、お互いを育む。

男だけではあまり遠くに行けないし、女だけではダイナミックな動きの可能性はほとんどない。単なるエネルギーの貯水池としてあるだけだ。二人が一緒になった時、お互いに補い合うようになる。どちらかが一方よりも高いわけではない。相互補足とは、どちらかが高いとか低いということでは決してなく、同等であるということだ。男が高いわけでも女が高いわけでもなく、彼らは互いに補い合う。一緒になって彼らは全体になり、別々であればどちらにも可能でなかった神聖性を、生みだすことができる。

イエスや仏陀が、クリシュナほど豊かでないように見えるのはそのためだ。それは彼らが独身であるからだ。クリシュナはもっと全面的《トータル》だ。そのためインドでは、クリシュナは完璧なアヴァターラ、完璧な神の化身と考えられている。仏陀は部分的とみなされているし、マハヴィーラも神の部分的な化身とみなされているし、イエスもそうだ。クリシュナの中には全体的な何かがある。

それからもうひとつ、もし単に男性と女性の外面的な出会いにすぎないなら、それほどの重要性はなかっただろう。それはまた、それぞれの男性と女性の存在の深いところでの出会いでもある。なぜなら男はみな内側では女でもあるし、女はみな内側では男でもあるからだ。外側で相手と出会って溶け合うことは、本当はこの内なる出会いを準備するための練習、実験にすぎない。

それぞれ人は、男と女から生まれてくる。あなたの半分は父親から来ているし、あなたの半分は母親から来ている。あなたは対極にかけ離れたものの出会いだ。

現代の心理学、とりわけユング派の心理学は、この男性も女性も両性的だという考え方を受け容れて、それに基盤を置いている。もしあなたの意識的なマインドが男性のものなら、あなたの無意識は女性的であり、その逆も言える。

だが、この内なる出会いを起こらせることは、最初のうちは難しい。内なるものは目に見えないからだ。まず最初は、目に見えるところから練習しなくてはならない。外側の男性と出会いなさい、外側の女性と出会いなさい。この出会いとはどんなものなのか、その体験をいくらかは得られるように。そうすれば、実にゆっくりと、あなたは内側を探して同じ極性を見つけられるようになる。

内側の男性と女性が出会う日、あなたは光明を得る。その日は大いなる祝祭の日になる――あなたにとってだけでなく全存在にとっての。一人の人が再び戻ってきたのだ。無数の数えられないほどの存在の中から、ただ一人の人が到着した。

仏陀が光明を得た時、天から花々が降り注いだと言われている。そういった話は歴史的な事実ではなく、詩的な表現なのだが、この上もなく重要な意味がある。全存在が踊ったに違いないし、歌ったに違いないし、無数の花々を降り注がせたに違いない。なぜなら、それは稀な現象だからだ。暗中模索していた魂が、突然統合するようになる。断片的だった魂が結晶化される。一人の人間が神になる。これは祝うべきことだ。それは全存在にとっての祝福だ。

しかし最初の練習は、外側でなされなければならない。覚えておきなさい。外側の世界で女性を知らない限り、彼女のすべての豊かさを、彼女のすべての甘さと苦さを知らない限り、そして外側の男性を知らない限り、彼のすべての美しさとすべての醜さを知らない限り、あなたは内なる次元に動いていくことはできない。あなたは陰と陽、シヴァとシャクティが、内側で出会うのを許すことはできない。

そしてこの出会いは全くもって重要だ。究極的に重要なものだ。なぜなら、唯一その出会いをもって、あなたは神になるからだ。それ以前では決してない。

三番目の質問

OSHO、最近のムンバイでのクリシュナムルティの講演には行きませんでしたが、彼がサニヤスに反対することを語ったと聞きました。この態度は、彼の仕事とあなたの仕事の両方を助けるための方便であり、本気で語っているとは思われません。どうか説明してください。

アナンド・ジャグディシュ、J・クリシュナムルティは光明を得た男だ。あなたが彼の弁護をする必要はない。彼は本気で言っている。彼はサニヤスに反対している。これが彼の生へのアプローチだ。とても狭いアプローチであることはもちろんだ。彼の視野は大変なトンネルタイプだ。もちろん彼が何を言おうと、彼のトンネルの視野によれば正しい。しかし彼の視野は非常に狭い。

彼はサニヤスは間違っていると言える。彼は、私が間違っていると言うことができる。それでも私が、彼は間違っていると言えないのは、私がより広い視野を持っているからだ。それはすべてを含んでいる。もし私が、仏陀は正しい、ツァラトゥストラは正しい、老子は正しい、ティロパ、アティーシャ、そしてさらに多くの者たちは正しいと言えるなら、私はクリシュナムルティもまた正しいと言うことができる。

そう、彼の視野が助けとなる人々もいるだろう。しかしこれらの人々は実に少数だ。実際、彼の視野がふさわしい人々というのは、彼の助けが全く必要ないのかもしれない。師《マスター》の助けが必要であるのが、サニヤスの意味するすべてだからだ。師の助けを必要とすることが、弟子である基本だ。あなたがそれを弟子であるとか、そうでないとか、どう呼ぼうと問題ではない。

クリシュナムルティは「弟子」や「師」という言葉に、とても反対している。しかしそれは五十年間にわたって彼がし続けてきたことだ。彼は、自分は師ではないと言っている師なのだ。そして彼に耳を傾け、彼に従う人々は、自分たちは弟子ではないと考えている弟子たちなのだ。

あなたの考えが重要なのではない。重要なのは、あなたが何であるかだ。彼は一人の師であり、弟子たちがいる。彼は自分が師であることを拒否している。それは彼の方策だ。このエゴイスティックな世界において、人々が明け渡すこと、彼らのエゴを落とすことはとても困難だ。エゴを落とすことのできないエゴイストたちのために、彼は扉を開いている。彼は言う。「あなたは自分のエゴを保つことができる。弟子である必要はない。サニヤシンである必要はない」。エゴイストたちは、誰にも頭を下げる必要がないことに気分を良くする。

しかし、何度も何度も絶え間なく彼に耳を傾けていると、心の底では頭を下げることが起こり始めている。明け渡しが起こり始めている。

彼は自分が一人の師であるとは主張しない。しかし師が要求するものは何であれ、彼は自分の聴衆から要求する。師は言う。「考えることなくして聞きなさい。全面的に聞きなさい。あなたの思考からのどんな妨害も受けることなく――」

そしてこれが、彼が弟子たちとは呼んでいない弟子たちに要求していることだ。

それはとても入り組んだゲームだ。彼は、サニヤスは間違っていると言える。彼はそう言わねばならない。彼がインドにいる時にはいつでも、そして彼がどこにいようとすぐに、集会の席上のたびごとに、彼は私のサニヤシンたちを見つけるだろう。それは彼を、とてもいらいらさせるだろう。彼がサニヤスやサニヤシンに反対することを言うと、私のサニヤシンたちがそれを笑い楽しむのを見て、彼のいらだちはますます昂じることだろう。

彼はサニヤシンたちに訊ねている。

「なぜあなた方は私の所に来るのだ？　もうすでに師がいるのなら、来る必要などないではないか」と。私のサニヤシンの一人に、彼はプライベートなインタビューでこう言っている。「もしあなたに師があるなら、ここに来る必要はないはずだ」。そして私のサニヤシンはこう言っている。「でも私の師は言っています。『どこへでも行きなさい――あなたが何かを学べる所なら、どこへでも行きなさい！』。これが彼の教えであり、私たちは彼に従っているのです。あなたに従うためにここにいるのではありません！」

当然彼はとてもいらだつ。しかし、あなた方が彼を弁護する必要はない。それにこれが美しさなのだ。彼は私を受け容れられないが、私は彼を受け容れることができる。それは私には問題にならない。私はあらゆる種類の人々、あらゆる種類の哲学を受け容れる。私の視野には充分な広がりがある。

実際、なぜ彼はそれほどまでに、師と弟子に反対するのだろう？ それは癒されてはいるが、まだ傷跡を残している傷なのだ。彼は自らの意志に反して、弟子であることを強要された。彼がアニー・ベサントや神智学者たちによって採用された時、彼は小さな子供だった。わずか九才の、何が彼の身の上に起こるのか全く知らない子供だった。そして彼は、とても厳格な規律に従うことを強要された。

二十四時間、彼は訓練を受けた、というのも、神智学者のリーダーの一人リードビーターが、このような概念、このような展望を持っていたからだ。それは、この少年は世界教師——ジャガットグル、全世界の師になるだろう、彼はロード・マイトレーヤー（弥勒仏）の乗り物になるだろう、彼はその身体に、仏陀の新しい誕生を受け取れるように準備されるべきだ、といったものだった。そのため、彼は色々な方法で苦しめられた。

彼は、他の子供たちのようには、食べることを許されなかった。彼は子供たちが欲するようには、他の子供たちと遊ぶことを許されなかった。彼は見張られていた。彼は普通の学校に行くことを許されなかった。彼はほとんど完璧に、囚人のように保護された。そして朝早く、三時には起きて、儀礼的な沐浴、数限りない儀礼——チベット式、中国式、インド式、エジプト式——彼は疲れてしまったに違いない。

そして彼の弟、ニチャナンダが死んだ時、最後の傷が生じた。二人の兄弟がいた。クリシュナムルティとニチャナンダだ。二人とも準備されていた。というのも誰が本当に師になるのか、それについて少しばかりの疑いがあったからだ。ニチャナンダはこの厳格な規律のために死んだ。これはほとんど気違いじみた負担だった。彼の死は、クリシュナムルティの外傷《トラウマ》となった。彼はその弟をとても愛していた。彼の愛の対象は他に誰もいなかった。彼はその家族から連れ去られた。母は死に、父は彼らの世話をすることができなかった。彼はほんのささやかな官史だった。子供たちは二人ともアニー・ベサントに採用され、彼らは異なる秘教の学問を学ぶために、世界中を旅しなければならなかった。それは、とても困難なことだった。ニチャナンダが、ただ、行き過ぎた訓練のために死んでしまったという可能性は充分にある。

クリシュナムルティが、好きで選んだのではなかったこれらの師たち……彼らは囚人のようであり、師たちは看守のようなものだった。彼は師に対するとても誤った見解を所持していた。彼にとって彼らの罠から逃げることは、とても困難だった。ついに彼は彼らの罠から自由になった──どれほどの間耐えられるだろう。青年となり、その罠から抜け出すに充分なほど強くなると、彼はあっさりと飛び出しこう宣言した。

「私は誰の師でもないし、世界の教師になるつもりはない。これはすべて馬鹿げている！」

それ以来、その傷が残った。それ以来彼は、師や弟子や瞑想や弟子であることについて、語り続けてきており、彼はそれらのすべてに反対している。それは当然だ。実際彼は師を知ったことも、弟子であることを知ったことも全くない。なぜならこれらは、押しつけられるようなものではないからだ。あなたが喜びと愛に満ちて、受け容れるものだからだ。

あなた方は彼よりもはるかに幸運だ。あなた方は喜びから、愛から私を選んだ。そしていつでも私から離れてゆく自由がある。彼には立ち去る自由がなかった。彼がこれらの人々を選んだのではなかった。そして彼の幼年時代に、多くの好ましくない物事が、彼の上になされた可能性が充分にある。リードビーターがホモセクシュアルであったことは、ほぼ公然の事実だ。法廷において、彼がある子供を性的に虐待していたことが取り沙汰されたことすらある。考えてごらん。九才の子供がもし性的に誤った扱いを受けたとしたら、それは深い傷になるだろう。傷を拭い去ることはとても困難になるだろう。

心理学者に訊ねてごらん。もし子供が、何らかの方法で性的に虐待されると、彼の全生涯は乱されてしまう。もし少女が彼女の意志に反して、何らかの方法で性的に虐待されたら、つまり彼女が起こっていることに気づかないでいる限り、決して性的なことにくつろげないだろう。決してだ。恐れが何度も何度も訪れるだろう。

こうしたことが起こった可能性は充分ある。クリシュナムルティは、このことについて決して話していない。話しても無駄だ。この時代遅れの人々はすべて死んだ。だが、どこかしら傷跡がある。そのため彼は、師に対して、弟子であることに対して、サニヤスに対して、あらゆる種類の技法《メソッド》に対して反対するのだ。これは彼の生涯についての何かを示している。それは師と弟子については何も示してはいない。

仏陀と仏陀の弟子たちについて、彼が何を知っているというのだろう？　アティーシャとその師たち、ダルマキルティ、ダルマラクシタ、ヨーギン・マイトレーヤーについて、彼が何を知っているというのだろうか？――こういった人々について、彼が何を知っているというのだろうか？

そして更にもうひとつの不幸が起こった。アニー・ベサントとリードビーターは、彼が古い聖典を読むことを決して許さなかった。彼らは、彼がその独創性を失うことを恐れていたからだ。だから彼は、世界のすべての偉大な伝統について、全く無知なままだった。

そしてもし、アティーシャとダルマキルティについて何も知らないとしたら、あなたは何かを逃しているだろう――ダルマキルティはアティーシャに対して別の師、ダルマラクシタの所に行くようにと言った師だった。「なぜなら、私が知ったものはおまえに授けたからだ。私はほかのものを授けることもできるが、それは決して私の道ではなかった。ダルマラクシタの所へ行きなさい。彼はほかの道に従っている。彼はおまえにより多くのもの、より真正なものを授けてくれるだろう。私はそれについては聞いたことがあるだけだ。または山の頂上から見ただけだ。私はおまえに空を授けた。今、慈悲を学ぶために、ダルマラクシタの所へ行きなさい」

彼らは何とすばらしい人たちだったことだろう！

そしてダルマラクシタは彼に言った。「私はただ女性的な質、消極的な質の慈悲を知っているだけだ。

積極的な質のためには、お前はもう一人の師、ヨーギン・マイトレーヤーのもとに行かねばならない。彼がお前に教えてくれるだろう」

独り占めしたり、嫉んだり、支配したりする人はいない。こういった人々は自由を授ける！　クリシュナムルティは、世界の偉大な伝統に全く気づいていない。彼が知っているのは神智学者たちだけだ。それは今世紀において起こった、最も醜悪な出来事のひとつだった。ありとあらゆる愚行が、神智学の旗印のもとに拡がった。それはごった煮だった。それは、すべての宗教の良い部分の統合を生み出そうとする努力だった。しかしそんな統合は不可能だ。もしあなたがそんな統合を作り出すなら、自分の手の中に、ただの屍を握っているにすぎない。それは呼吸をし、脈動する、生きた肉体ではない。

それはあなたが、多くの女性を愛するようなものだ。一人の女性は美しい眼をしている、するとあなたはその眼を取り出す。別の女性は美しい鼻を持っている、するとあなたは鼻を切り取る――等々。あらゆる部分を集めて、組み合わせる、それでは死体を手にすることになるだろう。その死体を作るために、あなたは二十人の美しい女性を殺してしまったわけだ。最終的な結果は、ただもう全くもって馬鹿げたことだ。

それこそが、神智学のしてきたことだ。ヒンドゥー教にある素晴らしい何か、道《タオ》にある素晴らしい何か、イスラム教にある素晴らしい何か、ユダヤ教にある素晴らしい何か、等々。それらすべてを集め、ひとつにして、ミキサーに容れてかき混ぜる。するとあなたが手にするであろうものは、ただの死体になるだろう。

クリシュナムルティは、不幸にもこういった人々と共に生きなければならなかった。しかし彼には途方もない知性がある。どんな人でも、彼のような場所にいれば自分を失っていただろう。どんな人でも、彼のような状況にいたなら、その籠から脱け出すことなどできなかっただろう。その籠はとても美しく、とても魅力的だった。無数の花に近づくことができた。しかし彼には勇気があった。彼はそれらすべてを放棄し、罠の全体から全く脱け出すための気概《ガッツ》と知性があった。

それは彼にとって困難な、とても困難なことだった――生き残ることすら、危うかった。私はあの男を尊敬する。私は彼をとてつもなく尊敬している。そして私にはなぜ彼が師たちに、弟子たちに、サニヤスに反対するのか理解できる。

ジャグディシュ、あなたは言う。「私は最近ムンバイでのクリシュナムルティの講演には行きませんでしたが、彼がその中でサニヤスに反対することを語ったと聞きました。この態度は、彼の仕事とあなたの仕事の両方を助けるための方便であって、彼が本気で語っているとは思われません」

彼は言いたいことを言っている。彼は本気で話している。彼の狭い視野はとても鮮明だ。それが、狭い視野が持つ最も美しいもののひとつだ。それらは鮮明だ。空が広大になればなるほど、鮮明さは薄れていく。視野が大きくなればなるほど、鮮明さは欠けていく。

そして私の視野は、すべてのものを含んでいる。彼の視野はとても閉鎖的だ。私の視野はとても包含的だ。彼の視野はただ彼のみのものであり、私の視野は仏陀、ツァラトゥストラ、モーセ、マハヴィーラ、モハメッド、そして更に無数のものを含んでいる。

そして覚えておきなさい。私はここで、ひとつの統合を作ろうと試みているのではない、ということを。私はあるものの中から美しいものを、別のところから別の美しさを選び出そうと試みているのではない。違う。私はすべての伝統を、それそのままに受け容れる。たとえ時としてそれが、私に反対していても、私がそうありたくないような点があるとしてもだ――だが、そうありたくないというなら、その時私は一体何様だというのか？　なぜ私がその中に、私の選択をもち込まねばならない？

私はすべての伝統を、それに干渉することなく、それそのままに受け容れる。これは今までに決してなかったことだ。そして幾世紀にもわたって、再びなされることもないかもしれない――なぜなら、このような包含的な視野を持つことは、とても混乱することだからだ。私と共にいるなら、あなたは決して確実さを持たないことになる。あなたが私と共にいればいるほど、あなたの足もとにある大地は、だんだん消えていくだろう。あなたがここで、私と共にいればいるほど、あなたのマインドはだんだん取り去られてしまうだろう、そしてすべての確実さも一緒に――。

そう、あなたは透明さを持つだろう、しかし確実さではない。

クリシュナムルティにおいては、すべてが確実だ。全くもって確実だ。彼は今まで地上を歩いた者たちの中で、最も一貫性のある男だ。それは、彼がこういった狭い視野を持っているからだ。あなたがとても狭い視野を持てば、大そうな一貫性を持たざるを得なくなる。

私以上に一貫性のない人物を見つけることなど、できないだろう。それは、私がとても多くの矛盾した見地のための場《スペース》を作らねばならないからだ。

バハウディン（イスラム教ナクシュバンディ教団の開祖）とアティーシャの間には、何の関係もない。臨済とモハメッドとの間には、何の関係もない。マハヴィーラとキリストとの間には、何の関係もない。それにもかかわらず、彼らはすべて私の中で出会っている。彼らはすべて私の中でひとつだ。そして私は選んでいない。私は干渉していない。私はただ単純に、彼らをすべて取り入れているだけだ。とてつもなく新しい種類の交響曲《シンフォニー》が……私はそれを統合《シンセシス》ではなく交響曲《シンフォニー》と呼びたいが、それがここで現れている。統合の中では、何かしら死んだものが生み出される。シンフォニーの中では、オーケストラの中では、あらゆる楽器が演奏されている。しかし、それはとてつもない調和《ハーモニー》なのだ。

クリシュナムルティは、ソロのフルート奏者だ。私はオーケストラだ。フルートは受け容れられる。もちろん私のオーケストラが、クリシュナムルティに受け容れられることはあるまい。彼はソロのフルート奏者だ。そして彼は、とても素晴らしいフルート奏者だ。私は彼を賞賛する。私は彼を賞賛できる。しかし、彼は私を賞賛できない。彼がオーケストラについて、何を知っていると思うかね？私はフルートについてのすべてを知っている。なぜならそれは、私のオーケストラの一部、ほんの小さな部分だからだ。しかし彼にとってはフルートがすべてだ。

どうか、ジャグディシュ、彼を弁護しようとしないように。その必要はない。彼は自分自身を弁護できる。彼は全く有能な男だ。私には彼のサニヤス批判が理解できる。もし彼が批判をしなかったなら、それは驚きだったろう。もし彼が、本当に私を驚かそうと思うのなら、彼は私のサニヤシンたちの批判を止めるべきだ――それは信じがたいことになるだろう、それは私にとって本当に衝撃となるだろう！

しかし、その老いた男にはそのまま続けさせなさい。そして、どうか彼に耳を傾け続けてごらん。彼を怒らせるのだ。ちょっと最前列に坐り、そして彼がサニヤスを批判するときはいつでも、拍手喝采して笑うのだ。そうすれば、彼は本気になって激怒するだろう。彼は世界で唯一の、怒ることのできる光明を得た人物だ。それは完璧に美しい。私は彼を愛している。私は彼を尊敬している。そして私はあるがままの彼を愛し、尊敬している。しかし彼には、私を愛し尊敬することはできまい、それもまた私には理解できる。

四番目の質問

ＯＳＨＯ、クリシュナや仏陀、そしてナナクやイエスのように、あなたのメッセージは愛です。

あなたのサニヤシンたちは、世界へのあなたの愛のメッセージの媒介であるのに、世間から誤解されるのはなぜでしょうか？

クリシュナ・プレム、クリシュナは愛について語った。仏陀もそうだ。イエス、ナナク、そしてカビール、彼らはみんな愛について語った。しかし、誰も私のように愛について語りはしなかった。彼らの愛は非常に霊妙なもの、抽象的だ。彼らの愛は、全くこの世のものではない。それは哲学的だ。彼らが彼らの愛を定義するやり方と、私が私の愛を定義するやり方とは、全面的に違っている。私は愛を、そのスペクトル全体において受け容れる。その色すべてを、その虹全体を——。彼らは選択者だ。彼らは言う。「ただ青色だけが愛だ。他の色はすべて愛ではない」。あるいは、別の人はこう言う。「ただ緑色だけが愛だ。他の色はすべて愛ではない」

彼らは地上的な愛を非難する。官能的な愛を非難する。彼らは肉体を非難する。そこが私と違っているところだ。私にとって愛は梯子だ。梯子の一部は地上にあるが——あるだけでなく、本当に地上に根付いている。そしてもう一方の端は、天国に触れている。

彼らはただ、もう一方の端だけを語っている。そして彼らが一方の端だけを語るので、それに到達することは人間的には不可能になる。なぜなら低次の部分が否定されているからだ。だが高次のものは、ただ低次のものを通してのみ達せられる。あなたは、梯子の低い段を通過しなければならない。

そうしないで、どうやって高次の部分に到達しようというのだろう。
インドにはチャルヴァカのような、そしてギリシャにはエピキュロスのような人々がいた。梯子の低次の部分だけを信じ、高次の部分を否定する……。

私はその全体性を受け容れる。私は泥を受け容れる。私は蓮を受け容れる。そして私はその中間にあるものすべてを受け容れる。そのため私は、あらゆる人々から必ず誤解される。スピリチュアルな人々が私を誤解するのは、彼らが私は物質主義者だと思っているからだ——私は魂を信じない、私の愛についての説教は、セックスについての説教以外の何ものでもない、愛という名前で、私はただ人々に性的なものを教えているだけだ——ということだ。そして物質主義者たち、エピキュロス派、チャルヴァカ派、彼らもまた私を誤解しようとしている。明らかに彼らは、私のセックスと地上的な愛についての話は、ただそれらの非実存的な抽象的概念——エクスタシー、サマーディ、神——にあなたを連れてゆく罠であるにすぎない、と言うだろう。

私は物質主義者と精神霊的主義者《スピリチュアリスト》の両方から誤解されている。同じことが、私のサニヤシンたちの場合にも起ころうとしている。あなたはあらゆるところで、誤解されようとしている。あらゆる文化の中で、あらゆる社会の中で、あらゆる宗教によって、あらゆる観念《イデオロギー》によって。私と共にあるということは危険なことだ。あなたは誤解されなければならない。あなたはそれを、あなたの存在の事実として受け容れねばならない。

その理由は明らかだ。それは過去において、誰もスペクトル全体を受け容れなかったからだ。私はスペクトル全体を受け容れる。私にとって、低次と高次とは離れていないからだ。それらはひとつだ。低次のものは高次のものを含んでいる。高次のものは低次のものを含んでいる。泥は顕現していない蓮であり、蓮は顕現した泥だ。私は泥を非難しない。泥を非難することは、蓮が非難されることになるからだ。そして私は蓮を非難しない、というのも、もし蓮を非難すれば、泥はすべての意味を失うからだ。それだとただの泥であり、それ以外の何ものでもないということになる。

私はこの地上を受け容れ、この天国を受け容れる。私は身体と魂の両方を、外側と内側とを受け容れる。私の教えは全面的受容だ。

あなたは誤解されるだろう。それはただ、あなたが誤解されるだけではない。あなたも私を誤解するということがあり得る。あなた方の多くは、セックスがすべてであると考えているからだ。そしてあなたは、自分の観点を支持している引用文を、私の本から簡単に見つけることができる。そしてあなた方の多くは、セックスは超越されねばならない、ただサマーディだけが真理であり、セックスは迂回されるべきもの、超越され、そしてしのぐべきものにすぎない、と誤解するだろう。これら両方の物事が起ころうとしている。私を本当に理解している人々は、その要点が解るだろう、そして私がここでしていることが解るだろう。私はスピリチュアルな物質主義者、あるいは物質主義的なスピリチュアリストを創っている。それはこれまでに為されたことはなかった。何かが初めて為される時はいつでも、それが誤解されるのは自然なことだ。

最近夫に死なれた中年のアメリカの婦人は、寂しさを感じていたので、彼の霊と交信するために、ある霊能力者の所へ行った。霊からの応答が確認された。

彼女は言った。「こんにちは、ハニー！　どんな具合？」

彼氏「元気だよ。実際、僕は以前よりもずっといい暮らしをしているよ」

婦人「どんなふうに時間を過ごすの、ハニー？」

彼氏「そうだな、まず起きて愛を交わし、朝食を食べて愛を交わし、昼食を食べて愛を交わし、夕食を食べて愛を交わし、眠って愛を交わし、起きて愛を交わす――明けても暮れても、ね」

婦人「あなたはどこにいるの、ハニー？　天国なの？」

彼氏「いいや、僕はプーナのコレガオン・パークの中の雄牛なんだ」

あなたが私を誤解する可能性はある。そして、もう一方の極端に誤解する者たちもいる。私の教えの一部を選択する人は、誰でも私を誤解せざるを得ない。

あなたは私の全体性において、全体として私を受け取らなければならない。もちろんその全体性は非常に混乱している。それは正反対のものを含んでいるからだ。一つの部分を選択することは、より簡単だ――物質主義者であるか精神主義者であるか、その方が簡単だ。あなたは一貫性を感じる。私の全体性において私を選択することで、あなたは非常に一貫性のない生を生きなければならない。ある瞬間はこれ、別の瞬間はあれ、しかしそれが私の全メッセージだ。

もし人が、本当にそのすべての豊かさの中で生を生きたいのなら、人は一貫しない方法を、一貫して一貫しない方法を学ぶことだ。一つの極端から別の極端へと動ける方法を――。ある時は大地の中に深く根付き、ある時は天国へと高く飛翔し、ある時は愛を交わし、ある時は瞑想する。

その時、ゆっくりゆっくりと、あなたの天国とあなたの地上とはますます近づいてくる。そしてあなたはそれが出会う所、地平線になる。

五番目の質問

OSHO、なぜあなたは、人々をキャベツとか、くそったれとか呼ぶのですか？それはとても失礼に見えます。

アナンド・スワガット、キャベツもまた人々だ。非常に無垢な人々だ。「それはとても失礼に見えます」とは、どういう意味かね？　誰に対して失礼なのだろう。キャベツに対して？　実際、人間とキャベツを比較することは、キャベツに対してより失礼なことだ。彼らが何をしたというのかね？

ちょっと人間の歴史を見てごらん、そしてキャベツの歴史を。あなたはキャベツよりも無垢な人々を見つけられないだろう。彼らはすべて覚者《ブッダ》たちだ。とても沈黙していて、とても幸せで、とても瞑想的だ。が、あなたは言っている。「それはとても失礼に見えます」。それは人間に対して？

そして、もし誰かがくそったれであるなら、私に何ができようか？　私は彼を非難しているのではない。私は単純に事実を論じているだけだ。あなたは私に嘘をついて欲しいのかね？　くそったれはくそったれだ。明解かつ単純だ。そして覚えておきなさい。くそったれであることは完全にオーケイだ。しかしどうしてスワガット、あなたが心配するのだろう。

あなたはキャベツなのか？　それとも……？

最後の質問

OSHO、毎日あなたは、シトナルタについて話しているのではないのですか？

パリニルヴァーナ、そうだ、私が話しているものは何であれシトナルタなのだ、ジョークを除いてはね。しかし今回のこのシリーズでは、ジョークについて問題がある。アティーシャはジョークに反対している。だから私は、それほど多くのジョークは言っていない。それは本当に私にとっては大変なことだ。私は非常に誘惑される。しかしそういう時は、私はこのアティーシャ翁を思い出す。そして私は、彼に対して大変な敬意を持っている。

彼はあなたがすぐに「悪い冗談を言わない」ようにさせる経典を持っている。だから……最初、私はこの経典を落とすことを考えていたが、その後、それは正しくないだろうと考えた——。

今日はこれくらいでいいかな。

第九章

観照者を観照する

Watching the Watcher

二つの目撃の原理をつかむこと

常にマインドのまさに幸せな気分を頼りにせよ

たとえあなたが取り乱されていても、

もしそれができるなら

それはマインドのトレーニングなのだ

常に三つの全般的な要点に気づいていること

あなたの傾向を変えよ　そしてそれを維持せよ

欠点について論議しないこと

他人に関するどんなことも考えてはならない

まず始めに、最も大きな汚れに反対する訓練をせよ

結果へのすべての望みを捨てよ

最初の経文

二つの目撃の原理をつかむこと

それは最も重要な経文の一つだ。内なる錬金術の、非常に基本的なものの一つだ。それをあなたのハートの中に深く沈ませなさい。それはあなたを変容させる。それはあなたに新しい誕生を、新しい光景を、新しい宇宙を与える。それは二つの意味を持つ。両方の意味を理解することだ。

最初の意味——二種類の目撃がある。一つめはあなたの周りにいる人々だ。あなたは自分が注視されている、目撃されている存在であることに、絶えず気づいている。それはあなたの中に自意識を作る。そのため、大観衆を前にステージに立つと、恐怖がある。俳優はそれを感じる。詩人はそれを感じる。演説者はそれを感じる——そして初心者だけでなく、演技に全人生を費した人でさえもだ。彼らがステージに登場する時、大きな震えが彼らの内側に生じる。自分がそれをうまくやれるだろうか、という大きな恐れが生じる。

あなたを注視するとても多くの目によって、あなたは対象物に変えられる。あなたはもう全く主観的ではない。あなたは物になる。そしてあなたは、彼らが自分を評価しないのではないか、と恐れている。彼らはあなたのエゴを拒否するかもしれない。あなたを好きではないかもしれない。彼らはあなたを捨てるかもしれない。今やあなたは彼らの手中にある。あなたは依存する奴隷に落ちぶれてしまう。今やあなたは、自分が評価されるように働かねばならない。あなたは彼らのエゴを支持することになる。そうすれば、それに応じてあなたのエゴを支持してくれるだろうと、期待する。

友人たちと一緒にいる時は、あなたはそれほど恐れてはいない。あなたは彼らを知っている。彼らは予測できる。あなたたちはお互いに頼り合っている。しかし、知らない群衆に対面する時はより恐れが現れてくる。あなたの全存在は震え始める。あなたのエゴ全体は危機に瀕している。あなたは失敗する可能性がある。誰にわかる？　成功するとは限らないのだ。

これが最初の種類の目撃だ。他人はあなたを注視している。そしてあなたはただの乞食だ。これが多くの人々が生きている状況だ。彼らは他人のために生きている。そのため彼らは、ただ生きているように見えるだけで、本当には生きていない。彼らは常に他人に合わせている。それは他人が自分と一緒にいて幸福である時だけ、彼らは幸福だからだ。彼らは絶えず妥協している。自分の魂を売っている。ただ単純な理由のために……。それは自分のエゴを強くすることができる。有名になれるし、よく知られるようになるということだ。

詩人、小説家、あるいは科学者がノーベル賞を受賞するといつも、それからすぐに彼の創造性は衰退するという、非常に有意義な観察をしたことがあるだろうか？　どんなノーベル賞受賞者も、彼が受賞前に創造したものと比べたら、その後は何も貴重なものを創り出せなかった。何が起こったのだろう？　今、彼はエゴの終着点に到達したのだ。もうこれ以上行くところはない。だからもう人々に合わせる必要がない。ひとたび本が有名になれば作者は死ぬ。

それがカリール・ジブラーンの『預言者《ザ・プロフェット》』に、ラビンドラナートの『ギータンジャリ』に起こったことだ。それは例外ではなく、ほとんど通例だ。ひとたび有名になれば、あなたは妥協しなくなる。何のために妥協する？　あなたはすでに有名なのだ。妥協しなくなると、人々はあなたを無視し始める、あなたに注意を払わなくなる。あなたの全創造性は、エゴの欲望に根付いていた。今そのエゴは休息している。するとすべての創造性は消え去る。

これが九十九・九パーセントの人々の、人生における状況だ。あなたはただ一つの類の目撃、他人だけを知っている。そして他人は常に、心配を引き起こす。

ジャン・ポール・サルトルは正しく言っている。「他者は地獄だ」と。

他人はあなたがくつろぐことを許さない。なぜあなたは、寝室や浴室でとてもくつろぎを感じるのだろう？　それは他人がいないからだ。しかし浴室でくつろいでいて、もし突然、誰かに鍵穴から見られていることに気づいたら、くつろぎはたちまちすべて消え去る。あなたは再び緊張する。あなたは見られている存在だ。

人々の中に恐怖を作り出すために、聖職者たちは古来から、神は絶えずあなたを注視していると語り続けている——絶えずあなたを注視している、明けても暮れてもだ。あなたは眠るかもしれない。彼は決して眠らない。彼はベッドの側に座って注視し続けている。彼はあなたを注視しているだけではなく、あなたの夢とあなたの考えをも注視している。だからあなたは、その行為のせいで罰せられるだけではなく、あなたの夢、考え、欲望、および感じることによっても罰せられる。

聖職者たちは、人々に大きな恐怖を作り上げてきた。ちょっと、神が絶え間なく注視していると思ってごらん。あなたが自分自身でいられる瞬間など、ほんの少しもない。それは人々を物に変えるためのすばらしい戦略だった。

なぜ私たちは、他人の注意を強く望むのだろうか？　誰しもそうであるように、私たちは空虚だからだ。誰しもそうであるように、私たちは不在であり、存在の中心がない。私たちとは単なる雑音、群衆だ。主人が不在か、主人が熟睡しているために、お互いに口論し合う使用人たちで一杯の家のようなものだ。

私たちは、少なくとも偽りの中心を作れるために、他人の注意を強く望む。もし本物が取り逃がされてしまっても、少なくとも偽りの中心を当てにできる。それはあなたを、統合されているかのように見せかけるだろう。あなたを人にはするだろう。だが、あなたは個ではない。個《インディヴィジュアル》であることとは、本当の中心におかれた存在の芳香、自分が誰であるかを知っている人のことだ。

しかし、もしあなたが個でなくても、少なくとも人であることはできる。あなたは人格《パーソナリティ》に達することはできる。そして人格は誰かに乞わねばならない。個であることは、あなたの最も奥深い成長だ。それは成長だ。それはどんな人からも乞う必要はない。誰もあなたに、それを与えられない。個であることはあなたが開示された状態だ。しかし、人格は乞うことができる。人々はあなたに、それを与えられる。実際、他の人々だけが、それをあなたに与えられるのだ。

もし森の中に独りでいるなら、どんな人格も持たないだろう。覚えておきなさい。そこではあなたは個を持つが、どんな人格も全く持たないだろう。もしあなたがヒマラヤに独りでいるなら、あなたは誰だろうか？　聖人か、罪人か？　そこにはあなたに感謝したり、あなたを非難したりする人はいない。あなたを有名にしたり、あるいは悪名高くする人はいない。そこにはあなた以外誰もいない。あなたが全面的に独りであるなら、あなたとは誰だろう？　聖人か、罪人か？　物凄く有名な人物、超大物か、それともただの誰でもない人か？

あなたはどちらでもない。あなたは物凄く重要な人物でもなければ、誰でもない人でもない。なぜなら両者にとって、他人が絶対に必要だからだ。あなたの人格を反映するためには他人の目が必要だ。あなたは、これでもなければあれでもない。あなたは在る。しかし、あなたは自分の真性《リアリティ》の中にいる。あなたは他人によって創られているのではない。あなたはその完全な裸の状態、本物であることにおいて、あるがままのあなたなのだ。

これが、多くの人々が、社会から逃れるのが賢明であると考えた理由の一つだ。それは本当は社会からの逃避ではなかった。本当は社会に反対していたのではなかった。それはただ、人格を放棄するための努力だったのだ。

仏陀は自分の宮殿を後にした。彼は臆病者でもなければ逃避者でもなかった。ではなぜ、彼は宮殿を去ったのだろう？　ラビンドラナートは、それについて美しい詩を書いている。

彼は宮殿を去った。十二年間、彼は森林を歩き回り、修行して瞑想した。そして究極の悦びの日が訪れた。彼は光明を得た。当然、彼が思い出した最初の事は、彼が愛した女性、後に残してきた子供、今なお彼が戻ることを望んでいる老いた父親に、良い知らせを伝えるために宮殿に戻ることだった。

それはとても人間的だ。それはハートに触れる。十二年後に彼は帰って来た。どの父親もそうであるように、彼の父親は怒っていた。父親は彼が誰なのか、彼がどうなったのかわからなかった。とても大きくてとても清み切った彼の個性が、見えなかった。全世界がそれに気づくようになっていたが、彼の父親はそれに盲目だった。父親はいまだに彼を、すでにもう存在していない人格、彼が宮殿を去った日に放棄した人格として考えていた。

事実、仏陀はただ自分の人格を放棄するためにだけ、宮殿を去らねばならなかった。彼は他人が彼について考えているものではなく、あるがままの自分を知りたかった。しかし今、父親は十二年前の目で、彼の顔を覗き込んでいた。彼は再び仏陀に言った。

「わしはお前の父親だ。わしはお前を愛している――たとえお前がわしを深く傷つけ、深く痛めつけようとも……。わしは老いた、そしてこの十二年間は拷問だった。お前はわしのただ一人の息子だ。お前が戻って来られるように、わしはどうにか生きていこうとした。今お前は帰って来た。帝国の統治権を受け継いで王になるのだ！　さあわしを休ませてくれ。もうわしは休息すべき時だ。お前はわしに反抗する罪を犯した。そしてお前は、わしにほとんどむごい仕打ちをした。しかしわしはお前を許そう、王になる機会はまだ開かれているぞ」

仏陀は笑い、そして言った。「国王殿下、あなたが話している人物に、もう少しよく気づいてください。宮殿を後にした男はもういません。彼はだいぶ前に死にました。私は別人です――私をよく見てください！」

すると父親はさらにひどく怒った。「お前はわしを欺くつもりなのか？　わしがお前を知らないだと？　わしはお前のことを、お前が自分自身を知っているよりもよく知っているのだ！　わしはお前の父親だ。わしがお前を誕生させたのだ。お前の血の中にはわしが流れている――それなのに、わしがお前を知らないだと？」

仏陀は言った。「それでも私はお願いします、殿下……。あなたは確かに私を誕生させてくださいました。私はあなたを通してやって来ました。それは本当です。しかしあなたは、ただの乗り物だったのです。ちょうど、ある人が馬に乗っているという理由だけで、馬が乗り手のことを知っていることにはなりません。私はあなたの身体の扉を通過しました。しかしそのことで、あなたが私を知っていることにはなりません。実際のところ、十二年前、私は自分が誰であるかすら、知らなかったのです。今、私は知っています！　私の目の中を見てください。どうか過去を忘れてください——今と、ここにいることです！」

しかし、父親にはできなかった。彼の老いた目、怒りと喜びの涙で一杯になった目では、彼は仏陀に何が起こったのか見ることはできなかった。「あいつは何と馬鹿げたことを話しているのだ、あいつは死に、再び生まれただと？　あいつは全く違った個人であるだと？　あいつはもう人格《パーソナリティ》ではなく個《インディヴィジュアリティ》であるだと？」

辞書では、「パーソナリティ *personality*」と「インディヴィジュアリティ *individuality*」は同義語だ。それらは生においては同義語ではない。人格は偽物、見せかけ、外観だ。個《インディヴィジュアリティ》であることがあなたの真実だ。

なぜ私たちは、自分に注意を払ってもらうために、とても多くの人々を欲しがるのだろうか？　なぜ私たちは、これを強く望むのだろうか？　それは人格を作るためだ。そして自分自身の周りに人格を作れば作るほど、あなたの個が知られる可能性は少なくなる。

そして仏陀が彼の妻に会いに行った時、彼女はもっと怒っていた。彼女はたった一つの質問をした。非常に意義深い質問をした。彼女は言った。「聞きたいことが一つだけあります。長い年月、私は待っていました。そこでたった一つ質問があります。その質問は単純です、しかし正直でいてください」。彼女はまだ、仏陀がごまかすだろうと思っていた。「正直でいてください。真実であってください。そして私に、一つの事だけを言ってください。あなたが森の中で達成したものが何であれ、それは宮殿のここで達成することは不可能だったのでしょうか？　神は森の中だけにいて、この市場にはいないのでしょうか？」

彼女の質問は、途方もなく意義深い。

仏陀は言った。「そう、真理は森の中にあるのと同じくらいここにもある。しかし、それをここで知ることは、私にとっては非常に難しかっただろう。なぜなら私は人格の中で、自分を見失っていたからだ。王子という人格、夫という人格、父親という人格、息子という人格の中で……。人格はもううんざりだった。私は本当のところは、決して宮殿を去ったのではない。私はただ、自分が誰であるかを私に思い出させる者が誰もいないように、そして私が「自分は誰か？」という問題に自分で答えられるように、自分の人格を後へ残して去って行っただけだ。私は自分自身と対面したかった。私は他人の応答には興味がなかった」

しかし、他の誰もが他人の応答に興味がある。誰かが「あなたはとても美しい」と言う時を、あなたはどれほど愛することだろう。

サーヴェッシュはムクタに「私は少し喪失感を感じる」と言っていた。それは自然なことだ。彼は世界的に知られている最高の腹話術師の一人だ。彼は芸人としての人生を生きてきた。常にステージの上であらゆる所からライトを浴び、高い評価を受けている彼の芸を、数多くの人々が熱心に見つめている。彼は才能があり、天才だ。彼はそれで他人の注目を浴びて生きてきた。さて当たり前のことだが、このコミューンでは誰も彼に「サーヴェッシュ、君はすごいね。サーヴェッシュ、君はこれだよ、君はあれだよ」とは言ってこない。彼はほんの小さなものを失ったと、感じているにちがいない。それが有名になった人々の問題だ。その人格を落とすことは、彼らにとっては非常に難しい。

しかし彼は試みている。そして私は、彼が成功すると確信している。それは起こりつつある。一方では彼は、他人の注目を強く望んでいる。しかし遅かれ早かれ、あなたもそれにうんざりしてくる。なぜならそれは、ただの人工的な食べ物にすぎないからだ。たぶんそれは美味いだろう。たぶんその風味はすばらしいだろう。しかしそれは栄養を与えはしない。あなたに活力を与えはしない。

人格は展示品だ。それは他人を欺けるが、あなたを欺くことはできない、少なくとも長い期間においては……。サーヴェッシュがここに来た理由がそれだ。彼はすべての注目に消耗し、疲れている。しかし、しばらくは古い習慣が持続する。いずれ彼は、自分自身を楽しみ始めるだろう。いずれは自分の個《インディヴィジュアリティ》であることを楽しみ始めるだろう。

自分の個を楽しむことができると、あなたは自由だ——他人への依存から自由になる。もし彼らの注目を求めるなら、代わりに代価を支払わねばならない。それは束縛だ。人々に自分への注目を求めれば求めるほど、あなたは販売して購入できる物に、商品になってしまう。

それがすべての有名人、政治家、芸能界の人々に起こっていることだ。これが一種類目の目撃だ。

あなたは注視されたい。それはあなたに体面を与える。体面を保つために、あなたは性格《キャラクター》と道徳《モラリティ》を作らなければならないだろう。しかしすべての性格とすべての道徳は、単なる偽善にすぎない。それを作り出すのは、他人を自分に惹きつけることができるという動機からだ。

もし体面が欲しいなら、順応者でなければならない。あなたは社会とその要求に従順でなければならない。あなたは誤った価値観に従って生きていかねばならない。社会はぐっすり眠っている人々から成り立っているからだ。彼らの価値観は正しい価値ではあり得ない。

そう、だが一つの事がある。あなたは聖者になれる。それが数多くの聖者たちの在り様だ。彼らは体面という祭壇のために、すべてを犠牲にした。彼らは自分自身を拷問にかけた。彼らは自滅的であり続ける。しかし彼らは一つのものを獲得した。彼らは聖者になった。人々は彼らを崇拝する。

もしあなたがその種の崇拝、体面、聖者の身分が欲しいのなら、あなたはますます虚偽に、ますますまがいものに、ますますプラスチックになる。あなたは決して本物のバラではない。そしてそれが人間に起こり得る、人生で最も大きな災難だ。プラスチックのバラであり、本物のバラではないということが——。

二種類目の目撃することは全く違っている。まさに正反対だ。それはあなたが他人の注目を強く望むというものではない。むしろあなたは自分自身に注意を払い始める。あなたは、あなた自身の存在の証人になる。あなたは自分の考え、欲望、夢、動機、強欲、嫉妬を観照し始める。あなたは自分の内側に新しい種類の気づきを作る。あなたは中心になる。起こっているものは何であれ観照し続ける静かな中心になる。

あなたは怒る。そしてあなたはそれを観照する。あなたはただ怒っているだけではない。新しい要素がその中へ移る。あなたはそれを観照する。そしてその奇跡は、もしあなたが怒りを観照することができれば、その怒りは抑圧されずに消え去る、というものだ。

一番目の類の聖者は、それを抑圧しなければならない。自分の性的なものを抑圧しなければならない。彼は自分の強欲を抑圧しなければならない。

何であれ抑圧すればするほど、それは無意識の中へより深く入っていく。それはあなたの基本的な状態の一部分になり、そこからあなたの生に影響を与え始める。それは膿が出ている傷のようなものだが、あなたはそれを覆い隠している。ただそれを覆い隠すことでは、健全になることはない。それは回復したのではない。実際、それを覆い隠すことで、ますますそれの成長を手助けしているのだ。あなた方の聖者たちは悪臭を放っている。すべての種類の抑圧の悪臭を放っている。

二種類目の目撃することとは、全面的に違った種類の人を創る。それは賢者を創る。賢者とは、他人に従わずに自分が誰であるかを知っている人だ。賢者とは他人の価値に従わずに、彼独自の性質に従って生を生きる人だ。彼にはそれを生きるための、彼独自の視野と勇気がある。

賢者は反逆者だ。聖者は従順で正統であり、因習的で伝統的な順応者だ。賢者は非 - 順応的、非 -

伝統的、非‐因習的で反逆者だ。反逆は彼の存在の味そのものだ。彼は他人に依存していない。彼は自由とは何かを知っている。そして自由の喜びを知っている。聖者は大群衆に従わされている。賢者は、彼を理解できる選ばれた人々だけを持つ。

賢者は大衆から誤解される。聖者は崇拝される。賢者は大衆から非難される。たぶん殺されることさえある。イエスは磔にされ、ローマ法王は崇拝される。イエスは賢者であり、ローマ法王は聖者だ。聖者は性格《キャラクター》を持ち、賢者は意識を持つ。そこには大変な違いがある。彼らには大地と空ほどの違いがある。性格はいくつかの思惑のために押し付けられるものだ――この世界で体面を獲得するため、そしてもっともっと天国の喜びを持つために。意識は未来を、動機を持たない。意識はそれ自体への喜びだ。それはある目的を意味しない。それ自体が目的だ。

聖者と共にいることは、模倣者と一緒にいることだ。賢者と共にいることは、真実で正統なあるものと共にいることだ。聖者と共にいることは、せいぜい教師と一緒にいるということだ。賢者と共にいることは師《マスター》と共にいることだ。

そこには二つの目撃がある。アティーシャは言う。

二つの目撃の原理を理解すること

一番目のものを避けて、二番目の中に飛び込みなさい。

この経文には別の意味もある。その別の意味とは、まず初めにマインドの対象を目撃すること。これは最初のものよりも、より高度な意味がある。マインドの対象を目撃すること。パタンジャリはそれをディヤーナ、瞑想と呼ぶ——同じ言葉から「禅」と「チャン*chan*（中国禅）」が来ている。マインドの対象、中身を目撃しなさい。あなたの前を通り過ぎるものは何であれ、それを観照しなさい。評価、判断、非難なしに、支持、または反対もせず、ただ注視しなさい。するとディヤーナ、瞑想が引き起こされる。

そして二番目は、目撃それ自体を目撃すること——すると「サマーディ」が引き起こされ、「悟り」が引き起こされ、究極のエクスタシーが引き起こされる。一番目が二番目を導く。あなたの思考を観照し始めなさい、しかしそこに止ってはいけない。思考が消え去った時に、自分は到達したのだと考えてはいけない。もう一つのこと、もう一つのステップをもたらすことだ。今、観照者を観照することだ。いままさに、目撃することを目撃しなさい。他には何も残されていない、あなただけだ。まさに突如として、気づきそれ自体に気づくようになる。するとディヤーナがサマーディへと変容される。マインドを観照することでマインドは消え去る。目撃を観照することで目撃は広がり、そして普遍的になる。

一番目はマインドを取り除くための否定的な一歩だ。二番目は究極の意識に根付かせるための、肯定的な一歩だ。究極の意識——それを神、または涅槃《ニルヴァーナ》、またはあなたがそう呼びたいものなら、何であれそう呼ぶがいい。

二番目の経文

常にマインドのまさに幸せな気分を頼りにせよ

もしあなたが不幸なら、それは単純に、あなたが不幸な存在であるためのトリックを学んでいるという意味だ。それ以外の何ものでもない。不幸はあなたのマインドの気分次第だ。あらゆる種類の状況において不幸な人々がいる。彼らは自分のマインドの中に、あらゆるものを不幸な状態へと変容させる一定の質を持っている。もし彼らにバラの美しさを語るなら、彼らは直ちにその刺を数え始める。もしもあなたが「何と美しい朝だろう、何と晴れやかな日だろう！」と言うと、彼らはその言葉にびっくりしたかのように、あなたを見るだろう。彼らは言う。「何だって？　二つの暗い夜の間にある一日が？　それはただ、二つの暗い夜の間にある一つの昼にすぎないじゃないか。それの何が大したことなんだ？　なぜ君はそんなに心を奪われて見ているのだ？」

同じことが、肯定的な言及から見ることもできる。すると突然、それぞれの夜が二つの昼に囲まれる。すると突然、バラのような優雅な花が、とても多くの刺の中で咲く事があり得るなんて奇跡だ、ということになる。

あらゆることが同じだ。すべては、あなたが頭の中でどういう気分を持ち運んでいるかによる。数多くの人々が十字架を運んでいる。当然、明らかに彼らは背負い込んでいる。彼らの生は引きずられている。彼らの気分は、すぐに否定的なものすべてに集中してしまうほどだ。それは否定性を拡大する。その生へのアプローチは病んでいる。しかし彼らは考え続ける。

「我々に何ができる？　世界とはそんなものだ」

違う、世界とはそのようなものではない！　世界は絶対的に中立だ。それには刺がありバラがある。夜があり昼がある。世界は全くの中立、バランスだ。それにはすべてがある。今、それはあなたが選択するものにかかっている。ただ間違ったものだけを選択するなら、あなたは間違った種類の世界に生きるだろう。なぜなら、あなたは自分の選んだ世界に生きるからだ。

それが、人々が同じ地球上に地獄と天国を創り出す方法だ。仏陀が、そのような否定的なアプローチの人々と一緒に、この地球に生きたということ、そして楽園の中に生きたことは非常に信じがたく見える。あなたもそうした類の人々と一緒に、同じ地球に生きている。そしてあなたは地獄に生きている。

さて、二つの可能性がある。政治家のマインドは「世界を変えよ」と言う。宗教家のマインドは「あなたのマインドの気分を変えよ」と言う。宗教と政治は完全に正反対だ。いつの日か、科学と宗教とが出会う可能性はある。いずれ科学と宗教は必ず出会うだろう。なぜならそれらのアプローチは、非常に似通っているからだ。多分、方向が違っている――科学は外側を、宗教は内側を探求する。しかしその探求は、探求の質は同じだ。探求の精神は同じだ。

しかし私は、政治と宗教とが出会えることは全くあり得ないと見ている。政治は常に、世界は間違っている、社会を変えよう、経済構造を変えよう、これやあれを変えよう、そうすればすべてはオーケイだ、と考える。宗教は言う、「世界は常に同じであり続けるし、同じまま残るだろう、あなたは一つのものだけ、あなたのマインドの流れ、マインドの空間だけを変えることができる」と。

常にマインドのまさに幸せな気分を頼りにせよ

それをあなたの人生の原理の一つにさせなさい。たとえあなたが否定的なものに出会っても、その中に肯定的なものを見つけなさい。あなたは常に、何かを見つけられるだろう。否定的なものの中に肯定的なものを見つけることがうまくなると、あなたは歓喜して踊るだろう。

それをやってごらん、生の新しい視野を試してごらん。楽観主義的な見方で考えなさい。悲観論者であってはならない。悲観論者は彼自身の周りに地獄を創り、その中で生きる。あなたはあなたが創った世界で生きる。

覚えておきなさい。そこにはたった一つの世界があるのではない。そこには世界にあるマインドと同じくらい、多くの世界が存在する。私は私の世界で生きているし、あなたはあなた独自の世界で生きている。彼らは違っているだけではない、彼らは決して重複しない。彼らは全く違っている。彼らは違った面に存在している。

アティーシャは、マインドの幸せな気分の中で生きることを、弟子たちのための原理にしている。するとあなたは、それぞれの機会を成長のための挑戦に変え始めることになる。たとえば、誰かがあなたを侮辱したとする。さて、あなたが侮辱されたことはとてもはっきりしている。どうしたらあなたは今、マインドの幸せな気分を実習できるだろう？

そう、それは実習できる。仏陀を侮辱してごらん、するとあなたは知るだろう。彼は一度侮辱されたことがある。彼はある村を通りかかった。村人たちは彼に非常に敵対していた。彼の教えを理解することは、村人たちにとって不可能だった。覚者《ブッダ》たちと比較すると、全世界は常に非常に原始的で、とても素朴で非常に愚かだ。そういう人たちが集まって、彼をひどく侮辱した。仏陀は非常に静かに聞き、そして言った。「もしそれで気が済んだのなら、あなた方から離れてもいいだろうか？　なぜなら私は他の村へ辿り着かなければならないし、そこで人々が私を待っているに違いないからだ。もしまだ気が済んでいないなら、明朝私が戻って来た時にあなた方はそのやり方を再び始め、終わらすことができよう」

その群衆から一人の男が訊ねた。「あんたは俺たちが言う事を聞いていないのかい？　俺たちはあんたを侮辱し続けているんだよ、あんたを罵っているんだ。俺たちは、ありとあらゆる汚い言葉を、思いつく言葉は何であれ言い続けているんだよ」

仏陀は笑い、そして言った。「あなたはやって来るのが少し遅すぎたようだ。十年前に来るべきだったろう。その時なら、私はあなたと同じようなマインドの気分にいたから。それなら私は応答しただろうね。それもとてもよく――。しかし今ではこれは、ただ私が慈悲深くあるための、瞑想的であるための機会なのだ。あなたが私にこの機会を許してくれたことを、私は感謝している。これは単なるテストだ――私の無意識のマインドの中のどこかに、否定的なものが潜んでいるかどうかを見るためのテストなのだ」

「そして私は、否定的な影が一つも私のマインドを通り抜けることはなかった、とあなたに宣言しよう。友よ。私は全く喜びに満ちたままだ。あなたはどうやっても、私に影響を与えることはできない。そして私は、あなたがそのような重大な機会を与えてくれたことを、途方もなくうれしく思う。あなたのように親切な人は、ほんの僅かしかいない」

これは、状況をどう使用すべきであるか、否定的な機会を内側の成長のために、内的な理解のために、瞑想状態のために、愛のために、慈悲のために、サニヤシンがどのように使用すべきであるか、ということだ。そして、一度あなたがマインドの幸福な気分を、生における肯定的な視野を学ぶなら、存在全体が完全に異なった方法で機能し始めることに驚くだろう。それは母として、あなたを育て始める。それはあなたを、あらゆる可能なやり方で助け始める。それは偉大な友人になる。

これを知ることが神を知ることだ。その存在が母としてあなたを育てているのを知ることが、神を知ることだ。その他に神はいない――まさに、存在はあなたを愛しているというこの感覚、この途方もない感覚、この鋭い感覚があなたを守り、あなたを助け、あなたにとても多くの祝福を降り注ぐ。存在はあなたに恵みを与えているということ、あなたは締め出されてはいない、あなたは部外者ではない、ここがあなたの我が家であるということだ。

「この存在が私の我が家だ」と感じることが、神を知ることだ。

三番目の経文

たとえあなたが取り乱されていても、もしそれができるなら
それでもそれはマインドのトレーニングである

そう、時々あなたは取り乱すだろう。あなたはまだ、完全に覚者《ブッダ》であるわけではない——取り乱す時がある。否定性によって引き降ろされたり、古い習慣に吸い込まれたりする時がある。そしてあなたが知る頃には、それは既に起こってしまう。あなたは惨めだ。その影はあなたの上に落ちた。日に照らされていたその峰は見えなくなった。あなたは暗い谷の中へ落とされた。

では、こんな時にはどうしたらいいだろう？　アティーシャは言う。

たとえあなたが取り乱されていても、もしそれができるなら

それでもそれはマインドのトレーニングである

「もしあなたにそれができるなら」ということで、彼は何を意味しているのだろう？　これはかなり重要だ。もしあなたが自分の不注意に注意できれば、もしあなたが否定的な罠にはまっているのに気づくことができるなら、それでもそれは瞑想なのだ。それでもそれはマインドのトレーニングだ。それでもあなたは成長している。

そう、何度もあなたは落ちるだろう、それは自然なことだ。そして何度もあなたは忘れるだろう、それは自然なことだ。何度もあなたは捕われるだろう、そして思い出すには時間がかかるだろう。しかしあなたが思い出す瞬間は、完全に思い出しなさい。完全に目覚め、そして「私は落ちていた」と言いなさい。

その違いを見なさい。もし普通の宗教的な人物に訊ねるなら、彼は言うだろう。「悔い改めなさい、あなた自身を罰しなさい」。しかしアティーシャは言う。もしあなたが注意しているなら、それで充分だ。あなたの注意のなさに注意しなさい。自分が気づいていないことに気づきなさい。それがすべてだ。悔い改める必要はない。罪の意識を感じてはいけない。それは自然なことだ。それが人間だ。何度も落ちることは、何も罪ではない。誤りを犯すこと、道に迷うことは、我々の人間の脆さと限界の一部だ。だから悔い改める必要はない。

悔悟は醜い。それはまるであなたの傷で遊んでいるようなもの、あなたの傷を指でいじるようなものだ。それはいらぬことだ。そしていらぬだけでなく有害だ。傷は腐ってくるかもしれない、そしてあなたの傷をいじることは、回復する助けにはならないだろう。

もしあなたが落ちたなら、ただ、自分は落ちたと知りなさい。罪悪感を持たず、悔悟することもなくだ。それを打ち明けるために、どこへも行く必要はない。ただ知ること、それで充分だ。それを知ることで、自分の気づきが成長するのを助けている。ますますあなたは落ちなくなるだろう、なぜなら、知ることがあなたの中でますます強くなっていくからだ。

四番目の経文

常に三つの全般的な要点に気づいていること

三つの全般的な要点とは何だろう？　一つ目は瞑想状態の規則性だ。覚えておきなさい、瞑想を創り出すことは非常に難しい。それを失うことは非常に簡単だ。高次のものは何であれ、創り出すためには大変な骨の折れる努力を要するが、一瞬の内に消え去る。それとの接触を失うことは実に簡単だ。それが高次のものの資質の一つだ。

それはバラの花が育っていくようなものだ。ほんの少し強い風が吹けばバラは萎み、花弁は落ちる。または、ある動物がその庭に入って来てバラは食べられてしまう。それを失うことはとても簡単だが、創り出すにはとても長い行程がかかる。

そして高次のものと低次のものの間に衝突があれば、いつであれ――常に覚えておきなさい、低次のものが簡単に勝つ。もしバラの花に岩をぶつけたら、死んでしまうのはバラであって岩ではない。岩はぶつかったこと、美しいものを殺してしまったことに、気づいてすらいないかもしれない。

あなたのすべての過去は岩でいっぱいだ。そして自分の中に覚醒のバラを育て始める時、それがあなたの古い岩、習慣――機械的習慣によって壊されるという、あらゆる可能性がある。あなたは非常によく見張り、よく注意しなければならない。あなたは妊婦のように歩かなければならないだろう。そのため、覚醒している人間は注意深く歩き、注意深く生きる。

そしてこれは、規則的な現象でなければならない。ある日あなたは少し瞑想をする、それから数日間はそれを忘れる、そしてそれからある日またそれをする、ということではいけない。それは睡眠と同じくらい、食べ物、運動、呼吸と同じくらい、規則的なものであるべきだ。ただその時だけ、神の無限の栄光があなたにその扉を開くだろう。

だから一番目の全般的な要点とは、それが規則的なものであることだ。

二番目の全般的な要点とは、非本質的なことであなたの時間を浪費しないこと、ぶらつかないことだ。数多くの人々は、非本質的なことで時間を浪費している。そして皮肉なのは、それを非本質的なことだと知っていることだ。だが彼らは「他にどうしようがある?」と言う。彼らはより意義深いものに気づいていない。

人々はカードで遊んでいる。もし「何をしているのですか？」と尋ねれば、彼らは時間を潰しているのだ、と言う。時間を潰す？　時間が生なのだ！　だから、あなたたちは本当は生を潰している。そしてあなたが潰している時間は、再び取り戻せない。いったん去ってしまったら、それは永遠に去ってしまう。


覚者《ブッダ》になりたい者は、より多くのエネルギーが本質的なもののために利用できるように、非本質的なことをますます落とす必要がある。あなたの人生を見てごらん。どれほど多くの非本質的なことをしているか――そして何のために？　また、どれほど長い間、あなたはそれをしてきたことか――そしてあなたは何を得ただろう？　あなたは同じ愚かなパターンを、自分の全人生で繰り返すつもりなのだろうか？　もう充分過ぎるだろう！　ちょっと見てごらん、それに瞑想してごらん。本質的なことだけを言いなさい。本質的なことだけをやりなさい。本質的なものだけを読みなさい。するととても多くの時間が節約され、とても多くのエネルギーが節約される。そのエネルギーと時間のすべてを瞑想に向け、内的な成長へ向け、目撃することへと向け、簡単に注ぎ込むことができる。

私はいまだかつて、瞑想できないほど貧窮した人間を見たことがない。しかし人々は馬鹿げた事、全く馬鹿げた事に従事している。彼らが愚かに見えないのは、他の人々もみんな同じことをしているからだ。

しかし、探求者は注意深くなければならない。自分がしていること、自分の人生でしていることにもっと注目しなさい。なぜなら覚醒のバラが成長するためには、多くのエネルギーが必要だからだ。エネルギーの貯水池が必要とされる。あなたに余分なエネルギーがある時だけ、すべての大いなるものが来る。もしあなたの全エネルギーが世俗的なものに浪費されているなら、神聖なものには決して接触しないだろう。

そして三番目の全般的な要点は、あなたの過失や誤りを合理化してはいけない。マインドは合理的に説明する傾向がある。もしあなたが何らかの誤りを犯したら、マインドは言う。「それはそうしなければならなかった。そのための理由がある。私に責任はない。状況そのものがこれを起こしたのだ」と。そしてマインドは、あらゆることを非常に巧妙に合理化する。

あなた自身の過失や誤りを合理化することを、避けなさい。もし合理化したら、あなたはそれらを保護するからだ。するとそれは繰り返されるだろう。過失を合理化することを避けなさい。合理化を完全に止めなさい。推論と合理化は全く別だ。推論はいくつかの肯定的な目的のために使えるが、合理化は決してどんな肯定的な目的のためにも、使うことはできない。

そして自分が合理化している時、あなたは他人をごまかすことはできるが、自分自身をごまかすことはできないとわかる。あなたは自分が転んだことを知っている。何も支障をきたしていないと、自分自身を合理化し納得させることに時間を浪費するよりも、その全エネルギーを気づくことへと注ぎなさい。

これらすべての全般的な要点は、あなたが自分のエネルギーの漏出を妨げられるように助ける。さもなければ、神があなたにエネルギーを注ぎ続けても、とても多くの漏出のためにあなたは決して満たされることがない。エネルギーはやって来るが、外へ漏れてしまう。

五番目の経文

あなたの傾向を変えよ　そしてそれを維持せよ

あなたの傾向を、マインドからハートへと変えなさい。それが最初の変化だ。もっと少なく考え、もっと多く感じなさい。合理的な分析をより少なくし、もっと直感的でありなさい。考えることは非常にあてにならないプロセスだ。それはあなたが大したことをしていると感じさせる。しかしあなたは、ただ砂上の楼閣を創っているだけだ。思考とは砂上の楼閣にすぎない。

感じることはより具体的、より実質的だ。それらはあなたを変容させる。愛について考えることは助けにならない。しかし、愛を感じることは必ずあなたを変えるだろう。エゴは考えることを愛する。なぜならエゴは、作り話を食物としているからだ。エゴはどんな現実も消化できない。そして思考は架空のプロセスだ。それは夢見の、洗練された夢見の一種だ。夢は絵画的で、思考は概念的だ。しかしそのプロセスは同じだ。夢見は原始的な種類の思考であり、思考は文明化された夢見だ。

マインドからハートへと、思考から感覚へと、論理から愛へと変わりなさい。

そして二番目の変化は、ハートから存在へだ。なぜならそこには、感覚でさえ達することのできないより深い層が、まだあなたの中にあるからだ。これらの三つの言葉を覚えていなさい。マインド、ハート、存在。存在があなたの純粋な本質だ。存在を囲んでいるものが感覚であり、感覚を囲んでいるものが思考だ。思考は存在からはるか遠くにあるが、感覚は少し近くにある。それは存在の何らかの栄光を反映している。それはちょうど、日没では太陽が雲によって反射され、その雲が美しい色を持ち始めるようなものだ。それらは、それ自体は太陽ではないが、太陽の光を反映している。

感覚は存在の近くにある。だから、それらは存在の何かを反映している。しかし人は、感覚をも超えて行かなければならない。では存在とは何だろう？　それは思考でも感覚でもないもの、純粋な「在る」状態だ。人はただ、在る。

思考は非常に利己的でエゴイスティックだ。感覚はもっと利他的で、それほどエゴイスティックでない。存在は否‐エゴ、エゴのない状態——利己的でも利他主義でもなく、自然であり、瞬間から瞬間への反応性だ。その人は自分自身に従って生きてはいない。その人は神に従い、全体に従って生きる。

感覚は半分だ、そしてどんな半分も、あなたを満たすことはできない。思考と感覚は両方とも半分であり、あなたは分割されたままだ。存在は全体だ。ただ、全体だけが満足をもたらす。

そして究極、四番目の変化、それは存在から非‐存在へだ。それが涅槃《ニルヴァーナ》、光明《エンライトメント》だ。人はただただ消え去る。人は本当にいない。神が在る、光明が在る、光が在る、喜びが在る、しかし喜ぶ人は誰もいない。ネティ(否)、ネティ(否)、これもなくあれもない。存在もなく、非‐存在もない――これが究極の状態だ。アティーシャは実にゆっくりと、それに向かって彼の弟子たちを連れて行く。繰り返させてほしい。思考から感覚へ、感覚から存在へ、存在から非‐存在へ、そして人は到達する。人は消え去り、そして人は到達する。人は初めて、もういない。そして初めて、人は本当に在る。

六番目の経文

欠点について論議しないこと

マインドは、他人の欠点について論議する傾向がある。それはエゴをいい気分にさせる。あらゆる人々が罪人だ。あらゆる人々が罪人だと、比較的、人は自分が聖者であるかのように感じる。あらゆる人々が悪いことをすると、いい気分になる――「少なくとも私はそれほど悪くはない」。そのため人々は、他人の欠点について話す。それについて話すだけではなく、それを大げさにし続ける。だからおしゃべりすることには、とても多くの喜びがある。噂話《ゴシップ》が、一つの手から別の手へと渡ると、それはよりおもしろおかしくなる。それが再び戻ってくると、何かが追加されているだろう。

もし、朝に始まったゴシップを夕方に知ると、あなたは驚くだろう。朝にはただのモグラ塚だったものが、今や山になっている。人々はとても創造的だ、本当に創造的で発明家のようだ。

なぜ人々は他人の噂話に、あら捜しに、他人の中に抜け穴と欠陥を見つけることに、とても興味があるのだろうか？　なぜ人々は、絶え間なく他人の鍵穴に目を通そうとしているのだろうか？　その理由とは、それが自分たちに、より良い感じを与えてくれる助けになるからだ。ちょっといい気分になるために、覗き魔になる――「私は、はるかにましだ」。そこには動機がある。それは単に、他の人たちを助けることではない。彼らが何を言おうと、彼らが言うことにもかかわらず、それは違う。その基本的な理由は、「もし他の人たちが非常に醜いなら、私は美しい」というものだ。彼らはアルベルト・アインシュタインの相対性理論に従っている。

私は聞いたことがある。ムラ・ナスルディンはホテルに泊まっていた。電報が家から届いた。彼は列車に乗る時間に間に合わせるために急ぎ、あわてていた。しかし一階に着いて自分の荷物を見たら、傘がないのに気づいた。彼はまた、部屋へ上がらなければならなかった。が、十四階に着いた時は、部屋にはすでに新婚夫婦が入っていた。

彼は急いでいたし、少しでも長居したら列車に乗り遅れてしまうのだが、部屋の中で何が起こっているのかを見たいという誘惑は大きかった。そこで、彼は鍵穴から覗いた。

新婚夫婦、彼らもまた急いでいた。彼らはすでに、とても長く待ち続けていた。結婚式に教会に招待客にあれこれ……何とかしてそれらをみんな片付け、裸でベッドの上に横たわり、甘いささやきを交わしていた。男は女に言った、「君は何て美しい目をしているんだ。ぼくはいままで、こんな美しい目を見たことがないよ！　この目は誰のものなんだい？」

するとと女は言った、「あなたよ！　あなたのもの、あなただけのものよ！」

そしてそうやって、リストは続いていった。「この美しい手、この美しい胸」、そしてあれこれ……これは絶え間なく続いた。そしてムラ・ナスルディンは、列車と階下にタクシーを待たせていることを忘れていた。しかしその時突然、彼は自分の傘を思い出した。そのリストが完了しようとしていた時、彼は言った。「待ってくれ！　お前が黄色い傘について言う時は、それは俺のものだからな」

人々は、無意識に多くの事をする。もし彼らが意識的になれば、これらは落ちる。アティーシャは言う、「他人の欠点について思案してはいけない、それはあなたの仕事ではない。他人の人生に干渉してはいけない、それはあなたの仕事ではない」

しかし、誰が悪事をしているのかを探るのが仕事という道徳家たちがいる。彼らの全人生は浪費されている。彼らはまるで、あちこちを嗅ぎまわる警察犬のようなものだ。彼らの全人生の仕事は、誰が悪事をしているかを知ることだ。

アティーシャは言う。それは一つの醜い特性であり、時間とエネルギーの全くの消耗だ。それは消耗であるだけでなくエゴを強め、満足させる。エゴが満足すればするほど一層の障壁になる。

覚えておきなさい。それは他人の欠点を論議しないという問題だけではない。あなた自身の欠点についてさえ、関心を持ちすぎてはいけない。注意して気づいていなさい。その件を、その場で決着させなさい。自分自身の欠点についてホラを吹く、他のわずかな人々がいるものだ……。

心理学者たちによると、聖アウグスティヌスの自伝による彼の懺悔は、真実ではないと疑われている。彼は自分の欠点についてホラを吹いていた。彼はそれほど悪い人ではなかった。だが人とは本当に信じられないものだ。もしあなたが自分の資質についてホラを吹き始めるなら、その時もあなたは極端に走っている。もしあなたが罪についてホラを吹き始めるなら、その時も、あなたは極端に走っている。しかし両方の道において、あなたはただ一つのことをしているだけだ。

聖アウグスティヌスがしていることは単純だ。自分の欠点と罪と、あらゆる類の醜いことについてホラを吹くことで、彼は背後関係を準備している。それは、そのような地獄から彼は出世して、偉大な聖者になったというわけだ。今や彼の聖者としての姿は、単にそもそも最初から善良であった人よりも、はるかに意義深いものに見える。

同じことが、インドのマハトマ・ガンディーにも言える。その自伝では、彼は自分の欠点をただただ誇張して語り続けている。それは非常に代弁的なやり方で彼を助けている。彼はとても身分が低かった。彼はそのような七番目の地獄にいた。そこから彼は昇り始め、偉大な大聖《マハトマ》、偉大な聖者になった。その旅は非常に困難だった。これはエゴの実現そのものだ。

他人の欠点を論議してはいけない。あなた自身の欠点を論議してはいけない。注意してごらん、それはそれだ。アティーシャは言う、気づくことで充分だ、その他は何も必要ない。もしあなたがどんなものにも充分に気づいているなら、その気づきの炎がそれを焼き尽くす。他のどんな療法も必要ない。

他人に関するどんなことも考えてはならない

それが、あなたの考え続けていることだ。あなたが考えることの九十九パーセントは、他人のことについてだ。それらを落としなさい。すぐにそれらを落としなさい！

あなたの人生は短い。人生は、あなたの指からすり抜けて行く。一瞬一瞬、人生は減っていく。人生は毎日減っていく。日毎《ひごと》に生きれば、より人生を減らし、さらにもっと死んでいる！　日毎に生まれ、日毎に死んでいる。さらに一年が、あなたの手から去って行く。もう少し知的でありなさい。

他人に関するどんなことも考えてはならない

まず始めに、最も大きな汚れに反対する訓練をせよ

グルジェフは以前、彼の弟子たちによく言っていた。

最初の事柄、まさにその最初の事柄とは、「あなたの最も重要な特性、あなたの最も大きな破壊性、あなたの無意識の中の、中心的特性について調べなさい」ということだ。

人はそれぞれ違う。ある人はセックスに取りつかれている。インドのような、何世紀もセックスを抑圧してきた国では、それはほとんど普遍的な特性になってしまった。あらゆる人々がセックスに取りつかれている。ある人は怒りに取りつかれている。そしてある人は強欲に取りつかれている。あなたは、自分の基本的な妄想を観なければならない。

だから最初は、あなたのエゴ全体を構成している主要な特性を見つけなさい。そして、絶えずそれに気づいていなさい。なぜならそれは、ただあなたが気づいていない時にだけ、存在できるからだ。それは気づきの炎で自動的に燃え尽きる。

そして覚えておきなさい。その反対を養うのではないのだと、いつも覚えておくことだ。そうでなければ、「私の妄想は怒りだ。では私は何をすべきだろうか？　私は慈悲を養うべきだ」「私の妄想はセックスだ。では何をすべきだろうか？　私はブラフマチャリヤを、独身であることを実修すべきだ」という気づきになる。

人々は、一つのものから反対のものへと動く。反対のものは、超える方法ではない。それは同じ振り子だ。それは左から右へと、右から左へと振れる。それが何世紀もの間、あなたの人生の動いている方法だ。それは同じ振り子なのだ。

振り子は、真ん中で止めることだ。それが、気づくことの奇跡だ。「これは私の主要な落し穴だ、これは何度もつまづいている場所だ。これは私の無意識の根源だ」と、ちょっと気づいてごらん。その反対のものを伸ばそうとせずに、その中にあなたの気づき全体を注ぎ込みなさい。気づきの素晴らしいかがり火を作りなさい。するとそれは燃えてしまうだろう。そして振り子は真ん中で止る。そして振り子が止ると同時に、時間が止る。あなたは突然、時間がなく死のない永遠の世界に入っている。

そして最後の経文だ。

結果へのすべての望みを捨てよ

エゴは結果指向だ。マインドは常に結果を強く望んでいる。マインドは決して、行為それ自体に興味はない。その興味は結果にある。「私はそれから何を得ているのだろう?」。もしマインドが、どんな行為にも直面せずに利益を得られるなら、それは近道を選ぶだろう。

それが、教養のある人々が非常にずる賢くなる理由だ。彼らは近道を見つけられるからだ。もし合法的な方法で金を儲けようとするなら、あなたの全生涯がかかるかもしれない。しかしあなたは、密輸入やギャンブル、あるいはその他のことでも金を儲けられる――政治的指導者、首相、大統領になることで――あなたは自分にとって、利用可能なすべての近道を持っている。教養のある人々はずる賢くなる。彼は賢明になるのではない、ただ利口になる。彼は、そのための何もせずに、すべてを欲するようにずる賢くなる。

マインド、エゴはすべて結果指向だ。存在は結果指向ではない。ならば非-存在は結果を指向することがあり得るだろうか？　それはそもそも、全く存在していない。

瞑想は結果を指向しない人にのみ起こる。

一つの昔話がある。

ある男は自己知、自己実現に非常に関心を持っていた。彼の全探求は、彼に瞑想を教えられる師を見つけることだった。彼は一人の師から別の師の元へ行ったが、何も起こらなかった。

何年かが過ぎ、彼は疲れて消耗していた。その時、誰かが彼に言った。

「もしあなたが本当に師を見つけたいのなら、ヒマラヤへ行かねばならないだろう。彼はヒマラヤの知られざる所に住んでいる。あなたは彼を見つけなければならない。一つ確かなことは、彼は存在しているということだ。誰も正確な場所を知らない。誰かが彼を知るようになると、いつでも彼はその場所から移動し、ヒマラヤ山脈のさらに奥深くへと入って行くからだ」

その男は年をとってはいたが、勇気を奮い起こした。二年間、彼は旅のための資金を稼ぐために働かなければならなかった。そして彼は旅に出た。それは古い話だ。彼はラクダや馬に乗り、それから徒歩で行かねばならなかった。そうして彼はヒマラヤに着いた。人々は言った。

「そうだ、我々はその老人について聞いた事がある。彼は非常に年老いていて、どれだけ年をとっているのかわからない。たぶん三百歳か、あるいは五百歳とも……誰も知らない。彼はどこかに住んでいるが、その場所はあなたに示せない。彼を見つける正確な場所に気づく者は、誰もいない。それでも彼は存在する。もしあなたが必死になって探すなら、必ず彼を見つけるだろう」

その男は、とことんまで探しに探しまくった。二年間ヒマラヤを歩き回り、疲れ、消耗し、疲労困憊して、野生の果実や葉と草だけで生きていた。彼はひどく痩せ細った。しかし彼には、この男を見つけなければならない意志があった。たとえ彼の命が奪われたとしても、そうする価値があった。

そして、あなたは想像できるだろうか？ある日彼は小さな小屋を、草小屋を見つけた。彼は歩くことすらできないほど、ひどく疲れていたので這っていた。彼はその小屋に着いた。扉はなかった。彼は中を見た。そこには誰もいなかった。部屋の中には誰もいないだけでなく、何年もの間、誰も住んでいないという様子が、随所に見受けられた。

その男に何が起こったかが想像できるだろう。彼は地面に倒れた。全く疲れ果てて彼は言った。

「あきらめよう」――彼はヒマラヤの涼しい風の中、太陽の下で横たわっていた。そして初めて、彼は非常に至福を感じ始めていた。彼はこれまでに、そうした至福を味わったことがなかった。突然彼は、光に満たされていると感じ始めた。突然、すべての思考が消え去った。突然彼は、どういうわけか全く恍惚となった――というのも、彼は何もしていなかったからだ。

そしてその時、彼は誰かが自分に寄りかかっていることに気づいた。彼が目を開くと、とても年老いた男がいた。その老人は笑い、そして言った。

「さて、お前はやって来た。何かわしに聞きたいことがあるかな？」

するとその男は「いいえ」と言った。

するとその老人は笑った。谷に響きわたるほどの大笑いだった。

そして言った、「では今、お前は瞑想とは何かがわかったのだな？」

その男は「はい」と言った。

何が起こったのだろう？ その断言は、彼の存在の最も深い核からやって来た。「私はあきらめた」――あきらめることそのものにおいて、マインドの持つ、すべての目標指向への努力と骨折りが消え去った。「私はあきらめた」――その瞬間そのものにおいて、彼は全く同じ人物ではなくなった。そして至福が彼に降り注がれた。彼は沈黙していた。彼は誰でもなかった。そして彼は非-存在の究極の層に到達した。その時彼は、瞑想とは何かを知った。

瞑想とは、マインドが目標指向を持たない状態のことだ。

この最後の経文は途方もなく意義深い。

結果へのすべての望みを捨てよ

その時、どこへも行く必要がない。神があなたに訪れる。内側に深く降りて、「私はあきらめた」と言ってごらん。すると沈黙が降りてきて、祝福が降り注がれる。

これらの経文に瞑想しなさい。それらは瞑想者のためにだけ意味がある。アティーシャは哲学者ではない。彼は理解した者《シッダ》であり、目覚めた者《ブッダ》だ。

彼が言うことは思索ではない。そこには、旅をする準備のある者、未知なるものの中への、巡礼の旅への準備のある者にだけ与えられる明快な教示がある。

今日はこれくらいでいいかな。

第十章

奇跡はあなたの生得権だ

Miracles are Your Birthright

最初の質問

OSHO、欠けているものの何が、そんなに魅力的なのでしょうか?

デヴァラジ、それは途方もなく魅力的だ。なぜなら欠けているものを通してのみ、エゴは生き残ることができるからだ。探すこと、求めること、欲することを通してのみ、エゴは存在する。それは、在るものと、在るべきものとの間の緊張の中に存在する。

「〜すべき」が消える瞬間、エゴは崩壊する。そのためすべての倫理的な体系、すべての道徳はエゴにとっての栄養だ。道徳的な人間は、世界で最もエゴイストな人間だ。その仕組みは非常に単純だ。それは、求めること、探すこと、あなたが存在しない未来に生きていることだ。そしてエゴは、存在しないものでのみ存在できる。エゴはそれ自身では存在しないからだ。

もしあなたがその瞬間に、現在のその瞬間に在るなら、エゴはほんの一瞬さえも生き残る可能性はない。現在があればエゴはない。ちょうど、光があれば暗闇はない、というようなものだ。光を持ちこむと暗闇は消え去る。それは消え去ると言うことさえ正しくない。初めから存在していなかったのだから。それならどうやって消し去ることができようか？　それは全くの不在だった。光の不在、それが暗闇だ。

現在の不在、ここと今にいないこと、それがエゴなのだ。ここと今にいないこと、どこか別のところにいること、遠い目標を求めて探すこと、遥か遠くの星を見ること……。目標が遠ければ遠いほど、エゴはより大きくなる。

そのため世俗的でない人々には、いわゆる貧しい世俗的な人々よりも、大きなエゴがある。スピリチュアルな人々には大きなエゴがある。それは当然だ。彼らの目標は非常に遠く、彼方の、死を超えた七つの空の上にある。神が彼らの目標だ。あるいは解脱《モクシャ》、または涅槃《ニルヴァーナ》など――それらはほとんど不可能に見える目標だ。

実現可能な目標は、あなたにただ小さなエゴだけを与える。それもまた当分の間だけだ。ひとたび目標が達成されるなら、あなたは欲求不満を感じ始めるだろう。それが毎日起こっていることだ。あなたは美しい家が欲しかった。今あなたはそれを手に入れた。すると突然、欲求不満が始まる。エゴは、生き残るための新しい目標が必要となる。今それは、より大きな大邸宅を想像し始める。

あなたは女性を探し求めていた。今あなたは、彼女を手に入れた。そして彼女を得た瞬間、あなたは彼女との関係を終わらせている。あなたがその事実を認めるには、数日かかるかもしれない。それは別問題だが、あなたは彼女との関係を終わらせている。今あなたのエゴは旅を続けられるように、別の女性を必要としている。

エゴは、現在から何か非実存的な未来へと、絶え間なく旅をしている。私に言わせるなら、これが私の定義する流転《サンサーラ》、世界だ。現在から未来へと旅をしているエゴが、その世界だ。そしてエゴが全く旅をしていないこと、ただ、ここと今に存在していること、それがサンサーラの終わりだ。あなたは涅槃《ニルヴァーナ》の中に、三昧《サマーディ》の中に、光明《エンライトメント》の中にある。だから、光明を目標にすることはできない。もしそれを目標にするなら、要点全体を取り逃がしてしまっている。

すべての時代のあらゆる覚者《ブッダ》たちは、あなた方にとても単純な事実を語り続けている。在りなさい。成ろうとしてはいけない。これらの二つの言葉、「在る」と「成る」の中に、あなたの全人生が含まれている。在ることは光明《エンライトメント》、成ることは無知だ。しかしあなたは、これに成りなさい、あれに成りなさいと教えられてきた。そしてマインドはとてもずる賢く、エゴのやり方は微妙だ。それは神、ニルヴァーナ、光明、真理をも、目標に変えてしまうほどだ。エゴは、それを成し遂げる方法を訊ね始める。それは成し遂げようとするものではない。それは成し遂げられない。成し遂げようとするマインドが唯一の障壁だ。それはすでにここにある。あなたは成し遂げようとするマインドを、落とさなければならない。この地点からあちらへと旅をすることを、忘れなければならない。あなたはただリラックスし、そしてただ在りなさい。するとすべてが達成される。

老子はそれを「無為 *wu-wei*」、行為なき行為と呼んだ。あなたは一インチも動かない、すると到達する。これが無為だ。あなたはどこにも行かない。どこかへ行こうと考えてさえいない。あなたはすでにそこにいる。突然、認識が訪れる。「私は決して家を失っていなかった。私はただ眠りに落ち込み、成し遂げようとする夢を見始めていただけだった」

ゴールを与える人はあなたの敵だ。あなたに対して、成るためのものを、それに成るための方法を語る人は毒殺者たちだ。本物の師は率直に言う。「成るためのものなど存在しない。あなたはすでにそれなのだ。それはすでに真相なのだ。影を追いかけるのを止めなさい。静かに座り、そして在りなさい」

静かに座り、何もしないことだ。すると春はやって来て、草はひとりでに生える。

二番目の質問

OSHO、私はリアリティの探求において、ただの初心者にすぎませんので、そんな私のために四つの用語、真理、神、精神性《スピリチュアル》、事実を定義していただけますか？

ケン・ジョーンズ、もしあなたが探求におけるただの初心者にすぎないのなら、探求を始めた地点へどうか戻って欲しい。専門的な道へ進まないようにしなさい。それ以上、スピリチュアルな探求の専門家にならないようにしなさい。なぜなら専門家は敗者だからだ。より物知りになるのではなく、より無垢になりなさい。あなたの知っていることを、すべて落としなさい。知っていることをすべて忘れなさい。不思議に思ったままでいなさい。しかし、不思議に思うことを質問へと変えてはいけない。ひとたび不思議に思うことを質問に変えてしまうなら、遅かれ早かれその質問は知識をもたらす。そして知識は偽物なのだ。

不思議に思う状態から、二つの道がある。ひとつは質問すること、それは誤った道だ。それはますます多くの知識をあなたにもたらす。別の道は、質問するのではなく楽しむことだ。不思議さを楽しみなさい。人生の不思議さを、存在の不思議さを、太陽と日光、そして金色の光線を浴びた木の不思議さを。それを体験しなさい。疑問符「?」をつけてはいけない。あるがままに在らしめなさい。

もしあなたが光明を得たいのなら、無知なままでいなさい。存在やリアリティと交感したいのなら、無垢なまま、無邪気なままでいなさい。もし神秘があなたに開示されてほしいと思うなら、不思議さの中に留まりなさい。神秘は、質問し続ける者には開示されない。質問者たちは、遅かれ早かれ図書館でおしまいとなる。彼らは遅かれ早かれ経典でおしまいとなる。経典は、答えで満たされているからだ。

そして答えは危険だ。それはあなたの驚きを殺す。それが危険なのは、たとえあなたが知らなくても、自分は知っているという感覚をあなたに与えるからだ。それは、自分自身の問題は今解決された、という誤解をあなたに与える。「私は聖書の語ることがわかる。コーランの語ることがわかる。私はギータの言っていることがわかる。私は到達した」。あなたはオウムになってしまった。あなたは物事を繰り返してはいるが、何もわかっていない。これは知るための道ではない。知識は知るための道ではない。

では、知るための道とは何だろう？　驚くことだ。あなたのハートを驚きで踊らせなさい。驚きでいっぱいになりなさい。それに打ち震えなさい。それを吸い込み、吐き出しなさい。なぜそんなに答えを知ることを急ぐのか？　神秘を神秘のまま、残せないのだろうか？　私は、それを神秘のままに残そうとせずに、知識に変えようとする大きな誘惑があることを知っている。なぜこの誘惑があるのだろう？　というのは、あなたが知識で満たされた時にのみ、それはあなたの支配下にあるからだ。

神秘はあなたを支配する。知識はあなたを支配者にする。神秘はあなたを所有する。あなたは神秘を所有することはできない。それはとても広大で、あなたの手はとても小さい。それはとても無限だ。あなたはそれを所有できない。あなたはそれに所有されてしまうに違いない。そしてそれが恐れなのだ。あなたは知識を所有する。それはとてもありふれたものだ。あなたは知識を支配できる。

あらゆる驚き、あらゆる神秘をひとつの質問に変えようとするマインドの誘惑は、基本的に恐怖指向だ。私たちは恐れている。人生の計り知れない状態を、この信じられない存在を恐れている。私たちは恐れている。その恐怖から、私たちは自分自身の周辺にいくつかの小さな知識を、保護するものとして、鎧として、防御として造り出す。

それは驚くという途方もなく貴重な能力を、質問に変えているただの臆病者にすぎない。本当に勇敢な勇気のある人物は、それをあるがままに残す。それを質問に変えるよりはむしろ、その神秘の中へ飛び込む。それを支配するよりはむしろ、神秘が自分を所有するのを許す。

そして存在に所有される喜び、存在に所有される祝福は、非常に貴重なものだ。あなたには、それが何なのか想像できない。あなたは決して、それを夢見ることはない。なぜなら神秘に所有されることは、神に所有されることだからだ。

ケン・ジョーンズ、あなたは言う、「なぜなら私はただの初心者にすぎませんので……」

あなたがただの初心者にすぎないことは幸いだ。ここには、専門家になってしまった多くの人々がいる。彼らは家に帰らなければならない。それはとても長く辛い旅であるだろう。彼らはとても多くの知識を蓄積したので、それを落とすのは厄介な問題だろう。もしあなたが本当に初心者であるならば、喜びなさい。あなたはまだ遠くへ行ってはいない。あなたはただ始まったばかりだ。戻って来なさい。

それらの美しい言葉を定義する必要はない。それはただの言葉ではないからだ。あなたは私に真理を定義してもらいたがっている。あなたは誰かこれまでに、真理を定義した者を知っているのだろうか？　いったいそれは、定義が可能なのだろうか？　そもそも定義とは何だろう？　定義とは同語反復を意味する――あなたは違うやり方で同じ言葉を使っている、ということだ。実際、あなたの言う定義とは何なのか？　それは同義語だ。

ちょっと、あなたの定義を見てごらん。すると、自分が言い換え続けていることを発見するだろう。しかし、言い換えることでどうやって定義できるのだろうか？

二番目に、あなたが考える定義は、それ自身で別の定義の必要に向かう。定義とは同語反復か、ただの馬鹿げたことかのどちらかだ。

たとえば、マインドとは何かと訊ねると、知っている人々、知識人たちは言う。「それは物体ではない」。そしてそれから彼らに訊ねる。「物体とは何ですか？」。すると彼らは言う、「それはマインドではない」。何という定義が続いていくのだろう？　マインドは物体ではない、これは定義になる。物体はマインドではない、これは定義になる。両方ともまだ定義できないままだ。あなたは何も定義していない。あなたはただ、ひとつの場所から別のところへと、問題を移行しているだけだ。

あなたは、ただ馬鹿だけを、馬鹿にすることができる。

そして真理とは全体を、それがすべてであることを、全面的《トータル》であることを意味する。そのすべては――どうやって定義づけられる？　それは限りがなく無限だ。定義とはその周りに線を引き、その場所を見つけ、「これはそれだ」と言うことだ。しかし真理を定義するやり方はない。なぜならその周りに線を引く方法がないからだ。それは無限、永遠だ。始まりもなく、終わりもない。

真理を定義しようとした人々、彼らは「真理とは在るものだ」と言う。しかしそれは同語反復だ。問題はそのまま残っている。神秘は未解決のままだ。「真理とは在るものだ」——あなたは何を追加したのだろう？ あなたはそれを、以前よりも少し簡単にしたのだろうか？ あなたはそれを「在るもの」と呼べるし、真理と呼ぶことができる。あるいは神と呼ぶこともできる。しかしあなたは、基本的に定義できないものに対して、ただ名前、言葉、ラベルを貼っているにすぎない。

真理は定義できないものだ。確かにそれを体験することはできるが、体験は定義ではない。定義はマインドによって作られる。体験は参加することで生じる。もし誰かが「ダンスとは何だ？」と訊ねたら、どう定義できるだろうか？ でもあなたは踊ることができるし、その内側の感覚を知ることができる。

神とは究極のダンスだ。あなたは神を体験するために、我を忘れて踊ることを学ばなければならない。神とは踊り手が消え去ったダンスのことだ。その時、体験があなたに起こり、降り注ぐ。そしてあなたは知る。しかし、その知ることは知識ではない。その知ることは知恵だ。

真理は定義できない。

老子は、もし定義するなら、あなたは既にそれを虚偽にしていると言っている。彼は長い生を生きた。というのも八十二年間、彼は母親の子宮の中で生きていたという話があるから、それは本当に長かったに違いない。だから彼が生まれた時、彼は既に八十二歳だった。当時、彼は少なくとも、もう八十二年は生きていたから、非常に長く生きていたに違いない。しかし、彼は決してひとつの言葉も書かなかった。

彼の全人生で、弟子たちは何度も何度も訊ね、質問していた。「何か書いてください。あなたは非常に老いておられます。いずれは、その身体から離れなければならないでしょう。あなたの最後の遺書を残してください」。しかし彼は笑い、何も言わなかった。彼はそれを聞かなかったかのように、沈黙を保っていた。

それから非常に年老いた頃、彼はヒマラヤへ移動し始めた。彼は弟子たちに言った。「さて、わしはヒマラヤに行く。もう二度と戻って来ないだろう。全生涯において、わしは放浪者だった。ヒマラヤは死ぬにはもってこいの場所だ。わしは美しく生きた。わしはできるかぎり最もエクスタシーに満ちた生を生きた。わしは最もエクスタシーに満ちて、最高に美しく死にたいとも思っている。ヒマラヤの静けさの中で、その美しい山々の中で死にたいものだ」

彼が中国の国境を後にした時、国境の監視員が彼を止めて言った。「私はあなたが何かを書いてくれるまで、国を出て行くことを許すつもりはありません」。彼は非常に洞察力に富む監視員であったに違いない。これまで書かれた最も偉大なもののひとつ、『道徳経《タオ》』のために、世界は彼に恩義がある。他のどんな本も、匹敵するものはない。監視員が彼を行かせないため、逃れる方法は見つからなかった。だが彼としては、できればすぐにでも早く出国したかった。死が差し迫っていて、彼はヒマラヤの静けさの中で死にたかった。書かざるを得ないため、彼は三日間、その監視員の部屋に座り、そして本を、『道徳経《タオ》』を書いた。

しかし初めに彼が書いたものは「タオは語ることはできない。ひとたび語れば、それはもうタオではない」という内容だった。

あなたは彼が意味したことを理解できる。彼は、もしあなたが最初の声明を読むなら、これ以上進む必要は全くないと言っている。

「真理は語ることはできない。ひとたび語れば、それはもう真理ではない」。これが彼の宣言だ。今、もしあなたが理解するなら、その本はそれで終わりだ。真理について何を語ることができようか？そう、それは生きるものであり、体験するものだ。あなたは愛することができる、生きることができる、在ることができる。しかし定義づけは不可能だ。もし定義したいのなら、あなたは大学へ行かなければならないだろう。教授は、真理が何であるかを定義する。そして哲学の各教授は、彼独自のやり方でそれを定義する。そこには数多くの定義が存在する。そのすべてが虚偽だ。どんな定義も真実であるはずがない。

真理について何を語る？　生の小さな体験でさえ定義されない。愛とは何だろう？　あるいは、あなたの舌の上にある砂糖の味とは何だろう？　どうやってそれを定義するのか。あなたが蓮の花に見るその美とは何だろうか。

現代の最も偉大な哲学者のひとり、G・E・ムーアは『倫理学原理』という本を書いた。そこで彼は、善とは何かを定義しようとしている。もちろんそれは、倫理の世界では最初に取り上げる問題だ。善とは何か？　そして二百から二百五十ページもの枚数をかけて、いろんなやり方で彼は精一杯試みた、が、それを定義することはできない。それに彼は、この世紀が産み出した最も洞察力に富む人々の一人だった。

彼は挫折し、疲れ、消耗してついに、善とは定義できないものだと言った。それは黄色い色と同じくらい、定義できないものだ。もし誰かが「黄色とは何だ？」と訊ねたら……。そこにマリーゴールドの花がある。そして誰かが「あなたはそれを黄色と呼べるのか？　黄色とは何だ？」と訊ねたら、どのように定義するだろうか？　あなたはそれ以上、何を言うことができるだろう？　黄色は黄色だ。善は善だ。美は美だ。しかしそれは同語反復だ。あなたは何も定義していない。あなたはただ、言葉を繰り返しているだけだ。

真理とは何だろう？　それを定義する方法はない。

私はあなたに、哲学を教えているのではない。私は私の真理を、あなたと分かち合っている。定義を求めてはいけない。もしあなたに勇気があるなら、ここで利用できる体験の中へ飛び込みなさい。瞑想の中へ飛び込みなさい。するとあなたは知るだろう。そしてそれでも、あなたが知る時でさえ、あなたはそれを定義することはできないだろう。


そしてあなたは訊ねている。「神とは何ですか？」

それは真理の別の名前、愛する者の名前だ。「真理」とは、全面的に瞑想する人に付けられた名前だ。「神」とは愛する者、帰依者によって、全体性に、真理に付けられた名前だ。両方の矢は同じ現象を示している。しかし、愛する者は抽象的な言葉で考えることはできない。「真理」は非常に抽象的だ。あなたは真理を抱きしめることはできない。できるだろうか？　あなたは真理にキスをすることはできない——それともできるだろうか？　あなたは真理に「こんにちは」と言うことはできない。あなたは真理と手をつなぐことはできない。「真理」は非人格だ。それは、その中にどんな人格も付加したくない瞑想者によって与えられた言葉だ。

「神」は愛から、存在との人格的関係から与えられた名前だ。愛する者は「汝」と言いたい、愛する者は「こんにちは」と言いたい。愛する者は親交、対話を欲している。それは同じ全体性だが、愛する者はそれを人格にする。そのとき真理は神になる。


そしてあなたは訊ねている。「スピリチュアルとは何ですか？」

真理、または神と関係することがスピリチュアルであることだ。覚えておきなさい。それは関係することだ——精神性《スピリチュアリティ》について話すことではなく、ある教義、教理、教会に従うことではなく、存在と即座に、直接に関係することがスピリチュアリティだ。全体と調和していること、ここに在ることの調和、喜び、そして本当の祝祭を感じること、それがスピリチュアリティだ。

それは、教会や寺院に行くこととは何の関係もない。コーランや聖書やギータを暗唱することとは、何の関係もない。どんな種類の崇拝儀礼とも関係がない。それは交感《コミュニオン》に関係している。木々との交感、星々との交感、川との交感、在るものすべてとの交感。それは神の、多数の次元の表現との交感だ。それは全体と対話している。それには気違いじみた愛の質が必要とされる。その時、あなたはスピリチュアルだ。スピリチュアリティとは、頭の中だけで思い巡らすことではない。それはハートからハートへの対話だ。そして究極的には、存在から存在への対話だ。


そして四番目、あなたは訊ねている。「事実とは何でしょう?」

事実は、気づきのない状態で見られるものだ。盲目状態で見られ、目を閉じた状態で見られ、知性のない状態、瞑想的でない状態で見られた真理だ。その時、真理は事実になる。

たとえば、あなたは覚者に出会う。もしあなたが無意識に彼を見るなら、彼はただの事実、歴史的事実にすぎない。彼は、ある日生まれ、ある日死んでいく。彼は、あなたが自分の目で見ることのできる身体だ。彼はある人物、人格だ。歴史は彼の記録を扱うことはできる。あなたは彼の写真を持つことはできる。

しかし、もしあなたが無意識ではなく大いなる意識をもって、気づきをもって、大きな光、沈黙をもって見るなら、事実はもう存在しない。そこには真理がある。その時、覚者《ブッダ》はある日生まれた誰かではない。彼は生まれたこともなく、死ぬこともない者だ。その時、覚者は身体ではない。身体はただの住み家だ。その時、覚者はあなたの前に現われる、制限された存在ではない。彼は全体を、すべてを表現している。その時、覚者は無限の光線、超えたものからの地球への贈り物だ。その時突然、事実は消え去る。今、存在するのは真理だ。

しかし、歴史は真理の記録を扱うことはできない。歴史は事実から成っている。インドでは私たちは二つの異なった体系を持っている。ひとつを私たちは歴史と呼ぶ。歴史は事実の記録を扱う。別のものを私たちはプラーナ、神話と呼ぶ。それは真理の記録を扱う。私たちは覚者についての、マハヴィーラ、あるいはクリシュナについての歴史を書いてはいない。ノーだ。

それは何か非常に美しいものを、人間の泥だらけの無意識の中へ引き込んでしまう。私たちはこれらの人々の歴史を書いていない。私たちは神話を書いた。神話とは何だろう？　神話とは寓話、ただ月を指し示すだけで、それについて何も語らない月を指し示す指、指示、矢であり、何も語らない寓話だ。

ジャイナ教の寺院に行ってごらん、あなたは驚くだろう。あなたは二十四人の偉大な光明を得た師たちの、二十四人のジャイナ教の聖者《ティールタンカラ》たちの二十四の像を見つけるだろう。そして最も衝撃的なのは、彼らがみな、全く同じに見えるということだ。これはあり得ない――世界で全く同じ人物は二人として存在しない。全く同じ双子でさえ存在しない。ではどうやって、二十四人のティールタンカラが全く同じであることが可能だったのだろう――その期間は大きく、何千年というものだ。

これは歴史ではない。これらの像たちは、本物の人物たちを表現しているのではない。違う、全くそうではない。それは肖像ではない。では何だろう？　それは内面的なものを表現しているのだ。それは瞑想的なものを表現している。内側の静かな状態を、ある何かを表現している。それらの二十四の像はただの表現、目に見えない何かを、目に見える表現にしているだけだ。

これらの像の前に座りなさい。もし静かに観照し続けるなら、あなたは驚くだろう。何かがあなたの内側で起こり始める。その像は客観的芸術の外観をしている。それはあなたの存在の内的な形状と同調する。その像の姿勢はあなたの姿勢と同調する。もしあなたが同じ姿勢で座るなら――背筋を伸ばし、半眼でただ鼻先を見つめ、何もせず、まるであなたが大理石の像でもあるかのように、内側も外側も、すべて真っ白であるなら――その時あなたは、普通の像に直面しているのではないことを知るだろう。あなたは偉大な象徴と向き合っている。これが神話だ。

神話は詩的であらざるを得ない。詩だけが、未知なるもののほんの一瞥を与えてくれるからだ。

仏陀が移動したところでは、木々は開花の時期に関係なく咲き始めたと言われている。さて、これは詩だ。純粋な詩だ。それは事実として起こったのではない。しかし、これはあることを示している。ほかにそれを言うやり方はない。仏陀が触れた時はいつでも、木々でさえ時期に関係なく咲き始めたと言うのなら、人についてはどうなのだろう？

モハメッドが砂漠の熱い日中に移動するところはどこであれ、いたる所が焼けついても、小さい雲、白い雲が、ちょうど傘が日陰を与えるように彼の上を動き続けた、と言われている。

これは詩だ――美しい。しかし歴史的事実ではない。モハメッドのような人間は、存在に守られている。モハメッドのような人間は、存在からあらゆる面が保護されている。存在に明け渡した人は、必然的に存在に守られる。全面的に信頼している人が、存在に守られないということがどうしてあり得るだろう？　これを言うために、彼が行くところならどこでも、雲がちょうど彼の頭の上に掛かるという比喩があるのだ。

イエスは十字架で死んだ。それから三日後に復活した。これは詩であり、歴史ではない。これは事実ではない。これは真理だ。それは単純に、神と神のために死ぬ人は永遠の生命に達する、ということだ。神のために死ぬ用意のある人は、存在の別の面で復活する。彼らは物理的身体を失うが、発光する身体を獲得する。彼らはもう地球の一部ではなく、天空の一部となる。彼らは時間から消え去るが、永遠の中に現われる。

しかしすべての宗教は、これらが事実であると証明しようと試み続けている。これらが事実であることを証明しようと試みることで、彼らはただ自分たちが馬鹿であることを証明している。これらは事実ではない。象徴的な真理だ。

あなたが自分の周りに見るものは、何であれ事実だ。あなたは木を見る、緑の木を、樹液と花に満ちた木を見る。それは事実だ。しかしもしあなたが瞑想し、ある日突然目を開けると真実が開く。木はもはや、ただの木ではなくなる。その緑は神の緑以外の何ものでもない。それを通して流れる樹液はもう物理的な現象ではなく、スピリチュアルな何かだ。もしある日、あなたが木の実存を、木の神を、唯一神の顕現である木を見ることができれば、あなたは真理を見たことになる。

真理には瞑想的な目が必要だ。もしあなたが瞑想的な目を持っていないなら、人生全体はただの鈍い死んだ事実だ。お互いに関係なく、偶発的で無意味で寄せ集めで、まさに偶然の現象にすぎない。もしあなたが真理を見るなら、あらゆるものが繋がってくる。あらゆるものが調和の中で一つになる。あらゆるものが意味を持ち始めてくる。

常に覚えておきなさい。意味とは真理の影だ。そしてただ、事実の中だけに生きている人は全く無意味な生を生きている。

三番目の質問

ＯＳＨＯ、あなたは光明《エンライトメント》を得ることは常に全面的《トータル》であって、決して部分的ではないと言いました。

それでもあなたは、クリシュナムルティのノーマインドの状態をソロ・フルート奏者にたとえながら、あなたのノーマインドの状態をオーケストラにたとえます。光明を得た人は、すべての知識に接しているわけではないのですか？　なぜクリシュナムルティの視野は、トンネルのように狭いのですか？

ヘンク・ファッセン、光明を得ることは常に全面的《トータル》だ。もしそれがオーケストラなら、それはトータルなオーケストラだ。もしそれがただソロ・フルートであるだけなら、それは全くトータルなソロ・フルートだ。存在は常にトータルだ。だから、光明を得ることは常にトータルだ。小さな花は太陽と同じほどトータルだ。全面性は量とは全く違う現象だ。それは質に関係している。

クリシュナムルティのソロ・フルートは、私のオーケストラと同じくらいトータルだ。私のオーケストラのようがよりトータルだ、ということではない。全面性は、より大きいとかより小さいということはあり得ない。あなたは量という見方で考えている。だから質問が生じてしまった。私は質について話している。

光明を得た人のそれぞれの行為は全面的《トータル》だ。彼がお茶を飲んでいようが、あるいは素晴らしい絵を描いていようが、音楽を奏でていようが、静かに座って何もしていなくても、それぞれの行為はトータルだ。クリシュナムルティはソロ・フルート奏者だ。そして少数のソロ・フルート奏者は、オーケストラと同じくらい必要だ。彼らは存在の美を高めている。彼らは生をより豊かにする。

量という見方で比較し続けているあなたのマインドを、落としなさい。あなたの意識のレベルを少し高く上げて、質で考え始めなさい。すると問題は存在しない。

クリシュナムルティは、彼のやれることのベストをつくしている。私は彼にオーケストラになってほしくない。違う。それは世界を貧困にするだろう。彼は自分のしていることをやり続けるべきだ。それは生に色彩を、多様性を与える。

私はソロ・フルート奏者になることはできない。それは、それが美しくない、ということではなく、単純に私のやり方ではない、ということだ。私はオーケストラであることを楽しむ。私はアティーシャに、私と一緒に演奏して欲しいと思っている。そしてバハウディンやカビール、ナナクや老子、そしてツァラトゥストラやもっと多くの者たちと……。私は彼ら全員と演奏したい、そしてこのオーケストラの一部であってほしいと思っている。

これがわたしの道だ。より高いものやより低いものなど何もない。ひとたびあなたが光明を得たなら、より高いものやより低いものなど何もない。あり得ない。もし蓮の花が光明を得ても、それは蓮の花だ。もしバラが光明を得ても、それはバラだ。それらは両方とも、光明を得た存在としての同じ質を持つ。しかしバラはバラのままだろうし、蓮は蓮のままだ。

あなたは訊ねている。「あなたは光明を得ることは常に全面的《トータル》であって、決して部分的ではないと言いました」

そうだ、それは決して部分的ではない。そしてクリシュナムルティは、部分的なフルート奏者ではない。彼はトータルなフルート奏者だ。彼は全面的に自分の行為の中にいる。彼は全く自分の行為の中にいる。彼は自分がヴェーダ、聖書、コーラン、ウパニシャッド、道徳経《タオ》などを読まなかったのは幸いだったと言っている。なぜだろう？ それらが彼の心をかき乱し、いくつかの痕跡を後に残し、彼の存在の一部になってしまったかもしれないからだ。彼は単純に、全く純粋な自分自身でありたかったのだ。

私のアプローチは全く違っている。私は、私と一緒に、光明を得た人々のできるだけ大きな仲間を持ちたいと思っている。それは難儀な仲間だ。彼らみんなが、非常に異なった人々であるため、彼らのすべてのまとめ役になるのは、厄介だからだ。しかし、私はそれを楽しんでいる。それがもっと厄介になればなるほど、私はそれを楽しむ。それは美しい挑戦だ。あなた方は、仏陀、マハヴィーラ、モハメッド、そしてモーセをあなた方と一緒に居させることが、どれくらい難しいかを理解できない。マハヴィーラは裸で立っている、そして仏陀はそれが全く好きではない。そして仏陀が裸ではないために、マハヴィーラも幸せではない。これらすべての人々を、あなた方と一緒に居させることは偉大な挑戦だ。

クリシュナムルティは独りで生きている。それにはそれ独自の挑戦がある。しかし、それは私の選択ではない。私は、私の選択は彼の選択でなければならない、とは言っていない。私は、彼は私がしていることをしなければならない、とは言っていない。私は、自分のやりたいことをやることで完全に幸福だし、彼が彼のことをしていることに完全に満足している。
多くの人々は、私が死んだ師たちについては、とても多く話しているが、なぜ生きている師については時々しか話さないのか、と質問している。
クリシュナムルティを死なせてごらん、すると私は彼について話すだろう。それがその理由だ。私は、とても多くの死んだ師たちを一緒にすることさえ、どれほど困難であるかを知っている。しかしあなたは、死んだ師たちを扱うことはできる。もし私がマハヴィーラに、この片隅に立っているようにと言うなら、彼はこの片隅に立っていなければならない。しかし、生きている師は聞こうとしない。彼は干渉し始める。彼は他の人たちと論争し始める。そして時々は、私にもまた少しの睡眠が必要だ。

あなたは言っている、「光明を得た人は、すべての知識に接しているわけではないのですか？」

光明を得ることは、知識とは全く何の関係もない。光明を得た人は知識に接してはいない。そう、彼には無垢に接するあらゆる手段がある。クリシュナムルティがフルートを奏でることは、私が自分のオーケストラと一緒にいることと同じくらい、無垢なことだ。それは知識の問題ではない。それは知恵の問題だ。知恵は全面的に違った現象だ。知恵は無垢だ。あなたはそれを無知と呼ぶことさえできる。それでもかまわない。しかし、どうかそれを知識とは呼ばないようにしなさい。それは知識よりも無知に近いものだ。

ソクラテスが、その最期の日に言ったと伝えられていることは、「私は、たったひとつのことだけ、私は何も知らない、ということだけを知っている」だ。この言葉は光明を得ている。たったひとつのことだけを知っている。「私は何も知らない」ということだけを知っている。すべての知識が消え去る瞬間、エゴが消え去る、人格が消え去る。その時、あなたと存在との間の分割が消え去る。再びあなたは清らかで、純粋で、全体とひとつだ。

あなたはこうも訊ねている。「なぜクリシュナムルティの視野はトンネルのように狭いのですか?」

それは私にではなく、クリシュナムルティに訊ねなければならない。それは私のすることではない。彼はそれを愛している。それが彼の成長してきた方法だ。何世紀もの間、とても多くの過去生で、彼はトンネルのような狭い視野の方へ、活動し続けてきた。そのような狭い視野は、それ独自の美しさを持つ。あなたが見るものは何であれ、あなたの目は焦点に合わせるため、非常に明晰に見ることができるからだ。

だから、クリシュナムルティの明晰さがあるのだ。誰もいままでそれほどの明晰さを、それほどの水晶のような明晰さを持ったことはない。誰もこれまでにそれほど論理的で、それほど合理的であったことはない。誰もこれまでに、それほど分析的であったことはない。物事と、それらの精細を調べ上げる彼の深遠さは、ただ信じられない。しかしそれは、彼のトンネルのような狭い視野という部分なのだ。あなたはすべてのものを持つことはできない。覚えておきなさい。もし明晰さを持ちたいと思うなら、あなたには狭い視野が必要となる。あなたはより小さな小さな世界に、ますます焦点を合わせなければならない。

それが科学を定義するやり方だ。「より小さな世界をより多く知ること」。そしてもし科学が、その究極のゴールに成功したなら、その時は「無についてのすべてを知っている」と言わなければならないだろう。それが、より小さな世界について、より多くを知ることの唯一の論理的結論となる。それはどこへ導くのだろう？　それは、あなたは無についてのすべてを知っている、というところに導く。

科学は狭い視野を持つ。クリシュナムルティは科学的な個性だ。非常に科学的だ。そのため彼は分析、解析を好む、精細に調べることを好む人々にとって、魅力がある。彼はちょうど老子と正反対だ。老子は言う、「あらゆるものは、とても明確であるように見える。ただ私だけが混乱している」

老子の資質を持つ人間、究極の悟りを得た人間は、こう言っている。

「すべての人々は、あらゆる物事についてとても明確であるように見える。私を除いて。私はとても混乱している。私は、何が何だかわからないほど間抜けだ。すべての人々はそれほど確実に歩いている。そして私はそれぞれの段階にためらっている。すべての人々はとても真直ぐに行く、わき目もふらずに。そして私は、氷のような冷たい空気の流れ、寒さが横切る冬の中にいる男のように歩く」

老子はまさにＪ・クリシュナムルティとは正反対だ。彼の視野は狭くない。彼の視野はとても広い。

とても広がっている。それはとても明確ではあり得ない。それは霞み、霧深くあらざるを得ない。しかし、それにもまた独自の美しさがある。クリシュナムルティの声明は論理的で、老子の声明は詩的だ。

私の視野は、老子よりもさらに広い。私は老子と、さらに多くのものを含んでいる。明らかに、老子は私を含むことはできなかった。二十五世紀が過ぎた。この二十五世紀の間、地上に偉大な光明を得た人々が生まれた。私は、これまで誰も主張したことがなかったほど、その遺産全体を主張する。

老子はクリシュナについて聞いたことはなかった。老子はパタンジャリについて聞いたことはなかった。パタンジャリは老子や荘子、列子について聞いたことはなかった。仏陀はツァラトゥストラやモーセに気づいてはいなかった。

今や世界は小さな村に、世界的な村になっている。そして人類の全歴史は、私たちのものだ。私は全体の中に、異なった状況にいる。私は老子や荘子、列子、孔子、孟子、ミラレパ、マルパ、ティロパ、ナロパ、ボーディダルマ、マハーカーシャパ、シャーリプトラ、マハーヴィーラ、アディナス、モーセ、アブラハム、イエス、フランシスコ、カビール、ナナク、ダル、ミーラ、ラビヤたちのすべてを知っている。その世界全体は、私にとって利用可能だ。

私は空全体を、すべての星を、すべての星座を見る。私の視野は最も詩的にならざるを得ない。しかしあなたが、詩の中に深く入って行けば行くほど、ますます論理的ではなくなる。あなたが詩の中に深く入って行けば行くほど、それはもっともっと愛のようになり、ますます論理でないようになる。

詩のまさにその底辺で、すべての明晰さは消え去る。何も明確ではない。しかしあらゆるものが美しい。あらゆるものが神秘的だ。何も明確ではないが、あらゆるものがただ夢幻的《ファンタスティック》だ。

クリシュナムルティには彼の道がある。そして私は、彼がこの世界にいることがうれしい。彼はもうひとつの極端だ。もし彼がいなくなってしまうなら、私は世界の中でその他の誰よりも、彼を惜しむだろう。

しかし私には、あなたの質問が理解できる。ヘンク・ファッセン、これはただの質問ではない。あなたは同じ物事について、さらに多くのことを訊ねている。私がクリシュナムルティを批判したことで、あなたは深く傷ついたようだ。あなたはまだ私を理解していない。これは私の彼への敬意の示し方だ。これは私なりの、世界に別の光明を得た人物が存在していることの宣言だ。

もし私のオーケストラがあなたに適さないなら、その時、唯一可能な選択肢がＪ・クリシュナムルティのソロ・フルート演奏だ。そのほかはいない。あなたを助けられる三番目の人物はいない。クリシュナムルティか私だ。他に選択の余地はない。まさに今、他に選択の余地はない。

クリシュナムルティは、必ず私を批判するだろう。私はそれを理解できる。彼の立場は単純で明確だ。私の立場はもう少し不明確だ。ある時は、私は彼を素晴らしく評価するだろう。なぜなら私は彼に、私のオーケストラの一部にもなってほしいと思うからだ。そしてある時は、私は彼を批判するだろう。なぜなら私個人の好みは、ソロ・フルートではないからだ。

最後の質問

OSHO、あなたは、多くの秘教的要点を、あなたの話の価値がわからない人々と共有しているのを、私は感じています。毎日混雑しているバスや、地下鉄で通勤するアメリカのオシュコシュや、ブルックリンにいる人にとって、ジャイナ教の六番目か十六番目のティルタンカーラや、あるいは他の秘教的情報を聞くことの、何が重要なのでしょう？　イエスが一度インドにいたとか、あるいは薔薇十字会が、彼方から霊的に働きかけてヒットラーを操っていたということを聞くことに、何の意味があるのでしょうか？

デヴィッド・ライト、愚か者たちはあらゆるところにいる。オシュコシュやブルックリンに多くいるように、ムンバイやプーナにもいる。愚か者たちに何かを要求する国はない。そして愚か者たちはいつも秘教的な何かを探している。ただバカバカしいものだけが、彼らの好みに合う。だから私は時々バカバカしいことを話す。なぜなら私は、馬鹿ではない人々を助けるためだけに、ここにいるのではない。私はもっと広いところへも網を投げている。何人かの愚か者たちも、私に捕まえられるに違いない。彼らは善良な人々だ！

今、ちょっと見てごらん、デヴィッド・ライト。あなたはどこから来たのだろう。どうやってあなたは捕えられたのだろう？　六番目か十六番目のティルタンカーラについてのこれらの愚かな理論、または薔薇十字会の秘教の師たち、クートフーミ、K・H、アドルフ・ヒトラーとナチスの運動全体を操作すること……。

そこには、取るに足らないものを知ろうとする、あなたを特別だと感じさせるものを知ろうとする人間の中の深い衝動がある。なぜなら、あなただけがこれらのことを知っており、ほかの誰も知らないからだ。人は特別でありたい、そしてあなたを特別にさせるものは、秘教の知識と呼ばれているものより他にない。それが、秘教の知識が重要なまま残っている理由だ。すべての種類の屑は、秘教の知識という名において残り続ける。地球は空洞である、地球の内側には偉大な文明が存在する。そしてまだそれを信じている、さらに多くのそうした物語を信じている人々がいる。

人は、何かに興奮したい、それほど鈍くてつまらない生を生きている。少し賢明な人々、彼らは科学小説あるいは探偵物語を読む。それほど賢明ではない人々、彼らはスピリチュアルな作り話を読む。

そしてこれは、私がある愚かなグループに囲まれていた時に、私が言ったことだ。彼らは他のものには何も興味を持たなかった。そして私は、あなたに応答しなければならない。あなたが成長するにつれて、私の応答はますますより高次のものになる。あなたが人間のマインドの愚かな行為全体を理解した日には、私はあなたに話す必要はなくなる。ただ静かに座ることで充分になる。

これらは、これだけに興味があったあるグループの人々に、私が話したことだ。他の何かのことについてそれらの人々と話すことは、全く要点を欠いていた。今、彼らはほとんど消え去ってしまった。そして現在、全く違った質の人々がここに来ている。私はより真理の世界に入って行くことができる。しかしそれでもまだ、私は言葉を使わなければならない。そして言葉は歪められる。


ただ沈黙だけが、あるがままの真理に通じる。できるだけ早く準備を整えなさい。私たちがただ一緒に居られるように、お互いのエネルギーの中へ溶け合うように、お互いの中へ失われるように。すると奇跡が可能となる。長年、私が言えなかった事が、沈黙の一瞬間で通じることができる。そして決して言うことのできないものが、私とあなたの間に思考の障壁が存在しない時、私の沈黙とあなたの沈黙がお互いにただここに在る時、ちょうど二枚の鏡が、それぞれの鏡を映し出すようにお互いを映し出す時、それは起こる。

私の本当の仕事は、まだ始まっていない。私はただ、グループを準備している。本当の仕事に参加できる人々を準備している。これは、単なる準備段階のステージだ。だから時間を浪費してはいけない。偉大な事のために準備を整えなさい。偉大な事があなたを待っている。しかしあなた側からの準備は、ただ途方もなく沈黙することだけだ。するとその時、全く話す必要がなくなる。

あなた方に話すことは、私にとっては本当に拷問だ。私にとっては、絶え間なくあなた方に話すように自分自身を強要することが、どれほど困難であるかあなた方には想像できない。それはまるで、綱渡りをしているようなものだ。私の中で言葉は消え去っている。私は何度も何度も戻って、それらを持ってこなければならない。それは骨が折れるし疲れる。しかし、それはあなた方が「私は降参します」と言わない限り、止めることはできない。

あなたが、「今、私は沈黙する用意があります。私は何も望みません。私は望みを放棄する用意がありますす。私はスピリチュアリティ、神、真理、ニルヴァーナ、光明のすべての観念を放棄する用意があります。私はただ、あなたと一緒に居ること、この瞬間、ここ、今、を楽しみたいと思います」と言うことができるその日、その時に奇跡が起こり始めるだろう。

そう、季節はずれの中で、あなたは開花し続けていく。

そして覚えておきなさい。あなたには、それらすべての奇跡の権利が与えられている。それらはあなたの生得権だ。

今日はこれくらいでいいかな。

第十一章

世界からの追放

Expelled from the World

最初の質問

ＯＳＨＯ、私にはわかりません。あなたは、憧《あこが》れは本来それ自体で神聖なものだ、と言いました。それでもあなたはしばしば、すべての欲望は、それが神に対してでさえ世俗的であり、スピリチュアルではないとも言いました。

デヴァ・アショカ、純粋に憧れることが神聖だ。何ものにも憧れない時の憧れが、神聖なのだ。憧れの対象が生じる瞬間、世俗的になる。

憧れは浄化する純粋な火だ。憧れは煙のない火、煙のない炎だ。しかし、それがどんなものであれ何らかの対象が付加される瞬間——この世、あの世、金、瞑想、神、涅槃《ニルヴァーナ》、どんな対象であろうと、それは問題ではない——その憧れはもう純粋ではなくなる。それは対象によって汚染されている。その時は、対象が憧れそれ自体よりも重要になる。その時、憧れはただの手段であるにすぎない。それはもう、それ自体目的ではない。

そしてサニヤスの全努力は、あなたが憧れの対象すべてを落とせるように助けることだ。憧れは消えない――実際、対象が落とされれば落とされるほど、憧れはより激しく、より全面的《トータル》になる。なぜなら、対象に関わっているエネルギーが解放されるからだ。人は、ただ渇望するという瞬間がやって来る――何かを渇望するのではなく、ただ単純に渇望するという瞬間だ。渇望しなさい。何かに渇望するのではなく、ただ憧れの純粋な炎として――。

そのまさに純粋な炎が、あなたを焼き尽くす、あなたを灰に変える。そこから新しい何かが誕生する。これが、不死鳥の寓話が意味するものだ。これが不死鳥の寓話の意義だ。その鳥は彼自身の存在の中に生じる火によって死に、焼き尽くされ、その中に消え去り、そして復活する。

これはイエスの復活をも意味している。十字架での彼の死と再誕生。イエスは何度も何度も言っている。「再び生まれない限り、汝は私の神の王国へ入ることはできないだろう」

しかし、最初にあなたが死ななければ、どうやって再び生まれるというのだろう？　究極の誕生が起こる前に、究極の死が先行しなければならない。

アショカ、私にはあなたの混乱が理解できる。なぜなら一方で私は「憧れは本来、それ自体で神聖なものだ」と言っているからだ。私は再びそれを繰り返す。それはそうだ。そして私が、すべての欲望は、それが神に対してでさえ世俗的であり、スピリチュアルではないと言う時、そこに矛盾はない。

憧れは神聖だ。しかし何かに憧れると、あなたは落ちてしまう。これが原初の堕落だ。あなたは純粋さを、憧れの処女性を失った。それは泥だらけになった。それは地上に落ちてしまった。その翼は切られている。

これら二つの言及に矛盾はない。あなたが私の言及の中に矛盾を見つける時は、いつでもそれに瞑想することを必ず忘れないように。本質的に矛盾はあり得ないからだ。外見上はあるかもしれないが、今あなたは、それについての下調べも、始めなければならない。

すべての可能な局面を、すべての可能な意味を見て、瞑想しなさい。するとあなたは驚くだろう。あなたにその一貫性が、本質的な一貫性が見える時、その矛盾を超えて行く時、それは偉大な洞察の瞬間だ。それは光であなたを満たす。それはあなたを歓喜させる。それは発見であり、それぞれの発見が成長を助けるからだ。

二番目の質問

愛するＯＳＨＯ、私はしばしば、自分はすべきことをしていない、またはすべきでないことをしている、という感覚があります。何かが変わらねばならない、精進しなければならないという……自分は進級できない、落第させられるかもしれないという、学生時代のような心配なのです。

クリシュナ・プラブ、これが私たちみんなが育てられてきたやり方だ。私たちの全教育――家庭や社会、学校や大学、総合大学が、私たちの中に緊張を作り出した。そして基本的な緊張とは、あなたは自分がすべきことをしていない、というものだ。

するとそれは、あなたの全人生で持続する。悪夢のようにあなたにつきまとう。それはあなたを悩まし続ける。決してあなたを休ませない。決してくつろぐことを許さない。もしあなたがくつろいでいれば、こう言うだろう。「何をしている？　くつろいでなどいるものではない。お前は何かをするべきだ」。もしあなたが何かをしているなら、それはこう言う、「何をしている？　お前には休息が必要だ。そうすべきだ。そうしなければ、気が狂ってしまうだろう。お前は既に限界に来ている」

もしあなたが良いことをすれば、それは言うだろう。「お前は馬鹿だ。良い行ないをしても、何の得にもならないじゃないか。人々はお前を欺くだろう」。もしあなたが悪いことをすれば、それは言う、「何をしている？　お前は地獄へ行く道を準備しているのか。お前はそのために苦しむだろう」。それは決してあなたを休ませない。あなたが何をしようと、それはあなたを非難するだろう。

この非難が、あなたに植え付けられてしまった。これが人類に起こってしまった最大の災難だ。私たちの内側にあるこの非難を取り除かない限り、本当の人間にはなれない。本当に喜ぶことはできないし、存在の祝祭に参加もできない。そして今、あなた以外の誰にもそれを落とせる者はいない。これはあなただけの問題ではない、クリシュナ・プラブ、ほとんどすべての人間の問題だ。生まれた国がどこであろうと、属している宗教が何であろうと、問題ではない。カトリック教徒、共産主義者、ヒンドゥー教徒、イスラム教徒、ジャイナ教徒、仏教徒。あなたが属しているイデオロギーの種類が何かは問題ではない。その本質は同じだ。その本質は、あなたの中に分裂を作ることだ。だからある部分は、常に別の部分を非難する。もしあなたが最初の部分に従うなら、二番目の部分があなたを非難し始める。あなたは内的闘争の中に、内戦状態にある。

この内戦を落とすことだ。そうしなければ、生のすべての美しさ、祝福を取り逃がす。あなたは決して、心から満足して笑うことはできない。決して愛することはできない。決してどんなものにも、全面的に在ることはできない。人が開花し、春が訪れ、あなたの生が色彩と音楽と詩を持ち始めるのは、ただ全面性からだけだ。

ただ全面性からだけ、突如としてあなたは自分の周囲すべてに神の臨在を感じる。しかし皮肉なのは、その分割がいわゆる聖者、聖職者、司祭によって作られたものだ、ということだ。事実、聖職者は地上における神の最大の敵であり続けている。

すべての聖職者たちを排除すべきだ。彼らは人間の病状の根本的原因だ。彼らはすべての人々を、簡単に病気にさせてしまう。彼らは神経症の流行病を引き起こした。神経症は、それを当たり前のことだと思うほど一般的になってしまった。私たちはこれが人生のすべてだと思っている――苦しみ、非常に長く手こずられる苦しみ……苦痛、苦しめている存在、取るに足らない多くの騒動を書いた自叙伝……。

いわゆる私たちの生を見たら、それはそう見える。一輪の花もなく、一曲の心の歌もなく、神聖な喜びのきらめきもないからだ。

全世界の知的な人々が、人生の意味とは何かを訊ねているのは、驚くことではない。

「なぜ私たちは生き続けなければならないのか？　なぜ私たちはそんなに臆病に生き続けているのか？　なぜ私たちは少しの勇気も集められず、この無意味さすべてに終止符を打てないのか？　なぜ私たちは自殺してはいけないのか？」

それ以前の世界には、人生があまりにも全く無意味だと考える人々は、決してそれほど多くなかった。なぜ、この時代にそれが起こったのだろう？　それはこの時代とは関係ない。何世紀もの間、少なくとも五千年間、聖職者たちは害を加え続けてきた。今それが、究極の頂点に達したのだ。それは私たちのしわざではない。私たちは犠牲者だ。私たちは歴史の犠牲者だ。もし人が、もう少し意識するようになるなら、最初にすべきことはすべての歴史書を燃やすことだ。過去を忘れなさい。それは悪夢だった。ＡＢＣから新しく始めなさい。まるで再びアダムが生まれるかのように、始めなさい。あたかも、私たちが再びエデンの園にいるかのように、無垢で汚れなく、卑劣な聖職者たちに汚染されていないかのように。

聖職者たちは非常に卑劣だ。それは彼らが自分たちにとって、ものすごく意義深いものを見つけたからだ。それは人を分割すること、人を分裂させること、人を基本的に精神分裂症患者にすることだ。

すると彼らは、いつも権力を持ったままでいられる。分割させられた人は弱い。分割されていない人、個の人はどんな冒険も、どんな挑戦も受け入れる力がある。

一人の男性が良い教会を探していた。そして信者が牧師と一緒に読んでいたものに、小さな一文を見つけた。彼らは言っていた。「私たちは、するべきことをしないままにし、するべきではないことをしてしまいました」

その男は椅子にばったり座り込み、「ありがたい、ついに自分の仲間を見つけた！」と自分に言い聞かせ、安心して溜息をついた。

どんな教会にでも行ってみなさい。自分の仲間を見つけるだろう。自分のコピーを見つけるだろう。たぶん言語はほんの少し違う、儀式はほんの少し違うだろうが根本は同じだ。その根本とは、人は内なる戦いに引き下げられなければならない、ということだ。

聖職者があなたにしてきたことを認識する最初の日は、偉大な洞察の日だ。そして、すべての馬鹿馬鹿しさを落とす最初の日が、あなたの解放の始まりの日だ。

あなたの本性が望むことをやりなさい。あなたの本質が渇望していることをやりなさい。教典に耳を貸してはいけない。あなた自身のハートに耳を傾けなさい。それが私の定める唯一の教典だ。そう、非常に注意深く、非常に意識して耳を傾けなさい。そうすれば、決して間違えることはないだろう。

自分自身のハートに耳を傾ければ、あなたは決して分割されることはないだろう。自分自身のハートに耳を傾けることで、あなたは正しい方向へ、何が正しくて何が間違いかを考えることもなく動き始めるだろう。

だから新しい人類のためのすべての術《アート》、その秘密は、意識的に油断なく、注意深くハートに耳を傾けるということだ。そこであらゆる手段を通して、ハートに従いなさい、ハートがあなたを連れて行くところなら、どこであれ行きなさい。そう、時々ハートは危険な状態へ連れて行くだろう。しかしその時は、覚えておきなさい。その危険な状態は、あなたを成熟させるために必要なのだ。そして時々ハートは、あなたを道に迷わすだろう。しかし、これも覚えておきなさい。道に迷うことは成長の一部だ。何度もあなたは転倒するだろう。また立ち上がってきなさい。なぜなら、これが人が力を蓄える方法だからだ。倒れて再び起き上がるということで……。これが人が統合されるようになる方法だ。

しかし、外側からの規則に従ってはいけない。どんな課された規則も正しいはずがない。なぜなら規則とは、あなたを統治したがっている人々が発明したものだからだ。そう、時々世界には、偉大な光明を得た人々もいた——仏陀、イエス、クリシュナ、モハメッド。彼らは世界に規則を与えてはいない。彼らの愛を与えている。しかし遅かれ早かれ、弟子たちは一同に集まり、行動規範を作り始める。ひとたび師が去ってしまうと、ひとたび光が去ってしまうと、彼らは深い闇の中にいる。彼らは従うための、ある一定の規則を模索し始める。なぜなら今、彼らに見ることのできた光はもう存在していないからだ。今彼らは、規則を当てにしなければならない。
イエスがしたことは、彼自身のハートのささやきからだった。キリスト教徒たちが続けていることは、彼ら自身のハートのささやきからではない。彼らは模倣者だ。あなたが模倣する瞬間、自分の人間性を侮辱している。あなたは自分の神を侮辱している。

決して模倣者であってはならない。常に独自《オリジナル》でありなさい。コピーになってはいけない。しかしそれが世界中で起こっている。コピーばかりだ。

もしあなたが独自であるなら、生は本当にダンスだ。あなたはもともと独自なのだ。似ている人間は二人といない。だから私の生の道は、決してあなたの生の道にはなれない。

師の魂を、沈黙を吸収しなさい。彼の優雅さを学びなさい。可能な限り、彼の存在から多く飲みなさい。しかし彼を真似てはいけない。彼の魂を吸収すること、彼の愛を飲むこと、彼の慈悲を受容することで、あなたは自分自身のハートのつぶやきに耳を傾けられるだろう。そしてハートは非常に静かに、小さな声で話す。それは叫ばない、それはつぶやきだ。

師の沈黙に耳を傾けなさい。そうすればある日、自分自身の最も深い核心に、耳を傾けることができる。その時、「私は、すべきではないことをしている、そしてすべきことをしていない」という問題は決して生じない。この問題が生じるのは、ただあなたが外からの規則によって支配された存在であるから、あなたが模倣者であるからだ。

仏陀にとって正しいものが、あなたにとって正しいとはいえない。ちょっと見るがいい。クリシュナは、仏陀とどれほど違っているだろうか。もしクリシュナが仏陀に従うなら、私たちはこの地球の最も美しい人たちの一人がいなくなって、寂しく思うだろう。あるいはもし仏陀がクリシュナに従うなら、彼はただの哀れな変人だ。ちょっとフルートを吹いている仏陀を考えてごらん。彼は多くの人々の眠りを邪魔するだろう。彼はフルート奏者ではなかった。ちょっと、踊っている仏陀を考えてごらん。それはとても滑稽で、ちょっと馬鹿げて見える。

しかしクリシュナの場合も同じだ。フルートを持たず木の下に座っている、孔雀の羽の王冠もなく美しい衣服もなく、目を閉じて木の下で乞食のように座っている。誰も彼の周りで踊っていない。踊りがなく歌がない。するとクリシュナはとても貧しく、とても貧弱に見える。

仏陀は仏陀だ。クリシュナはクリシュナだ。そしてあなたはあなただ。あなたは誰か他の人よりも、どんな点においても劣ってはいない。あなた自身を尊敬しなさい。あなた個人の内的な声を尊敬し、それに従いなさい。

そして覚えておきなさい。私はあなたに、それが常にあなたを正しいところへ導く、と保証しているのではない。何度もそれはあなたを間違いへと連れて行くだろう。正しい扉へ来るためには、人は初めに多くの間違った扉をノックしなければならないからだ。それがその有様だ。もしあなたが突然、正しい扉を偶然見つけたとしても、それが正しいとは認識できないだろう。

直接ここに来る多くの人々がいる。彼らは別の誰かの所にいたことはない。彼らと何かの接触を持つことはほとんど不可能だ。彼らには、ここで起こっていることが理解できない。彼らには経験《バックグランド》がない。そのための予備知識がない。何が間違いなのかを学んでいない。だとしたら、何が正しいかをどうやって理解できるというのだろう？

しかし、とても多くの師たちと共に生き、とても多くの探求者たちと共に生き、多くの修業場《スクール》に所属していたような人々がここに来ると、何かがすぐに彼らのハートの中で火を灯す。今、何が真理であるかを認識できるほど多くのものを、彼らは見てきている。

だから覚えておきなさい。究極の決算においては、それまでの努力は全く浪費ではない。すべての努力は、あなたの成長が究極の頂点へ至ることに貢献する。だからためらってはいけない。間違うことを心配しすぎてはいけない。それが問題の一つだ。人々は、決して間違わないようにと教えられてきた。そのため彼らは、身動きがとれなくなるほど、間違うことにとてもためらう。とても恐れ、とても怯えるようになる。彼らは動けない。何か間違ったことが起こるかもしれないからだ。そのため彼らは岩のようになってしまう、すべての動きを失う。

私はあなたに、可能な限り多くの失敗を犯しなさい、と教える。たった一つのことだけを、覚えておきなさい。同じ間違いを再び犯してはいけない。するとあなたは成長するだろう。道に迷うということは、あなたの自由の一部だ。神に反対することでさえ、あなたの威厳の一部だ。そして時々は神に反対することでさえ美しいものだ。このやり方で、あなたは気骨を持ち始めるだろう。数多くの人々はそうではない、彼らは意気地なしだ。
私がそんなことを言うので、多くの人々が腹を立てている。

つい先日、ジャーナリストがここに来た。このアシュラムで起こっていることを取材するために来ていた。そして彼は両方の話が——それに賛成している人々と、反対している人々の話が聞きたかった。そこで彼はその街に立ち寄って、警察官たちと話したり、プーナの市長に会いに行ったりした。その市長が言ったことは、実に素晴らしいものだ。私はそれを愛する。

彼はこう言った。「この男はプーナから、いやプーナからだけではなくインドから、インドからだけではなく世界から追放しなければならないほど、非常に危険だ！」

私はそれを愛する。私はそれについて考え始めた。彼らは私を、世界からどこへ追放するというのだろうか？　それは本当にすばらしい考えだ！　もし彼らがそうできるのなら、私は行くつもりだ。

なぜそんなに、多くの怒りがあるのだろう？　怒りにはその中に理由がある。その背後に理論的根拠がある。その理論的根拠とは、私はあなた方に、宗教的な人生の全く新しいヴィジョンを与えようとしている、そしてもし新しいヴィジョンが成功するなら、すべての古いヴィジョンは死ななければならないだろう、というものだ。

クリシュナ・プラブ、あなたがこれまで「これは正しく、これは間違っている」と言われてきたことのすべてを忘れなさい。生はそんなに固定されたものではない。今日正しいものは、明日は間違っているかもしれない。この瞬間に間違っているものは、次の瞬間には正しいかもしれない。生は分類整理することはできない。そんなに簡単に「これは正しく、これは間違っている」とラベルを貼ることはできない。

生とは、すべてのビンにラベルが貼られていて、どれが何であるかがわかるような薬局ではない。生は神秘だ。ある瞬間、何かが適合するとそれは正しい。別の瞬間は、とても多くの水がガンジス河を流れていったので、それはもう適合しない。するとそれは間違いだ。

私の正しさの定義とは何か？　それは、存在と調和しているものは正しい、そして存在と調和していないものは間違いだ。あなたはそれぞれの瞬間に、とても注意深くあることだ。なぜならそれはそれぞれの瞬間、新たに決めなければならないからだ。あなたは、何が正しく何が間違っているかということに、既成の答えを当てにはできない。唯一愚かな人々だけが既成の答えを当てにする。その時は彼らは知的である必要がないからだ。その必要はない。あなたは常に何が正しく、何が間違っているかを知っている。あなたは一覧表を一杯にできる。その一覧表はそれほど大きくない。

ユダヤ教の信者たちには十戒がある。とても単純だ。彼らは何が正しく、何が間違っているかを知っている。しかし生は絶え間なく変化し続ける。もしモーセが戻って来るなら、私は彼があなた方に同じ十戒を与えるとは思わない。彼はできない。三千年後、どうやって彼はあなた方に同じ戒律を与えられるだろう？　彼は、何か新しいものを発明すべきだ。

しかし、私自身の理解はこれだ。戒律が与えられる時はいつでも、人々にとって困難なものが創り出される。それらが与えられる頃には、既に時代遅れになるからだ。生はとても早く動く。絶えず流動しているものだ。それは静的なものではない。淀んだ水溜りではない。それはガンジス河だ。それは流れ続ける。決して同じ二つの連続した瞬間ではない。だから、あるものはこの瞬間には正しいかもしれないが、その次には正しくはないかもしれない。

ではどうする？　唯一可能なことは、変化する人生に自分自身で応じる方法を決められるように、人々に気づきをもたらすことだ。

ある古い禅の話がある。二つの寺院があって、ライバル同士だった。両方の導師たち——彼らはいわゆる導師で、本当に僧侶であったに違いない——は、自分の弟子たちに、もう一方の寺を決して見ないようにと言うほど、お互いに非常に反目し合っていた。

それぞれの僧侶たちには、彼に仕え、用事を言い付けられる小間使いの小僧がいた。一番目の寺院の僧侶は小間使いの小僧に言った。

「決してあちらの者と話してはならんぞ。あいつらは危険なやつらだ」

しかし小僧は男の子だ。ある日、彼らは路上で出会った。そして一番目の寺院から来た小僧が、もう一人に訊ねた。「どこへ行くのですか？」

もう一人は言った。「風が連れて行く所ならどこへでも」。彼は寺院で偉大な禅のことを聞いていたに違いない。彼は言った。「風が連れて行く所ならどこへでも」。偉大な声明、純粋なタオだ。

しかし最初の小僧は大変困り、気分を悪くした。そして彼は、その子にどうやって答えたらいいかわからなかった。イライラし、腹を立て、そして罪を感じたりもした。「私の師はこの人たちと話してはならん、と言った。この人たちは本当に危険だ。さて、これは何という類の答えなのだ？　彼は私を侮辱している」

彼は師の許へ行き、起こった事を話した。「彼と話してしまったことは申し訳ありません。あなたは正しかったです。あの人たちは奇妙です。これはどういう答えなのでしょう？　私は彼に『どこへ行くのですか？』と訊ねました。単純な儀礼的質問です。そして私は、彼が市場に行こうとしているのがわかりました。ちょうど私が市場に行こうとしていましたので。しかし彼はこう言ったのです。『風が連れて行く所ならどこへでも』」

その師は言った。「わしはお前に忠告したが、お前は聞かなかったのだな。さて考えるがいい。明日また同じ場所に立ちなさい。奴が来た時、奴に訊ねるのだ。『どこへ行くのですか？』。すると奴は言うだろう。『風が連れて行く所ならどこへでも』。その時は、お前もまたもう少し哲学的に言う。『もしあなたに足がないなら、その時は？　魂には身体がないし、風は魂をどこへも連れて行くことはできないからです！』。それでどうだ？」

完全に準備をして、一晩中、彼はそれを何度も何度も繰り返した。そして次の朝、とても早く彼はそこへ行き、前と同じ地点に立った。そして前と同じ正確な時間に、その小僧はやって来た。彼はとてもうれしかった。今、彼はその小僧に、本当の哲学とは何か、を見せつけようとしていたのだ。そこで彼は訊ねた。「どこへ行くのですか?」。そして彼は待っていた……。

しかしその小僧は言った。「市場へ野菜を取りに行こうとしているところです」

さあ、彼が学んだ哲学で、どうしたものだろうか?

生とはそのようなものだ。そのために用意などできない、そのために準備することはできない。それが生の美しさだ。それが生の不思議さだ。それはいつも、不意打ちを食わせる。それはいつも意外なものだ。もしあなたに目があるなら、それぞれの瞬間が驚きであり、既成の答えが適切ではないことがわかるだろう。

すべての古い宗教は、既成の答えを提供してきた。マヌは彼の戒律を与えた。モーセは彼の戒律を与えた。その他にもいろいろある……。

私はどんな戒律も与えない。実際、「戒律」という言葉そのものが醜い。誰かに命令することは、彼を奴隷に格下げすることだ。私はどんな要求もあなたに与えてはいない。あなたは私、あるいは他の誰かに従順であるべきではない。私は単に、生の本質的な法則を教えているだけだ。あなた自身の自己に従順でありなさい。あなた自身への光でありなさい、その光に従いなさい。そうすればこの問題は決して起こらないだろう。その時、あなたがすることは何であれ、そうすべきことだ。そしてあながしないことは何であれ、してはいけないことだ。

そして覚えておきなさい。何度も後ろを見続けてはいけない。なぜなら、生は変わり続けているからだ。明日あなたは、自分が昨日やったことは間違っていたと、考え始めるかもしれない。それは昨日は間違っていなかった。明日は間違っているように見えるかもしれない。後ろを見る必要はない。生は前に進む。しかし、バックミラーを見続けている多くの運転手たちがいる。彼らは前方へ運転しているが、後方を見ている。彼らの生は破滅し続けている。

前を見なさい。あなたが通ってきた道、あなたはそこを通ってきた。それは終わっている。もうこれ以上それを運んではいけない。過去によって、不必要に重荷を負わされないようにしなさい。あなたが読んだ章節を閉じ続けなさい。何度も後ろを見続ける必要はない。到達している新しい見解を通して、過去のものを判断してはいけない。なぜなら新しいものは新しく、比較にならないほど新しいからだ。古いものは、それ自体の情況において正しかった。新しいものはそれ自体の情況において正しい。それらは比較にならない。


私があなたに説明しようとしていることは、罪悪感を落としなさい！　ということだ。なぜなら罪を犯すことは、地獄の中に生きることだからだ。罪を持った存在であってはいけない。あなたには、早朝に朝日を受ける朝露のしずくの新鮮さがある。池に咲く蓮の花弁の新鮮さがある。あなたには夜の星の新鮮さがある。ひとたび罪が消え去れば、あなたは全く違った種類の生を持つ。それは光を浴びて輝いている。あなたは自分の足でダンスをし、あなたのハートはあらゆる歌を歌うだろう。

そうした悦びの中に生きることが、サニヤシンであることだ。そのような喜びの中に生きることは神聖な生を生きることだ。罪を背負って生きることは、ただ単に聖職者に利用されていることだ。

あなたの牢獄から出てきなさい。ヒンドゥー教徒、キリスト教徒、イスラム教徒、ユダヤ教徒、仏教徒、共産主義者。あなたのすべての牢獄から出てきなさい。あなたのすべての観念から出てきなさい。観念はあなたに、既成の答えを供給するからだ。もしあなたが共産主義者に質問したら、彼は資本論の中を見るに違いない。同様に、もしヒンドゥー教徒に訊ねるなら、彼はギータのページをめくる。

あなたはいつ、自分自身の意識を使うつもりなのだろうか？　いつだ？　どれほど長い間、あなたは死んだ過去に繋がれたままになっているのだろう。ギータは五千年も前に生まれた。生は途方もなく変わってしまった。もしギータを読みたいなら、それを美しい文学として読みなさい。しかし、それはまさにそのようなものであり、それ以上ではない。それは美しい文学であり、美しい詩だが、従うべき格言ではないし、従うべき戒律でもない。それを過去からの贈り物として、偉大な詩、ヴィヤーサ（インド神話の伝説的な賢者）の贈り物として楽しみなさい。しかし、それをあなたの生の規律にさせてはいけない。それは全く的外れだ。

あらゆるものが的外れになる。なぜなら生は決して、閉じ込められたままではないからだ。それは休みなく進む。それはすべての境界、すべての領域と交差する。それは無限の過程だ。ギータはどこかで終止符を打つ。コーランはどこかで終止符を打つ。しかし、生は決して終止符を打つことはない。それを覚えておきなさい。それを思い出しなさい。

そして生と接触する唯一の方法、生に遅れることのない唯一の方法が、罪悪感のないハートを、無垢なハートを持つことだ。これまでにあなたが言われてきたすべてを忘れなさい――しなければならないこと、してはいけないこと――他の誰も、それを決め付けることはできない。

あなたに決定を下したこの要求者たちを避けなさい。あなた自身の手で、手綱を取りなさい。あなたが決めなければならない。事実、そのまさに決定することにおいて、あなたの魂は誕生する。他人があなたに決定を下す時、あなたの魂は眠って活気のないままだ。あなたが自分自身で決め始める時、鋭さが生れる。決めることは危険《リスク》を冒すことを意味する。決めることは、あなたは間違いを犯すかもしれないということだ。誰にわかる？　それは危険だ。起ころうとしていることが誰にわかる？　それは危険だ。保証はない。

古いものと一緒では、そこに保証がある。非常に数多くの人々がそれに従っている。そんなに多くの人々が、どうやって間違うことができる？　それが保証だ。もしそんなに多くの人々が言っているのなら、それは正しい。正しいにちがいない。

実際、生の論理はちょうど正反対だ。もし、とても多くの人々が確信して物事に従っているのなら、それは間違っていると確信しなさい。なぜなら、そんなに多くの人々は光明を得ていないし、光明を得ることはできないからだ。大多数が愚か者たちから、全くの愚か者たちから成っている。大多数に注意しなさい。もし、とても多くの人々が何かに従っているなら、それが間違っているという充分な証拠になる。

真理は個人に起こるのであり、群集にではない。あなたは群衆が光明を得たということを、聞いたことがあるだろうか？　真理は個人に起こる。ティロパ、アティーシャ、ナナク、カビール、ファリド。真理は個人に起こる。もしあなたが、本当に自分に真理を起こしたいのであれば、個人でありなさい。個人であるために必要なリスクすべてを冒しなさい。それらがあなたを鋭くできるように、あなたに輝きと知性を与えられるように、その挑戦を受け入れなさい。

真理は信じるものではない。それは完全に知性だ。あなたの生の、隠された源の炎上だ。真理はあなたの意識が光明を得る体験だ。しかしあなたは、それが起こるための適切なスペースを準備しなければならない。そのふさわしいスペースは、あるがままのあなた自身を受け入れている。どんなものも否定してはいけない。分割させてはいけない。罪を感じてはいけない。

喜びなさい！　そして私は再びあなたに言う、あるがままのあなたを喜びなさい。

三番目の質問

ＯＳＨＯ、なぜとても多くの論争が、あなたとあなたのアシュラムを取り囲んでいるのですか？

クリシュナ・プレム、もしそうでなかったなら、それは本当に驚きだっただろう。それは奇跡だっただろう。それは信じられないことだっただろう。これは自然な成り行きだ。

これがソクラテスに起こったことだ。そして彼の誤りは何だったのか？　彼の誤りは、彼が真実をあるがままに言おうとしたことだ。彼の誤り、彼の唯一の誤りは、群衆の愚かな人々と妥協する用意がなかったことだ。彼は絶え間ない論争の中に生きていた。彼が死んだのはこれらの論争のためだ。

イエスが論争のない生を生きたと思うかね？　では、なぜ彼は磔にされたのだろう。論争のない生の報酬なのか？　彼は論争の中を絶え間なく生きていた。それは必ずそうなる。それは仏陀に関してもそうだった。ボーディダルマに関してもそうだった。それはいつもそうあり続けていた。それはいつも、そうあろうとしているかに見える。

真理は論争を作り出す。なぜなら、人々に衝撃を与えるからだ。幻想を粉々にするからだ。そして彼らは自分たちの幻想にしがみつきたい。それらの幻想は非常に慰めになり、快適で便利で居心地がいい。彼らは自分たちの夢を置き去りにしたくない。すべての種類の馬鹿げた計画への、自分たちの投資を落とす用意がない。それこそが、真理が彼らに要求するものだ。彼らは怒りを感じている。彼らは復讐したいのだ。

それは全く自然なことだ。私は論争の中で生きるつもりだ――これは単なる始まりにすぎない。彼らが私を世界から追放する日を待ちなさい！　私は本当に魅せられている。彼らはどこへ私を送るのだろう？　それにはその価値がある。わざわざ、世界の外へ行って生きるという価値が……。

これは単なる始まりだ。これはただの火花だ。すぐに全部の森林が燃えるだろう。そしてこの火は全地球上に燃え広がろうとしている。なぜなら私は、ヒンドゥー教徒の狂信と戦っているのではない。私はイスラム教徒の狂信と戦っているのではないからだ。私は全くすべての種類の狂信と戦っている。

ソクラテスは単に、アテネの小都市で一般に普及していた虚偽と戦っていたにすぎない。それはとても小さな場所だった。仏陀はヒンドゥー教の信者に敵対していた。イエスはユダヤの伝統と戦っていた。私の戦いは多次元だ。私はユダヤ教徒と戦っている。私はヒンドゥー教徒と戦っている。私は仏教徒と戦っている。私はジャイナ教徒と戦っている。私はイスラム教徒と戦っている。私の戦いは特定の誰かに対するものではない。そのため、今までの誰よりもさらに多くの敵を作らざるを得ない。

しかし確かに私は、今までの誰よりも多くの友人たちを作ろうともしている。なぜなら生はバランスを保つからだ。もしとても多くの敵を持つなら、あなたはそれと同じくらい多くの友人を持つだろう。とても多くの友人を持つなら、それと同じくらい多くの敵を持つだろう。生は常にバランスを保つ。生は決してバランスを失わない。だから敵がいればいるほど、友人たちもいる。

全体の物事はとても好奇心をそそり、非常に興味深く見える。そして覚えておきなさい。あなたはすべてを満足させることはできない。それは無理だ。そして私はそのどちらにも興味がない。


二千五百年前、イソップはこの話を語った。

それは明るく日当たりのよい山村の朝だった。ある老人と孫は、ロバを売るために谷にある大きな街の市場へ行こうとしていた。そのロバは美しく手入れされ、ブラッシングされていた。彼らは険しい道を楽しく出発した。しばらくして彼らは、道の端をぶらつく数人の人々と遭遇した。

「あの愚かな二人組みを見てみなよ！」と、見物人の一人が言った。「そこのあいつらは、路の下でよじ登ったりつまづいたりして進んでいるぜ。その足のしっかりした動物の背中に、ゆったりと乗ることができるというのにな」

その老人はこれを聞いて、それは正しいと思った。そこで彼と少年はそのロバにまたがり、そうやって下山し続けた。

すぐに彼らは、路の傍らで雑談している別の群衆と遭遇した。

「あの無精な二人組みを見てみろ！　かわいそうなロバの背中を痛めつけているぜ」

その老人は、彼らは正しいと思った。そして彼の方が重たかったので、彼は少年を乗せながら歩こ

う と決めた。

まもなく彼らは、また別の意見を聞いた。「あの無礼な子供を見ろ。老人を歩かせながら、自分はロバに乗っているぞ！」

その老人は、彼らは正しい、そして少年を歩かせて自分が乗るべきで、それが唯一妥当なことだ、と思った。

そして案の定、彼らはすぐに次の意見を聞いた。「何という意地悪な老人だろう。かわいそうな子供は徒歩でついていかなければならないのに、自分は気楽にロバに乗っているではないか！」

この時から、老人と少年はますます困惑するようになった。彼らが市場までの長い道のりを歩いた後、結局そのロバはボロボロになってしまい、誰も買いたくないという評判を聞いた時、彼らは落胆して道路の端に座りこんでしまった。

そのロバをしばらく休ませた後、彼らは旅を続けた。しかしそれは全く違った方法でだった。その午後遅く、老人と少年が市場の中で息を切らして、あえいでいるのが見られた。彼らは二人で棒をかつぎ、あるものの足を結んでつるしていたが、それがそのロバだった！

イソップが言うように、あなたはあらゆる人を満足させることはできない。もしそうすれば、あなたは自分自身を失う。

私は、あらゆる人々を満足させることはできない。それに、あらゆる人々を満足させることには興味すら持っていない。私は政治家ではない。政治家はあらゆる人々を満足させようとしている。私は本当に助けられたいと思っている人々を、ただ助けるためだけにここにいる。私は大衆や民衆には興味はない。私はただ、本当に自分自身を達成するためにすべての——すべてだ——危険を冒す用意のある、これらの誠実な探求者たちにだけ、興味がある。

これが多くの人々を怒らせようとしている。これが多くの論争を生もうとしている。なぜなら私は全く妥協しない人間だからだ。私は自分にとって、真実であることだけを言う。その結末がどうであれだ。もし私がそのために非難されようが、あるいは殺害されようが、それは完全にオーケイだ。しかし、私は妥協するつもりはない。少しもない。

私は失うものなど何もない。だったらなぜ妥協する？　私は獲得するものなど何もない。だったらなぜ妥協する？　起こることはすべて起こっている。私から取り去ることのできるものなど何もない。なぜなら、私の宝は内側のものだからだ。それに加えられるものなど何もない。なぜなら私の宝は、内側のものだからだ。

だから私は、自分が生きたい道を生きていくつもりだ。自発的に、真実に生きるつもりだ。私は誰かの期待を満足させるために、ここにいるのではない。私はいわゆるスピリチュアルな人物にも、聖者にも興味はない。私には誰かからのどんな賛辞も必要ない。私を崇拝する群衆など欲しくない。これらすべての馬鹿げたゲームは終わったのだ。

私はもうこれ以上、何も起こり得ない状態にある。それは起こることを超えている。で、私は人々を怒らせることを言い続ける。それは、私が彼らを怒らせたいからではない。しかし、私に何ができるだろう。もし真理が彼らを怒らせるなら、その時それは彼らを怒らせる。私はそれが私に起こっているやり方で、生を生きていくつもりだ。もしそれが彼らの期待に一致しなかったとしても、彼らが自分たちの期待を変えることができても、あるいは怒り、惨めさを感じても、そして自分たちの期待にしがみつき続けても、だ。

　私は彼らの意見から全く自由だ。それは私にとっては、少しも重要ではない。

　だからクリシュナ・プレム、論争はますます大きくなるだろう。そして私が論議を呼ぶおかげで、私の人々もまた、論議を呼ぶことにならざるを得ない。私が論議を呼ぶために、あなた方もまた不快な思いをするだろう。あなた方もまた、苦しまねばならないだろう。あなた方もまた、多くのやり方で迫害されることを覚悟すべきだ。

　しかし、一つのことを覚えておきなさい。妥協する生を生きることは、死よりも悪い。そして真理の生を生きることは、もしそれがほんの一瞬であったとしても、偽りの中で永遠に生きるより、はるかにもっと貴重だ。真理のために死ぬことは、偽りの中で生きるよりもよりはるかに貴重だ。

愛するOSHO、あなたは天国についてどう考えていますか？

天国や地獄は存在しない。それは地理的なものではない。それはあなたの心理状態の一部だ。それは心理的なものだ。

自然で、真実で、愛と美の生を生きることが、天国の中で生きることだ。偽善、偽り、そして妥協の生を生きること、他人に従って生きることが、地獄の中で生きることだ。自由の中で生きることが天国であり、束縛の中で生きることが地獄だ。

あなたは自分の牢獄の独房を、美しく飾り立てることができる。しかしそれはたいしたことではない。それは刑務所の独房のままだ。それが人々がしていることだ。彼らは自分たちの牢獄の独房を、美しく飾り立て続けている。彼らはそれに美しい名前をつける。それに絵を描き続けている。壁に新しい絵を置いている。新しいやり方で家具をアレンジする。ますます物を購入する。しかし、彼らは牢獄の中で生きている。

あなた方の結婚は牢獄だ。あなた方の教会は牢獄だ。あなた方の国籍は牢獄だ。どれだけ多くの牢獄をあなた方は作ったのだろう！　あなた方は一つの牢獄に生きているのではない。あなた方の牢獄はからくり箱のようなものだ。箱の中に箱があり、その中にまた箱がある。それは続いていく。あなたはまるで玉葱のようなものだ。それを剥いてごらん。別の層がある。それを剥く、また別の層だ。一つの牢獄を壊してみると、別の牢獄を見つける。これが地獄が何であるかということだ。

玉葱の芯そのものに到達すること、すべての層が落とされ、あなたの手の中に何もない状態だけがあるところ、それが自由、涅槃《ニルヴァーナ》、菩提心《ボーディチッタ》だ。ブッダの意識状態、ブッダの純粋な意識状態、それが天国だ。

そして私の天国の観念は、遥か遠くにあるものではない。天使だけが住む空の天国――天使が汗をかかないのを知っているだろうか？　彼らにはどんな消臭剤も必要ない。そしてあなたは知っているかな？　天国には居酒屋はない。なぜなら居酒屋は必要ないからだ。そこにはワインの川がある。だからあなたはその川に飛び込み、そしてあなたは心ゆくまで飲む。そこには決して老いることのない十八歳で止まったままの、美しい女性たちがいる。何世紀もの時が過ぎる。しかし彼女たちは十八歳で止まったままだ。彼女たちは黄金の身体を持っている。ちょっとそれを想像してごらん！　それはより悪夢のように見える。黄金の身体だと？　サファイアの目を持っている？

違う、それは私の考える天国ではない。その世界だと、私は老いたユダヤ人だ――。

牧師が彼の友人に言った。「ラビ（ユダヤ教の教師）、私は先日の夜に、ユダヤ人の天国の夢を見たぞ。それは非常に生々しかった。それはまさに、ユダヤ人の理想に合っていたように見えた。それはユダヤ人ばかりで混雑している安アパートの並ぶ地区だった。すべての窓に綿の衣服があり、どれもみな猫背の女性たち、すべての街角には手押し車の行商人、どこの通りでもスティック・ボールで遊ぶ子供たち。その騒音と混乱は、私が目覚めてしまうほど大きなものだった」

そのラビは言った。「奇妙な偶然の一致だな、ウィリアム神父。私は先日の夜に監督教会の天国の夢を見た。それは非常に生々しかったよ。そしてそれはまさに、監督教会の理想のように私には見えた。それは整然とした郊外で、イギリス人のチューダー王家の人と邸宅の結構な空間があり、美しい芝生、それぞれに花壇、清潔な広い並木の通り、そしてすべてが暖かい日光でおおわれていた」

監督教会の会堂牧師は微笑んだ。「そして人々は?」

「ああ」とラビは呟いた。「人々はいなかったね」

私の天国の考えは、気味の悪いものではない。天国はここにある。あなたはただ、それを生きる方法を知るべきだ。そして地獄もまたここにある。あなたはそれを生きる方法を、完璧によく知っている。それはただ、あなたの観点を、あなたの生へのアプローチを変えるという問題にすぎない。

地球は美しい。もしあなたがその美しさを生き始めるなら、あなたのハートの中に罪悪感なしでその歓喜を楽しみ始めるなら、あなたは楽園にいる。もしあなたがあらゆるものを、あらゆる小さな喜びを非難するなら、もし非難する人、毒殺者になるなら、この同じ地球が地獄へと変わる――しかしそれはただ、あなたにとってだけだ。それはあなたが生きるところによる。あなた個人の内側の変容の問題だ。それは場所の変化ではない。内側の空間の変化だ。

喜びに満ちて生きなさい。罪の意識を持たず、全面的に生きなさい。強烈に生きなさい。するとその時、天国はもう形而上の概念ではない。それはあなた自身の体験だ。

今日はこれくらいでいいかな。

第十二章 スーパーマーケットの覚者《ブッダ》

Buddha in the Supermarket

最初の質問

愛するOSHO、自然の本質的な法則の一つは関係性、相互依存であるように見えます。私は、二羽の鳥がお互いに親密で、とても快適で争いなく、完全な調和の内に飛んでいるのを見守ったことがあります。人間にとってはそれがとても困難に見えますが、その秘訣は何でしょうか？　お願いです、OSHO、関係性について何か言ってください。

ヴァスマーティ、覚えておくべき最も基本的なことは、生とは弁証法だということだ。それは二元性を通して存在する。それは正反対の間のリズムだ。あなたは永遠に幸せであることはできない。そうでなければ、幸福はすべての意味を失うだろう。あなたは、永遠に調和の中にあることはできない。そうでなければ、あなたは調和に気づかなくなるだろう。調和は何度も、不調和の後に続かなければならない。そして幸福は、不幸の後に続かなければならない。あらゆる喜びには、それ独自の痛みがある。そしてあらゆる痛みには、それ独自の喜びがある。

存在の二元性を理解しない限り、人は不必要な不幸の中に留まる。全体を受け入れなさい。そのすべての苦痛と、すべてのエクスタシーをもった全体を——。不可能なことを求めてはいけない。エクスタシーだけがあるべきで、どんな苦痛もあるべきではないと望んではいけない。

エクスタシーは、単独では存在できない。それにはコントラストが必要だ。苦痛が黒板になる。そうするとエクスタシーは、非常に明瞭で大きくなる。ちょうど夜の暗闇の中で、星が非常に輝くように。夜が暗ければ暗いほど、星はより輝く。昼間は星は消え去ってはいない。単に見えなくなっただけだ。それが見えないのはコントラストがないからだ。

死のない生を考えてごらん。それは耐えられない痛み、耐えられない存在であるだろう。死がない生は不可能だ。死は生を定義する、それに一種の強度を与える。というのも、生ははかないものだからだ。それぞれの瞬間が貴重になる。もし生が永遠であるなら、その時は誰が気にかける？　人は永遠に明日を待つことができる。それなら、誰が今とここに生きるだろう？　明日、死がそこにあるから、あなたを今とここに生きるように仕向ける。あなたは、この現在という瞬間の中へ飛び込まなければならない。その究極の深みへと進んで行かなければならない。なぜなら誰にわかるだろう？　次の瞬間はやって来るかもしれないが、やって来ないかもしれないからだ。

このリズムを見ると、人はくつろぐ。両方にくつろぐ。不幸がやって来る時、人はそれを歓迎する。幸福がやって来る時、人はそれを歓迎する。それらは同じゲームのパートナーであることを知る。

これをずっと覚えているることだ。もしそれが、あなたの中の基本的な想起になるなら、あなたの生は全く新しい味わいを持つだろう。自由の味わい、しがみつかないことの味わい、無執着の味わいを持つだろう。来るものは何であれ来る。あなたは静かに、沈黙して留まり、受け入れる。

そして静かに沈黙して在り、痛み、欲求不満、惨めさを受け入れられる人は、惨めさそれ自体の、まさに質を変容させる。彼にとっては、惨めさもまた宝物になる。彼にとっては、痛みでさえ鋭さを与える。彼にとっては、暗闇でさえそれ特有の美しさ、深さ、無限さを持つ。彼にとっては、死でさえ終わりではなく、ただ未知なる何かの始まりにすぎない。


ヴァスマーティ、あなたは言う。

「自然の本質的な法則の一つは関係性、相互依存であるように見えます」

それらは同義語ではない。関係性は一つのもので、相互依存はそれとは全く別物だ。関係性とはあなた方は別々に分かれているという意味だ。あなた方は独立しており、だから他人なのだ。そしてあなたが関係することを決める。関係性は相互依存ではない。それは二人の独立した人間の接触だ。そのためすべての関係性は偽りだ。なぜなら基本的に独立性が偽りだからだ。誰も独立していない。もしあなたが独立していないのなら、どうやって関係することができるだろう。誰とあなたは関係することができるのだろう。

生は相互依存だ。誰も独立していない。ほんの少しの間も、あなたは独りで在ることはできない。あなたには、あなたをサポートする全存在が必要だ。いかなる瞬間にも、あなたはその存在を吸ったり吐いたりする。それは関係性ではない。それは全くの相互依存だ。覚えておきなさい、私はそれが依存だと言うのではない。依存という考えは、またもや私たちは独立していると、推定しているからだ。もし私たちが独立しているなら依存は可能だが、しかし両方とも不可能だ。それは相互依存だ。あなたは何を言っているのだろう？　波は大洋から独立していると、それは大洋に依存していると でも？　どちらも真実ではない。それらが大洋なのだ。独立も依存もない。大洋は波なくして存在できない。波は大洋なくして存在できない。それらは全く一つだ。それは単一体だ。

それが私たちの生全体だ。私たちは宇宙的大洋の意識の波なのだ。

それは、愛が三つの次元を持つという意味だ。

一つ目は依存だ。それが大多数の人々に起こっていることだ。夫は妻に依存している。妻は夫に依存している。彼らはお互いを利用している。彼らはお互いを支配している。彼らはお互いを所有している。彼らはお互いを日用品に落としめている。世界中で起こっていることの、九十九パーセントがそれだ。

だから、愛は天国の門を開けられるのに、ただ地獄の門だけを開けるのだ。

二つ目の可能性は、二人の自立した人たちの間での愛だ。それも時々起こる。しかし、それも不幸をもたらす。そこには絶えず争いがあるからだ。どんな調整も不可能だ。両者は全く独立している。どちらも相手に妥協したり、合わせようとする用意はない。

詩人や芸術家、思想家や科学者たち、ある種の独立して生きている人たちは、少なくとも彼らのマインドにおいては、一緒に生きることが不可能な人々だ。彼らは一緒に生きるには風変わりな人々だ。彼らは相手に自由を与える。しかし彼らの自由は、自由というより、無関心のように見える。それはまるで彼らが気にかけていないかのように、まるで彼らが重要でないかのように見える。彼らはお互いを、それぞれ彼ら自身の空間へ置き去りにする。関係性は、ただ表面的だけに見える。彼らはお互いの中へ、より深く入ることを恐れている。なぜなら彼らは、相手を愛することよりも、自らの自由により愛着があるからだ。そして彼らは妥協したくない。

そして三つ目の可能性は相互依存だ。それは、非常にまれにしか起こらない。しかしそれが起こる時はいつでも、楽園の一部が地上に落ちてくる。二人の人物は、独立でも依存でもなく、途方もない共時性の中にある。まるでお互いのために呼吸しているかのように、一つの魂が二つの身体にある。それが起こる時はいつでも、愛が起こる。唯一、これだけが愛と呼ばれるものだ。他の二つは本当の愛ではない。それらはただの協定——社交的、心理学的、生物学的な取り決めにすぎない。しかしそれは協定だ。三番目はスピリチュアルなものだ。

ヴァスマーティ、あなたはこうも言っている。「私は、二羽の鳥がお互いに親密で、とても快適で争いがなく、完全な調和の内に飛んでいるのを見守ったことがあります」

そう、それは嫉妬を生む。しかし鳥たちは気づいていない。彼らは意識を持っていない。彼らは意識以下の存在だ。彼らの調和は、あなたにとってそう見えるのだ。彼らにとってはそうではない。そして彼らが飛ぶことを楽しんでいる、というのはあなたの解釈だ。彼らがそうだというわけではない。それを覚えておきなさい。それはあなたの解釈だ。彼らは解釈できない。解釈できる意識や過去を振り返る意識、将来のことを考える意識や物事を観察して調べる意識など、まだ発達していない。彼らの振るまいは機械的だ。

人間は高次の存在だ。人間には意識する能力がある。そして意識とともに、面倒なことが始まる。あなたがより高く動けば動くほど、あらゆる段階はより危険なものになる。もしあなたが落ちるとすれば、谷の中のどこかに消え去るほどの、そんな高みから落ちるだろう。谷の中では、あなたは無意識に歩くことができる。そこに恐れはない。しかしあなたが頂上へ向かって動いているなら、最高点へ到達しているなら、あなたはますます意識的になるに違いない。

人間は神の非常に近くに、最も近いところにいる。そのために責任がある。危険や賭け、冒険もある。あなたは落ちることがある。では、落ちるとは何だろう？

あなたに意識する能力があることから、二つの可能性がある。あなたは自我の意識になることができる。それは落ちることだ。もしその自我があなたの意識に打ち勝つなら、あなたは落ちてしまったことになる。もし意識が自我の圧倒を許さないなら、もしあなたがただ意識していて、その中に自我が存在していないなら――中心のない意識、意識する人が誰もいない意識であるなら、その時、あなたは昇って昇って昇りつめる。そして頂点はそう遠くない。たぶん、あともう少しのステップで、あなたは家に到着するだろう。

その時あなたは、調和とは何かを知るだろう。そして存在の永遠の調和を知るだろう。決して壊されたことのない沈黙、始まりのない始まりから終わりのない終わりへ、それは同じように続く。その時あなたは、決して汚染されたことのない、存在の汚れなき純粋性を知るだろう。

かわいそうな鳥たちと動物たちは、どうやってそれを知るだろうか？

しかし私には理解できる。ヴァスマーティ、時々それは大きな嫉妬を生む。二羽の鳥がそれほどの調和の中で飛んでいる。それほどの愛と親密さの中で、彼ら自身の間だけでなく風とともに、太陽とともに、雨とともに――すると人間は感じ始める、「なぜ私はとても幸せでいられないのだろうか？　なぜ私は、そのような美しさと関われないのだろうか？　なぜ私は、風と雨と太陽をとてもくつろいで楽しめないのだろうか？」

それは、あなたが鳥たちよりも低いからではない。それはあなたがより高いからであり、もっと多くのものがあなたに必要だからだ。あなたがより高いために、神のあなたへの評価もまた高い。そう、酔っ払いはどんな心配も、どんな悩みも失ったかのように見える。そして覚者《ブッダ》もまた、どんな心配も、どんな悩みもないように見える。覚者もまた酔っ払いのように見える。しかし、彼らが同じ水準にいると思うかね？　酔っ払いは意識から落ちている。覚者はその自我から上昇しているのだ。

自意識は人間的だ。もしあなたが意識から落ちるなら、確かに不安を忘れた状態になるだろう。もしあなたが自我から上昇するなら、ただ不安を忘れた状態だけではない。不安はただ蒸発する。それはもう存在しない。

あなたは覚者になることができる。ヴァスマーティ、あなたには覚者になるための能力が、潜在力がある。鳥たちはかわいそうだ。しかし人間は、かわいそうな鳥たちに嫉妬を感じ始めさえするほど低く落ちてしまう。

あなたは訊ねている。「人間にとってはそれがとても困難に見えますが、その秘訣は何でしょうか？」その秘訣とは意識だ。意識は自由をもたらす。自由とは、正しいことをする自由だけではない。もしそれが自由の意味なら、どんな類の自由だろうか？　もし正しいことをする自由しかなかったら、あなたは自由ではない。自由とは二つの選択肢があるという意味だ。正しいことをすること、そして誤ったことをすること。自由が意味するのは、イエスかノーかを選ぶ権利だ。

これを理解するのは微妙だ。イエスと言うより、ノーと言うほうが自由な感じがする。私は哲学的なことを言うのではない。これは、自分の内側で観察できる単純な事実だ。ノーと言うといつでも、より自由な感じがする。イエスと言うと、いつも自由な感じがしない。なぜならイエスとは、自分が服従し、降参したことを意味するからだ。自由はどこにあるだろうか？　ノーはあなたが頑なであること、超然としていることを意味する。ノーは自分を主張していること、自分には闘う準備があることを意味する。

イエスよりノーのほうが、自分の輪郭がはっきりする。イエスはあいまいで、雲のようだ。ノーは堅く、岩のような存在感がある。

子供は七歳から十四歳にかけて、数多くノーと言うことを学び始める、と心理学者たちが言うのはそういう理由からだ。ノーと言うことで、彼は心理的に母親の子宮から離れる。ノーと言わなくてもいい時でさえノーと言う。イエスと言ったほうが好感を持たれる時でさえ、ノーと言う。

多くのことが問題になる。彼は、数多くノーと言うことを学ばなければならない。彼が十四歳になり、性的に成熟すると、母親に対して決定的なノーを言うだろう。彼は別の女性に恋するようになるだろう。それは彼の、母親への決定的なノーであり、母親に背を向けることだ。彼は言う。「ぼくはあなたとは終わりだ。ぼくは自分の女を見つけた。ぼくは自分の権利として独立した個人になる。自分の人生を生きたいんだ。ぼくは自分のことがしたいんだ」

そしてもし親が「髪を短く切りなさい」と強要するなら、彼は長髪にするだろう。もし親が「髪を長く伸ばしなさい」と強要するなら、彼は短髪にするだろう。長い目で見てごらん。ヒッピーが親になったら、彼らは自分の子供が短髪になるのを目にするだろう。子供はノーを学ばなければならないからだ。

もし親が「清潔さは敬神につぐ美徳だ」などと強要したら、子供はあらゆる種類のゴミの中で生活し始めるだろう。彼らは不潔になるだろう。彼らは風呂に入らない、身だしなみを整えない、石鹸を使わない。石鹸は肌に悪いとか不自然だとか、動物は石鹸を使わないとか、彼らは自分の行為に理屈をつけるだろう。彼らは可能な限り、多くの理屈を見つけることができる。だが本心では、そのすべての理屈は単なる表面の覆いにすぎない。本当のところ、彼らはノーと言いたいのだ。そしてもちろん、あなたがノーと言いたい時は、その理由を見つけなければならない。

だから、ノーはあなたに自由の感触を与える。それだけでなく知性的な感触も与える。イエスと言うのに知性はいらない。あなたがイエスと言うと、誰もあなたに「なぜ?」と聞かない。あなたがすでにイエスと言ったら、誰がわざわざ「なぜ?」と訊ねるだろうか。そこにはどんな理由も議論も必要ない。あなたはすでにイエスと言ったのだ。

あなたがノーと言うと、必ず「なぜ?」と訊ねられる。それはあなたの知性を鋭くする。それはあなたに明確さ、スタイル、自由を与える。ノーの心理を観てみることだ。人間にとっては、意識があるために、調和していることはとても難しい。意識は自由を与え、自由はあなたにノーと言う能力を与える。そしてイエスと言うより、ノーと言う可能性のほうが多い。そしてイエスなしでは調和はない。イエスが調和だ。

しかし、イエスと言えてしかも自由なままでいられ、イエスと言えてしかも独自《ユニーク》なままでいられる、イエスと言えてしかも奴隷にはならないほど成長し、成熟するという、そうした成熟に達するには時間がかかる。

ノーによってもたらされる自由は、とても幼稚な自由だ。七歳から十四歳までなら、それは良い。しかし、もし人がそれに囚われて全生涯でノーと言い続けるなら、彼は成長を止めている。

究極の成長とは、子供がノーと言う時と同じような喜びをもって、イエスと言うことだ。

これは第二の子供時代だ。途方もない自由と喜びをもって、ためらいもなく、無条件にイエスと言える人――純粋で単純な喜び、純粋で単純なイエス――その人は賢者になる。その人はふたたび調和の中で生きる。彼の調和は、木々や動物や鳥たちの調和とは、全く次元が異なるものだ。木々や動物や鳥たちが調和の中に生きるのは、彼らがノーと言えないからだ。しかし賢者が調和の中に生きるのは、彼がノーと言わないからだ。この両者の間《あいだ》、鳥たちと覚者との間にすべての人間がいる。成長していなくて、未熟で子供っぽく、どこかに引っかかっていて、いまだにノーと言おうとすることで、自由の何らかの感覚を持とうとする人だ。

私は、ノーと言うことを学んではならないと言うのではない。ノーと言うべき時には、ノーと言うことを学びなさい、だがそこに引っかかってはいけない、と言っているのだ。ゆっくりとイエスとともに訪れる、より高次の自由、より大いなる調和があることに、目を向けるようにしなさい。その平和は理解を超えている。

二番目の質問

OSHO、関係性があるのは愛がないからですか?

ムクティ・ガンダ、そうだ。愛は関係性ではない。愛は関わるがそれは関係性ではない。関係性とは何かが終わったものだ。関係性とは名詞だ。終止符がやって来る。ハネムーンは終わった。今、そこに喜びや熱中はない。今、すべてが終わっている。

あなたはそれを続けることはできる、ただ約束を守るためだけに——あなたが続けられるのは、それが快適で便利で、居心地がいいからだ。あなたが続けられるのは、他にすることがないからだ。あなたが続けられるのは、もしそれを引き裂いたら、より多くの面倒な事になるからだ。

関係性は何かが完了したこと、終了したこと、閉じたことを意味する。愛とは決して関係性ではない。愛は関わることだ。それは常に流れ、花開き、終わりがない。愛は終止符を知らない。ハネムーンは始まるが決して終わらない。それは一定の地点で始まり、一定の地点で終わる小説のようなものではない。それは進行する現象だ。

愛する人たちは終わり、愛は続く。それは連続体だ。それは動詞であり名詞ではない。それではなぜ私たちは、関わる事の美しさを関係性に格下げするのだろう？　なぜそんなに急ぐのか？

それは、関わることは不安定であり、関係性は安心だからだ。関係性は確実性を持つ。関わることは、二人の見知らぬ人の出会いにすぎない。たぶんちょっと一晩だけ一緒に居て、次の朝にはさよならを言うようなものだ。明日何か起こるのか、誰にわかるだろう？　そこで私たちは、それを確かなものにしたいと、それを予測できるものにしたいと、非常に恐れる。私たちは、明日を自分たちの思惑通りにしたい。それ自身の勝手にさせることを許さない。だから私たちは、すぐにすべての動詞を名詞に変えてしまう。

あなたは女性、または男性と愛の中にあり、そしてすぐに結婚を考え始める。それを法的な契約にする。なぜだろう。愛の中にどうやって法律が入ってくるというのだろう。法律が愛の中に入ってくるのは、愛が存在していないからだ。それはただの幻想だ。あなたは、その幻想が消え去ることをわかっている。それが消え去る前に落ち着かせる。それが消え去る前に、別れられないようにするための何かをする。

より良い世界では、より瞑想的な人々とともに、地球上に広がるもう少しの光明とともに、人々は愛するだろう、大いに愛するだろう。しかし彼らの愛は関わったままであり、関係性ではない。そして私は、彼らの愛がその瞬間だけのものである、と言うのではない。彼らの愛は、あなたの愛よりもより深く進むかもしれない、より高次の親密さを持つかもしれない、その中に詩より大きい何かを、神より大きい何かを持つかもしれない可能性が大きい。そして彼らの愛は、これまで持続してきた関係性よりも、長く続くかもしれない可能性が大きい。しかしそれは法律によって、裁判所によって、警察官によって保証されてはいない。

保証は内側にある。それはハートから託されたものだ。それは沈黙の交感《コミュニオン》だ。もしあなたが誰かと一緒にいることを楽しんでいるなら、ますますそれを楽しみたくなる。もしあなたが親密さを楽しむなら、あなたはますますその親密さを探求したくなる。

そこには、長い親交の後にだけ開花する愛の花が少しある。そこには、六週間以内は太陽の下にあるが、六週間以内に再び永遠に去る、という周期的な花もある。開花するのに何年もかかる花がある、何十年もかかる花がある。長くかかればかかるほど、それはより深く進む。

しかしそれは、一つのハートから別のハートへと託されなければならない。それは言葉に表わされることさえない。なぜなら言葉に表わすことで、その神聖さを汚すからだ。それは沈黙に託されたものでなければならない。目から目へ、ハートからハートへ、存在から存在へ。それは理解されるべきものであり、言うべきものではない。

結婚するために、教会や裁判所へ行く人々を見ると実に醜い。それはとても醜く、とても人間的なことではない。それは単純に、彼らが自分自身を信頼できないことを見せている。彼らは、自分自身の内面の声を信頼するよりも、警察官を信頼している。それは彼らが自分の愛を信頼していないことを、法律を信頼していることを見せている。

ガンダ、関係性を忘れて、どう関わるかを学びなさい。ひとたびあなたが関係性の中にあるなら、あなたはお互いを当然のこととして受け取り始める。それが、すべての愛の関係を破壊するものだ。女性は彼のことを知っていると思っている。男性は彼女のことを知っていると思っている。誰も知らない。相手のことを知ることなど不可能だ。相手は神秘のままだ。相手を当然のこととして受け取ることは、侮辱的なことだ。それは失礼だ。

あなたが自分の妻のことを知っていると思うことは、非常に感謝知らずといえる。あなたはどうやって女性を知ることができるだろう。どうやって男性を知ることができる？　彼らは進行中だ。彼らは物ではない。あなたが昨日知っていた女性は、今日はいない。とても多くの水が、ガンジス河を流れ去った。彼女は別の誰かだ。全く違っている。再び関わりなさい、再び始めなさい、それを当然のこととして受け取らないことだ。

そしてあなたが、昨夜泊めた男性の顔を、その朝にもう一度見てごらん。彼はもう同じ人物ではない。途方もなく変化している。途方もなくほとんどが変化している。それが物と人との違いだ。部屋の中の家具は同じだ。しかし男と女、彼らはもう同じではない。再び探し求めなさい。再び始めなさい。それが、私が意味する関わるということだ。

関わるということは、あなたがいつも始めるということだ。あなたは、いつも知り合おうとする。何度も何度も、あなた方はお互いに自分自身を紹介する。あなたは相手の人格の、多くの顔を見ようとする。あなたは彼の内面の感覚の領域の中へ、彼の存在の深い奥底の中へ、ますます深く侵入しようとする。あなたは、解明できない神秘を解明しようとする。

それが愛の喜び、意識の探求だ。もしあなたが関わるなら、それを関係性に格下げしないなら、その相手はあなたにとって鏡になるだろう。彼を探求しなさい。気づかないうちに、あなたは自分自身をも探求しているだろう。相手の中へより深く入っていきなさい。彼の感覚を、彼の考えを、彼の深い感動を知りなさい。あなたは自分自身の深い感動をも知るだろう。

愛する人たちは、お互いに鏡になる。そして愛は瞑想になる。関係性は醜い。関わることは美しい。関係性においては、両者はお互いに盲目になる。

ちょっと考えてごらん。あなたがあなたの妻をじっと見つめてから、どれだけの時間が経っただろうか？　あなたがあなたの夫に見つめられてから、どれだけの時間が経っただろうか？　もしかしたら数年――誰が自分自身の妻を見るだろうか？　あなたは既に、彼女のことを知っていて当然だと受け止めていた。何か、さらに見るものがあるとでも？　あなたは自分が知っている人々よりも、知らない人々により興味を持つ。あなたは、彼らの身体の体形のすべてを知っている。あなたは、彼らがどう対応するのか知っている。あなたは、起こったことのすべてがまた何度も起こるのを知っている。それは何度も繰り返す円だ。

それはそうではない。本当にそうではない。これまで何も繰り返されてはいない。あらゆるものは毎日新しい。ただ、あなたの目が古くなるだけだ。あなたの憶測が古くなるだけだ。あなたの鏡が埃を集めるだけだ。そして、あなたの相手を映し出す力がなくなるだけだ。

だから私は、関わりなさいと言うのだ。関わりなさいと言うことで、ハネムーンに意識的に留まることを意味している。お互いのことを調べ、探求し続けなさい。新しい愛し方を見つけなさい。一緒にいるための、新しい方法を見つけなさい。それぞれの人はあなたが、「私は彼女を知っている」「私は彼を知っている」と言うことさえ不可能なほど、無限の神秘だ。無尽蔵で底知れないものだ。せいぜいあなたは「私は自分のベストを尽くした。しかし神秘は神秘のままだ」と言えるくらいだ。

実際、あなたが知れば知るほど、相手はより神秘的になる。その時、愛とは絶え間ない冒険だ。

三番目の質問

愛するOSHO、私は、おとぎ話の中でキスをされて、素敵な王子様に成長し始めるカエルのように感じます。しかし私は、まだカエルのような衣服を着ていて、それは窮屈過ぎます。もし、お姫様が興味を持ってくれていないなら、再び単なるカエルでいることは好ましくありませんか？　助けてください！

デヴァ・サグナ、あなたは非常に古風であるようだ。世界はそれらの類の物語が書かれてから、ずいぶん変わってしまった。今はちょうど、その逆も同じように存在する。王子に触れると彼はカエルになる。王子にキスをした途端、そこにはカエルがいる。

この寓話はもう適切ではない。しかし、その中へ少し深く入って行くのはいいだろう。なぜ、そうした物語が創作されたのだろう？　そもそもなぜ？　その心理は何だろう？　その心理は、人間の存在の醜いものを隠すためだ。現実は、あなたが女性または男性にキスをする瞬間、男性または女性との愛に落ちる瞬間、すぐに男性はカエルになり始め、女性はカエルになり始める、という過程が始まるということだ。

さて、これが事実だ。そしてあなたは、それを全部知っている。これらの寓話は、この現実を覆い隠すために創られたものだ。これらの寓話は、あなたを欺くために創られた。あなたがカエルにキスをすると、カエルが王子になれるというのは現実とは違う。これらの物語は、生の現実からあなたを欺くために創られた。小さな子供たちがこの物語を読み、それを信じる、そして後になって、彼らは非常に幻滅させられる。

これらの物語は空想、願望の充足だ。それは、人がそうであってほしい方法だ。カエルにキスをすると、カエルは素敵な王子に変容する。これらは願望の充足だ。それは起こらない。起こっていることはちょうどその反対だ。しかし、どうやってそれを隠したらいい？　どうやってそれを見ないようにしたらいい？　そのためには、その周りに美しい寓話を創ることだ。

宗教の九十九パーセントと文学の百パーセントは、欺くことから成る。それらはそうではないものとして、決してこれまでそうではなかったものとして、そしてこれからも、そうではないものとして語り続けている。

だが、人間は幻想を通して生きる動物だ。彼は現実とともに生きることはできない。現実はあまりにもひどい。それは傷つける。あなた自身の生で、それを見た事はないだろうか？　女性と恋に落ちる。彼女を手に入れられない時は、彼女はとても美しかった。あなたの手の届かないところにあった時は、彼女はまるでクレオパトラのようだった。そして結婚すれば、あなたは彼女にうんざりする。死ぬほど退屈する。今あなたは、どうやってこの女性にクレオパトラを見てしまったのか、信じられなくなる。彼女はどんな点においても、全く醜く見える。

そして、同じことが彼女側からも言える。彼女はあなたのことを、魅力的な王子様だと思っていた。寓話の中で、美しい馬に乗って来る王子様のように思っていた。彼女は自分が、私の魅力的な王子様を見つけたと思った。そして彼女が現実に生きる時、彼は夜にいびきをする、臭い、そして何とも汚い習慣がある――タバコを吸うのだ。彼がすごくタバコ臭いために、彼女はキスさえできない。そして突如として、魅力的な王子様は、現実には決して存在しないことに彼女は気づく。彼は投影されたものだった。彼女は彼に投影していたのだった。

日ごとにその人物は、ますます普通になっていく。それが現実だ。王子様にキスをすると、彼はカエルになる。しかし、それならどうやって生きる？

もし、これらすべての現実が明らかにされたら、生は不可能になる。だから私たちは幻想《ファンタジー》を、寓話を、架空の物語を創り出す。いくつかの慰めを創るために、少し居心地の良い雰囲気を創るために。もしそれが現実でないなら、少なくともあなたは夢を見ることができる。あなたは空想ができる。もしそれが、今日は本物ではないにしても、明日は本物になるだろうと信じることができる。カエルにキスをし続けなさい、遅かれ早かれ彼は王子様になる。

それが信仰を作るのだ。

人々が魂の不死を信じるのは、彼らが死を意識しているからだ。彼らが魂は不死であるということを知っているのではない。しかしただ、あらゆる人が死ぬのを見るために、彼らは死の確実性を知る。さて、どうやってその確実性から逃れよう？　それには架空話《フィクション》を創ることだ。

覚えておきなさい。私は、魂は永遠ではないと言うのではない。私は単に、魂は永遠であるという人々の信仰は、虚構《フィクション》だと言うだけだ。信仰が虚構《フィクション》なのだ。

人々は、気にかけてくれる神を信じている。なぜなら、彼らは気にかけられていない、と感じているからだ。誰も彼らを気にかけない、放ったらかされていると感じている。誰も彼らに興味があるようには見えない。彼らが生きていようが死んでいようが、問題ではない。彼らは天国の高いところに、彼らを気にかけてくれる父親的存在を、作らなければならない。たとえ誰も気にかけてくれなくても、神様が気にかけてくれる。それは大きな慰めだ。

宗教の名において、文学の名において、詩、音楽の名において、私たちは虚構を創り出してきた。私たちは自分自身の周りに、ほんの少し衝撃を和らげるものを創る。現実の衝撃が私たちに届かないように。

列車の緩衝装置を見た事があるだろう。二両のボギー車（車軸が自由に転向する車両）の間、二つのコンパートメント（客車の仕切り部屋）の間、そこに緩衝装置がある。だから、もしある事故が起こっても、そのコンパートメントはお互いに衝突しないようになっている。事故の衝撃は緩衝装置によって吸収させることができる。車には、あなたが荒れた道のデコボコを感じないようにスプリングが取り付けられてある。これらのスプリングはその衝撃を、そのデコボコを吸収し続けている。それらは衝撃吸収器だ。

人間は彼自身の周りに、多くの心理的衝撃吸収器を創り出した。そして、私があなたに言いたいことがこれだ。すべての衝撃吸収器を落とさない限り、あなたは決して自由になれない。

唯一、真実だけが解放させる。その始まりでは、真実は非常な衝撃を与える。しかし、それがそのあり方だ。それが物事のあり方だ。それが自然が機能するあり方だ。あなたは自分自身を開かなければならない。

生のすべての衝撃に対して、傷つきやすくあることだ。それは痛むだろう。それは傷つけるだろう。あなたは泣くだろう。涙を流すだろう。人生に反対して激怒するだろう。しかし、ゆっくりとあなたは真実は真実であること、真実に反対して激怒することは、要点を失っているとわかり始めるだろう。そして、ひとたび激怒が静まれば、真実はそれ特有の美しさを持つ。真実は解放する。

師の本当の仕事は、弟子たちの衝撃吸収器を壊すことだ。それは本当に非常に厳しい仕事だ。弟子たちがあらゆる可能なやり方で抵抗するという意味で、厳しい仕事だ。彼らは自分たちの衝撃吸収器を守る。もし彼らがある危険を感じると、自分自身の周りにもっと多く衝撃吸収器を作る。もし彼らが、自分の背後でその衝撃吸収器をひったくろうとしている者がいると知ったら、非常に警戒して非常に防御し、自分たちの周りを、もっともっと武装するだろう。

本当の師は、あなたに慰めを与えることはできない。彼はあなたに、ただ自由だけを与えることができる。彼はあなたに祝福を与える。しかし、彼は慰めを与えることはできない。そして彼は、あなたの中の長い間大切にしていた、長い間育んできた多くのものを、壊さなければならない。彼はあなたを守っている多くの衣服を、取り去らなければならない。彼は本当に、あなたを丸裸のままにしなければならない。

それは怯えさせる。それは恐怖だ。しかし、それがあなたが成長できる唯一の道なのだ。成長は現実に反対するのではなく、現実と共にあらねばならない。ひとたび、あるがままの現実の何かを味わうなら、あなたは決して、どんな他の緩衝装置も衝撃吸収器も、再びあなたの周りに集めることはないだろう。

サグナ、あなたは言っている。「私は、おとぎ話の中でキスをされて、素敵な王子様に成長し始めるカエルのように感じます」

あなたは夢を見ているに違いない。ここではそのようなことはしない。サグナ、あなたは素敵な王子様としてここに来た。あなたはキスされる。そして今あなたはカエルだ。しかし、カエルであることに何の間違いもない。カエルたちは美しい人々だ。

あなたは言う。「しかし、私はまだカエルのような衣服を着ていて——」

もちろん、あなたはまだカエルだ！

「そしてそれは窮屈過ぎるし」

それはあなたの想像だ。

「もし、お姫様が興味を持ってくれていないなら、再び単なるカエルでいることは好ましくありませんか？」

あなたは何を話しているのだね？　あなたにはどんな助けも必要ない。あなたは既にそれだ！　あなたのカエルの状態を受け容れ、そしてお姫様についてのすべてを忘れなさい。実際、私はお姫様に興味を持つカエルを見た事がない。馬鹿げた考えだ！　別のカエルに興味を持つようになりなさい！

そしてそのやり方で、私はあなたを助けることができる。私はここに、とても多くのカエルたちを持っている。

四番目の質問

OSHO、あなたは、クリシュナムルティは、怒ることができると言いました。光明を得ることにおいては、怒るべき人は存在していないのに、どうやってそれは可能なのですか？

ヘンク・ファッセン、光明を得て、怒る人は誰も存在しない。そこには、怒らない人さえ存在していない。だから、起こることは何であれ起こる。

クリシュナムルティは、あなたが怒るようなやり方で怒っているのではない。光明を得た人のもとでは、あらゆることが全く違った水準で起こる。彼の怒りは彼の慈悲からやって来る。あなたの怒りは憎しみ、攻撃性、残酷さからやって来る。彼は怒りになる——時たま、彼は自分の髪を引き抜き始める。彼は自分自身の額を打つ——しかし、それは慈悲からだ。

ちょっと考えてごらん。五十年間、いやそれ以上、彼は世界へある種の真理を教え続けてきた。だが、誰も彼を理解しなかった。同じ人々が毎年彼を聞くために集まる——同じ人々だ。

一度彼は、ムンバイで語っていた——ある人が私にこれを伝えた。それを私に伝えた人は年老いた女性で、クリシュナムルティよりも年上だ。彼女は、子供の頃のクリシュナムルティを知っていた。彼女は五十年間彼を見て、聞いていた。彼女は少し聴覚障害で、とても年老いていたので、前の方の席に座っていた。五十年間、クリシュナムルティは、瞑想するための方法などない、瞑想は少しも必要ないと言い続けていた。ただこの現在に在り、そしてあなたの生を生きること、それで瞑想は充分だ、その他の技法は必要ないと——。

一時間半、彼は熱弁をふるった。すると、最後のところでその女性が立ち上がり、訊ねた。

「どうやって瞑想するのですか?」。さて、あなたは彼がどうすべきであるか、推測できるだろうか?

彼は自分の頭を叩いた。

これはあなたの怒りではない。これはとても信じられないことだ! 彼はこの女性にうんざりしていた。しかし、この女性は彼にうんざりしてはいなかった。彼女は彼を聞くために、すべての講話に出席していた。そして同じ愚かな質問をしていた。


ヘンク、私がクリシュナムルティは怒ることができる、と言う時、彼はあなたが怒るように怒ることができるという意味ではない。彼の怒りは慈悲から出ている。この状況は信じられないものだ! 彼はこの女性を助けたい。彼はとても助けられないと感じている。彼はあれこれと試みた。彼のメッセージは非常に単純で、独自で、一次元的だ。五十年間、彼はただ一つの言葉だけを言い続けてきた。本質的に彼のすべての教えは、ハガキの片面に印刷できる。彼は、人が思いつける限りの多くの可能なやり方でそれを言い続けている。しかし彼が北、南、西、東のそれぞれから攻撃しているものは、同じ要塞なのだ。それでも人々は彼を聞き続けているし、同じ古くて馬鹿げた質問を問い続けている。

彼は確かに怒る。そしてクリシュナムルティのような人が怒る時、彼は純粋に怒る。クリシュナムルティが怒ったことで、多くのインド人は彼にとても失望した。彼らは、覚者は怒るべきではない、という確かな概念を持っている。彼らは偏見を伴っている。クリシュナムルティは怒ることができる、というのを知ると、彼らは幻滅させられる。「だからこの男は覚者ではない。彼はまだ光明を得てはいない」

私はあなたに、彼はこの地上をこれまで歩いた人の中で、最も光明を得た人物の一人だと言おう。それでも彼は怒ることができる。しかし、彼の怒りは慈悲から来ている。それは凝縮された慈悲だ。彼は、あなたをとても気遣うために怒る。これは全く違った怒りの質だ。

そして彼が怒る時は本当に怒る。あなたの怒りは部分的でなまぬるい。あなたの怒りは、犬がどうやって見知らぬ人とふるまったらいいか、はっきりしないようなものだ。彼は主人の友人であるかもしれないから尻尾を振る。彼は敵であるかもしれないから吠える。犬は両方一緒にやる。一方では吠え続ける、もう一方では尻尾を振り続ける。実情が明らかになるものなら、何であれ、いつも自分は正しいと感じられるように、外交官を演じている。もし主人が来て、主人が友好的であることがわかれば吠えるのを止め、全エネルギーは尻尾へ注がれる。もし主人が侵入者に怒っているなら、尻尾は完全に止まり、彼の全エネルギーは吠えることへ注がれるだろう。

あなたの怒りもまた、そのようなものだ。あなたはどの程度まで怒るか、どれだけお返しをするかを考慮する。限界を超えないように、相手をあまり怒らせないようにと考慮する。

しかし、クリシュナムルティのような人が怒ると、彼は純粋に怒る。そして純粋な怒りは、それが全面的であるという理由で美しいものだ。彼はただ怒る。彼はまるで小さな子供のように、真っ赤な顔をして、いたるところでただ怒る。全世界を破壊する用意がある。

それがイエスに起こったことだ。彼が偉大な寺院へ行き、寺院の中の両替商と彼らのテーブルを見た時、彼は激怒した。彼は怒りになった——それは慈悲と愛からやって来る同じ怒りだ。片手で、彼は両替商全員を寺院から外へ追い払い、彼らの台をひっくり返した。彼は本当に、非常に怒っていたに違いない。片手で両替商全員を寺院から外へ追い払うことは、簡単ではないからだ。

伝えるところでは、こう言っている。私はどこまで正しいのか知らない。しかし伝えるところによれば、彼はそんなに強い男ではなかったと言われている。それによると、彼はそんなに背が高い男でもなかったようだ。あなたは驚くだろう。彼はたった四フィート六インチ（約百三十七センチ）だけだった。それだけではない——その上、猫背だった。私は裁判で争いたくないので、これらの伝えるところがどれだけ真実なのかは知らない！　しかしそれは本の中に、古代の本に、非常に昔の本に書かれてある。

さて、どうやってこの猫背は、四フィート六インチの身長で、両替商全員を片手で放り出したのか？　彼は純粋に激怒していたに違いない！

インド人たちは、それに怒っているのだ。彼らは、イエスが光明を得ていることが信頼できない。まさにこの事件が理由で。

人々は先入観を、観念を持っている。真実を、光明を得た人を調べるよりはむしろ、彼らはとても多くの概念を用意してくる。その人が彼らに適合しない限り、その人は光明を得ていないということになる。そして言わせてほしい。光明を得た人が、あなた方の無明の先入観に適合することはない。それは不可能だ。

それは起こった。ひとりの淑女が私の所にやって来た。彼女は何年もの間、クリシュナムルティの信棒者だった。そこで一つの小さな事柄が物事の全体をかき乱し、物事の全体が台なしになった。この事柄は驚くほど小さなことだった。

そこはオランダにあるキャンプ地、クリシュナムルティが毎年キャンプをする所で、その女性はインドからそこへ出かけた。ほとんど約二千人の人々が、世界中から彼を聞くために集まっていた。次の朝講話が始まろうとしていたが、その女性は買い物に出かけていた。すると彼女は驚いた。クリシュナムルティも買い物をしていたのだ。光明を得た人が買い物をするだと？　あなたは信じられるだろうか？　覚者がスーパーマーケットにいる？　そしてそれだけではない——彼はネクタイを購入していた。光明を得た人々にネクタイがいるのか？　それだけではない——売り場のカウンターはすべてネクタイでいっぱいで、彼はそれをあちこちへ投げ捨てていた。どれにも満足していなかったのだ。

その女性はその場面を、始めから終わりまで見て、見守り、そして愕然とした。彼女は思った。

「私は、ネクタイを購入しているこの平凡な男のためにインドから来たのか。しかも数多くのネクタイのすべての色、すべての種類の生地、それでさえ、どれも彼を満足させてはいない。これが超然としていることなのか？　これが覚醒なのか？」

彼女は背を向けた。そのキャンプには出席せず、すぐに帰った。そしてまず最初に、彼女は私の所に走ってやって来て言った。「あなたは正しいです」

私は言った。「どういう意味かね？」

彼女、「クリシュナムルティと一緒では、自分の時間を無駄に浪費することだ、というあなたは正しいです。今、私はあなたのサニヤシンになりたいです」

私、「申し訳ないが、私はあなたを受け入れられない。もしあなたがクリシュナムルティを受け入れられないなら、どうやって私はあなたを受け入れられるだろう？　もう行きなさい！　ここであなたは、さらにもっと失望させるものを見るからだ。あなたは私のメルセデス・ベンツをどうするつもりかね？　それが起こる前に失せなさい。なぜ悩む？　あなたは私のエアコン付の部屋を、どうするつもりかね？　それが起こる前に、どこかのムクタナンダ（シッダ・ヨガの創始者）や、その他いろいろなものを見つけるほうが良い。あなたはクリシュナムルティを理解できなかった。私を理解することはできないだろう」

クリシュナムルティのような人々は、全く違った段階に生きている。彼らの怒りはあなた方の怒りではない。そして彼は、ただこれらのネクタイで戯れていたのではなく、この愚かな年老いた女性のためにしていたということを、誰が知るだろう？　師たちは、そうしたことを考案すると知られている。彼はこの愚かな女性を、いとも簡単に排除したのだ。

最後の質問

愛するOSHO、イタリアでは、このかわいそうな国では、私たちはただ三つの物だけを持っています――ローマ法王、ピザ、そして噂話。今、インドに来て、私たちはピザを失い、法王としてのあなたと共にいます。どうか私たちに噂話を残させてください！

ヴィデハ、私は噂話が嫌いではない。実際、私はそれを愛する。しかしこの老人、アティーシャをどうする？　毎日、私は少し噂話をすることに決めているが、彼はノーと言う。そして私は彼に向かって、少し敬意を表しなければならない。

そして問題は、アティーシャに多くあるのではない。問題は扱っている経文にある。私はそこからどうにかして切り抜けるための、正当なやり方を見つけるだろう。しかし噂話をすることは難しい。だが、もしあなたが私に誰にも言わないと約束するなら、やってみよう――。

ひとりの男が通りを歩いていて、店先の窓を覗き込んでいた。そして彼の視線は、店の中の小旅行用髭剃り用具のバッグに止まった。気になったのはその価格だった――法外な三百ドルだ。彼は好奇心に打ち負かされてしまったので、店の中に入らないわけにはいかなくなり、それについて訊ねた。もっとも、彼には必要ないものだった。

「どうしてこの小さなバッグが、こんなに高いのですか?」と彼は訊ねた。

店主は返答した。「それは非常に特別な革から作られています」

「たとえそれが鰐皮かミンクの裏打ちがされていたとしても、そんなに高くはつきませんよ」と、好奇心に満ちた男は言った。

店主は答えた。「この小さなバッグにまつわる話が珍しいのです。その皮細工師のおやじがユダヤ教の牧師で、このバッグは完全に包皮から作られているのです」

「それは珍しいとわかります」。その男は口答えをした。「しかし、三百ドルはそれでも少し高すぎますよ!」

その店主はさらに言った。「それは非常に便利なものですよ。あなたがそれを擦ると、それは大きなスーツケースに変わります」

今日はこれくらいでいいかな。

第十三章 悪い冗談を言わないこと

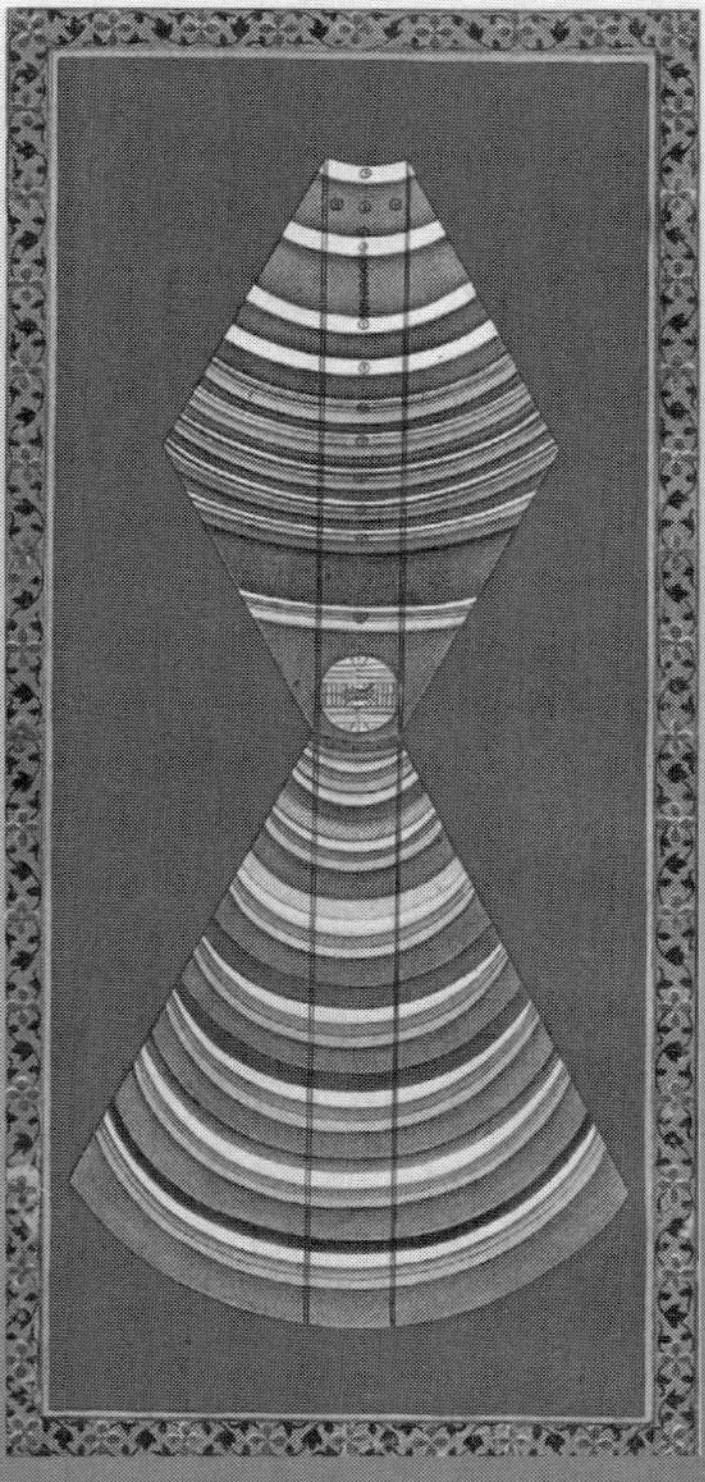

Don't Make Wicked Jokes

毒された食べ物を放棄しなさい

一貫させてはいけない

悪い冗談を言わないこと

機会を待ってはいけない

ハートに打撃を与えてはいけない

雌牛の重荷を雄牛に移してはならない

好みを支持してはならない

間違った見解を持たないこと

天界の悪魔にだまされないように

最初の経文

毒された食べ物を放棄しなさい

東洋の神秘主義の伝統によると、あなたが自分であると考えるものは、すべて食べ物以外の何ものでもない。あなたの身体は食べ物だ。あなたのマインドは食べ物だ。あなたの魂は食べ物だ。魂を超えたところには、食べ物ではない確かな何かがある。その何かはアナッタ、無我として知られている。それは全くの虚空だ。仏陀はそれをシュニヤ、空、と呼んだ。それは純粋な空間だ。それはそれ自身以外の何ものでもないものを、内に含んでいる。それは中身のない意識だ。

中身が存続している間は、食べ物が存続する。「食べ物」によって、それは外側から摂取されたものを意味している。身体は物質的な食べ物が必要だ。それなしでは、身体は衰え始める。これがその生き残る方法だ。それは物質的な食べ物以外の何ものをも含んでいない。

あなたのマインドは、記憶、思考、欲望、嫉妬、権力欲、そして千と一つのものを内に含んでいる。それらすべてもまた食べ物だ。さらに少し微妙な面においても、それは食べ物だ。思考は食べ物だ。そのためあなたが思考に栄養を与えると、あなたの胸が広がる。自分にエネルギーを与えてくれる思考があると、あなたは気分がいい。誰かがあなたについて何か良いこと、賛辞を言う、そしてあなたに起こることを見てみなさい。あなたは栄養を与えられている。そして、誰かがあなたについて何か悪いことを言う、そこで見守ってごらん。それはまるで、何かがあなたから奪い取られたようだ。あなたは以前よりも弱くなる。

マインドは微妙な形での食べ物だ。マインドとは、身体の内部の側面以外の何ものでもない。そのためあなたが食べるものは、あなたのマインドに影響する。もし野菜でない食べ物を食べるなら、あなたは特別な種類のマインドを持つだろう。もし野菜だけを食べるなら、あなたは違った種類のマインドを必ず持つだろう。

インドの歴史について、この非常に重要な事実を知っているだろうか？　インドは一万年の全歴史において、どんな国にも決して攻撃をしてこなかった。決して、一つの攻撃的な行為もない。どうして可能だったのだろう？　なぜなのか？　どこにでもいるような同じ人類が、ここにも存在している。しかしそれはただ、違った種類の身体が、違った種類のマインドを作り出しただけのことだ。

あなたはそれを、自分自身に見ることができる。何かを食べ、見守ってごらん。何か別のものを食べ、見守ってごらん。注目し続けなさい。すると消化するものはそれぞれ、ただ物質的なものだけではなく、心理的な部分があると気づくようになって驚くだろう。それはあなたのマインドが一定の観念を、一定の欲望を受けやすくなるようにする。

そのため太古以来、そこでは、マインドを強化せずに最終的にはそれを溶かすのを助けるような、ある種の食べ物が探し求められてきた。マインドを強化する代わりに、瞑想、ノーマインドを強化するような種類の食べ物だ。固定した一定の規則が与えられることはない。人々は異なっており、そして自分自身で決めなければならないからだ。

そこで、あなたが自分のマインドに許すものを見守りなさい。人々は全く気づいていない。彼らは何でもかんでも読み続ける。彼らはテレビを見続ける。どんな馬鹿げた愚かなものも見続ける。彼らはラジオを聴き続ける。人々と世間話を、雑談をし続ける。そして彼らはみんな、お互いの頭の中に屑を注いでいる。屑が彼らの持っているすべてだ。

屑という不必要な重荷を負わされる状況を、避けなさい。あなたは既に今のままでも充分すぎるほど持っている。その重荷を負わないことが必要だ。だが、あなたはそれを、まるで貴重なものかのように集め続けている。

少なく話しなさい。ただ本質的なことだけを聞きなさい。話すことと聞くことにおいては、簡素でありなさい。もし少なく話すなら、少なく聞くなら、あなたは非常にゆっくりと、まるでちょうど風呂に入ったかのような純潔さ、清純な感覚が、あなたの中に現れ始めるのがわかるだろう。それを起こすために、瞑想のための土壌が必要になる。すべての類の馬鹿げたものを読み続けてはいけない。

以前私は、新聞にとても興味を持っていた狂人の隣家に、長く住んでいた。彼は毎日、私から新聞を全部集めるためにやって来た。もし時たま、彼が病気だったり、私が留守にしていたりしたら、その時は後でやって来た。

一度それが起こった。十日間私は出かけていて帰った時、彼はまた新聞をすべて集めるためにやって来た。私は彼に言った。「しかしこれらは今ではもう古い。十日前のものだぞ」

彼は言った。「それがどうかしたか？　同じ屑だ！　ただ日付が変わっただけだ」

その狂人の生には、非常に正常な瞬間があるに違いない。そう、いわゆる正常な人々の生の中には狂気の瞬間がある。そして逆もまた同様だ。彼は真実を言っていた。「それは同じ古い馬鹿馬鹿しいものだ。それがどうかしたか？　私には時間がある。私は頭をいっぱいにしなければならない」

私は彼に訊ねた。「この十日間、あなたは何をしていたのだ？」。彼は言った。「古い新聞を読んでいた。何度も何度も読んでいた」


あなたのマインドの、何ものにも占有されていないわずかな隙間を、そのままにさせておきなさい。占有されていない瞬間の意識状態が、瞑想の最初の一瞥、超えたものの最初の侵入、ノーマインドの最初の閃光だ。そしてもし、あなたに何とかこれができるなら、もう一つは、攻撃性と激情性を助けることのない、毒性のない物質的食べ物を選ぶことだ。

今、科学者でさえこれに同意する――動物を殺す時、その動物は恐怖から、すべての種類の毒を放つということに。死は簡単ではない。あなたが動物を殺す時、恐怖から内側に大きな震えが生じる。動物は生き残りたいため、すべての種類の毒が放出される。

あなたが恐怖の中にある時は、あなたもまた身体の中に毒を放っている。それらの毒は助けになる。それらは戦うか、それとも逃げ出すようにあなたを助ける。怒りの中では時々、自分自身が思ってもみなかったようなことをする、ということが起こる。あなたは、普段のあなたならゆさぶることさえできない岩を動かすことができる。しかし、怒りがあると毒が放出される。

人々は恐怖の中では、オリンピックランナーでさえ後に置いていくほど、とても速く走れる。もし誰かがあなたを殺そうと、短剣を持ってあなたの背後にいる。そこで自分が走るのを、ちょっと考えてごらん。あなたは自分にできるベストを尽くすだろう。あなたの身体全体は、最大限で機能するように活動する。

動物を殺す時、動物の怒りが存在する。そこには不安がある。恐怖がある。死が彼に向かっている。動物のすべての腺が、多くの種類の毒を放出する。そのため現代の考えでは、動物を殺す前に、その動物を無意識にさせ麻酔を投与する。現代の屠殺場では麻酔が使用されている。しかし、そんなに違いはない。ただ非常に表面的な違いだけだ。なぜなら麻酔が全く届かない最も深い核では、死に遭遇しているにちがいないからだ。それは意識していないかもしれない。動物は起こっていることに気づかないかもしれないが、夢を見ているかのように起こっている。彼は悪夢を体験している。

そして肉を食べるのは、毒された食べ物を食べるということだ。

物質的な面での毒されたものは、何であれ避けなさい。精神的な面での毒されたものは、何であれ避けなさい。そして精神的な面においては、物事はもっと複雑になる。

もし自分はヒンドゥー教徒だと思うなら、あなたは毒されている。もし自分はイスラム教徒だと思うなら、あなたは毒されている。もし自分はキリスト教徒、ユダヤ教徒、仏教徒だと思うなら、あなたは毒されている。そしてあなたはゆっくりと、それに適応させられるようになるほど、ゆっくりと毒されていく。あなたはそれに中毒させられる。

あなたはまさに、その最初の日から教え込まれている。あなたは母親の胸から毒されてきている。すべての種類の条件付けが毒だ。自らをヒンドゥー教徒として考えることは、自らを人間性に反対するものとして考えることだ。自らをドイツ人、中国人として考えることは、自らを人間性に反対するものとして考えること、友愛ではなく敵意の見地から考えることだ。

ただ人間として、自らを考えなさい。もしあなたに、何らかの知性があるなら、ただ単純に人間として自らを考えなさい。あなたの知性がもう少し成長したら、「人間的な」という形容詞さえ落とすだろう。あなたはただ存在するものとして、自らを考えるだろう。そして存在することは、すべてを含んでいる――木々や山々、川や星々、そして鳥たちや動物たちを――。

より大きくなりなさい。巨大になりなさい。なぜあなたは、トンネルの中で生きているのだね？なぜあなたは、小さな暗黒の穴の中で生きているのだね？　しかしあなたは、自分が偉大な観念の体系《イデオロギー》に生きていると思っている。あなたは偉大な観念体系に生きてなどいない。偉大な観念体系など存在しないからだ。観念は、人間を包含するには充分大きくはない。存在の性質は、どんな概念によっても包含できない。すべての概念は、あなたを活動不能に、無力にするものだ。

カトリック教徒であってはならないし、共産主義者であってはならない。ただ、人間でありなさい。これらはすべて毒だ。すべて偏見だ。太古以来あなた方は、これらの偏見に催眠術をかけられている。あなた方の血の、骨の、まさに髄の一部になっている。この毒されたものすべてを除去するために、とても油断なくありなさい。

あなたの身体は、あなたのマインドほど多くは毒されていない。身体は単純な現象だ。それは簡単にきれいにできる。もし野菜でない食べ物を食べているなら、それは止めることができる。それはそんなにたいしたことではない。もし肉を食べることを止めたら、三ヶ月のうちにあなたの身体は完全に、野菜でない食べ物で作られたすべての毒から自由になる。それは単純だ。生理学はそんなに複雑ではない。

しかし、問題は心理によって生じる。ジャイナ教の僧は、どんな毒された食べ物も決して食べない、野菜でないものはどんなものも食べない。しかし彼のマインドは、他の誰のマインドもそうではないほど、ジャイナ教の教義に汚染され毒されている。

本当の自由とは、どんな観念からも自由であることだ。あなたはどんな観念もなしに、簡素《シンプル》に生きられないのだろうか？　観念が必要？　なぜ観念がそんなに必要なのだろう。それが必要なのは、それがあなたを、愚かなままでいるようにするからだ。それが必要なのは、あなたを知性のないままでいるようにするからだ。それが必要なのは、それが既成の答えを供給し、自分自身の答えを見つける必要がないからだ。

本当に知性的な人は、どんな観念にもしがみつかない。何のためにしがみつく？　彼は既成の答えの重荷を運んだりしない。自分には充分な知性があると知っているから、どんな状況が起こっても応答できる。なぜ、過去からの重荷を不必要に運ぶのだろう。それを運んでどうしようというのか？

そして実際、過去から重荷を運べば運ぶほど、あなたは現在に応答できなくなる。現在は過去の反復ではないからだ。それは常に新しい。常にいつも新しい。それは決して古くない。それは時々古いようなものを生じるかもしれない。しかしそれは古くない。そこに基本的な違いがある。

生は、決してそれ自身を繰り返さない。それは常に新鮮で常に新しい。常に成長し、常に探検している。常に新しい冒険へと動いている。あなたの古い既成の答えは、あなたを助けようとはしない。実際、それはあなたを妨げるだろう。それらは、あなたが新しい状況を見ることを許さないだろう。状況は新しい、そして答えは古い。

だからあなたは、生の中でとても愚かに見える。しかし愚かなままでいることは、安々と手に入れられそうだ。知性的であることは、努力を必要とする。知性的であることは、成長しなければならないという意味だ。そして成長は苦痛だ。知性的であることは、あなたは途切れなく油断をせず、気づいていなければならない、ということだ。落ちて眠りこけることはできない。夢遊病者のように生きることはできない。

そして知性的であることは、ほんの少し危険でもある。知性的であることは非常に難しい。というのは、あなたは愚かな群衆と共に生きねばならないからだ。目の見えない人々と一緒に、目を持って生きることは危険な状況だ。彼らは必ずあなたの目を破壊する。彼らはあなたを許容できない。あなたはやっかい者だ。

そのためイエスは磔にされた。ソクラテスは毒を盛られた。アル・ヒラジは殺された。（※アル・ヒラジ・マンスール、スーフィ神秘家。神秘体験で「私は神だ」と言ったために、手足を切り落とされて殺される）サルマッドは打ち首にされた。彼らは地上をこれまでに歩いた、最も知性的な人々だった。そして私たちは、彼らにどう振るまってきただろうか？　なぜ知性的な人ソクラテスは、殺されなければならなかったのだろう？　彼は群衆にとって耐え難いものになっていた。彼の存在が、そうした不快なものになった。彼の目を見ることは鏡を見ることを意味した。そして私たちは、自分たちは醜いという事実を受け入れるよりもむしろ、より簡単な手口として鏡を壊す。自分の醜さのすべてを忘れ、そして再び、あなたは世界で最も美しい人だという古い夢の中で生き始める……それほど醜い。

私たちがソクラテスの生命を奪ったのは、彼が鏡だったからだ。そのため人々は、凡庸のままでいたほうがましだと、知性的でないままでいたほうがましだと決めた。

つい先日、私はある記事を読んでいた。イギリスの少数の心理学者たちが発見したことだが、偉大な政治家が最も高い地位に達するまでに、彼らの知性は既に衰えているという。

首相になる八十四歳の男のことをちょっと考えてごらん！　この心理学者たちは全世界に、これは危険なことだと警告した。六十歳、七十歳、八十歳の年齢を超えた人々、こんな彼らが首相や大統領になる。これは世界にとって危険なことだ。なぜなら彼らはとても多くの権力と、残り少ない僅かな知性を持っているからだ。

しかしこの心理学者たちは、私があなたに言いたいと思う別のことには気づいていない。実際人々は、彼らがもはや知性的ではないという理由で、首相や大統領を選ぶ。人々は知性的な人物が好きではない。人々は自分たちのように見える人々、自分たちのようである人が好きだ。彼らはその人々が見知らぬ人々ではないと感じる。知性的な人々は、見知らぬ人たちだ。

ソクラテスを首相に選べる国など、私には考えられない――不可能だ。彼はそれほど違っている。彼の生へのアプローチはとても異なっている。彼の物事に関する洞察はとても深い。彼を首相にするほど余裕のある、あるいは勇気のある国はない。彼は混沌をもたらすからだ。彼はあらゆるものをことごとく変え始める。あらゆるものは、ことごとく変える必要があるからだ。

この腐った社会は、完全に破壊すべきだ。そうして初めて、新しい社会を作り出せる。革新は役に立たない。私たちは何世紀もの間、同じ古い廃墟を革新し続けてきた。つっかえ棒はもういらない、革新はもういらない、ごまかし策はもういらない！　必要とされるすべては、それを粉砕するためのものだ。そして、私たちに新しい社会を作らせてほしい。私たちに新しい人間、新人類《ホモ・ノヴス》を生み出させてほしい。私たちに新しい何か、新しいマインド、新しい意識の誕生をさせてほしい。

人々が鈍くて死んだ人を権力者として選ぶのは、彼らと一緒だと安全だからだ。今、インドはモラジ・デサイと一緒で非常に安全だ。彼は何一つやろうとしない。彼はすべてを手つかずに保つだろう。この国の醜い官僚制度をそのまま保つだろう。彼は何も変えないだろう。彼のすべての努力は変化を止めることだ。ジャイプラカシュ・ナラヤンは、全面的な革命を引き起こすことを考えていた。そして起こったことは、全面的な失敗だった。

国は権力のために凡庸な人々を選ぶ。彼らなら、自分たちの伝統、因習、偏見を守るからだ。彼らはそれらの毒を保護する。それらを破壊する代わりに、それらを高めて強化する。

権力ある地位に知性のない人々を置くことは、疑いなく危険だ。それはますます危険になる。彼らはますます権力を強め、ますます知性を減らしていくからだ。しかし、なぜこれが起こるのだろう？その中に微妙な論理がある。人々は変えたくない。変化は骨が折れる、変化は面倒だ。

もし毒された食べ物を変えたら、あなたは驚くだろう。新しい知性があなたの中で解き放たれる。この新しい知性はあなた自身に、馬鹿げたことを詰め込み続けないようにする。この新しい知性はあなたに、過去とその記憶を落とすこと、不必要な欲望と夢を落とすこと、嫉妬や怒り、トラウマとすべての種類の心理的傷を落とすことを、可能にする。

心理的な傷を落とせないと、あなたは偽の精神分析の犠牲者になる。世界は多くの種類の精神分析学者でいっぱいだ。それらはすべての形とサイズにはまる。

世界はありとあらゆる精神療法《サイコセラピー》でいっぱいだ。しかし、なぜそんなに多くのサイコセラピーが必要なのだろう？　自分自身の傷を癒すには、あなたが充分に知性的ではないからだ。傷を癒す代わりに、風と太陽の方へ傷をさらす代わりに、あなたは傷を隠し続ける。

あなたの傷を癒し回復できるように、傷を太陽の方へさらすのを助けるために、精神療法医《サイコセラピスト》が必要となる。しかし、本物のサイコセラピストを見つけることは非常に難しい。百人のサイコセラピストのうち九十九人は偽の精神分析医であり、サイコセラピストではない。

他のどんな職業の人々よりも、サイコセラピストや精神分析学者のほうがより多く自殺をする、とあなたが知ったら驚くだろう。その数はほとんど二倍だ。さて、どういう類の人々なのだろう？　彼らは、どのように他人を助けるつもりだったのだろう。人々を助けるという人生全体で、彼らは何をしていたのだろうか？

世界のどんな職業の人々より、精神分析学者のほうが狂気に、精神異常になる。その数はほとんど二倍だ。なぜだろう？　彼らは、自分自身が狂気であった時に、他の人々を正気に向かうように助けていた。彼らは自らの狂気が理由で、サイコセラピーに興味を持ったと言える。それは彼ら自身の核を見つけるための努力だったのだ。

そして、これを知ると驚くだろう――ある種のサイコセラピストは、別の種類のサイコセラピストの所へサイコセラピーを受けに行くということを。フロイト派の人はユング派の所へ行き、ユング派の人はフロイト派の所へ行く、というふうに――これは非常に異様な状況だ。

もし知性があなたの中で解放されたら、必要なことのすべてがあなたにできるだろう。自分自身の傷を癒せるだろう。自分自身の心的外傷《トラウマ》を見ることが可能だ。原初療法医《プライマル・セラピスト》の所へ行く必要はない。

私はこのコミューンで、あらゆる類のセラピーを認めている。実際、世界のどんな場所にもない、とても多くのサイコセラピーが利用できる――全部で六十ある。なぜ私は、これらのセラピーを認めているのか？　ただあなたがその理由だ。あなたがまだ、自らの知性を解き放つ用意がないからだ。


コミューンがますます深く内側の実現へと入って行くにつれ、セラピーは落とすことができる。コミューンが本当に開花する時は、どんなセラピーも必要なくなる。その時は愛がセラピーだ。知性がセラピーだ。その時は、日々を生きること、瞬間から瞬間へと生きること、気づきを持ち油断なく生きることがセラピーだ。その時は、あなたが一日の間にするすべての物事、掃除、料理、洗濯、それらすべてがセラピーだ。

セラピーは当分の間だけここにある。今、あなた方の大半が、セラピーを超えて行ったと私が確信する日に、セラピーは消えるだろう。なぜならその時にはほとんどの人々が、少数の人たちを知性の中へ引き込むこともできるからだ。

私たちは、生の知的な性質を作り出そうとしている。私は大して宗教的な人物ではない。私は聖者ではない。私はスピリチュアリティとは関係がない。これらすべての分類は私とは無関係だ。あなたは私を類別できない。私を分類整理することはできない。しかし、一つのことが言える。私の全努力は、愛－知性と呼ばれているエネルギーを解き放つようにあなたを助けることにある。もし愛－知性が解き放たれればあなたは癒される。

そして、三番目の種類の毒された食べ物はスピリチュアルだ。それが自我である何かだ。自我は絶え間ない注目を必要とする。それは注目を食べる。注目がそれの食べ物だ。注目を強く望んでいるのは政治家だけではない――より多くの人々からのより多くの注目――あなた方のいわゆる聖者たちも同じ事をしている。

聖者たちと政治家たちと俳優たちの間に、違いはない。全く違いはない。

彼らの根本は同じもの――注目を必要としている。「人々はもっと私に注目すべきだ、人々はもっと私を尊敬すべきだ」。それはエゴの食べ物になる。それは最も微妙な種類の毒された食べ物だ。

これらの三つのことが、最初の経文の中に含まれている。アティーシャは言う。

毒された食べ物を放棄しなさい

肉体、精神、魂。あなたの物質的身体を、すべての毒と毒素からきれいにしなさい。あなたのマインドを、すべての種類の屑とガラクタの重荷から解放させなさい。そしてあなたの魂を、自我の観念から自由にさせなさい。魂が「私」の観念から自由になる時、あなたは「非-我《アナッタ》」と呼ばれる内的空間に辿り着く。それが自由だ。それがニルヴァーナだ。それが光明を得ることだ。あなたは家に帰り着く。今、行くべきところはどこにもない。今、あなたは落ち着き、休み、くつろぐことができる。今あなたは、存在からあなたに示された際限のない歓喜を、楽しむことができる。

これら三つの毒された食べ物が落とされると、あなたは空っぽになる。しかしこの空っぽの状態は否定的な類の空っぽの状態ではない。あなたは、すべての毒が、すべての中身がないという意味で空っぽだ。しかしあなたは満たされている。名付けられないもので満たされている。帰依者たちが「神」と呼ぶもので満たされている。

アティーシャは、その言葉を使うことはできない。彼は帰依者ではない。彼は捧げる者《バクタ》ではない。彼はそのためのどんな言葉も使うことはできない。彼は完全にそれについて沈黙したままだ。彼は言う。これを落としなさい。これを落としなさい。これを落としなさい。そしてその時、残っているものが何であれ、それがあなただ。本物のあなただ。

そして二番目の経文は、途方もなく意義深い経文だ。

一貫させてはいけない

これまでに、こんな言葉を聞いたことがあるだろうか?「一貫させてはいけない」とは? あなたが初めてそれを聞いたら、または読んだら、たぶん何らかの誤りで、その誤りの何か証拠があるとも思うだろう。なぜなら、いわゆる聖者たちは全く反対のことを言ってきたからだ。「矛盾してはいけない」と彼らは言う。「一貫させなさい」

アティーシャの凄さがここにある。彼は言う。

一貫させてはいけない

なぜ? 一貫させるとはどういうことだろう? 一貫させるということは、過去に従って生きるという意味だ。あなたは何に一貫させようとしているのだね? もし一貫させたいのなら、あなたはたった一つの照合だけ持つことができる。それは過去だ。過去に従って生きるのは、生きることでは全くない。過去に従って生きることは死ぬことだ。その時、あなたの生は単なる反復だ。

一貫させるということは、今、もうこれ以上人生はない、既に終止符に来ていると、あなたは既に決めてしまっているという意味だ。新しい何かが人生に与えられる事を、あなたは許さない。あなたは自分の扉を閉じている。日は昇る、しかしあなたは、自分の部屋の中に入ろうとする光を許さない。花は開く、しかしあなたはその香りに気がつかないままだ。月が来ては去る、しかしあなたは停滞したままだ。あなたは川であることを止めている。

川は現象を一貫させられない。ただ池だけが一貫させることが可能だ。池は流れていないからだ。自然による流れは、まさに変化せざるを得ない。新しい状況に、新しい挑戦に直面せざるを得ないからだ。新しい空間は、絶えずそれに出くわしている。それは過去に従うのではなく、自発的に応答しなければならないのだ。

矛盾のない人は論理的な人だ。彼の生は一次元的なものだ。彼は計算に生きる。彼は論理に従う。もし何かが論理に反するなら、彼は単純にそれを見ることを避ける。彼はそれが存在しないように見せかける。なぜなら、それが彼の論理を非常にかき乱しているからだ。

論理的な人は世界で最も貧しい。生は論理だけではなく、愛でも成り立っているからだ。そして愛は不合理だ。ただ、生の非常に小さな部分だけが論理的だ。それは表面的な部分だ。より深く進むと、あなたはますます不合理なものへ移動する。あるいは、もっと正確に言えば、超論理的なものへ移動する。

論理は市場では良いものだ。しかし寺院では良くない。モスクではだめだ。教会でも同じだ。論理は事務所では、商店では、工場では良いものだ。論理は、あなたが友人たちと一緒にいる時は良くない。あなたが愛する人と一緒にいる時は、子供たちと一緒にいる時は良くない。論理はあなたが事務的なやり方を扱っている時は良い。しかし生は商売ばかりではない。そこにはどんな商売よりも、はるかにもっと貴重なものが生の中にある。それもまた認めなさい。

ある哲学教授が自分の性生活を改善するために、病院へ行ってアドバイスを求めた。

「あなたの身体は健康ですよ」と診察後、医者は言った。「一日十マイル走ってください。七日間毎日です。それからまた電話してください」

一週間後、その哲学教授は医者に電話した。「けっこうですね」と医者は言った。

「走ったことで、あなたの性生活は改善されましたか？」

「わかりません」、哲学教授は言った。「私は今、家から七十マイルのところにいますので……」


これが論理的マインドの機能の仕方だ。それは一次元だ。生は多次元だ。それを制限してはいけない。直線的にしてはいけない。線のように生きてはいけない。その多次元性を、その多くの局面を生きなさい。すると一貫させることができなくなる。生は逆説的だからだ。ある瞬間、それは喜びだ。別の瞬間、それは悲しみだ。もしとても一貫させるなら、あなたは笑い続けなければならない。あなたのハートが泣いているか笑っているか、それはどうでもいい。あなたは筋を通さなければならない。あなたはジミー・カーターであり、笑い続けなければならない。

私は彼の妻が、毎晩彼の口を閉じなければならないという話を聞いたことがある。なぜなら、夜も彼は笑い続けているからだ。もしあなたが一日中そんなことを練習したら、当然、どうやったら夜、急にくつろぐことができようか？　それは固定したパターンになる。

生は悲しみからも成っている。そして悲しみもまた美しい。それ特有の深さ、それ特有の繊細さ、それ特有の旨み、それ特有の味わいがある。悲しみを知らなかったら、その人はより貧しい。彼は貧乏だ、とてつもなく貧乏だ。彼の笑いは浅く、深みを持っていない。なぜなら深みとは、ただ悲しみを通してのみやって来るからだ。悲しみを知っている人は、もし彼が笑えば、彼の笑いには深みがある。彼の笑いには、彼の悲しみの何かもある。彼の笑いはより色鮮やかだ。

生を全面的に生きる人は虹だ。彼は生の全スペクトルを生きる。彼は一貫させることはできない。彼は矛盾せざるを得ない。

アティーシャはあなたに、途方もなく貴重なものを与えている。生のすべての気分を生きなさい。それらはあなた自身だ。それらはすべて、あなたの成長に貢献する。小さな場所に閉じ込められてはいけない。それがどんなに快適で、居心地が良さそうに見えても、小さな空間に閉じ込められてはいけない。冒険者でありなさい。生のすべての面を、すべての局面を探求し、探索しなさい。

善人に関する小説は書けない、と言われている。それは真実だ。善人は本当には生を持たない。彼に関して、どんな小説が書けるだろう？　あなたが書けるものの大部分は、彼は良い人だ、そしてそれが彼の全人生だ、と言う人物証明書だ。彼は大した生を生きていない。なぜなら多次元的ではないからだ。

生きなさい、そして可能なすべてを許しなさい。歌い、踊りなさい。泣きなさい、涙を流しなさい。笑い、愛し、瞑想しなさい。関わりなさい、独りで在りなさい。市場に居なさい。そして時々は、山の中に居なさい。

生は短い。可能な限り、豊かに生きなさい。そして一貫させようとしないことだ。一貫した人は非常に貧しい人だ。もちろん社会は一貫した人を敬う。一貫した人は予測できるからだ。あなたは彼が明日しようとしていることがわかる。彼がどう反応しようとするのかがわかる。彼は扱いやすい。彼は簡単に操られる。あなたは、どのボタンを押せば彼がどう動くかがわかる。彼は機械だ。彼は本当には人間ではない。あなたは彼を、オンとオフに切り替えることができる。すると彼は、あなたに従って振るまうだろう。彼はあなたの手中にある。

社会は一貫した人を敬う。社会は一貫した人のことを「人格者」と呼ぶ。そして真《リアル》の人は人格を持たない。真の人は人格なし、あるいは人格を超えている。真の人は人格者であることができない。なぜなら人格は、ただ生を犠牲にしてのみ与えられるからだ。もし生を放棄したら、あなたは人格を持てる。もし生を放棄しないなら、多くの人格を手に入れられても、あなたは人格を持つことはないだろう。もしあなたが生を放棄しないなら、どうやって人格を持つことができるだろう。それぞれの瞬間、生は新しい。そしてあなたもそうだ。

社会はあなたを敬わないだろう。あなたは尊敬される市民ではない。しかし誰が気にかけるだろう。唯一、凡庸な人々だけが、社会からの敬意を気にかける。真の人は一つのことだけを気にかける。「私は自分の生を生きているかどうか、自分自身のヴィジョンに従って生きているかどうか。それは私の生であり、私は自分自身に責任がある」

最も重要な責任は、国に対して、教会に対して、誰か別の人に対してではない。本当の責任とは、あなた自身に対してだ。あなたは自分自身の光に従って、あなたの生を生きなければならない、そして生が導く所ならどこであれ、どんな妥協もせずに動いていかねばならない、ということだ。

人格の人は妥協する。彼の人格は、「私は危険ではない」と社会に保証するためだ。そして「私はゲームの規則に従う、私は全くあなたの自由です」と社会に宣言する努力以外の、何ものでもない。

聖者は人格を持つ。そのため彼は尊敬される。賢者は人格を持たない。そのため彼を認知することは非常に困難だ。ソクラテスは賢者だ、イエスは賢者だ、老子は賢者だ——しかし彼らは、非常に認知されにくい。ほとんど不可能だ。なぜなら彼らは、背後にどんな跡も残さないからだ。彼らはどんな型にもはまらない。彼らは純粋に自由だ。彼らはちょうど、空を飛ぶ鳥のようなものだ。彼らはどんな足跡も残さない。

師としての賢者が見つかることは、唯一、非常に少数の繊細な魂に対してだけだ。なぜなら凡庸な人は聖者に従うからだ。唯一、非常に知性的な人々だけが、賢者に自分自身を合わせる。賢者は人格を持たないし、あなたの期待など、何ひとつ満たさないからだ。彼は必ずあなたを怒らせる。彼は必ずあなたを失望させる。彼は非常に多くのやり方で必ずあなたを揺さぶり、そして打ち砕く。非常にゆっくりと、彼はあなたを彼自身と同じくらい自由にするだろう。

そして三番目の経文、最も危険なものだ。私はそれについて本当に心配していた。

悪い冗談を言わないこと

悪い冗談とは何だろう？　最初にちょっと説明するために、三つのことを言わねばならない。そして三は、とても秘教的な数字だからだ。

一番目：

騒音、警笛、およびブンブン回る音とともに、奇妙な宇宙船が地球に降りた。二体の異様な生物が地上に現れて浮かんでいた。彼らは若い火星人のカップルで、二人とも科学者で、ある研究のためにここに訪問した。彼らは、地球を調べる最も良い方法は、居住者の何人かと会話することだと決め、ただちに何人かの有望な候補者を探しに、飛び跳ねて行った。

彼らは、火星人の神秘的な方法でアパートに入った。そしてその調査対象を、エヴェレットとグラディス・スプリンクルという名の新婚夫婦に定めた。（本当だ！）

さて、エヴェレットとグラディスはあらん限りに驚いた。しかし、新婚者たちが驚くべき思いもかけないことに適応するその特別な方法で、すぐに順応した。いろんなことをして、最終的に生殖法に関する話で終わることになった。

火星人の男が、火星の人々の生殖法の実演を行なうと言ったので、スプリンクルは度胆を抜いた。彼らが、それは困ると言って抗議しようとする前に、もう火星人の男は火星人の女をひっつかみ、彼女の額の上に彼の片手の八本の丸ぽちゃの指を置き、そして彼は火花を散らした。彼女がきらきら輝き出しながらその兆候が現れると、とても小さな火星人の赤ん坊が外へ飛び出し、エヴェレットとグラディスが住む居間の周りを躍ってはね始めた。

火星人の男は彼らに、地球ではどうするのかと訊ねた。彼らは少し躊躇した。だが結局、説明するには難しすぎるということになり、惑星間の協力のために、彼らは衣服を脱いで実演した。

火星人たちは彼らの行為を見守り、魅了された。ことのすべてが終わったとき、火星人の女が訊ねた。「いつ地球の子供は出てくるのですか?」。グラディスは頭を振り、そして彼女に、それには九ヶ月かかると言った。火星人たちはこれに驚き、少し頭をかいて、それから男が訊ねた。

「しかし、もしそれがたった今出て来ない(カム *come*)のなら、あなたたちが一緒になって、その終わりに向かって、そんなに興奮することがどうして『逝く(カム *come*)』なのですか?」

二番目：

ある男が、気分が悪いために、医者に診てもらいに行った。

医者は、飲み過ぎたり食べ過ぎたりしていないか、というありふれた質問をした。

「いいえ、ありません」と、男は答えた。

「よろしい、たぶんあなたは夜更かしをしすぎたのでは?」、医者は質問した。

「いいえ」、男は返答した。

医者は全体的な問題について考え、そして訊ねた。「セックスは多いですか？」

「*Infrequently*」と男は返答した。

「それはふたつの単語ですか、（*in frequently*＝ひんぱんに）

それとも一つですか？（*infrequently*＝まれに）」

そして三番目：

ある女性がブロッコリーを買うために、スーパーマーケットの中を歩いていた。彼女は野菜売り場の男の所に行き、言った。「すみません、ブロッコリーはありますか？」

その男は答えた。「いいえ、奥さん、今日はありません。明日来て下さい」

数時間後、その女性は戻って来て、男に訊ねた。「すみません、ブロッコリーはありますか？」

「あのね、お嬢さん。私はさっき言いましたよ。今日はブロッコリーはありません」

女性は一旦はいなくなったが、同じ日にまた戻って来た。

このため男を怒らせてしまい、彼は言った。

「トマト *tomato* という単語のＴ・Ｏ・Ｍはどう綴りますか？」

彼女は答えた。「トム *Tom*」

「ではポテト *potato* という単語のＰ・Ｏ・Ｔはどう綴りますか？」

「ポット *Pot*」という返答。

そこで彼は言った。「ではブロッコリー *broccoli* という単語の F・U・C・K はどう綴りますか？」

彼女は困って、そして言った。「ブロッコリーの中にファックはありませんよ」

彼は深いため息をつき、そして大声で叫んだ。

「お嬢さん、それが私があなたに一日中言おうとしたことだ！」

これらが悪い冗談かどうかはわからないが、一つのことは確かだ。

アティーシャは、これらを楽しんだことだろう。

事実、「悪い冗談」ということで、彼は全く違ったものを意味している。彼が意味していることは、彼らがいない時に、どんな人にも敵対するようなことを言ってはいけない、どんな人をも傷つけてはいけない、どんな人をも、その背後で傷つけてはいけない、ということだ。

翻訳は正確ではない。アティーシャの意味するすべては、彼らを傷つけるという意図的な意志をもって、人々についての噂話をしないということだ。なぜなら、それは本当に冗談ではないからだ。それはおふざけではない。それはユーモアではない。アティーシャは、ユーモアのセンスに反対はできない。それは不可能だ。ユーモアのセンスに反対できるのは、知性と気づきのない人だけだ。

実際、世界に最高の宗教的ユーモアを与えたのは、アティーシャのような人々だ。アティーシャはゴータマ・ブッダの伝統から来ている。禅の人々と同じ系統だ。そして禅は、祈りとしてユーモアを受け入れた唯一の宗教だ。アティーシャが、ユーモアのセンスがないことなどあり得ない。全くあり得ないことだ。

さらに経文は、本当に冗談に反対はできない。それは人々を傷つけることに反対する。彼が言っていることは冗談の心理面の中へ、冗談の背後にある原理の中へと、より深く入っていく。それが千年後にジークムント・フロイトがしたことだ。ジークムント・フロイトは考えた。誰かについて冗談を言う時には、ユーモラスなふりをするが、実はあなたは攻撃的で、怒っていて、無礼でありたいための代償行為である可能性があると。

しかしそれは、外側から他の誰かによっては決められない。ただあなただけが、判断できるものだ。もしもあなたのマインドに、誰かを怒らせる、誰かを傷つけようとする意図的な作為があれば、もしそれがユーモアを偽った暴力であるなら、それを避けなさい。しかし、もしそれが暴力ではなく、ただ純粋なユーモアの意味、おふざけの意味であるなら——生を深刻に受け取らない、それをあまり深刻に受け取らないという意味であるなら、それは問題ない。

もしある日、私がアティーシャに会うなら、彼にちょっとした冗談を教えるつもりだ。そして私の感じでは、彼はそれを楽しむだろう。

冗談は、その中にどんな暴力もないならば、単に純粋なユーモアであることができる。時たま、うわべでは人はそこに暴力があると考えるかもしれない。しかし、他人がどう思うかは要点ではない。要点はあなたの意志が何であるか、ということだ。それは意志の問題だ。あなたは怒らせようとする意志をもって笑うことができる。その時、笑うことは罪になる。もしも、本音が暴力をふるうことであったら、どんなものでも罪になる。そしてもし本心に、生にもっと喜びを、生にもっと笑いを作ろうとする望みがあるなら、どんなものでも美徳になる。

私自身の理解は、笑いよりも貴重なものは何もない、ということだ。笑いは祈りの最も近くへあなたを連れて来る。実際あなたが全面的《トータル》である時は、唯一笑いだけがあなたの中に残る。他のあらゆるものにおいては、あなたは部分的なままだ。愛し合うことにおいてさえ、あなたは部分的なままだ。しかし、本当に心からの大笑いをする時は、あなたの存在のすべての部分――肉体的、精神的、心霊的《スピリチュアル》――それらはすべて、ただ一つの旋律の中で振動する。それらはすべて調和の中に振動する。

そのため、笑いはくつろぐ。そしてくつろぐことがスピリチュアルだ。笑いはあなたを大地に連れて来る。笑いは、汝より聖なる存在という馬鹿げた考えから、あなたを降ろす。笑いは、あるがままの現実へあなたを連れて来る。世界は神の戯れ、宇宙的冗談だ。それを宇宙的冗談として理解しない限り、究極の神秘は決して理解できないだろう。

私は冗談にすべて賛成だ。私は笑いにすべて賛成だ。

アティーシャは誤って翻訳されてきた。彼が本当に意味していたのは、暴力的であってはならない、あなたの言葉においてさえ、ということだ。冗談を言う間でさえ、暴力的であってはならない。なぜなら暴力はより多くの暴力を生み、怒りはより多くの怒りをもたらす。それは、終わりなき邪悪な環を作り出すからだ。

四番目：

機会を待ってはいけない

なぜなら機会は今、機会はここだからだ。だから「私たちは機会を待っている」と言う人たちは、あてにならない存在だ。そして彼らは、自分自身以外の誰も騙していない。機会は明日やって来るものではない。それは既にやって来ている。それは常にここにある。それはあなたがここにいない時でさえ、ここにある。存在が機会だ。在ることが機会だ。

機会を待ってはいけない

「明日私は瞑想する。明日私は愛する。明日私は存在と関わり、踊る」と言ってはいけない。なぜ明日なのだ？　明日は決してやって来ない。なぜ今ではない？　なぜ延期する？　延期はマインドのトリックだ。それはあなたに希望を持たせ続ける。その間に機会は急いで立ち去る。そして結局、あなたは袋小路——死に至る。そこにはもう機会は残されていない。

これが、過去において何度も起こってきた。あなたはここでは新しくはない。あなたは何度も生まれ、死んでいった。それぞれの時に、マインドは同じトリックで戯れてきた。そしてあなたは、まだ何も学んでいない。

アティーシャは言う。

機会を待ってはいけない
ハートに打撃を与えてはいけない

彼は言う。人々のマインドを批判しなさい、彼らの観念《イデオロギー》を批判しなさい、彼らの思考体系を批判しなさい、あらゆるものを批判しなさい。しかし、どんな人の愛も決して批判してはいけない。決してどんな人の信頼も批判してはいけない。なぜだろう？ 愛はとても貴重なものであり、信頼はあまりにも貴重なものだからだ。どんな方法であれ、それを壊すこと、批判すること、それを打ち砕くことは、誰かに対する行為の中で最も大きな害だ。あなたはマインドを批判できる。それは批判すべきだ。しかしハートはだめだ。あなたがハートの何かを見る時はいつでも、それを批判するという誘惑を避けなさい。

ちょうどその反対が、人々の実情だ。彼らはあなたの観念を寛大に扱うことができる。彼らはあなたのマインドを寛大に扱うことができる。しかし、彼らがあなたの愛を、あなたの信頼を見る瞬間、彼らはあなたに飛びかかる。彼らは、あなたの信頼を寛大に扱うことができない。それは手に余る。彼らは、これは催眠だ、あなたは催眠術にかけられている、あなたはごまかされている、あなたは幻想の中で生きていると言うだろう。愛は狂気だ、愛は盲目だと言うだろう。論理は目を持つ、そして愛は盲目だと言うだろう。

真実はまさに反対だ。論理が盲目だ。それを批判しなさい！　愛は目を持つ。唯一、愛だけが目を持つ。なぜなら、ただ愛だけに神が見えるからだ。信仰を批判しなさい。なぜなら信仰とは、美しい言葉の後ろに隠れた疑い以外の、何ものでもないからだ。信仰を批判しなさい。しかし、どんな人の信頼も批判してはならない。

そして何が違うのだろう？　信頼は愛の質を持つ。信仰は単なる理性的なアプローチにすぎない。もし誰かが「私は神を信じる、なぜならこれらは神の証明だからだ」と言うなら、その彼を批判しなさい。なぜなら証明とは、ただ信仰を証明できるだけだからだ。しかし、こういう人を批判してはいけない。「私は神を愛する。なぜかはわからない。私はただ神を愛する。証明はない。実際、そこには彼に反対するあらゆる証明がある。しかしそれでも私は神を愛する」

偉大なキリスト教神秘家テルトゥリアヌスの、有名な声明を思い出しなさい——「不条理なるが故に我信ず」

誰かが彼に訊ねた。「なぜあなたは神を信じるのですか？」

彼は答えた。「なぜなら神は不条理だからだ。なぜなら神は信じられないからだ。だから私は神を信じる」

他のあらゆるものは信じられる。唯一、神だけは信じることができない。しかし信じられないものを信じることで、人は成長する。それは不可能へ手を伸ばしている。

だから、あなたが誰か愛している人を見る時、誰か信頼している人を見る時は、いつでも批判するという誘惑を避けなさい。批判することは簡単だ。誰かの愛の関係に毒を投げることは簡単だ。しかしあなたは、自分が破壊的であるのがわかっていない。あなたは自分が測り知れない美の何かを破壊していることが、わかっていない。あなたはバラの花に岩を投げているのだ。

雌牛の重荷を雄牛に移してはならない

人々は常に、身代わりを見つけている。彼らは、強い人物に仕返しできないからだ。彼らは弱いものに報復する。

ムラ・ナスルディンの話がある。彼は偉大な王の宮廷にいた。彼は宮廷で冗談好きな男だった。彼はとてもおもしろいことを言ったが、王は不愉快になってムラ・ナスルディンを平手打ちにした。さて、ムラは彼を打ち返したかったが、それは向こう見ずで危険なことだったので、彼は自分の横に立っていた男をひっぱたいた。

その男はびっくりして言った。「何をするんだ？　俺はあんたに何もしていないじゃないか」

するとムラが言った。「なぜあんたは俺と口論するのだ？　あんたはその横に立っている男をひっぱたくことができるじゃないか。世界は大きい。それが再び戻ってくる頃には、我々はわかるだろう。ちょっとそのままにさせてみよう、それを伝えていこうじゃないか！」

それが人々がしていること、実際にしていることだ。それはただの話などではない。夫は社長から屈辱を受け、家に帰ると全く意味もなく妻に怒る。あるいはたぶん彼は、その理由を見つけるだろう。理由はいつも見つかるものだ。それは見つけるのがとても簡単だ。野菜に塩が多すぎるとか、チャパティが焦げているとか、それとも何か……何でもだ！　彼は理由を見つけるだろう。そして彼は、こういう理由で自分は怒っているのだと、自分自身を納得させるだろう。実は彼は社長に怒っているのだ。しかし社長は強い男だ。何かを言えば、危ない目に遭うかもしれない。仕事を失うかもしれない。だから社長に侮辱されても、彼は笑っていた。彼は尻尾を振り続けた。今彼は社長を妻に投影している。

もしその話が西洋で起こっているなら、妻もまた、彼に飛びかかることができる。しかし、もしそれが東洋で起こっているなら、妻は何もできない。東洋では夫は自分の妻に、夫は神として扱わなければならない、と言い続けている。妻は何も言えない。彼女は子供が学校から帰って来るのを待っていなければならない。そして彼女は、夫にしたかったことを何であれ子供にする。彼女は子供を叩く。子供は帰ってくるのが遅い。彼の服はまた引き裂かれている。彼はまたあれやこれをしている。彼はまた悪い少年たちと遊び続ける。

すると子供はどうしたらいい？　彼は自分の部屋に入って、自分のオモチャを叩いたり壊したりする。このやり方でそれは転換し続けていく。

アティーシャは言う。どうか物事を転換しないようにしなさい。そうでなければ、全人生であなたはただ転換を繰り返しているだけだ。責任を取りなさい、危険を冒しなさい。コストがどれだけかかろうが、状況に応答しなさい。

雌牛の重荷を雄牛に移してはならない
好みを支持してはならない

好き嫌いを持たないことだ。公正でありなさい。公平でありなさい。あなたの偏見や好き嫌いで決めてはいけない。それ自体の長所をみて決めなさい。するとあなたの生は真実の美しさを、真実の強さを持つだろう。

間違った見解を持たないこと

すべての見解は間違っている。生は見解なしに生きるべきだ。生は現実に直面して生きるべきだ。

しかし、もしそれが無理なら、少なくとも間違った見解は持たないことだ。間違った見解とは何だろう？　それは偏見、憎しみ、怒り、強欲、野心、暴力を根に持つものだ。

まず初めに、どんな種類の見解も持たないことだ。生きるための哲学を持たずに生を生きなさい。生を生きるために哲学は必要ない。事実、最高で最も栄光のある生は、どんな哲学も持たず、単純に、無垢に、自然発生的に生きる生だ。

しかし、もしそれがたった今は無理なら、少なくとも間違った見解を落とし始めなさい。偏見を通して生きてはいけない。怒りを通して生きてはいけない。憎しみを通して生きてはいけない。強欲と野心を通して生きてはいけない。夢を通して生きてはいけない。もっと現実《リアル》で、もっと現実的《リアリスティック》でありなさい。もう少し油断なく、注意深く、それぞれの行為を用心深く観察するようにしなさい。なぜなら、それぞれの行ないは行為の鎖を創るからだ。あなたが去った時でも、あなたのすることは何であれ世界に残るだろう。なぜならその鎖が続いているからだ。

もしあなたが、世界で何か美しいことをすることができないなら、少なくとも醜いことをしないことだ。

最も高次の可能性は、どんな見解もなしに生きること、ただ生きること、ただ在ることだ。

二番目のベストは、少なくとも否定的《ネガティヴ》な部分を落として、肯定的《ポジティヴ》なものに従うことだ。すると非常にゆっくりとあなたは、否定的な部分を落とせば、肯定的なものもまた落とせるのが、わかるようになるだろう。実際、否定的なものを落とすことは、肯定的なものを落とすことよりもずっと難しい。

ノーを落とせる人は、イエスを簡単に落とせる。ノーはイエスより、もっとエゴを強くするからだ。怒り、憎しみ、そして強欲を落とせる人は、肯定的な感覚を簡単に落とせる。そしてすべての二元性を超越したままでいることが、アティーシャとすべての偉大な師たちの究極の目的地だ。

そして最後の経文

天界の悪魔にだまされないように

エゴは「天界の悪魔」と呼ばれている。次のことを絶えず覚えていなさい。あなたの生のそれぞれの瞬間は、絶え間ない想起にならねばならない。エゴは非常に微妙で、それは何度も戻るずる賢い方法を持っている。それはまさに最後まであなたについて行く。それはまさに最後まで、あなたが罠にはまることを望んでいる。それに気づきなさい。

このエゴが、キリスト教徒、イスラム教徒、そしてユダヤ教の聖書で「悪魔」と呼ばれているものだ。それはあなた自身のマインド、あなた自身のマインドのまさに中心だ。

最初のうちは、ちょっとしばらくの間、どんな「私」もなしで生きようとしてみなさい。あなたは庭で地に穴を掘っている。ただ穴を掘りなさい。ただ掘ること、になりなさい。そして「私はそれをしている」ということを忘れなさい。行為者を蒸発させなさい。あなたは日なたで汗をかくだろう。

そして行為者はいないし、掘ることは続いていく。するとあなたは、ほんの少しの間でさえエゴを消すことができれば、生がどんなに神聖なものであるかに驚くだろう。

シャワーを浴びる、ただ水があなたに落ちてくるにまかせる、しかし「私」としてそこにいてはいけない。くつろぎなさい。「私」を忘れなさい。すると、あなたは驚くだろう。そのシャワーはあなたの身体だけを冷やしているのではない。それはあなたの、最も内側の核をも冷やしている。

そしてもし探求するなら、毎日の普通の生において、エゴを脇へ置くことができるとても多くの瞬間を見つけるだろう。その喜びは、一度あなたがそれを味わうと、何度も何度もそうしたくなるほど、とても大きいものだ。そして実にゆっくりと、あなたはエゴを捨てることができる。エゴが絶対に必要でない限り……。

あなたが、それは全く必要ないとわかる時、祝祭の日もまたやって来る。あなたはエゴに最後のさよならを言う。エゴが死ぬ日、あなたは無我の境地に到達する。それがあなたの真《リアル》の存在だ。非存在があなたの真の存在だ。初めて、存在しないことが存在することとなる。

今日はこれくらいでいいかな。

第十四章

他のグルたちとエトセトラナンダ

Other Gurus & Etceteranandas

最初の質問

愛するOSHO、死と死ぬことの術《アート》について、何か話していただけますか？

デヴァ・ヴァンダナ、最初に死について知るべきことは、死は嘘だということだ。死は存在しない。それは最も非現実的なものの一つだ。死とは別物の偽りの影で、その別物の名前はエゴだ。死とはエゴの影だ。エゴがあるから死があるように見える。

死を知るための、死を理解するための秘密は、死それ自体の中にはない。あなたはエゴの存在の中へ、より深く入っていかねばならない。あなたは見て、見守って観察して、このエゴが何なのかに気づかなければならない。あなたは、そこにエゴがないのを発見する――それはこれまで存在したことはなく、ただあなたがそれに気づいていないから現われていたにすぎないこと、あなたが、ただ暗闇の中で自分自身の存在を保ち続けていたから、現われていただけのこと、エゴとは無意識のマインドの創造物であること、エゴが消え去ると同時に、死が消え去るということを理解する。

真実のあなたは不滅だ。生は生まれもせず死にもしない。大洋は存続する。波は来ては去る。だが波とは何だろう？　それは単なる形状だ。波は大洋と戯れている。波には存在の実体がない。そのようなものが私たちであり、波であり、遊び道具だ。

しかし、もし私たちが波の中を深く徹底的に見てみるなら、そこには大洋、その永遠の深さ、その底知れない神秘がある。あなた自身の存在を深く見てみるなら、あなたは大洋を見つけるだろう。そしてその大洋はある。大洋は常に存在している。あなたは「それはあった」とは言えない。「それはあるだろう」とは言えない。それにはただ一つの時制、現在という時制で、それはある、という言い方しかできない。

これが宗教の全探求だ。その探求とは、真に存在するものを見つけることだ。私たちは、本当は存在していないものを受け入れてきた。その最も大きくて最も中心的存在がエゴだ。当然それは大きな影を落とす。その影が死だ。

死を直接理解しようとする人は、決してその神秘の中を見抜くことはできないだろう。彼らは闇と戦っている。闇は非 - 存在だ。あなたはそれと戦うことはできない。光をもたらしなさい。すると闇はもうない。

どうすれば、私たちはエゴを知ることができるのだろう？　あなたの存在に、もう少し覚醒をもたらしなさい。それぞれの行為の機械的な動きを、これまでより、もっと少なくしてみなさい。するとあなたはその鍵を持つ。もしあなたが歩いているなら、ロボットのように歩いてはいけない。あなたがいつも歩いていたように、歩き続けてはいけない。それを機械的にしてはいけない。それを少し意識的にやりなさい。ゆっくり落ち着いて、充分な意識をもって、各ステップを踏んで行きなさい。

仏陀は弟子たちによく言っていた。

あなたが左足を上げる時は、心の底で「左」と言いなさい。あなたが右足を上げるときは、心の底で「右」と言いなさい。最初はそれを言いなさい。あなたが、この新しい過程を知ることができるように……。それから実にゆっくりと、その言葉が消えてゆくにまかせなさい。ただ覚えているだけでいい。「左、右、左、右……」

小さな行為の中で、これをしてごらん。あなたは大きなことをするわけではない。食べる、風呂に入る、泳ぐ、歩く、話す、聴く、料理をする、洗濯をする――非‐自動的な過程。この言葉「非‐自動的」を覚えておきなさい。それが、気づくようになるすべての秘密だ。

マインドはロボットだ。ロボットは実用性がある。これがマインドの機能の仕方だ。あなたは何かを学ぶ。それを学ぶ時、始めのうちはあなたは気づいている。たとえば泳ぎを学ぶ時、それは危険を伴うからあなたは非常に油断がない。車の運転を学ぶ時、あなたは非常に油断がない。油断なくしなければならない。多くのことに注意が必要だ。ハンドル、道、通り過ぎる人々、加速、ブレーキ、クラッチ――あなたはすべてに気づいていなければならない。覚えているべきものがとても多い。するとあなたは神経質になる。そして間違いを犯すことは危険だ。それはとても危ない。だからあなたは気づいたままでいなければならない。しかしいったん運転を学んだら、この気づいていることは必要なくなる。その時、あなたのマインドのロボットの部分が働きかける。

それが私たちが学びと呼ぶものだ。何かを学ぶことは、それが意識からロボットへ移されるという意味だ。それが学ぶということのすべてだ。ひとたび何かを学べば、それはもう意識の部分ではなくなる。それは無意識へ渡される。今、無意識がそれをできる。今あなたの意識は、何か別のことを学ぶことができる。

これは、本質的に途方もなく意義深いものだ。でなければ、あなたは全人生で一つのことを学習したままだろう。マインドは優れた使用人、優れたコンピューターだ。それを使いなさい。しかしそれに圧倒されるべきではないことを、覚えておきなさい。覚えておくことは、あなたは気づくことができるままでいるべきで、マインドがあなたをそっくり所有すべきではない、それがすべてになるべきではない、あなたがロボットから出て来れる扉を、開けっ放しにしておくということだ。

扉の開放が瞑想と呼ばれるものだ。しかし覚えておきなさい。ロボットはとても巧妙で、それは瞑想をその支配下に取り込むことさえできる。ひとたびあなたがそれを学んだなら、マインドは言う、「さあ、お前はそれを心配しなくていい、私にはそれをすることができる。私がそれをしよう。お前は私にまかせていればいい」

そしてマインドは巧妙だ。それは非常にすばらしい機械だ。実によく機能する。実際、私たちの科学のすべて、いわゆる最先端の知識のすべてをもってしても、人間のマインドのような、とても精巧なものをまだ創り出すことはできない。現存する最も高度なコンピューターも、マインドに比べてはまだ初歩的なものだ。

マインドは全く奇跡だ。

しかし何かがとても強力であると、その中に危険なものがある。あなたは、それとその力によって自分の魂を失うことができるほど、ひんぱんに催眠をかけられる。もしあなたが気づく方法を完全に忘れるなら、その時にエゴが創り出される。

エゴとは完全な無意識状態のことだ。マインドは、あなたの全存在を手に入れてしまった。それはあなた全体にわたって、癌のように広まった。それは何も省かれない。エゴは内面の癌、魂の癌だ。

そして唯一の治療、私の言う唯一の治療が瞑想だ。その時あなたは、マインドからわずかな領地を取り戻し始める。その過程は困難だが、気分を明るくさせる。その過程は困難だが魅惑的だ。その過程は困難だがやりがいがあり、心を躍らせる。それはあなたの生の中に、新しい喜びをもたらすだろう。あなたがロボットから領地を取り戻す時、自分が全く新しい人間になっていることに驚くだろう。あなたの存在が更新されていることに、これが新しい誕生であることに驚くだろう。

そしてあなたは、自分の目がより多く見えることに驚くだろう。さらに、自分の耳がより多く聴いていることに、自分の手がより多く触れていることに、自分の身体がより多く感じていることに、自分のハートがより多く愛していることに、あらゆるものが、より多くなっていることに驚くだろう。

そして量の感覚だけでなく、質の感覚もまたより多くなる。あなたはただ、木をより多く見るだけではなく、木をより深く見る。木々の緑はより緑になる、それだけではなく、それは発光するようになる。それだけではなく、木はそれ自身の個性を持ち始める。それだけではなく、あなたは今、存在との交感を持つことができる。

そして領地が取り戻されればされるほど、あなたの生はますます陶酔的《サイケデリック》で色彩豊かになる。その時あなたは虹、全スペクタルだ、音楽のすべての音色、全音階だ。あなたの生はより豊かになり、多次元になる。深みを持ち高みを持ち、途方もなく美しい谷と、途方もなく美しい日光に照らされた山頂を持つ。

あなたは広がり始める。ロボットから部品を取り戻すにつれて、あなたは生き生きとし始める。初めてあなたは恍惚《ハイ》になる。

これが瞑想の奇跡だ。これは取り逃されるべきではない。それを取り逃がす人々は、全く生きてはいない。そのような強烈さで、そのようなエクスタシーで生を知ることは、死は存在しないと知ることだ。生を知ることが死を創るのではない。生の無知が死を創るのだ。

生を知ることは、死はないということを、死は決して存在しなかったと知ることだ。誰もこれまでに死んだことなどない。私は宣言する。そして誰も、全く死のうとしてはいない。死は物事の性質上、不可能だ。ただ生だけがある。そう、生は形を変え続けている。ある日あなたはこれであり、別の日あなたは何か別のものだ。

あなたはかつて子供だったが、その子はどこにいる？　その子供は死んだのか？　あなたは、その子供は死んだと言えるだろうか？　子供は死んではいない。しかしそれでは子供はどこにいる？　形が変わったのだ。その子供は本質的なところでは、まだ存在している。しかし今あなたは若い男、あるいは若い女になった。その子供は、そのすべての美しさと共に存在している。それは新しい豊かさで重ねられている。

そしてある日、あなたは老いるだろう。その時あなたの若さはどこにある？　死んだのか？　いや、再び、より多くのことが起こった。老年はそれ特有の収穫をもたらした。老年はそれ特有の知恵をもたらした。老年はそれ特有の美をもたらした。

子供は無垢だ。それが彼の核だ。若者はエネルギーに溢れている。それが彼の核だ。そして老人はすべてを見てきた。すべてを生きてきた。すべてを知ってきた。知恵が生まれた。それが彼の核だ。しかし彼の知恵は、彼の若さの何かを含んでいる。それもまた溢れ出ている。それは輝いている。それは振動する。脈動している。それは生きている。そしてそれもまた、子供の何かを持っている。それは無垢だ。

もし老人が若々しくないなら、彼はただ年を重ねただけだ。彼は老成してはいない。彼は時間的には、年齢を重ねてきた。しかし成長はしていない。彼は取り逃がした。もし老人が子供のように無垢でないなら、もし彼の目が、無垢の持つ水晶のような透明さを示していないなら、彼は実際には生きてこなかったということだ。

もしあなたが全面的に生きるなら、狡さと小賢しさは消え、信頼が生まれる。それが、人が生きてきたかどうかを知るための基準だ。子供は決して死なず、ただ変容するだけだ。若者は決して死なない。ただ再び新しく変容するだけだ。そしてあなたは老人は死ぬと思うだろうか？　そう、肉体はその目的に貢献したので消え去る。しかし意識は旅を続ける。

もし死が現実だったなら、存在は全く不合理なものだったろう。存在は狂っていただろう。もし仏陀が死ぬなら、それは、すばらしく美しい音楽、すばらしい輝き、すばらしい優美さ、すばらしい美しさ、すばらしい詩が存在から消え去るという意味だ。それなら存在は非常に愚かだ。それならその要点とは何だろう？　どうすれば、成長は可能だというのだろう？　どうしたら進化は可能だというのだろう？

仏陀はたぐい稀な宝石だ。それはただ、ほんの稀に起こる。数多くの人々が試み、そして一人の人物が覚者になる。それから彼は死ぬ。そしてすべてが終わるのであれば、その意味は何だというのだろう。

いや、仏陀は死ぬことはできない。彼は吸収される。彼は全体に吸収される。彼は存続する。今、その存続は肉体なしだ。なぜなら彼は、宇宙そのもの以外には包含できないほど、広がっているからだ。彼は小さな顕現など不可能なほどに、広大だ。今、彼は唯一、本質においてのみ存在できる。彼は花としてではなく、ただ芳香としてのみ存在できる。彼は形を持てない。彼は唯一、存在の形なき知性として、存在できるだけだ。

世界はますます知性を成長させている。仏陀より以前は、そんなに知性的ではなかった。何かが不足していた。イエスより以前は、そんなに知性的ではなかった。モハメッドより以前は、そんなに知性的ではなかった。彼らはみんな貢献した。もしあなたが正しく理解するなら、神とは、起こったものではなくて起こっているものだ。

神は毎日起こっている。仏陀は何かを創った。マハヴィーラは何かを創った。パタンジャリは何かを創った。老子、ツァラトゥストラ、アティーシャ、ティロパ——彼らはみんな貢献した。

神とは創られた存在だ。あなたが神の創造者になれるということに、自分のハートを奮い立たせなさい！　あなたは、神が世界を創造したと何度も言われてきた。私はあなたに言いたい。私たちは毎日神を創っている。

あなたにはその変化がわかる。旧約聖書を見てみると、旧約聖書の神という言葉は、全く実に醜く見える。何かがとても原始的なようだ。旧約聖書の神は言う、「私は非常に嫉妬深い神だ」。あなたは嫉妬深い神を考えられるだろうか？「私に従わない者は、押しつぶされて地獄の炎の中へ投げ入れられるべきだ。私に服従しない者は、大いなる報復がその者の上に襲いかかるであろう」

これらの言葉を、覚者が発したものと考えられるだろうか？　違う、神の概念は毎日練り直されている。モーセの神は初歩的だ。イエスの神ははるかに高級だ。より多く洗練されている。人が洗練されるにつれて、彼の神は洗練される。人がより理解するにつれて、彼の神はより理解する。なぜならあなたの神はあなたを象徴しているからだ。
モーセの神は法だ。イエスの神は愛だ。仏陀の神は慈悲だ。アティーシャの神は全くの虚空と沈黙だ。
私たちは、神の新しい次元を探している。私たちは神に新しい次元を加える。神は創られた存在だ。
あなたは単なる探求者ではない。あなたは創造者でもある。そして未来は、神のはるかに良い姿《ヴィジョン》を知るだろう。

仏陀は死なない。彼は私たちの神の概念の中に消える。イエスは私たちの神の大海の中に溶ける。そしてまだ目覚めていない人々、彼らもまた死なない。彼らはある形の中へ、何度も戻ってこなければならない。なぜなら、ただ形を通してのみ、目覚めた存在であることができるからだ。

世界は目覚めるための環境、一つの機会だ。

アティーシャを思い出しなさい。彼は言う。「機会を待ってはいけない」。なぜなら世界がその機会だからだ。私たちは既にその中にいる。世界は学ぶための一つの機会だ。それは逆説的に見える。時間は永遠を学ぶための機会だ。身体は身体なきものを学ぶための機会だ。物質は意識を学ぶための機会だ。セックスは三昧《サマーディ》を学ぶための機会だ。存在全体が一つの機会なのだ。

怒りは慈悲を学ぶための機会だ。強欲は分かち合いを学ぶための機会だ。そして死は、エゴの中へ入って行き、そして「私はいるのか、それともいないのか。もし私がいるのなら、たぶん死は可能だ」ということを見るための機会だ。しかし、もしあなたが自分自身に対して「私はいない」ということ、そこには純粋な虚空があること、そこには誰もいないことがわかれば——もしあなたが、自分の中に誰もいないことを感じるなら、死はどこにある？　死とは何だろう？　誰が死ぬことができるのか？

ヴァンダナ、あなたの質問は意義深い。あなたは訊ねている。

「死について何か話していただけますか？」

ただ一つのことだけ、死はないということ。

そしてあなたは訊ねている。「……そして死ぬことの術《アート》は？」

死が存在しなければ、あなたはどうやって死ぬことの術《アート》を学ぼうとするのだろう？　あなたは生きるための術《アート》を生きなければならない。もしあなたが生きる方法を知るなら、生と死についてのあらゆることを知る。しかしあなたは、ポジティヴにアプローチしなければならないだろう。

ネガティヴを、あなたの考察の対象にしてはいけない。なぜならネガティヴは存在しないからだ。あなたは進み続けることができるが、決してどこへも到着しないだろう。闇ではなく、光とは何かを理解しようとしてごらん。死ではなく、生とは何かを理解しようとしてごらん。憎しみではなく、愛とは何かを理解しようとしてごらん。

もし憎しみの中に入って行くなら、あなたは決してそれを理解しないだろう。なぜなら憎しみとはただ愛の不在にすぎないからだ。だから闇も光の不在だ。どうやって不在を理解できるだろう？

もし私を理解したいなら、あなたは私の不在ではなく、私を理解しなければならない。もしあなたがこの椅子を研究したいのなら、この椅子が研究されなければならない。アッシーシがそれを持ち去った時に、あなたは椅子の不在を研究し始めるということではない。あなたは何を研究するというのだろう？

常に油断なくありなさい。決してどんなネガティヴなものにも関わってはいけない。多くの人々はネガティヴなものを研究し続けている。彼らのエネルギーは全く浪費されている。

死ぬことのアートはない。あるいは、生きることのアートが死ぬことのアートだ。生きなさい！　しかし、いわゆる宗教的な人々は、あなた方に生きないことを教えてきた。彼らは死の創造者たちだ。非常に間接的なやり方で、彼らは死を創り出した。その理由は、彼らがあなた方を、生を非常に恐れるようにさせるためだ。あらゆることが間違っている。生は間違っている。世界は間違っている。身体は間違っている。愛は間違っている。関係性は間違っている。何かを楽しむことは間違っている。彼らはあなた方に、あなたが生きることができないほどの、あらゆるものに関する罪悪感を、あらゆるものの非難を与える。

ではあなたが生きられなくなったら、何が残るだろうか？　不在、生の不在だ――それは死だ。その時あなたは震える。存在しないもの、あなた自身が創造したものの前で震える。そしてあなたが死の大きな恐怖に震え始めるから、聖職者は非常に強くなるのだ。

彼は言う、「心配しなくていい。私はあなたを助けるためにここにいる。私に従いなさい。私があなたを地獄から救い出し、天国へ連れて行ってあげよう。そして私の教会の中にいる人は救われる。

その他の者は誰も救われないだろう」
キリスト教徒たちは、人々に同じことを言い続ける。「あなたがキリスト教徒でない限り、あなたは救われない。ただイエスだけが、あなたを救うだろう。審判の日が近づいて来ている。そして審判の日に、イエスと共にある人々をイエスは認識するだろう。彼はその人たちを選別する。その他の、数多くの人々は、ただ永遠に地獄の中へ投げ入れられるだろう。覚えておきなさい。逃れる場所はない。彼らは永遠に、地獄の中へ投げ入れられるだろう」

そして、他の宗教も同様だ。しかし、恐怖から人々は何かにしがみつき始める。すぐそばにあって利用できるものなら何であれ……。もしあなたが、偶然にもヒンドゥー教の家に生まれたら、あるいはジャイナ教、ユダヤ教の家に生まれたら、場合によっては、あなたはユダヤ教徒、あるいはジャイナ教徒、あるいはヒンドゥー教徒になる。すぐそばで手に入るものなら何であれ、子供はそれにしがみつき始める。

私のアプローチは全く違う。私は、恐れなさいとは言わない。それは聖職者の策略だ。それは彼の企業秘密だ。私は、恐れるものは何もないと言う。神はあなたの中にいるからだ。恐れるものは何もない。生を恐れることなく生きなさい。それぞれの瞬間を、可能な限り強烈に生きなさい。強烈さを覚えていなければならない。そしてもし、あなたがどんな瞬間も強烈に生きることがないなら、その時何が起こるだろう。あなたのマインドは繰り返しを強く望むのだ。

あなたは女性を愛する。あなたのマインドは繰り返しを強く望む。なぜだ？　なぜあなたは何度も同じ体験を強く望むのだろう。あなたは特定の食べ物を食べる。あなたはそれを楽しむ。今、あなたは何度も同じ食べ物を強く望む。なぜだ？　その理由は、あなたが何をしようと決してそれを全面的《トータル》にしないからだ。だから、何かがあなたの中で不満なまま残ってしまうのだ。もしあなたがそれを全面的にするなら、繰り返しを強く望みはしない。あなたは新しいものを探し、未知なるものを探検するだろう。あなたは悪循環の中を動くことはない。あなたの生は成長し始めるだろう。普通の人々は、ただ円の中を動き続けているだけだ。彼らは動いているように見えるが、ただそう見えるだけだ。

成長とは、あなたが円の中を動いていないこと、何か新しいことが毎日、毎瞬間、本当に起こっているという意味だ。そして、いつそれは可能になるのか？　あなたが強烈に生き始める時は、いつでも可能だ。

私はあなたに強烈で全面的に食べる方法を、強烈で全面的に愛する方法を、何も後に残されないくらいの完全なエクスタシーをもって、小さなことをする方法を教えたい。

もしあなたが笑うなら、その笑いにあなたのまさに基礎そのものを震動させなさい。もしあなたが泣くなら、涙になりなさい。涙を通して、あなたのハートを流れ出させなさい。もしあなたが誰かを抱くなら、その時は抱くことになりなさい。もしあなたが誰かにキスをするなら、その時はただ唇でありなさい。ただキスでありなさい。するとあなたは、自分がどれだけ取り逃がし続けているか、どれだけ取り逃がしてきたか、どれほど生ぬるい方法で生きてきたかに驚くだろう。

私はあなたに生きる術《アート》を教えることができる。それは死ぬ術《アート》を含む。それを別々に学ぶ必要はない。生きる方法を知る人は、死ぬ方法を知る。恋に落ちる方法を知る人は、愛が壊れる瞬間を知る。彼は優雅に別れる、さよならとともに、感謝の言葉とともに――しかし唯一、その人だけが愛する方法を知る。

人々は愛する方法を知らない。そしてさよならを言う時が来ても、それを言う方法がわからない。もしあなたが愛するなら、あなたは知るだろう――あらゆるものは始まり、あらゆるものは終わる、そして始まりの時があり、終わりの時がある、そこに傷は存在しないということを。人は傷つかない。人は単に季節が終わったことを知る。人は絶望しない。人はただ理解する。そして、相手に感謝する。「あなたは私に、とても多くの美しい贈り物を与えてくれた。あなたは私に、生の新しい光景《ヴィジョン》を与えてくれた。あなたは、私一人では一度も開けないかもしれない窓を、少し開けてくれた。今、私たちは別れ、私たちの道が二つに分かれる時が来た」。怒らず激怒せず、恨まずどんな苦情もなく、途方もない感謝をもって、大いなる愛をもって、心からの感謝をもって――。

もし愛する方法を知るなら、あなたは別れる方法を知るだろう。あなたの別れにもまた、美しさと優雅さがあるだろう。そして生の場合も同様だ。もしあなたが生きる方法を知るなら、死ぬ方法を知るだろう。あなたの死は途方もなく美しいだろう。

ソクラテスの死は途方もなく美しい。仏陀の死は途方もなく美しい。仏陀が死んだその日、その朝彼はすべての弟子たち、すべての出家僧《サニヤシン》たちを集め、彼らに言った。

「今、最後の日が来た。私の舟は到着した、そして私は去らなければならない。これは素晴らしい旅であり、素晴らしい集まりだ。もし何か質問があるなら、訊ねるがよい。なぜなら私はもうこれ以上、肉体的にあなた方の役に立つことはないだろうからだ」

大いなる沈黙、大いなる悲しみが弟子たちに生じた。すると仏陀は笑って言った。

「悲しんではいけない。なぜならそれは、私があなた方に何度も教えてきたことだからだ。あらゆるものは始まり、終わる。今、私の死によっても、あなた方に教えさせてほしい。私が、私の生を通してあなた方に教えてきたように、私の死を通してもあなた方に教えさせてほしい」

誰も質問をする勇気を集められなかった。その全人生で、彼らは非常に多くの質問をしてきた。そして今は、何かを訊ねる時ではなかった。そんな気分ではなかった。彼らは泣き、そして涙を流していた。

そこで仏陀は言った。「さよならだ。もうどんな質問もないのなら、私は行くことにしよう」

彼は目を閉じて木の下に座り、そして身体から消え去った。仏教徒の伝統では、これが「最初の瞑想」――身体から消え去ること――と呼ばれている。それは身体とあなた自身は同一化されない、全面的に、そして絶対的に「私は身体ではない」ということを知る、という意味だ。

質問は、必ずあなたのマインドに現われる。仏陀は「私は身体ではない」ということを、以前に知らなかったのだろうか？　彼は以前にそれを知ったのだが、仏陀のような人はその時に、彼のほんの少しの部分は身体と関係したまま残るように、ある工夫をしていたにちがいない。そうでなければ、彼はだいぶ前に死んでいた――四十二年前に彼は死んでいた。光明を得たその日、彼は死んでいた。慈悲から彼は欲望を、人々を救うという欲望を作った。それは欲望だ。それは、あなたを身体に付着させ続ける。

彼は人々を救うという欲望を作り出した。「私が知ったものは何であれ、分かち合わなければならない」。もし分かち合いたいのなら、マインドと身体を使わなければならないだろう。その小さな部分は付着されたままだ。

今、彼は身体の中の小さな根さえ断ち切る。彼は身体に同一化しなくなる。最初の瞑想が完結し、身体は後に残される。その時、二番目の瞑想だ、マインドが落とされる。彼はずいぶん前にマインドを落としていた。主人としてのマインドは落とされた、しかし使用人としてのマインドはまだ使われていた。今、それは使用人としてさえも必要ではない。それは完全に落とされる、全面的に落とされる。そしてそれから三番目の瞑想だ。彼は自分のハートを落とした。それはこれまで必要だった。彼は自分のハートを通して働き続けていた。そうしなければ、慈悲はあり得なかっただろう。彼はハートであった。今、彼はハートから離れた。

これらの三つの瞑想が完結される時、四つ目が起こる。彼はもう人物ではない、もう形ではない、もう波ではない。彼は大海の中に消え去る。彼は常に在ったものに、四十二年前に知ったものになるのだが、人々を助けるために、どうにかして遅らせ続けていた。

彼の死は、瞑想についての途方もない実験だ。そして居合わせた多くの人が、ただ非常にゆっくりと移り動いて行く仏陀を見ていたと言われている。最初、彼らは仏陀の身体がもう同じではないのがわかった。何かが起こった。生気が身体から消え去った。身体は存在していたが、像のようだった。より洞察力に富み、より瞑想的であった人々は、今マインドが落とされ、そして内側にはマインドは存在していないことが直ちにわかった。さらに洞察力に富む人々は、ハートが終わっていたことを見ることができた。そして本当に目覚め《ブッダ》の境地にさしかかっていた人々は、仏陀が消え去ったのを見て、彼らもまた消え去った。

仏陀が死んだ日に、多くの弟子たちが光明を得た。多くの人が──ただ死にかけている彼を見ることで。彼らは生きている彼を見守ってきた。彼らは彼の人生を見てきた。しかし今、頂点に近づいて来た。彼らは彼がそれほど美しい死を、それほど優雅な、それほど瞑想的な状態で死につつあるのを見た。それを見て、多くの人々が目覚めた。

覚者《ブッダ》とともにいること、覚者とともに生きること、彼の愛を浴びることは祝福だ。しかし最も偉大な祝福は、覚者が死んだ時に居合わせることだ。あなたは簡単に、そのエネルギーに乗ることができる。あなたは簡単に、そのエネルギーと共に量子的跳躍ができる──覚者が消え去っているために。

そして、もしあなたの愛が大きくて、あなたの関係が深ければ、それは必ず起こる。

それは私のサニヤシンたちの多くに、起ころうとしている。私が消え去るその日、あなた方の多くは、私とともに消え去るだろう。

ヴィヴェックは何度も私に言っている。

「あなたが去ったら、私はほんの少しでも生きたいとは思いません」

私は彼女に言った。「心配しなくていい。たとえあなたが生きたくても、そうすることはできないだろう」。つい先日、ディークシャがヴィヴェックに言っていた。「いったんＯＳＨＯが去ってしまえば、私は去る」

それは真実だ。しかしこれは、ヴィヴェックとディークシャだけにとって真実なのではない。あなた方の多くにとってもそうだ。これは、しなければならないことではない。ひとりでに簡単に起こるだろう。それはハプニングであるだろう。しかしそれが可能なのは、起こること《ハプニング》すべてを、あなたが信頼している時だけだ。

私が生きている間、もしあなたが起こることをすべて信頼しているなら、あなたは私の死においても、私と共に動くことができる。しかし、もし少しの疑いでもあるなら、あなたは思うだろう。

「しかし私はまだ多くのことをしていないし、自分の生を生きなければならない。師が去ることが悲しいことだとはわかっている。そして彼が生きていたほうが、はるかに良いこともわかっている。しかし、私にはやるべき多くのことがある。私は自分の生を生きなければならない」……そして千と一つの欲望……。もしそこに少しの疑いがあるなら、それはあらゆる欲望を創るだろう。

しかしもしあなたに疑いがなければ、師《マスター》の死は、この地上でこれまでに起こった中で最高の、解脱への可能性の高い体験になる。

仏陀は優れた弟子たちを持っていたので、非常に運がよかった。イエスは不運だった。彼の弟子たちは臆病者だった。彼が死のうとしていた間、弟子たちはみんな逃げた。イエスが十字架に架けられていた間、自分たちが捕まるかもしれないという恐怖で、彼らははるか遠くへ逃げた。三日後、彼の身体が収められていた墓の正面で石が取り除かれた時、そこには使徒たちは誰一人としていなかった。ただ、売春婦のマグダラのマリア、そしてもう一人のマリアだけ、二人の女性だけが勇気があった。

弟子たちは、もし師の身に起こったことを見に行ったら、師の身体を降ろしに行ったら、自分たちは捕まってしまうかもしれないと恐れていた。ただ二人の女性だけに、充分な愛があった。イエスの身体が十字架から降ろされた時、その時もまた、三人の女性たちがイエスの身体を降ろした。偉大な使徒たちは、みんなそこにはいなかった。

イエスは非常に不運だった。その理由は明白だ。彼は新しい何かを始めていた。東洋では、非常に長い年月にわたって覚者《ブッダ》たちが存在していた。西洋の時間の概念は正しくない。西洋の時間の概念は非常に小さい。そしてキリスト教が理由で、それは非常に小さい。キリスト教の神学者たちは、世界が創られた時を、三月二十三日だとさえ計算していた。私は驚いた。なぜ、二十一日ではないのだろう？　神は二日だけ間違えたのだ！　キリストの四千四年前の三月二十三日に、世界は創られた。非常に小さな時間の観念だ。

世界は非常に長い年数、存在してきた。今、科学は東洋の時間の概念により近づいてきている。東洋では、覚者《ブッダ》たちは何千年もの間存在してきた。だから私たちは覚者と共に在る方法、彼と共に生きる方法、彼を信頼する方法、そして彼が死につつある時に彼と共に在る方法、そして彼と共に死ぬ方法を知っているのだ。

キリスト教の礼儀と西洋教育によって、その多くは忘れられてしまった。現代のインド人は全くインド人ではない。インドでインド人を見つけることは非常に難しい。ほとんど不可能だ。ただ、たまに私はインド人に出会う。遠い国からやって来ている人々が、いわゆるインド人たちよりも、よりインド人らしいということが時々起こっている。三百年間の西洋支配と西洋教育が、インド人のマインドを完全に壊してしまったのだ。

西洋のマインドは、東洋のマインドそれ自体よりも、覚者を理解する方向へますます近づいている。その理由は、西洋は技術と科学にうんざりして、ますます希望を失った。科学が約束したものが、果たされなかったからだ。実際のところ、すべての革命が失敗している。そして今、ただ一つの革命だけが残されている。内側の――個人の革命、内的変容がもたらす革命だけが残されている。

インド人はまだ望んでいる。もう少し良い技術、もう少し良い政治、もう少し多い金、もう少し多い生産で、物事はすべて完全にオーケーになるだろうと。インド人のマインドはそう望んでいる。それは非常に唯物的だ。現代のインド人は、他のどんな国の人々よりもずっと唯物的だ。唯物論者の国は唯物主義にうんざりしている。それは失敗だった。彼らは失望させられ、幻滅させられている。

だから言わせてほしい。私のサニヤシンたちは、よりインド人だ。彼らはドイツ人であるかもしれない。ノルウェー人であるかもしれない、オランダ人、イタリア人、フランス人、イギリス人、アメリカ人、ロシア人、チェコ人、日本人、中国人であるかもしれない。しかし、彼らはよりはるかにインド人だ。

ジャーナリストは、何度も来ては訊ねている。

「なぜここでは、多くのインド人たちを見ないのですか？」。私は答える。

「彼らはみんなインド人だ！　ほんの少し外国人がいる。あなた方がインド人だと思っているほんの少しの人々、まさにそれが少数の外国人だ。それ以外の彼らは、みんなインド人だ」

インド人であることは、地理的なこととは何の関係もない。それは内側での真実《リアリティ》へ向けてのアプローチと関係がある。現代のインド人は覚者《ブッダ》への道を忘れている。そして覚者たちと共に生きる方法を忘れている。

私は再び、あなたにその宝物を示そうと試みている。それをあなたのハートの中に、深く沈ませなさい。最初の原則は生きる術《アート》だ。生を肯定的にしなさい。生は神と同じ意味の言葉だ。あなたは「神」という言葉を落とすことができる。生が神だ。崇敬をもって、大いなる尊敬と感謝をもって生きなさい。この生はあなたが獲得したものではない。それは超えたるものからの、全くの贈り物だ。感謝と祈りを感じなさい。可能な限り多くその一口を受け取り、それをよく咀嚼して、よく消化することだ。

あなたの生を美的な体験にしなさい。それを美的な体験にするのに必要なものは、それほど多くない。ただ美的な意識、美的な魂が必要だ。もっと繊細に、もっと感覚的になりなさい。するとあなたはもっと霊的《スピリチュアル》になるだろう。

聖職者たちは、ほとんどあなたの身体を死の状態に毒している。あなたは麻痺した身体を、麻痺したマインドを、そして麻痺した魂を運んでいる。あなたは松葉杖で動いている。これらの松葉杖すべてを投げ捨てなさい！　たとえもしあなたが、倒れて地面を這うことになっても、松葉杖にしがみついているよりましだ。

そしてすべての可能な方法で、生を体験しなさい——善・悪、苦い・甘い、闇・光、夏・冬。すべての二元性を体験しなさい。体験を恐れてはいけない。体験を持てば持つほど、あなたは成熟するからだ。すべての可能な選択肢を捜し求めなさい。すべての方面に動きなさい。生の世界を彷徨《さまよ》う者、放浪者であり、そして体験しなさい。生きるための、どんな機会も逃してはいけない。

後ろを見てはいけない。ただ愚か者だけが過去のことを考える。愚か者とは、現在を生きるための知性を持っていない者だ。そしてただ愚か者だけが、未来を想像する。なぜなら彼らは、現在に生きるための勇気がないからだ。過去を忘れなさい。未来を忘れなさい。この瞬間がすべてなのだ。この瞬間があなたの祈りに、あなたの愛に、あなたの生に、あなたの死に、あなたのすべてにならなければならない。

これがそれだ。そして勇気を持って生きなさい。臆病者であってはならない。結果を考えないことだ。ただ臆病者だけが結果を考える。結果指向でありすぎないことだ。結果指向の人々は生を取り逃がす。ゴールを考えないことだ。なぜならゴールはいつも未来に、はるか遠くにあるからだ。そして生はここと今に、すぐ間近にある。

そして、目的にこだわりすぎないようにしなさい。繰り返させてほしい。目的にこだわりすぎないようにしなさい。いつも「その目的は何だ?」という考えを、持ち込まないようにしなさい。なぜならそれは、あなたの生の根源そのものを毒するために、あなたの敵によって、人類の敵によって作られた戦略だからだ。「その目的は何だ?」という質問をしてごらん。するとあらゆるものが無意味になる。

早朝、日が昇り、東の空は赤くなり、鳥たちはさえずり、木々たちは目覚める。それはすべて喜びだ。それは喜んでいる、新しい日が再び起こっている。するとあなたは、そこに立って質問をする。「その目的は何だ?」。あなたは取り逃がす。あなたはそれを完全に取り逃がす。あなたは全く関係を断たれる。

バラの花は風の中で踊っている。とても繊細で、それでいてとても強く、とても柔らかくて、それでも強い風と戦っている。とてもはかなくて、それでいてとても自信に満ちている。バラの花を見なさい。バラの花が神経質なのを見たことがあるだろうか? とても自信に満ちている。全く確信している。まるで、いつまでもここにいようとしているかのように。まさにその瞬間の存在、そして永遠へのそれほどの信頼！　風の中に踊る。風とともにささやく。その香りを放つ——するとあなたはそこに立って質問をする。「その目的は何だ？」

あなたは女性と恋に落ち、そして質問をする。「その目的は何だ？」。あなたは愛する人、または友達の手をつかんでいて、そして質問をする。「その目的は何だ？」。そしてあなたはまだ手をつかんでいるかもしれないが、生は消え去った。あなたの手は死んでいる。

「その目的は何だ？」という質問が生じると、あらゆるものが壊される。言わせて欲しい。生に目的はない。生はそれ自体が目的だ。それは目的に達する手段ではない。それはそれ自体が目的だ。飛んでいる鳥、風の中のバラ、昇る朝日、夜の星、女性と愛に落ちている男性、通りで遊ぶ子供たち……。そこに目的はない。生はただそれ自身を楽しんでいる、それ自身を喜んでいる。エネルギーが溢れ出している、踊っている、全く目的なしに。それは演技ではない。それは商売ではない。生は愛の出来事だ。それは詩だ。それは音楽だ。

「その目的は何だ？」というような、醜い質問をしてはいけない。なぜならそれを訊ねる瞬間、あなたは生から、自分自身を切り離しているからだ。生は哲学的な質問で橋渡しをすることはできない。哲学は脇へ置いておかなければならない。

生の詩人でありなさい。歌手、音楽家、ダンサー、愛する人でありなさい。するとあなたは生の本当の哲学を知るだろう、永遠の哲学を。

そしてもし、あなたが生きる方法を知るなら——それは単純な術《アート》だ。木々は生きているが、彼に教える人は誰もいない。事実、あなたがそんな質問をしたのを見て、彼らは笑うにちがいない。彼らはくすくす笑うにちがいない——あなたには、彼らのくすくす笑いが聞こえないかもしれないが。

存在全体は非‐哲学的だ。もしあなたが哲学的なら、あなたと存在との間にギャップが生じる。存在は、目的なく単純に在る。そして本当に生きたい人は、この目的という考えを排除しなければならない。もしあなたがどんな目的もなしに、強烈に、全面的に、愛と信頼をもって生き始めるなら、死がやって来る時、死ぬ方法を知るだろう。なぜなら死は生の終わりではなく、ただ生の中の一コマ《エピソード》にすぎないからだ。

もしあなたが、目的なしに生きることを知ったなら——もしあなたが、目的もなく、全面的に生きたなら、あなたは死をも生きることができるだろう。理解する真実の人は、自分の生を生きるのと同じくらいの強烈さをもって、同じくらい心を躍らせて自分の死を生きる。

ソクラテスが毒を飲もうとしていた時、彼はとても心を躍らせていた。その毒は彼の部屋の外に用意されていた。彼の弟子たちが集まった。彼は、時間が迫って来ていたため、ベッドの上に準備をして横たわっていた。六時、ちょうど日が沈む時に、毒が彼に与えられる。人々は息を殺していた。時計は六時に近づこうとしていた。そしてこの素晴らしい男は、永遠に去ろうとしていた。彼はどんな罪も犯してはいなかった。彼の唯一の罪は、人々に真理を話すのを常としていたこと、真理の教師であったこと、妥協しなかったこと、愚かな政治家たちに屈しなかったことだ。それが彼の唯一の犯罪だった。彼はどんな人にも害を与えなかった。そしてアテネは、永遠により貧しいままになる運命だった。

事実、ソクラテスの死と共にアテネは死んだ。二度と再び、同じ栄光は決して来なかった。決して、だ。ソクラテスを殺すこと、それはアテネが自殺をしたという、それほどの犯罪だった。ギリシャ文化は、再びそのような高いレベルに到達することは決してなかった。ほんの数日間、それは続いた。まさにソクラテスのこだまとして――というのもプラトンが彼の弟子だったからだ。まさにこだまだ。そしてアリストテレスはプラトンの弟子だった。こだまのこだまだ。実にゆっくりと、ソクラテスのこだまが消えるにつれて、ギリシャ文化は世界から消え去った。それは栄光の日々を見た。しかしそれは、ソクラテスを殺すことで自殺した。

彼の弟子たちは非常に心を乱されたが、ソクラテスは心を躍らせていた。ちょうど、小さな子供が催し物に連れて行かれる時に、それぞれすべてがとても信じがたく、そのすべてにとてもわくわくするように。彼は何度も起き上がっては窓辺に行き、毒を調合していた男に問い正した。

「なぜ君は手間どっているのだね？　今はもう六時だぞ！」

するとその男は言った。「あなたは気が狂ったのですか？　ソクラテス、それとも何だと言うのです？　私は、あなたのような素晴らしい人が、ただ少しでも長くここに居られるようにと、毒の調合を遅らせているのですよ。私は永遠に遅らせることはできませんが、この程度のことはできます。もう少し、もうちょっと長く居てください！　なぜあなたは、そんなに死ぬのを急ぐのですか？」

ソクラテスは言った。「私は生を知った。生を生きた。生の味を知った。今、私は死についてとても好奇心がある！　だから私はそんなに急いでいるのだ。大いなる喜びと共に、今私は死のうとしている。そして、死とは何かを見ることができる、という認識に心を躍らせているのだ。私は死を味わいたい。私は他のあらゆるものを味わった。ただ一つのものだけが、知られないまま残ってしまった。私は生を生き、生が与えてくれるものすべてを知った。これは生の最後の贈り物だ。そして私は本当に好奇心をそそられている」

生きた人、本当に生きた人は、死ぬ方法を知るだろう。

ヴァンダナ、死の術《アート》はない。生のアートが死のアートだ。なぜなら、死とは生から分離しているものではないからだ。死は生の最も高い頂点、エベレストだ。太陽に照らされて、新雪に覆われたエベレストだ。それは存在の中で最も美しい。

しかし唯一、生の美しさを知る時だけ、死の美しさを知ることができる。生はあなたに死の準備をさせる。しかし人々は全く生きていない。彼らは、生きることのあらゆる可能性を妨げている。だから彼らは生とは何かを知らない。そしてその結果として、彼らは死が何であるかを知ることはないだろう。

死は嘘だ。あなたはそれで終わりではない。あなたはただ変わるだけだ。あなたは別の道を進む。あなたはこの道からは消え去る。あなたは別の道に現れる。もし、あなたがまだ目覚めていないのなら、まだ光明を得ていないのなら、ここで死に、そこで生まれる。あなたは一つの身体から消え去り、そしてすぐにある子宮に現れる。なぜなら数多くの愚かな人々が、世界中で交わっているからだ。彼らはまさにあなたを待っている！　それは、あなたが無意識に死に、無意識に新しい子宮を選んだほうが良いほど、本当に数多い人数だ。もしそれが意識的な選択だったら、あなたは気が狂ってしまうだろう。どうやって選ぶのか？　誰を選ぶのか？

無意識的にあなたは死ぬ。無意識的にあなたは自分にぴったり合った、最も近くにある、可能な子宮の中に産まれる。一つの身体が去ると、別の身体がすぐに形成される。

しかし、もしあなたが光明を得ているなら……「光明を得る」ということで、私は何を意味しているのだろう？　それは、もしあなたが覚醒して自分の生を生きたなら、そしてあなたの中の無意識において、闇の部分がないほどの覚醒の地点に達したなら、あなたのためのどんな子宮も存在しない、ということだ。その時あなたは神の、存在そのものの子宮の中に入る。それが解放、解脱《モクシャ》、涅槃《ニルヴァーナ》だ。

最後の質問

ＯＳＨＯ、モラジ・デサイ（この当時の首相）がかつて言ったことですが、もし彼が私たちを調査するという委員会《コミッション》を設けたなら、私たちはその結果を好まないでしょう。もし政治家が委員会を設けるなら、それが本当に開かれていて、本当に公平であることへの望みはあるのでしょうか?

クリシュナ・プレム、政治は決して公平であることはできない。政治は不公平だ。政治が決して偏見を持たないことは絶対に無理だ。それは偏見から由来している。だからそんなに多く期待してはいけない。それは戯れだ。それがすべてだ。私たちは任務《コミッション》を持ってやって来る人々と楽しむだろう。その時はそれを楽しみなさい。もし、彼に任務を委託された人々がここに来るなら、それを楽しみなさい。ここで起こっているあなたの生の感覚を、彼らに与えなさい。誰にわかる? ある人は転向するかもしれない!

しかし政治家を信頼してはいけない。政治家とのゲームは危険なゲームだ。彼らと一緒では友情は危険だ。彼らと一緒では敵意も危険だ。だがそれは避けられない。

ここで起こっていることは、政治家がそれを長く無視したままでいられないほど、壮大なものだ。つい先日、インドの議会で再び彼らは、私たちに関する討論、長い討論をした。それからデリーから電話があり、こう言っていた。「クリシュナ・プレム、マドゥラ、そして他の報道機関の人々をこちらへ寄こしてくれ。なぜなら今、人々はただ熱くなって話しているだけだからだ」

私たちは政治家たちに、政治に興味はない。全くない。しかし私たちは、彼らを避けることもできない。政治家たちは、まるで天気のようなものだ。好むと好まざるとに関わらず、それはとにかくあなたに影響を及ぼす。

なぜ、ナセルが突然心臓発作で死んだのかは、今ではわかっている……。彼は、ゴルダ・メイアから電話を受け取った。彼女はこう言ってきた、「戦争ではなく愛を交しましょう」さて、あなたが愛を交わそうが戦争をしようが、政治家と一緒ではそれは面倒な進展に、不愉快な進展になるだろう。

だから、クリシュナ・プレム、何も期待する必要はない。まず第一に、多くの理由から、私は彼が委員会を設置するとは思っていない。一つの理由として、別の日の議会で誰かが質問をした。「なぜOSHOに対してだけの委員会なのだ?」と。すると、大きな戦慄が議会全体を通り抜けた。

新聞の報道によれば、その男は、「我々は、サティヤ・サイ・ババ、グル・マハラジ、マハリシ・マヘッシ・ヨーギ、ムクタナンダ、そしてその他いろいろのエトセトラナンダ(その他の至福《アナンド》の人たち)とやらを調査する委員会を、設置すべきだ」とほのめかしたそうだ。彼らは、私の場所、私のコミューンを調査する任務を持っていることで、非常に喜んでいた。しかし今、懸念がある。それは論理的に見える。もし一つのコミューンを取り調べたいのなら、なぜすべてをしない? 彼らはそれに直面しなければならないだろう、というのが最初の問題だ。

二番目に、彼は任務を命じることを避けたがっている、それから逃れたがっている。なぜなら、もし任務が遂行されるなら、何が起こるものか誰にわかるだろう？　彼のところへ訪れたり戻って来たりする人々は、新聞に載っていることはすべて嘘だ、それは真実の写真ではない、と報告するかもしれないからだ。とても多くの人々が、アシュラムを訪れてきた。とても多くの議員たちがやって来た。そして来た人は、誰であれ彼にこう報告してきた。「あなたはよけいな偏見を持っている。ここでは何か、美しいことが起こっている。東洋と西洋との出会いが、ここで起こっている」

だから彼もまた、心の底では恐れている。誰にわかる？　委任事項は好意的に報告されるかもしれない。だとしたら彼はどうするのだろう？　いったん委任事項が好意的に報告されると、それは彼にとって大きな問題になるだろう。

だから彼は、任務を命じることから逃れるために、非常に正当なやり方を見つけた。彼は、任務が私と私の仕事を調査するよう命じられたかということを、私が個人的な手紙として彼に書いて訊ねるべきだと言う。彼は、私が五年間個人的な手紙を書くのを止めていることを、完璧によく知っている。ではなぜ私が、個人的な手紙を書かなければならないのだろう？　もし政府が何が起こっているのかを知りたいのなら、それを見つけることは彼らの仕事だ。もし彼らが調査しないでそれを決定するなら、彼らは非民主的な存在だ。もし彼らが世界に対して「我々は、コミューンとその仕事を取材するオランダからの、イギリスからの、日本からの、あるいはオーストラリアからの、どんなテレビ会社も認めない。なぜならそれは、真実のインド人の魂と真実のインド人のイメージを報道していないからだ」と言うなら、もし彼らが全く調査することなしにそれを決定するなら、任務を命じることは彼らの義務だ。なぜ私が、彼らに任務を命じることを訊ねなければならない？

しかし、これは合法なトリックだ。彼は私が個人的な手紙を書かないことを知っている。五年間私はそうしてこなかった。そして今私は、それをするつもりはない。

それから、彼は自分が別の日の議会で言ったことについても、また悩まされている。彼が言ったことは、彼は私からのどんな個人的手紙も受け取っていない、そして手紙を書く人、受託者を管理している人、それはいつもヨガ・ラクシュミだ、ということだ。そして彼女はこう書く、「ＯＳＨＯはコミューンではただのお客です。どうやって私たちは、お客を取り調べることができるでしょうか？」

だがラクシュミは正しい。私は単なるあなた方のお客にすぎない。そして私は何もしていない。だから彼らは、何を取り調べようとしているのだろう？　彼らはここへやって来ては、私の部屋で二十四時間、私と共に坐ることができる。私は何もしない。調査するべきものは何もない！　コミューンの問題、コミューン内で続けられているワーク、それが調査されなければならない。

しかし、彼はコミューンには興味がない。彼の興味は基本的に、私を捕まえられる罠をどうにかして作ることにある。というのも、もし私が捕まえられるなら、あるいは私が投獄されるなら、その時、全ワークは簡単に壊されるだろう、ということを彼はわかっているからだ。

別の日の議会で彼はそれを言った――それは無意識に言ってしまったに違いない。「ＯＳＨＯがアシュラムだ、ＯＳＨＯがコミューンだ。だから我々は、彼が書かない限りコミューンを調査することはできない」。そして私は書くつもりはない。私は政治家に何かの価値があるとは思っていない。

そして私は彼らに、宗教的コミューンを調査する価値があるとは思っていない。

実際、いつか私たちは、政治家たちを調査するための委員会を設けることを考えるべきだ……。


三つの大国の三人の首相が晩餐会に出席していた時、女主人が食事をしている席から、突然大きな屁《おなら》の音が聞こえてきた。すぐさま、彼女のテーブルの向こう側からフランスの首相が立ち上がり、そして大きなしっかりした声で、「すみません、紳士淑女の方々、私は急に去らなければなりません。私はどうも気分が悪いのです」と叫んだため、彼女はかろうじて自分自身を保っていられた。

その女性は感謝し、安心して、何とか落着きを取り戻したが、その十分後、彼女はもう一つおならをした。彼女は狼狽と恥ずかしさで耳まで真っ赤になったが、イギリスの首相が立ち上がって「申し訳ありません、紳士淑女の方々。どうも私は気分が悪いので、早々に寝なければなりません」と宣言するのを彼女は見つめた。

その状況はさらに一回起こった。そしてその時は、インドの首相が偉そうに立ち上がり大声で言った。「よろしいですかな、紳士淑女の方々。家に帰るのは私の名誉と私の義務のためなのです」


わかったかな？

私はこれらの政治家たちと政治主導者たちに、どんな敬意も持っていない。私は人間としての彼らには敬意を持つが、政治家としては敬意は持たない。政治とは地球上で最も醜い現象であり、そして政治家たちは最も醜い人間たちだ。私は人間を途方もなく尊敬している。しかし私は、醜い政治がし続けることには、どんな敬意も払えない。

どんな期待も持つ必要はない。第一に、彼らはどんな任務も命じないだろう。それは任命された者が、彼らに反旗を翻すかもしれない恐れがあるからだ。任命することは簡単でもなさそうだ。もし彼らが任務を命じるなら、まず初めに私たちは、彼らが本当にコミューンを調査する能力があるかどうかを知るために、その任務に対しても困難なテストを与えるつもりだ。彼らはそれについて何を知っているのか？　彼らはここで起こっているセラピーについての、何を知っているというのか？　初めに彼らが審査されるだろう。五十人のセラピストたちのグループが、彼らをあらゆる可能なやり方で審査するだろう。私たちが、彼らは調査するに足りると満足しない限り、私たちは彼らが門の中に入ることを認めない。

第一に、彼らは任務を命じようとはしない。彼は恐れている。誰を任命する？　原初療法《プライマル・セラピー》、バイオ・エナジティック、エンカウンター、心理劇、精神統合、そして精神分析を理解する人々を、彼らはどこで見つけようとするのだろうか？　そして彼が恐れているのは、もしこれらのことを理解している人を任命するなら、彼は私たちを支持していることになる。彼は退職した老齢の審査員を任命することができる――が、彼はそれについては何も知らないだろう。それは本当におもしろいだろう。

私は彼がそうするとは思わないが、もし彼が任務を命じるなら、それを楽しみなさい。彼らを来させなさい。そして、全体の物事の本当の楽しみを与えなさい。少なくとも彼らに多少の喜びを、多少の笑いをここから持ち帰らせなさい。彼らが報告することは見当はずれだ。なぜなら、これがほとんどいつも起こっていることだからだ。彼らがここに来る前に、報告書はすでに用意されている。それが起こっていることだ。その報告書は、誰か別の者によって準備されているだろう。

しかし私たちは、彼らの報告には興味はない。

政治家が、少なくとも民主主義という体面を持てるように、私はただ任務を命じるようにと言っただけだった。報道関係の人々がプーナに着くのを妨げることは、全く非民主的なことだ。彼らが人々に次のように言うことは、とても非民主的だ——今、我々はさらに我々の所持品の中に手紙を持っている。それはアメリカのインド大使が、ひとりのサニヤシン宛に書いたものだ。「もしあなたがOSHOの所へ行きたいのなら、それについてはすべて忘れなさい。我々はあなたに、どんな入国ヴィザも与えるつもりはない。しかし、もしあなたが別のアシュラムに行きたいのなら、ヴィザを申請しなさい。我々はあなたのために、それを与える用意がある」という内容のものだ。ちょっとこの男の馬鹿馬鹿しさを見てごらん——それを書いていることを！

今、ムンバイでは、彼らはサニヤシンたちのパスポートの上にこう書いている。「このヴィザはプーナでは有効ではない」。つまり、プーナはもうインドの一部ではないようだ。旅行者にはインド全土を旅行する権利が与えられるが、それはプーナを除いた話だ！　しかし、なぜプーナに来る人々を妨げるのだろうか？　単にコレガオン・パークで充分だっただろう！

私たちを苦しめ、妨げられることなら何であれ、彼らはあらゆる可能なやり方でしている。彼らは非常に巧妙に、一つのことをやろうとしている──私たちの財政における何らかの不備を見つけることを……。彼らはそれをできずにいる。悲しいことに、財務大臣は昨日、議会で宣言しなければならなかった。「彼らの財政は全く問題ないし、我々は彼らの中に、どんな不備も見つけられなかった」だから、今彼らはどうしたものかと途方に暮れている。

実際、法律に反するようなことを、ここで見つけることはできない。しかしまさに彼らの偏見、彼らの古い腐ったマインド、彼らの因習的マインドでは……彼らは、私のような現象がインドにおいてさえ可能である、ということが信じられないのだ。しかしそれは起こっている。それは成長しようとしている。それは成長している。そして彼らが妨げれば妨げるほど、それは成長するだろう。それが物事の内側の論理だ。障害があればあるほど、挑戦があればあるほど、それは成長しようとする。

もしイエスが磔にされなかったら、キリスト教は存在しなかっただろう。もしある日、政治家たちが私を磔にしたら、私は世界で最も幸せな人物であるだろう。

今日はこれくらいでいいかな。

第十五章

煙なき炎

The Smokeless Flame

最初の質問

愛するＯＳＨＯ、あなたはこれまで何度も、私たちに話してくれたに違いないでしょうが、私はいまだに解りません。欲望の種は何でしょうか？　それはマインドの中だけにあるのでしょうか？この肉体にあるセックスの欲望は、マインドとどのように関連しているのでしょうか？

アヌラグ、欲望と呼ばれているそのエネルギーは、何世紀にもわたって非難され続けてきた。いわゆる聖者たちのほとんどが、反対してきた。というのも欲望とは生であり、彼らは生に全く否定的だったからだ。欲望とは、あなたが見るものすべてのまさに源泉だ。そこで彼らは、目に見えるものすべてに反対した。彼らは目に見えるものを、目に見えないものの足元に犠牲にしようとした。彼らは欲望の根を断とうとした。そのため、もはやどんな生の可能性も消えてしまった。完全な自殺を犯すという途方もなく大きな衝動が、長い間ずっと人類を支配してきた。

私は欲望について、全く異なった概念を持っている。まず、欲望それ自体は神だということだ。どんな対象もない欲望、目標指向でない欲望、動機づけられていない欲望、純粋な欲望、それは神だ。

欲望と呼ばれているそのエネルギーは、神と同じエネルギーなのだ。

欲望は破壊されなくていい。それは純粋化されなければならない。欲望は落とされなくていい。それは変容されなければならない。あなたの存在そのものが欲望なのだ。それに敵対することは、自分自身に敵対し、すべてのものに敵対することだ。それに敵対することは、花や鳥、太陽や月に敵対することだ。それに敵対することは、すべての創造性に敵対することだ。欲望とは創造性のことだ。


東洋の経典が全く正しいのは、神が世界を創造したのは、神自身の内に偉大な欲望――創造する欲望、顕現する欲望、一つから多くを作る欲望、拡大する欲望が生じたからだと言うからだ。しかしそれらはただの隠喩《メタファー》にすぎない。神は欲望から分離してはいない。欲望とは、拡大し、巨大化し、広漠たる空ほどの無辺になろうとする切なる望み、大いなる憧れのことだ。

ただ人々を見守り、欲望を見守ってごらん。すると私の意味することがわかるだろう。あなたたちの平凡な欲望にさえ、根本的なことが現われている。実際、とめどもなく多くの金を得ようと欲する人が本当に欲しているのは、金ではなく拡大なのだ。なぜなら金は、あなたの拡大を手助けするからだ。あなたはより大きな家を得られるし、より広い庭も得られる。あれもこれも得られる。あなたの領域はより大きくなるだろう、あなたの自由はより大きくなるだろう。より多くの金によって、あなたは一段と、多くの選択の余地を得られるだろう。

金を求める人は、自分が金を求める理由を知らないかもしれない。彼自身は、自分が金を愛していると考え、またそう信じているのかもしれない。が、それは意識の表面でのことだ。彼の無意識の中に深く入り込み、彼が瞑想するように助けてごらん。すると、あなたも彼も驚くだろう。金に対する欲望が、実は金に対してではなく、拡大することへの欲望だと気づくからだ。

そして同じことが、他の欲望すべてにもあてはまる。人はより多くの権力を、より多くの名誉を、より長い寿命を、より以上の健康を欲する。が、それらの異なる物事で、彼らは何を欲しているのだろう？　同じだ。全く同じものだ。彼らは、もっと多く、を欲している。彼らは制限されたままでいたくないし、有限でありたくない。自分を、限定したものとして感じるのは苦痛だ。もしあなたが限定できるとしたら、その時あなたは一つの物体、物、品物にすぎないからだ。自分に限界があるというのは苦痛だ。限界があるということは、閉じ込められることだからだ。

しかし遅かれ早かれ、すべての欲望の対象には失望させられる。ある日、金を得たとしても、拡大は起こらない。あなたはわずかに、多くの選択の自由を得るかもしれない。しかしそれでは満足しない。欲望は無限なるものに向けられていたが、金で無限なるものが買えるはずがない。たしかにあなたはより以上の力を得るし、もっと著名になる。しかしそれも長い目で見たら、本当に大したことではない。

数多くの人々がこの地上に生き、大そう有名になりはしたが、今では誰も彼らの名前さえ知らない。あらゆるものが塵の中へ、塵から塵の中へと消え去った。痕跡すらも残されていない。アレキサンダー大王はどこにいる？　彼は何者だ？　あなたは死んだアレキサンダー大王になりたいだろうか？それとも生きた乞食でいたいだろうか？　自分自身に訊ねてごらん。そうしたらあなたの存在全体は、死んでアレキサンダーでいるよりは、生きて乞食でいる方がいいと答えるだろう。

もしあなたが注意深く見守るなら、金も権力も名声も、何ものも満足させない。それどころか、あなたをより不満にさせる。なぜだろう？　それは、あなたが貧しかった時には、希望があったからだ——ある日金ができて、万事が片付き、永遠に片付き……そうなったら、自分はくつろいで楽しく暮らせるだろうと。いま、それは起こった。だが、どんなくつろぎの萌しもないかのようだ。実際、あなたは以前よりも緊張し、以前よりも心配事に悩まされている。

金は僅かな恵みをもたらしてくれたが、同じだけの災いもまた、もたらした。あなたはより大きな家を持てるが、今あなたにはより少ない安らぎしかない。より多くの銀行預金を残せはするが、より多くの狂気、不安、ノイローゼ、精神病もまたかかえ込むだろう。

金はいくらかの良いことをもたらしはした。が、それに引き続いて、少しも良くない多くの別の物事がやって来た。そして事の全体を見渡したら、その全努力は全くの徒労だった。そして今ではあなたは、貧しき者の持つ希望でさえ持てずにいる。

富める者には希望がなくなる。今、彼は、金は増え続けるにせよ、何事も起こりはしないだろうことを——死だけ、ただ死だけが起こることを知る。彼はあらゆる類の物事を味わってきた。今は味気なさを感じるだけだ。ある種の死が、すでに起こっている。というのも、どうやってその拡大の欲望を満たせばいいのか、彼には考え出せないからだ。

しかし欲望それ自体は誤っていない。金への欲望、権力への欲望、名声への欲望が、欲望にとっての誤った対象だ。それを充分はっきりさせなさい。欲望の誤った対象を持つことで、欲望それ自体が誤ったものになるのではない。あなたは剣を手にして誰かを殺せる——が、それは剣を誤ったものとするわけではない。あなたは同じその剣で、誰かを救うこともできる。毒は殺せもするが、また薬にもなる。正しい手の内では毒は美酒になり、誤った手の内では美酒は毒になる。

これがあらゆる時代の、あらゆる覚者《ブッダ》たちの本質的な知恵だ。僧侶たちが話すことと、覚者たちが世界にもたらしたものとは全く異なる。それはまるで正反対だ。

欲望は純粋化され、変容されなければならない。欲望はあなたのエネルギーだからだ。あなたは他のどんなエネルギーも持っていない。どうやって欲望を変容させようか？　一つのやり方——普通の、月並みなやり方は対象を変えることだ。金を追い求めず神を追い求め始める。あなたは金に失望し、宗教的になる。教会、寺院、モスクに行く。自らの欲望に神と呼ばれる新しい対象をあてがう。しかし、それは金と呼ばれる対象と同じほど迷妄であり、より一層迷妄でさえある。なぜならあなたは神について何を知っているのだろうか？　金は少なくとも目に見える客観的なものだ。あなたはそれを知っているし、それを経験している。が、あなたは神の何を知っている？　あなたはその言葉を聞くだけだ。神は体験しない限り言葉のままだ。神は自分自身の実在的体験を通して、あなたがその内に何らかの中味を注ぎ込まないかぎり、空虚な言葉のままだ。

人々は世俗の欲望に失望すると、対象を変えはじめる。彼らはあの世的な欲望の対象——天国、楽園、極楽のあらゆる喜びを探し始める。だが、それは同じトリックだ。マインドは、またあなたを騙している。これは知性的な人のやり方ではなく、愚か者のやり方だ。

知性とは何だろうか？　知性とは、欲望を満たせる対象はないという洞察のことだ。対象はない、と私は言おう。そして無条件に私はそう言う。決してどんな対象も、あなたの欲望を満たせはしない。あなたの欲望は神性なものだ。それは空と同じほど広大なものだ。いや、大空でさえその極限ではない。対象はそれを満たせない。では何をするべきか？　知性的な人は対象を欲することを止める。彼は自らの欲望を、あらゆる対象で、世俗的なものや超俗的なもので汚されていないものにする。彼はその純粋さの内で、瞬間から瞬間へと自分の欲望を生き始める。彼は欲望に満ちている。溢れ出るエネルギーでいっぱいだ。彼の平凡な生は、触れるものは何でも変容されてしまうほど、それほど強烈で情熱的なものとなる。卑金属が黄金になり、枯木が再び花を咲かせるようになる。

仏陀について伝えられていることは、彼の行く所はどこでも、季節を超えて枯木が芽を膨らませ始め、木々が花を咲かせたという。これは真実を、美しい詩的表現で比喩的に語ったものだ。仏陀は純粋な欲望、欲望そのものだ。何かに対しての欲望ではない。彼はすべての対象を捨ててしまった。

想い起こしてごらん。まず彼は世俗を捨てた。彼は王子だった。王となるべくして生まれた。金の空しさを知り、あらゆる種類の関係の空しさを知り、世俗の与える一切の空しさを知った。その時、彼は二十九歳にすぎなかった。彼は逃げ出した。彼はうまくやった。なぜなら三十歳を過ぎるとそれはさらに難しく、ますます難しくなるからだ。

ヒッピーたちは正しい。彼らは言う、「三十を越えた人を信じるな」と。仏陀は適切な時期に逃げ出した。彼はまさに二十九歳だった。というのも、世俗的なやり方で体験を積めば積むほど、あなたは臆病になるからだ。宗教は勇気ある者のためにある。宗教は勇者のためにある。宗教は若者のためにある。それは、それでも危険を冒せる人々のため、それでも賭ができる人々のためにある。

仏陀は逃げ出した。空しさを知り、神の探求、真理の探求へと逃げ出した。彼はおのれの世俗的欲望を、神、真理、涅槃への欲望に置き換えた。彼は六年間、懸命に努力した。三十五歳の時までには全く疲れ果ててしまった。彼はできるかぎりの、人間に可能なことのすべてをやり尽くした。何ヶ月もの間断食し、瞑想し、ヨーガの実修を行なった。当時は諸々の異なった種類の修行場があった。彼は教師から教師へと、修行場から修行場へと遍歴し、可能な限りの技法をことごとく実修した。そしてある日、突如それが閃光を放った。

仏陀はナイランジャナー川を渡っていた。それは小さな川だ。私はその川を見に行った時、その物語が信じられなかった。その物語は、彼が弱り切っていたためナイランジャナー川を泳げず、渡ることができなかったと伝えている。その川は非常に狭く、小さなものだ。しかし何年もの断食のため、彼はたいへん衰弱していたに違いない。あまりにも長期間に断食していたため、彼の骨、あばら骨が数えられるほどだったと伝えられている。彼は骸骨のように痩せ細り、骨だけになってしまった。その腹部はすっかりなくなり、腹と背中が一つに合わさってしまった。本当に衰弱しきっていたに違いない。その川を渡れず、しかもその川から這い出るエネルギーさえなく、一本の樹の根元に引っ掛っていた。

その瞬間に、偉大なる洞察が起こった。洞察とはそうした瞬間だけに起こる。挫折が全面的である時、失望が完全である時、幻滅が徹底的である時、望むべきものが何一つ残されていない時、その瞬間、彼はその無意味さ全体をすっかり理解した。世俗的な目的は無意味だった。かつて彼はそれらすべてを体験したが、満足は与えられなかった。また、超俗的欲望は世俗的欲望とまさに同じほど、馬鹿げていた。その瞬間、その洞察の内で、彼は無対象になった。

あなた方に言わせてほしい。諸々の経典は全く誤って伝えている。経典には、その瞬間に彼が無欲になったとある。だが、私があなたに伝えようとしていることを、理解しようとしてごらん。彼は無対象になったのであり、それは無欲ではない。あなたたちは無欲になることはできない。欲望とはまさにあなたの生であり、あなたの呼吸であり、心臓の鼓動なのだ。欲望はあなたの存在だ。しかし、確かに変容は起こった。彼は無対象になった。世俗的なもの、超俗的なもの、すべての欲望は対象としての姿を消し去った。が、エネルギーとしての欲望が消え去ったのではない。そこに対象はなく、純粋なエネルギーを感じていた。何をも求めぬ欲望、どこへも動かない純粋な欲望、今ここにある純粋な欲望を感じていた。

まさにその夜、彼は光明《エンライトメント》に到達した。何も欲することのないまま、その樹の下に休息して眠りに落ちた。はじめて彼は真に眠った。欲するものが何一つない時、夢見ることもまた何一つない。なぜなら夢は、あなたの欲望の反映だからだ。夢はあなたの欲求不満の反映だ。夢はあなたの抑圧の反映だ。夢はあなたの昼間の生活を反映するものだ。その夜、そこに夢はなかった。それは夢なき深い眠りだった。

パタンジャリは、夢なき深い眠りが三昧《サマーディ》に最も近いと言う。ただもう一歩だ、それであなたは我が家に帰り着く。その一歩が、その朝早く起こった。休息し、仏陀は目を見開いた。彼の生においてははじめて、行くべき所はどこにもなく、するべきことは何もなかった。人生においてはじめて、彼は途方に暮れていたに違いない。さてどうしよう? そこには執着するものもなく、しがみつくものも何一つなかった。完全な空があったに違いない。時は止ったに違いない。もはや何の予定もなかった。彼は毎日、考慮すべきとても多くの観念、実修すべきとても多くの行法、為すべきとても多くの宗教儀式、そうしたものすべてと共に起きるのを常とした。が、今朝は何一つ残されていなかった! 全くの空だ。

だがあなたは、彼が死んだと思うだろうか？　違う、彼は生まれたのだ。そこに対象はなかった。いまや欲望は純粋だった。ただ鼓動だけ、脈動だけが、特に何の対象もない情熱だけがあった。樹の下で目を見開いたまま休み、彼は東方に赤く染まりゆく空を、そして朝日を見たに違いない。その昇りゆく太陽と共に、朝焼け色に染まる空と共に、消えゆく夜の最後の星と共に、彼は光明を得た。

光明というこの言葉は、何を意味しているのだろうか？　それは単に、欲望があらゆる対象から解放されたということだ。仏陀は純粋な愛、慈悲、純粋な生になった。そしてこの純粋な生には、比類なき美しさと陶酔《エクスタシー》がある。この純粋な生をもって、あなたは無限なるものに到達する。欲望は、あなたがそれを小さな対象に閉じ込めているために小さいままだ。欲望は、あなたが小さな物を欲するがために小さいままだ。それを見抜くと、人々は大きなものを欲しはじめる。しかし、大きなものはどれだけ大きいものであれ限界があるため、小さいものとも言えるのだ。

あなた方の神について考えるがいい。彼はどれだけ大きいだろう。

エジプト人は「神の背丈は七フィート（約二m）だ」と言ったものだ。ちっとも大きくはない。ここにはオランダ人のサニヤシンが大勢いる。彼らを見ると私はいつも、エジプト人とその神々を思い出す。インド人たちは、神は三つの顔を持つと言う。それが何だろう。我々の政治家は、千と一つの顔を持つ。それに誰もが多くの顔を持っている。たった三つ？　あなたが自分の妻と話す時にはある顔を持ち、ガールフレンドと話す時にはまた別の顔を持つ。使用人と話す時にはまた別の顔だし、ボスと話す時には、また別の顔だ。まる一日見ていてごらん。あなたには何と多くの顔があることだろう！　すると神はひどく貧しく見える。たった三つの顔？　たった三つだけで、どうやってやりくりできるのだろう。

すべての神の概念は有限だ。そうした概念は必ず有限となる。たとえあなたが神は無限だと言うにしても、それはどういう意味だろう。無限とはどういう意味か？　無限という言葉の意味を、理解しようとしてごらん。あなたは困ってしまうだろう。無限という言葉でさえ、有限であることがわかるだろう。あなたは神には境界がないと言える。しかし、ちょっと考えてごらん、それはどういう意味だろう。どこかに境界があるに違いない。どうやって、それがただひたすら進み続けられるだろうか？　どこかに境界があるはずだ。おそらくそれは、非常に遠い彼方、はるかに遠い彼方で、たぶんあなたがそこへ到達することは決してないだろう。しかし『境界はない』ということは、何を意味するのだろう？　それは単に、測れないというそれだけのことだ。

あなたが、大海は測り得ないと言う時、何を意味しているのだろう？　それには底がないとでも考えているのだろうか？　私たちが測らないとしても、底は存在する。私たちの測定方法は小さい。私たちの測定単位は小さい。

私たちが使えるどんな言葉も、必ず有限にとどまる。そのため神を知った者たちは、神については何も言えない、と言う。仏陀は、神については何も言えない、ということこれだけのことさえ話さなかった。なぜなら仏陀は、もしあなたが神については何も言えないと言うなら、それは既に何かを言ったことになる、と語っているからだ。あなたは既に神を限定してしまった！「神については何も言えない」というのは一つの言明であり、すべての言明は限定なのだ。

あなたは小さな対象から、はるかに大きな対象へと動いて行ける。が、それでもあなたの欲望、あなたの生は満たされたと感じることはない。それが観念においてではなく、体験において本当に無限とならない限り、あなたが実在の無限性を味わうことのないかぎり、満たされたと感じることはできない。

欲望はすばらしい。それを対象から解き放しさえすれば、その内に何も誤ったものはない。対象から自由になる時、欲望は神性となる。

アヌラグ、あなたは言っている。

「あなたはこれまで何度も、私たちに話してくれたに違いないでしょうが、私はいまだに解りません」

ただ私が言うことだけでは、あなたにそれが解ることはない。あなたは体験の中へ、動いていかなければならない。私があなたに伝えているのは、哲学的思考体系ではない。私はただ道を、従うべき道を指し示しているだけだ。あなたは、ただ私を聴くだけでは、それを解ることはないだろう。そうだ、もしあなたが私のそばに静かに坐っているなら、あなたはそれを理解できる。私はここにいて、あなたもここにいて、そしていかなる言葉も干渉せず、介在しない時、そうした合い間の内であなたは理解できる。

言葉は伝わらないものだ。それどころか、より高次のものに対しては障害になる。より低次のものに対して言葉は架け橋となる。あなたが高みへ動いていけばいくほど、言葉は橋ではなくなり、ますます大きな壁となる。

あなたは言う。「あなたはこれまで何度も、私たちに話してくれたに違いないでしょうが、私はいまだに解りません」

私はそれを言い続けるだろう。アヌラグ、何度もだ。しかし覚えておきなさい。ただ私を聴くだけでは、あなたは解らないだろう。あなたは私のようなものでなければならない。私を吸収し、消化しなくてはならない。ここで起こっていることは、言葉の上での何かではなく、存在に関する何かだ。これは愛のできごとなのだ。

私は教師ではない。あなたに何かを教えているのではない。私はあなたに何かを分け与えているだけだ。私に起こったことに、それに加わるように私はあなたを招待している。私の客になりなさい。私をあなたの主人にしてごらん。もしあなたが、一瞬の間でも客になることができたら、とても長い間理解できなかったことを、すぐさま理解するだろう。それを理解するだけでなく、どうやってそれを見逃し続けてきたのか、あなたは驚くだろう。それはとても単純なことだ。それを理解するのは単純なことだったのだ。

しかしそれは、エネルギー伝達《コミュニケーション》の問題だ。そこで私は、だんだんにこのコミューンを、エネルギー伝達に変えていくだろう。言葉は、あなたをある程度までしか連れて行けない。それからはエネルギーの出会いにならねばならない。あなたは私によって電化される必要がある。私の純粋な欲望、純粋なエネルギーを受容することだ。それは無対象だ。私は物を欲してはいない。私はただ単に欲している。もしあなたが、自分自身をこのエネルギーと出会うがままにまかせたら、そこには変容、転機、転換があるだろう。

あなたは言う。「欲望の種は何でしょうか？」

欲望の種はない。欲望がすべての種だ。欲望が究極的な種なのだ。神は人間を望んだ、神は拡大することを望み、神は創造することを望んだ。欲望はあらゆるものの種だ！

もしあなたが私に問うなら、私は神は欲望だと答えよう——彼は望むことができたからだ。ただ欲望だけが、望むことができる。

あなたは訊ねている。「それはマインドの中だけにあるのでしょうか？」

そうではない。マインドはただ、非常にトンネルのような視野だけを持っている。マインドというのは、まるであなたがドアの背後に隠れて、鍵穴から覗いているようなものだ。そう、時々は、あなたは飛ぶ鳥が見える。しかし、ほんの一瞬のことだ。そしてそれは過ぎ去る。あなたは通り過ぎゆく人を見る。美しい女性、美しい男性、あるいは犬を。ほんの一瞬、そしてそれは過ぎ去る。一瞬前まではそれはそこにいなかった。一瞬の後には、それはもうそこにいない。そうやって、マインドは時を作り出す。それは鍵穴だ。

あなたは飛ぶ鳥を見る。しかも、たったの一秒間だけ見る。それ以前、その鳥はいなかった。あなたはその鳥はいなかったと思うだろうか？　その鳥はいた。しかしあなたにとって、それは未来の中にいたのだ。というのも鍵穴の前にはいなかったからだ。それから一瞬の後、またもやその鳥はいない。あなたはその鳥はいないと思うだろうか？　その鳥は依然としている。しかしあなたにとってはそれは過去だ。

マインドは有限だ。そのためそれは分裂を作り出す。過去、現在、そして未来を作り出す。現在とは、一瞬の間マインドのスクリーン上に現われるものだ。過去とはもはやスクリーン上にないもの、そして未来とは、いまだ現われていないものだ。しかしあなた方に言わせて欲しい。すべては在る、しかも常に在る。これまでに何も存在から去っていないし、これまでに何も、存在の中へやって来ていない。すべてのものは存続し、とどまる。

時間とは、マインドに作り出された虚偽の観念だ。永遠が真実だ、無時間性が真実だ。

ある人がイエスに訊ねた。

「神の御国についてもっと教えてください。そこには何か特別なことがあるのですか？　何かユニークなものがあるのですか？　たしかに私たちは、そこには喜びがあることは聞いています。しかし、喜びなら私たちも知っています。おそらくその喜びは、何千倍も何万倍も大きなものでしょう。しかし、私たちは喜びの何たるかは知っています。私たちは、そこには神々しい音楽があると聞いています。いいでしょう、音楽についても私たちは知っています。しかしいったい何が特別なのですか？」

あなたはイエスの話したことに驚くだろう。それはキリスト教の聖典には記録されていないが、他の教典の中には、いくつかの言説が方々に四散して残っている。

これはスーフィーの経典に記録されていたものだ。イエスは言った、「時間はもはやないだろう」と。途方もなく重要な答えだ。時間はもはやないだろう――これが特別なのだ。あなたはあらゆることを知ってはいるが、無時間性を知ってはいない。「時間はもはやないだろう」とは、マインドはもはやないだろう、という意味だ。時間とマインドは同義だ。

最後の審判においては、時間がマインドで、マインドが時間だ。両者は同じコインの裏表だ。それら二つは一緒に消えてなくなる。一方を落としなさい。するともう一方もなくなっている。

あなたは訊ねている。「欲望の種は何でしょうか?」
アヌラグ、欲望の種はない。欲望が他のすべての種の究極的な種なのだ。

さらにあなたは訊ねる。「それはマインドの中だけにあるのでしょうか?」

違う。マインドには欲望のほんのわずかな一瞥、欲望のちらつきの一瞥があるにすぎない。マインドは欲望について何も知らない。マインドはこれを欲することやあれを欲することを、知っているだけだ。金を欲すること、権力を欲すること、名声を欲すること、マインドは対象への欲望について知っている。そこにもう対象がなければ、欲望はもはやマインドの一部ではない。その時、欲望はマインドを超えている。その時、欲望はただただ溢れ出すエネルギーだ。

ウイリアム・ブレイクは「欲望はエネルギーで、エネルギーは歓喜だ」と言っている。

私はサニヤシンの一人であるサルガマが、ウイリアム・ブレイクの直系の子孫だとの噂を耳にしたことがある。ここにはすばらしい人々が集まっている。ウイリアム・ブレイクは、かつて地上に生きた最もすばらしい人々の一人であり、最も洞察力ある神秘家の一人だ。きっとサルガマの内には、彼の資質の何かがあるに違いない。ただ、これは単なる噂かもしれないが、私は彼には一人も息子がいなかったという別の噂も耳にしている。しかしそれは、ただ合法的な息子だけについての話かもしれない。非合法に息子を持つこともできるものだ。

ウイリアム・ブレイクの洞察は真実だ。欲望はエネルギーで、エネルギーは歓喜だ。それについて熟視してごらん。ただ純粋な欲望、ただ溢れ出すエネルギー、特別な対象もなく目的地もなく……。

それが、あなた方がエナジー・ダルシャンを受けに、「接近」するために私の所に来る時、覚えていなくてはならないことだ。ただ純粋な欲望になりなさい、ただ溢れ出す欲望になりなさい、特別な何かに対してではなく……。どんな体験も待ち望んではならない。体験は訪れるだろう。しかしそれを待ち望んではいけない。もし待ち望んだなら、逃してしまうだろう。体験を待ち望んでいる時は、あなたはもう「今ここ」にいないからだ。すでにあなたは要点を取り逃がしてしまった。マインドが入って来た。その対象が、欲望の純粋性を妨げてしまっている。

あなたが私と共にエナジー・ダルシャンにいる時、私のエネルギーの何かを共にしている時には、ただ純粋なエネルギーでありなさい。どこへも行くことなく、どこへも動くことなく、全く理由なくただ身震わせて、全く理由なく、ただ狂ったように陶酔していなさい。すると、そのわずかの瞬間にあなたは私に触れるだろう。なぜならそのわずかの瞬間こそが、私のリアリティだからだ。

しかし、もしそこにあなたが坐って、内なる光の偉大な体験を得ようと待ち望んでいたら、その時、ことによるとある光を体験するかもしれない。しかしあなたは逃してしまった。あなたはそのダイヤモンドを投げ捨て、岸辺の石ころを拾い集めたのだ。あなたはクンダリーニが上がるのを待ち望んでいるのかもしれない。あなたは自分の背骨に、ある感覚が生じるかもしれない。しかしそれがどうしたというのだ？　それは要点ではない。それはあなたに刺激、霊的刺激を与えるかもしれない。しかし、いずれそれは去ってしまう。

私と共に、ただ純粋な欲望でありなさい。私と共に揺れながら、私と共に動きながら、私と共に踊りながら、私があなたの最も深い核へ、あなたの欲望の最も深い核へ、まさにその種そのものへ、あなたを貫き通すことを許しながら……。そうした時、何か途方もないこと、何か信じられないこと、何かあなたの想像できないことが可能になる。あなたの内の超えたものへ入ることが、地と空とが出会うことが……。

あなたは言う。「それはマインドの中だけにあるのでしょうか？」

違う。マインドは障害だ。それは欲望にただ小さなはけ口だけを許す。そして欲望は大海だ。落とさなければならないのはマインドであって、欲望ではない。あなたが全体的な欲望を持てるように、マインドを落とすことだ。

さらにあなたは訊ねている。「そして、この肉体にあるセックスの欲望は、どのようにマインドと関連しているのでしょうか？」

マインドは身体から分離したものではなく、身体の内なる一部分だ。あなたは身体とマインドの両方から分離している。あなたは実体であり、超越したもの、マインドと身体、両方の証人だ。ただし、あなたのマインドと身体とは両方共に一体で、しかも同じエネルギーだ。肉体とは可視のマインドであり、マインドとは不可視の身体だ。身体とは外なるマインドであり、マインドとは内なる身体だ。

そのためセックスは肉体だけのものではない。それはよりはるかに頭脳的なものだ。それは身体的というよりは心理的なものだ。事実、セックスは生理によってではなく、心理によって触発される。生理はそれと協調して働く。しかし奥深いところでは、セックスは内なる身体から外なる身体へとやって来る。

あなたは気づいているかもしれないし、そうでないかもしれない。自分に何が起こり続けているのか、あなたは全く気づいていないからだ。しかし見守ってごらん。セックスはまず頭の中、マインドの中で起こる。そうしたらすぐに身体が影響を受ける。身体とマインドは分離していないからだ。

生理上のセックスもまたあり得る。売春婦の所へ行く時がそれだ。それは生理的なもので、身体にとって単なる慰安にすぎない。身体は過剰にエネルギーを負わされているが、あなたはどうしたらいいのかわからない。自分の重荷を降ろすため、どうにかしてそれを放り出さねばならない。そうすればあなたは、少しはリラックスした感じになれる。というのも、あなたにはあまりにも多くのエネルギーがあるが、それをどうしたらいいのかわからないほど、とても非創造的だからだ。

あなたは全面的に歌を歌うことができない。もしできるなら、あなたは驚くだろう。そのエネルギーは歌の中へ消え失せていき、歌そのものになる。売春婦の所へ行く必要はない。しかしあなたは踊ることができない。ギターを演奏できない。あなたはあまりにも非創造的だ。

売春は、人がより創造的にならない限り、この世界に存在し続けるだろう。ところが、いまや西洋においては女性解放運動があらゆることに平等を要求しており、男性の売春さえも存在しはじめている。それもそのはずだ。なぜ女性の売春だけがあるのか？　なぜ男性の売春はないのだ？　平等は平等だ。

人は非創造的だ。あなたは観察したことがあるだろうか？　いつであれ、あなたが創造的である時はセックスは消え去る。もしあなたが絵を描いていて、全面的に没頭していたなら、どんな性欲も持たない。セックスはただ、あなたのマインドの敷居を跨いだりしない。それは全く存在していない。ただ深い創造性においてのみ、人々は独身でいられる。他に道はない。

あなた方の聖者たち、いわゆる聖者たちは独身ではない。彼らはとても非創造的だからだ。彼らはそうあることはできない。それは不可能だ。それはただ、エネルギーの科学そのものに逆らう。彼らは何もせず、寺院やアシュラムに坐ったまま、ラーム・ラーム、ラーム・ラームと唱え続ける。あるいは、ただ愚かしく自分たちの数珠と戯れ続ける。どうして彼らが独身であり得るだろう？　どうして彼らに性の超越《ブラフマチャリヤ》が起こるだろう？　それはただ、創造性があなたのすべてのエネルギーを受け取り、エネルギーがあなたの中に緊張として残されていない時にだけ起こるのだ。

詩人たちはより独身でいられる。画家たちはより独身でいられる。踊る人たちはより独身でいられる。音楽家たちはより独身でいられる。私は、彼らすべてが独身だと言うのではない。私は詩人が詩人である時には、彼は独身でいられると言うのだ。なぜなら、詩人は二十四時間詩人ではないからだ。二十四時間詩人であるような詩人を見つけるのは、非常に稀なことだ。それなら彼は見者になっている。それなら彼は聖者《リシ》になっている。それなら彼は、もう平凡な詩人ではない。

ウパニシャッド、コーラン、ギータといった偉大な詩は、二十四時間詩人であった人々に生み出された。それらは月並みな詩歌ではない。凡庸な詩人たちは、ほんの時たま詩人になる。それ以外の時は彼らは普通の人だ。たぶん普通の人よりはるかに悪い。凡庸な画家は、ほんの時たま画家になる。

インドの偉大な詩人、ラビンドラナート・タゴールについて言われていることは、彼が創作気分でいる時はいつでも、ドアを閉ざして数日間、三日か四日の間、自室に籠り続けていたという。食事もとらず入浴もせず、部屋から出ようとさえしなかった。彼は、自分のエネルギーが創造性の中へ動いていって、その重荷が降ろされた時に扉を開けて出て来たという。そして四日間の絶食と創作活動への没頭を終え、部屋から出てきた彼を見た人々の誰もが、その顔つきがもはや同じではないのを見てとった。彼はまるで、どこか別世界に行って来たかのように見えた。彼はとても繊細に、薔薇の花のように見えた。彼はとても美しく、とても女性的でとても優雅で、仏陀のように見えた。しかしほんの数時間だけ、その芳香は彼を包んでいた。その後それは消え去る。そして数ヶ月というもの、その気分は訪れることはないかもしれない。

詩人たちはほんの時たま詩人なのだ。あなたがその詩全体を読むと、その詩全体が詩だというわけでもない。ただ、あちこちにあるほんの数行だけが本当の詩だ。それ以外の行は、詩人によって単にやりくりされたものだ。それらは彼に降臨したものではない。

偉大な詩人、コールリッジが死んだ。彼は四万編もの未完の詩を残した。彼はその生涯で何度も訊ねられた。「どうしてあなたは、それらの詩を完成なさらないのです？　それらは途方もなくすばらしいものですが、ただ一行欠けているだけです。一行補うだけで完成するのですよ」

しかし、コールリッジはいつも応じなかった。彼は言った。「その一行が『彼方』からやって来ないかぎり、私は完成させません。私がそれをしているのではないのです。それらの詩句は『彼方』からやって来て、私はただ書き止めただけなのです。私はその作者でも著者でもありません。私はただの速記者にすぎません。私は『彼方』から口述されていたことを、そのまま書き止めただけなのです。するとその一行が欠けているのです。私には付け足すことはできません。なぜなら何度も付け足そうとしてみたのですが、いつでも失敗するのです。それはとても醜く見え、とても違っていて、非常に世俗的で非常に凡庸に見えるのです。それには光輝がないのです」

ラビンドラナートがはじめて彼の偉大な書、『ギータンジャリ』を英訳した時、その翻訳が成功しているのかどうか少し心配だった。そもそも、英語は彼の母国語ではなかった。そして次に、散文の翻訳は易しいのだが、詩の翻訳は大そう難しく、しかもベンガル語のように非常に詩的な言語による詩を翻訳することは、一段と難しいからだ。その言語全体が詩的で、それには詩情あふれる風味がある。

彼は心配した。「私の翻訳はこの原詩の精神を実現しているだろうか?」と。そこで彼は、偉大な英国人の一人、C・F・アンドリュースにそれを見せた。アンドリュースは充分検討した末に、ただ四つのポイントだけを指摘した。「四つの言葉を変えなくてはいけません。文法的に誤っていますから」

当然、ラビンドラナートはそれらの言葉を書き換えた。

それからロンドンの詩人たちの集まりの中で、はじめて『ギータンジャリ』と数編の詩を朗読した時、彼は驚嘆した。彼は自分の耳が信じられなかった。英国の一詩人、イエーツが立ち上がるとこう言った。「すべてが完璧に正しいのですが、ほんの四つの句だけが何かとても世俗的で、何かが詩的ではありません。その詩情は美しく流れています。が、四つの句でその河の流れが岩に出くわすのです」

心を打ち震わせながら、ラビンドラナートは訊ねた。「それらの四つの句とはどれでしょうか?」

するとそれらはC・F・アンドリュースが示唆したものと、全く同一だったのだ。ラビンドラナートはイエーツに言った。「それらの言葉はC・F・アンドリュースによるものなのです。彼は私より英語に通じているものですから」

イエーツは言った。「ごもっともです。それはよりよい英語なのですが、よりよい詩だというわけではありません。文法は正しい、しかし詩は文法ではありません。言葉は正しい、しかし詩はただの言葉だけではありません。詩は、言葉使いや文法の上で舞っているものなのです。どうか元のあなたの言葉に戻してください！」

ラビンドラナートはこの本『ギータンジャリ』でノーベル賞を受賞した。

すべての詩人がいつでも詩人ではなく、すべての詩が詩ではない。そのため私があなたに伝えようとしていることを、あなたには理解できないかもしれない。しかし、詩人が詩人である時はいつでも、彼は独身者だ。性欲は全く消え去り、なくなっている。そして、詩人の内に詩が生まれる時にはいつでも、彼は神の一部になっている。彼は創造者だ。その瞬間には、欲望にどんな対象を与えることも不可能だ。セックスは欲望に対象を与える。セックスは純粋ではない。そうはあり得ない。なぜなら対象が常にそこにあるからだ。

セックスが純粋になるその瞬間、それが三昧《サマーディ》だ。

マインドと肉体の両方が性的だ。肉体はセックスから出てきた。マインドは常に対象を渇望している。そのためそれは性的なのだ。しかし、両方とも創造性を通して純粋にすることができる。

あなたのエネルギーを変容するための私のメッセージ、私の鍵、黄金の鍵とは、創造性だ。もっともっと創造的でありなさい。すると次第次第に自ら変容が起こっていることがわかる。あなたのマインドは消え去り、あなたの肉体はそれに全く違った感覚を持つ。そして絶えず自分が分離していて、純粋な証人であることに気づいたままでいられるだろう。

その純粋な証人が純粋な欲望であり、他の何ものでもない。私は欲望に反対しない。私は欲望にすべて賛成する。しかし私は、対象を持った欲望には賛成しない。対象を消去させなさい。その時あなたは、どんな煙もない炎のような欲望を持つだろう。それは偉大な解放をもたらす。

二番目の質問

愛するOSHO、私はあなたの言う事をすべて理解しています。それなのになぜ、私の生はまだ変わらないままなのでしょうか？

スッダ、何かを知的に理解することは一つのことだ。しかし何かを知的に理解することは、あなたの生を変容させはしない。あなたは同じままだ。何かを知的に理解することは、本当はあなた自身を欺くことだ。あなたは理解していない。マインドがただ理解したふりをしているだけだ。これはトリックだ。なぜなら、もしあなたが本当にそれを理解するなら、必ず変化が起こるからだ。だがマインドはどんな変化も欲しない。

マインドは非常に因習的で、慣例的で、順応的でありふれたものだ。マインドは決して革命的ではない。それはすべての変化に反対している。そして私が話している変化は完全な変化だ。


あなたは言う。「私はあなたの言う事をすべて理解しています……」

あなたはただ、自分が理解していると信じ込んでいるだけだ。当然、あなたは言葉を理解する。私の言葉は単純だ。私は多くの言葉を知らない。実際、もし数えてみるなら、私は四百以上の言葉は使っていないはずだ。それよりもその集まりを見なさい！

私は言語の人間ではない。言葉に関する限り、あなたは私が言う事を理解できる。しかしあなたはそれを把握しているだろうか？　それが問題だ。それが問題の核だ。あなたに分け与えられたものをあなたは把握しているだろうか？

スッダ、あなたは非常に哲学的な傾向のマインドを持っているに違いない。

この逸話に瞑想してごらん。


この患者は三十代の偉大な哲学者だ。治療が始まるに際し、精神分析医の説明にいちいち「私は聞いています、私は聞いています」と言って、熱心に応答していた。

「申し訳ありません」、医者は言った。「私はあなたが少し難聴であったとは知りませんでした」

「そんなことはありません。私は聞いています。それは、私は把握しているという意味です」と哲学者は言った。

「よろしい、ではあなたが把握していることとは、何でしょうか？」

その哲学者は一息ついた。「ジーザス（何ということだ）」。彼は最後に返答した。「知りません」

理解することが問題なのではなく、把握することが問題なのだ。理解は頭でのことだ。把握することはもっと深いもの、ハートでのことだ。そしてもしそれが本当に全面的であるなら、それはさらにより深いもの、存在での把握となる。

あなたが何かを理解するなら、それについて何かをしなければならない。あなたが何かを把握するなら、それについて何かをする必要はない。把握そのものが、あなたを変化させるに充分なものだ。もしあなたが何かを把握するなら、それは既にあなたを変えている。あなたの把握したことについて何かをする必要はない。

どうか私を知的に理解しようとしないようにしなさい。私は知的ではない。実際のところ、私は反-知的だ。私は哲学者ではない。私は非常に反-哲学だ。私を把握しようとしなさい。

では、人はどうやって把握しようとするのだろう？　第一、人はどうやって理解しようとするのだろう？　理解するということは、頭で聞いている、絶え間なく解釈している、評価している、判断していているという意味だ。「これは正しい、これは間違っている。そうだ、これは真実だ、私はこれを読んだことがある。これは正しいに違いない、なぜなら、イエスも同じようにそう言っているからだ。これはギータにもヴェーダにもある」

これが続いていく。これが、あなたが理解と呼んでいるものの中で、変わることなくおしゃべりが続いていく。その時、このごった煮からあなたは仮説を作る。そしてあなたは、これが私があなたに言い続けていることだと考える。把握することは、このやり方ではできない。これは把握することを妨げるやり方だ。

内側のおしゃべりなしで、内側の話を止め、評価せずに沈黙して聞いてごらん。私の言うことを信じろと言っているのではない。私の言うことを受け入れろと言うのではない。受け入れたり拒絶したりすることを急ぐ必要はない、と言っているのだ。まず最初は、とりあえず聞きなさい——なぜそんなに急ぐのか？　バラの花を見る時、あなたは受け入れたり拒絶したりするだろうか？　美しい日没を見る時、受け入れたり拒絶したりするだろうか？　あなたはただ、それを見る。そのまさに見ることが出会いだ。

あなたのマインドを彷徨《さまよ》わせないようにしなさい。静かに聞きなさい。同調しなさい。するとその時、何かがハートの中で動くだろう。真理にはハートを動かすという質がある。真理はそれ自身で明らかであるという質を持っている。それは証明を必要としない。

もし私の言うことに、その中に何か真理があるのなら、それはあなたのハートで理解されるだろう。しかし、マインドは放棄しなければならない。その時あなたは、自分の生をそれに合わせて変える必要はない。それはひとりでに変わるだろう。

三番目の質問

愛するOSHO、何? 何?? 何???

パトレン、あなたは私に一つの話を思い出させる。

ある男が、腕の痛みで何年も悩んでいた。多くの医者に診てもらったが、痛みの原因が何なのか見つけられなかった。そこで一人の友人が、病気を診断する能力がずばぬけていることで有名な医者に診てもらうようにと勧めた。その医者の診察料は非常に高額で、予約を取るのに長い時間を待たなければならなかった。やっと予約が取れて、彼は診察室で座って待っていた。医者は入ってくるなり彼に瓶を手渡して、次の日に朝一番の尿を入れて持って来るようにと言い、すぐに部屋を出て行った。

その男は非常に腹を立てた! 「あの野郎、俺を見てさえいなかったじゃないか」。そして思った。

「それに俺の尿を見たくらいで、腕の悪いところがどうしてわかるというのだ?」

次の朝、男はまだ怒っていて瓶の中に小便をした。それから腹いせに、彼は妻の小便をその中に入れた。それから彼の娘の小便もその中に入れた。そして表へ出たら、彼の飼い犬が木に小便をしているのが目に入ったので、それもまた少々採取した。彼は医者にその尿を与え、そこに座って自分のやったことが可笑しくて笑っていた。

ちょうどその時、医者が部屋に入ってきて、そして大声で言った。

「お願いします、笑いごとではありませんよ！　あなたの奥様は浮気をしています。あなたの娘さんは妊娠しています。あなたの犬には回虫がいます。そしてあなたが自慰行為を止めなければ、腕の痛みは決して治らないでしょうね」

さて、パトレン、あなたは私に訊ねている。「何？　何？？　何？？？」

私はこの種の医者ではない。あなたはどこか、別のところへ行かなければならないだろう。

四番目の質問

愛するＯＳＨＯ、なぜ私は、存在にどんな驚きも感じられないのでしょうか？

シヴァナンダ、あなたはあまりにも物知りだ。あなたは知り過ぎている。そしてあなたが知っているもののすべては、ただの聖なるでたらめだ。すべての知識はいつでもそういうものだ。知恵とは全く違ったものだ。知識はすべて腐敗物、ガラクタだ。あなたはそれを、あちこちから集める。それはあなた個人のものではない。それは信憑性がない。それはあなたの存在の中で成長していない。あなたはそれに誕生を与えていない。

しかしそれは「私は知っている」と感じることで、非常に満足したエゴをあなたに与える。そしてあなたが「私は知っている」という考えに落ち着くようになればなるほど、生に驚きを感じることはますます減っていくだろう。知識の人が、どうやって驚きを感じられるだろう？ 知識は驚きを壊す。そして驚きは知恵の源泉だ。驚きは美しいものすべての源泉だ。驚きは探求の、本当の探求の源泉だ。驚きはあなたを、生の神秘を知るための冒険に連れて行く。

知識がある人は、すでに知っていると——何も知らないのに、すでに知っていると思っている。彼は終止符に至っている。彼はどこにも到達していない。彼は何も知っていない。彼はコンピューターだ。彼のマインドは、単にプログラムされているだけだ。たぶん彼は、修士号や博士号を持っているのだろう。たぶん彼は世界で最も大きな教育機関にいて、多くの情報を蓄積していたのだろう。しかしその情報は破壊している——花々や鳥たち、木々や太陽や月の神秘を感じる彼の感受性を。なぜなら彼は、すべての答えを知っているからだ。

彼は、どうやって月の美しさがわかるのだろう？　彼は既に月についての、あらゆることを知っている。もしあなたが彼に「私の愛する人の顔は、まるで満月のようだ」と言うなら、彼は笑い、そして言うだろう。「君は単純な馬鹿だな。君の恋人の顔を、月とどうやって比較できるんだい？　比較するなんて無理だろう！」

彼は数学的には正しい、科学的には正しい、しかし詩的には間違っている。そして生は科学だけではない。ちょうどイエスが「人はパンのみで生きることはできない」と言っているように、私はあなたに言う。「人は科学のみで生きることはできない」。少しの窓が詩的な存在のために、開いたままにされてある。だから多少の日光、多少の風、そして多少の雨が本物の存在からやって来れるのだ。もし知識でいっぱいになり過ぎているなら、生のスリルを味わうことはできない。

私が大学生だった時は、夕方いつも長い散歩に出かけたものだった。教授が私によく付いて来た。二、三日間は私はそれを許していたが、それから私は言った。

「あなたが来るのを止めるか、私が来るのを止めなければならないかの、どちらかです」

彼は言った。「どうしてだ？」

私「あなたが私の散歩全体を台なしにするからです」

彼「どうやって？」

彼はすべてを知りすぎていて、そして話した。「この木はその種に属している」——さて、誰が気にかける？　その木は美しい。それは風の中で踊っている。木の葉はとても若く、とても新鮮だ。その緑色、その赤色、その黄金色、すべてがとても美しい——だが彼は、その種属について話している。彼はあらゆるものについて、非常に知識のある男だった。飛んでいる鳥を見ると、彼はすぐさまそれに呼び名をつけた。彼は偉大な名付け屋だった。

私は言った。「お願いです。ついて来るのを止めてくれませんか？　あなたは私の午後の散歩を台なしにしているのです。でなければ私が止めなければなりません」

シヴァナンダ、あなたは重荷を負い過ぎているに違いない。あなたは在る。私はあなたを知っている。あなたは偉大な経典を、聖典の山を、何もあなたを驚かすことができないものを背負っている。

男がバーに入って来た。見るからに緊張していて、明らかに急いでいる様子だ。彼はカウンターへ歩いて行き、空のグラスを取って食べ始めた。それを食べ終わってから、彼は壁に向かって行き、壁を歩いて上り、天井に沿って歩き、別の壁を歩いて下り、そして扉の外へ消え去った。

バーテンは自分の目が信じられなかった。「なんだいありゃ？」。彼は言った。「いったい、どういうことだ？」。バーの腰掛に座って、ことの全体を見ていた男は、肩をすくめて言った。「気にしないでくれ、俺はあの野郎を知っている。あいつにとっては、いつものことなんだ——挨拶もしないで、来ては去ってゆく」

このように生きている人々が、何百万人もいる。あちらこちらで奇跡が起こっているが、彼らは何も見ることができない。彼らは自分の知識で目が見えないのだ。

あなたの知識を落としなさい。知識は価値がない。貴重なものは「驚き」だ。あなたが子供であった時に持っていた驚きを取り戻しなさい。そして神の王国は、ただ再び子供になれる人々にだけ属するものだ。

最後の質問

愛するOSHO、私は身動きが取れません。私は三人の女性を愛しています。これは地獄です。そしてこれは三ヶ月続いています。どうしましょうか？


あなたは男として無視できない人物であるに違いない！　女性は一人で充分だ。あなたには法による保護が必要だ。

しかし、もしあなたが三ヶ月間、忍耐強くそれにがまんするなら、もう少し待ちなさい。時間はあらゆるものを決着させる。そして女性たちは、いつも男性たちよりも洞察力に富んでいる——もしあなたが何もできないのなら、彼女たちが何かをせざるを得なくなる。

ジョンとメリーは、線路の踏切で愛を交わし始めた。その行為が進んで行った時、彼らは特急列車が接近する線路の上へ倒れこんだ。

運転手は線路の前方に二人の身体を見て、ぎりぎり間に合って列車を停止させた。さて、列車が遅れることは重大な違反だ。そこで公判で裁判官は答弁を求めた。

「さて、考えてみなさい、ジョン」。彼は言った。「私は世間慣れした人間であり、君と君のガールフレンドが、少し楽しい経験をしたことは理解できる。しかしなぜ君は、線路から離れようとしなかったのだね？」

「はい、それはこういうことです」と、ジョンは言った。「私は逝きそうでした（カミング）。列車は来ていました（カミング）。そしてメリーは逝きそうでした（カミング）。そこで私は、誰か止められる人が止めてくれるだろう、と思ったのです」

今日はこれくらいでいいかな。

第十六章

内的錬金術の大学

The University of Inner Alchemy

最初の質問

OSHO、イエス、そして、ノー！

プレム・マドゥ、人間は板ばさみ、イエスとノーの両方だ。それはあなたの中では異常ではない。それは人類の正常なありさまだ。人間は半分は大地にあり、半分は空にある。一部は物質、一部は意識、一部はゴミ、一部は神性。人間は緊張だ。フリードリヒ・ニーチェはそれを「二つの無限の間に張られたロープ」と言う。

過去は動物のそれであり、未来は神のそれだ。そしてその二つの間にあるのが人間だ。半分は動物であり、半分は天使だ。ノーは過去から来たもので、イエスは未来への可能性だ。疑いは闇から来たもので、信頼は光の副産物だ。あなたの中の高次の自我《ハイヤー・セルフ》は常に信頼している。低次の部分はずる賢くて常に疑っている。そしてあなたは、今のあなたがそうであるように、その両方だ。

人間は当然、精神分裂症だ。精神分裂は病気ではない。それは病状ではない。それは人間の正常な状態だ。それが極端に行く時だけ、イエスとノーを橋渡すための「そして」すらないほど分割される時だけ、病気のように見え始める。橋渡しできなくなると、病的になる。そうでない時は、あらゆる人間は常に一種の二元性の中に、あれかこれかの状態にある。他の動物はその状態にはない。犬はただ単に犬だ。ライオンはライオンだ。木は木だ。岩は岩だ。それらはどんな二元性も持たない。そこに分割はない。

人間は二者一体、二重、分割されている。それが彼の不幸だ。しかしそれは、至福の可能性でもある。それは彼の苦悶だが、この苦悶からエクスタシーが生まれる。人間以外にエクスタシーを感じられる動物はいない。あなたは動物が恍惚となっているのを、覚者《ブッダ》のように、ラーマクリシュナのように、恍惚となっているのを見たことがあるだろうか？　そんなに恍惚としている動物に出会う可能性はない。とても多くの美しい花々と共にあるバラの木でさえ、イエスが感じたようなエクスタシーを感じることはない。バラの木は単なるバラの木だ。満ち溢れているものはない。溢れ出てくるものはない。そこに歓喜はない。それが事実だ。信じられないことが、起こるわけではない。彼方からの何かが降臨しているわけではない。神が実現しているわけではない。光がやって来て、あなたの存在の最も深い核に侵入して、あなたはそれに満たされて光明を得る、というわけではない。

飛んでいる鳥は自由だが、自由については何も知らない。唯一人間だけが、たとえ投獄されるかもしれなくても、自由を知る。だから不幸なのだ。一方は束縛、もう一方には自由のヴィジョンがある。その現実《リアリティ》、醜い現実があり、途方もない輝きを持つ可能性がある。

他の動物ならそこまで不幸にはなれないほど、人間は不幸になれる。あなたは動物が心の底から泣いているのを、涙を流しているのを、自殺するのを見たことがあるだろうか？　あなたは動物が笑っているのを、まさしくその根底を揺るがすような大笑いを、見たことがあるだろうか？　それはない。これらすべては、ただ人間においてのみ可能だ。それゆえの人間の雄大さ、それゆえの彼の尊厳、そしてそれゆえの不安がある。

不安とは、うまくいくかどうか、その時が起ころうとしているのかどうか、ということに関わっている。不安は正反対に向かい合う二つの可能性の、自然な成り行きだ。人は地獄の中に落ちることができるし、天国へと上昇もできる。

人間は単なる梯子だ。あなたはこの梯子をヨーヨーのように移動する。ある時、あなたは天国にいる。別のときは地獄にいる。ある時突然、太陽に照らされた頂上にいる。別の時は、これまでに出会った中で最も暗い谷にいる。ある時は愛し、分かち合う。別の時は怒り、惨めな状態になる。ある時は、全世界が入れるほど広がったハートがある。別の時は、それほど卑劣になれるとは思えないほど卑劣になる。人間は、これら二つの無限なものの間を、振り子のように連続的に動き続ける。

プレム・マドゥ、あなたの質問は意義深い。それはすべての人々の質問だからだ。それは質問ではない。よりはるかに実存的だ。それは問題だ。どんな答えも役に立たない。いくつかの解決法を探さなければならない。

さて、解決のための二つの可能性がある。一つは退行すること、そしてあなたの動物的状態に満足することだ。満足すること、それが数多くの人々がしていることだ。飲む、食べる、眠る、そして生のより偉大な挑戦をすべて忘れる。食べて、飲んで、陽気に浮かれる。明日には、私たちはもういないだろうからだ。それが物質主義者の言うことだ。

物質主義者は、低次の自我を受け入れている。彼はまさしく、完全に自己防衛のために高次の自我を否定する。自分にはそれがないことを知っているので、否定するのではない。いや、彼はそれについては何も知らない。彼がそれを否定するのは、もし否定しなければ、また「あれかこれか」が現れるからだ。再び人は厄介な事に巻き込まれ、また何かをしなければならない。また気楽な状態を失ってしまう。また旅だ。また彷徨《さまよ》うことになる。そして旅の不快さ、不便さ、および不安定さがある。

だからこう言うほうがましだ――高次のものなど存在しない、神は存在しない、どんな神も決して存在しなかった、魂は存在しない、内側には何もない、人間は内面性を持たない、人間とは単に、外側を形成するものにすぎない、人間とは彼の動作であり、彼の中に魂などは存在しない、と。

パブロフからB・F・スキンナーにかけて、人間とはただの動作にすぎないということを、いわゆる科学的心理学者、行動主義者は世界に教えている。そこには一つの内面もない。ちょうど機械に内面がないように。機械は単なる機能的な単体にすぎない。その中に有機的な単体はない。それには魂がない。あなたはそれを分解できる。それを再び組み立てもできる。

それが科学者たちの望みだ。遅かれ早かれ、彼らは人間を解体し、再び組み立てられるようになるだろう。少なくとも理論的には彼らにとっては可能のようだが、そんなことは不可能だ。あなたは人間を解体したり、再び組み立てたりすることはできない。なぜなら人間の中には、非機械的なものがあるからだ。その非機械的な部分が彼の栄華なのだ。だがそれを否定するほうがましだ。そうすればそれは生をより安楽にし、生を不安のないものにし、生を問題のないものにする。あなたはいわゆる歓楽的人生――食べて飲んで陽気に浮かれる――を、その日その日を浅はかに生き続けることができる。

そう決めつけている人々は、アティーシャが語っている機会を放棄している。彼らは神々になるための機会を放棄している。彼らは非常に低俗なものに満足している。非常に安っぽいものに落ち着いている。非常に本質的なものを取り逃がし続けている。そう、あなたは低次元の自己だと安心できるのだ。あなたは疑っている自己に落ち着くことができる。しかしそれなら成長はない。エクスタシーはない。なぜならあなたの中に、どんな覚者《ブッダ》も決して生まれないだろうからだ。

あなたは決して、キリスト意識の何も知ることはないだろう。あなたは暗闇の中にとどまる――もちろんそこは落ち着くだろうが、しかし落ち着くことに何の意味があるだろう。

創造的な不満のほうがはるかに貴重だ。未知なるものの危険性のほうがはるかに貴重だ。本当の家を求めて家なしで彷徨うことのほうが、はるかに貴重だ。

宗教は究極的には、低次のものを受け入れない人のためにある。私は低次のものを否定しろと言っているのではない。覚えておきなさい。というのも、もう一方の極端に行く愚かな人々がいるからだ。ある愚かなタイプの人々は、高次のものを否定する。それは存在しないと言い、低次のものに落ち着く。別の愚かな種の人々は低次のものを否定する。低次のものは存在しない。ただ高次のものだけが存在すると言う。ある人は、神は幻想で、世界が真実だと言う。別の人は、世界は幻想であり、神が真実だと言う。

私のアプローチでは、両者とも愚かな存在だ。というのも、両者共同じことをしているからだ。両者とも安心したがっている。両者共、正反対のものを否定している。両者共、内側の緊張の可能性を否定している。そして覚えておきなさい、その内側の緊張が、あなたに生き生きとした状態を与えるのだ。その緊張が大きくなればなるほど、より生き生きとしてくる。

あなたはそれを知っているし、体験している。あらゆる人々が、多かれ少なかれ、反対のものへ引き付けられる力を体験している。男性は女性に引き付けられる。そして逆も同じだ——なぜだろう？電気の陰極は陽極に向かって引き付けられる。そして逆も同じだ。なぜだろう？なぜ反対のものへ引き付ける力があるのだろう？なぜなら、まさにその引き付ける力の中に、生は現れるからだ。その緊張の中で、どうやって死んだままでいられるだろう？そのまさに緊張の中で、あなたは脈動し始める。

一つを選択してそれに落ち着き、もう一方のものに反対する人は、古臭くなって死んでしまう。物質主義者は皮相的になる。そしていわゆる精神主義者《スピリチュアリスト》もまた偽者になる。いわゆる物質主義者は浅薄な楽しみに生きる。そしていわゆる精神主義者《スピリチュアリスト》は想像の中で、幻想の中で生きる。両者とも、生とその生が与える緊張を取り逃がしている。

人は両方と共に、そしてどちらも否定されずに、両方がお互いに補足し合うように生きなければならない。イエスはノーに反対する必要はない。ノーはイエスに反対する必要性はない。それらはお互いを定義できる。お互いに栄養を与えることができる。

それが、ここでの私の努力のすべてだ。私はあなた方に、大地と空とは一緒に受け入れねばならない、という新しい摂理をもたらす。身体と魂、世界と神は、共に受け入れることだ。低次の中に何も間違ったものはない、低次は、高次のための土台にすべきだ。低次は基礎として機能するものだ。もしそれを否定するなら、どんな基礎も持てないだろう。

だから宗教的な国、たとえばインドなどは、ますますひどく貧しくなったのだ。彼らはその基礎を失い、途方もない偽物になった。もしあなたが自分の周りにあるものと、とても現実《リアル》であるものすべてを否定するなら、どうやって真実でいられるだろうか？　もしあなたが世界は幻影、幻《マーヤ》であると言うなら、どうやって真実でいられるだろうか？　あなたは、それは違うことを知っている。

世界は幻《マーヤ》だと言う人でさえ、壁を通り抜けようとはしない。彼は扉を通って出て行く。もし両方ともマーヤ、幻想であるなら、何が違う？　あなたは二つの幻想の間に、どんな違いを見つけられるだろうか？　一つは少し少ない幻想で、もう一つは少し多い、ということなのか？　世界は幻想だと言う人でさえ、石を食べ始めたりはしない。パンと石との間に、どんな違いがあるのだろう？　両方とも幻想だ、両方とも夢だと言うのなら……。

だが世界を否定すれば、あなたは現実《リアリティ》との接触を失う。それが東洋で、とりわけインドで起こっている。インドは現実から目をそむけるようになった。それは大地との根を失った。それは非‐現世的に、少し幽霊的になった。これが私のインドでの体験だ。インドは幽霊だ。その身体を失った。そして誰の責任でもない。正反対のものを受け入れる勇気を、集められなかったのだ。インドは貧しくなった。醜くなった。インドは病気になってしまった。

インドは高次のものに落ち着けるように、これを選んだ。しかし高次は、ただ低次と共にのみ存在できる。これは覚えておくべき大変重要なものの一つだ。低次のものは、高次のものなしで存在できる。それは満たされないままだろうが、存在することはできる。高次のものは、低次のものなしでは存在すらできない。

基礎なしで寺院や教会は建てられない。しかし、寺院を造らずに基礎を作ることはできる。それは最初に低次のものが来て、その後に高次のものが来るから可能だ。低次のものは来ることはできるが、高次のものは来ないかもしれない。

東洋は、低次のものなしで高次であろうとした。基礎なしの寺院であろうとした。さて、そのような寺院は、ただあなたの想像の内にあるだけだ。それは現実には存在できない。そしてそれは偽善を作る。世界で可能な最も大きな偽善が、インドで起こった。その偽善とは――低次のものが現実なのだから、私たちは低次の中で生活せざるを得ない。だが私たちはそれを否定し、高次のものについて話すべきだ――というものだ。低次のものが否定されているために、高次のものはどんな実質も持てない。それは夢だ。

だから、人々は途方もなく金に取り憑かれているが、神について話すのだ。政治と権力に取り憑かれているのに、神について話す。それは単なる話のままで終わる。

西洋では、ちょうど反対のことが起こった。同じ理由から低次のものが受け入れられた。なぜなら、もしたった一つだけなら、リラックスできるからだ。たった一つだけなら、あなたは、新たに何かを生み出すことに伴う不平不満を落とさせる。そのため一つのものに引き付けられる。それは自殺へと引き付けられる。

ただ男性だけで、女性がいない世界を考えてごらん。そこに緊張はない。確かにない。そこには偉大な兄弟愛がある。すべての人々は同性愛者《ゲイ》だ――文字通り、同性愛者《ゲイ》だ！　しかし生は何かを、非常に重要なものを失う。そこに緊張はない。それは弦が弛んだシタールのようなものだ。音楽を演奏できない。シタールはきつくピンと張らなければならない。音楽が奏でられるのはその時だけだ。その時だけ、隠れたものが顕わになる。弦の弛んだシタールで、どうやって演奏できるだろう？　それはある一定の緊張できつく張らねばならない。ただ偉大な師《マスター》たちだけが、どれくらいの緊張が正しい緊張なのかを知っている。そして正しい緊張の中でこそ、最も偉大なメロディーが可能なのだ。

私はあなた方に教える。低次と高次との間、身体と魂との間、地上と天国との間の正しい緊張を、対立のない正しい緊張を教える。低次のものは、高次のもののために否定されるべきではない。高次のものもまた、低次のもののために否定されるべきではない。それらは一緒だ。同じ現実《リアリティ》の二つの様相だ。お互いに浸透し合っている。

だから私は、あなたの疑いを落とせとは言わない。あなたのノーを落とせとは言わない。私はあなたのノーをイエスの緊張となるように、イエスの背景《バックグラウンド》にしなさいと言う。あなたのノーに、イエスがもっと意義深いものであるような背景を作らせなさい。ただその対照においてのみ、意義が生じるのだ。あなたは黒板に白いチョークで書く。なぜ？　それはただ、その対比においてのみ白が目立つからだ。それははっきりする。

ノーを背景にしなさい、そしてイエスを白く、その上に書きなさい。

あなたの信頼は盲目ではいけない。あなたの信頼は、見える目を持つべきだ。あなたの信頼は無気力であってはならない。ノーと言う力がないから信頼するのではならない。あなたの信頼は、生き生きとして力強く、活力があるべきだ。あなたの信頼はノーと言う能力を持つ。イエスと言い、そしてしかもノーと言う能力を保持しなさい。すると驚くだろう。あなたのイエスはたいへんな鋭さ、たいへんな輝き、たいへんな知性を持つ！　その時それは盲目ではない。それは見る目を持つ。

イエスのための基礎として、ノーを用いなさい。バラの木の肥料として疑いを使いなさい。神があなたに与えたものすべてを使いなさい。何も、全く何も否定してはいけない。すべてが吸収されなければならない。なぜなら、非本質的で重要でないものなど何一つないからだ。ある時は非本質的で重要ではないものに見えたとしても、ある時は確実に有害で有毒なものに見えたとしても、それを否定すべきでない。それを投げ捨てるべきではない。なぜならもし何かを捨ててしまったら、後々、途中であなたが賢明になるにつれて後悔するだろうからだ。というのも、ある状況においてそれが必要になるからだ。

毒が薬として必要になる瞬間がある。まさに賢者に触れると、毒が甘露《ネクター》になるという知恵の瞬間がある。

私はあなた方に錬金術師になってもらいたい。ここは錬金術の学校、内的錬金術の大学だ。私たちは卑金属を黄金へ変えようと試みている。だから覚えておきなさい。私はあなたのノーもまた、受け入れる。私はあなたのノーもまた、愛する。私はあなたであるものすべてを受け入れる。私はあなたでないもの、それさえもすべて受け入れる。あなたが何であろうと、あなたは受け入れられている。そしてあなたでないものが何であろうと、あなたは受け入れられている。あなたは全体において受け入れられている。

私の側からすれば、何かを否定するという問題はないが、それを変容するという問題がある。

二番目の質問

愛するOSHO、エゴとは何でしょうか？　光明を得ないまま留まることは、私たちが常にエゴを通して働きかけていることなのでしょうか？　それとも私たちには、それから自由になる瞬間があるのでしょうか？

プレム・パリジャット、人間は、全体の中心から分離した中心を持っているのではない。存在にはただ一つの中心がある。古代の人々はそれをタオ、ダンマ、神と呼んだものだった。それらの言葉は今や古くなってしまっている。あなたはそれを、真理と呼ぶことができる。存在にはただ一つの中心があって、多くの中心があるわけではない。そうでなければ天地万物《ユニヴァース》は、本当に単一の詩《ユニヴァース》ではなかっただろう。それは多数の詩《マルチヴァース》になっただろう。それは単一体だ。そのためそれは「単一の詩《ユニヴァース》」と呼ばれる。それはただ一つの中心だけを持つ。

しかし、これは少し瞑想すべきことだ。その一つの中心とは私の中心、あなたの中心、みんなの中心ということだ。その一つの中心とは、あなたには中心がないという意味ではない。あなたには分離した別の中心があるという意味ではない。それを違う言葉で言わせてほしい。あなたは一つの中心に多くの同心円を、多くの円を創ることができる。あなたは静かな池の中に小石を投げる。小石が落ちた所から一つの円が生じると、それから多くの同心円が生じる。それらは最も遠い岸へ広がり続ける。無数の同心円……。しかし、それらはすべて一つの中心を持つ。

それぞれが、この中心を自分のものとして要求できる。ある意味において、それは彼の中心だが、彼だけのものではない。エゴはその要求とともに生じる。「その中心は私のものだ。別々だ。それはあなたの中心ではない、それは私のものだ、それは私だ」――別々の中心という観念がエゴの根だ。

子供が生まれる時は、自分自身の中心を持たずにやって来る。九ヶ月間の母親の胎内で彼は自分の中心として母親の中心に働きかける。彼は分離されていない。それから彼は産まれる。そして、自分にはそこから分かれた中心があると思うことは実用的だ。でなければ人生は非常に困難に、ほとんど不可能になるだろう。生き残るため、そして人生の戦いにおいて生存を得ようと奮闘するために、あらゆる人々には、自分は誰かという確かな認識が必要だ。だが、誰もどんな認識も持っていない。実際、誰もどんな認識も持てたことがない。なぜなら最も深い核においては、あなたは神秘だからだ。あなたはどんな認識も持てない。最も深い核では、あなたは個ではない、あなたは宇宙《ユニヴァーサル》だ。

だから、もしあなたが仏陀に「あなたは誰ですか？」と訊ねても、彼は沈黙したまま何も答えないのだ。彼にそれができないのは、今彼はもう別々ではないからだ。彼は全体だ。しかし普通の生では、仏陀でさえ「私」という言葉を使わざるを得ない。もし喉が渇いたなら、彼はこう言わなければならない。「私は喉が渇いた。アーナンダ、少し水を持ってきてくれ。私は喉が渇いた」

正確に正しくあるためには、彼はこう言うべきだ。「アーナンダ、水を持ってきてくれ。宇宙の中心が少し喉が渇いたのだ」。しかしそれは少し奇妙に見える。そして何度もそれを言うことは――ある時宇宙の中心が腹を空かす、ある時、宇宙の中心が少し寒く感じている、そしてある時、宇宙の中心が疲れている――それは不要だ。全く不要なことだ。だから彼は古くて意味深い言葉「私」を使い続ける。それは非常に意味深い。たとえ虚構《フィクション》でも、それはまだ意味深い。だが多くの虚構は意味深いものだ。

たとえば、あなたは名前を持っている。それは虚構だ。あなたは名前なしでやって来た。あなたは自分と一緒に名前を持ってきたのではなかった。名前は与えられたものだ。それから絶え間ない反復によって、あなたはそれに同一化し始める。あなたは自分の名前が、ラーマかラヒンかクリシュナであると知る。もしあなた方すべて三千人のサニヤシンがここで眠りに落ちて、誰かが来て「ラーマ、どこにいる?」と呼びかけても、ラーマ以外の者は誰も聞かないだろう。ラーマは言う。「俺の眠りを邪魔しに来たやつは誰だ?」。眠りの中でさえ、彼は自分の名前を知っている。それは無意識に達している。それは完全に浸透している。だがそれは虚構だ。

しかし私がそれは虚構だと言う時、それは不要だと言うわけではない。それは必要な虚構だ。それは役に立つ。でなければ、どうやってあなたは人々を呼ぶ? もしあなたが誰かに手紙を書きたいなら、誰宛に書こうとするだろう？

小さな子供が、一度神様に手紙を書いた。彼の母親は病気で、父親は死んでいて、彼らはお金がなかった。だから彼は神様に五十ルピーを求めた。

手紙が郵便局に届いた時、局員たちは困ってしまった。それをどうしたらいい？　どこへ届ける？　それはただ「神様」と宛名書きされていただけだった。そこで彼らはその手紙を開封した。彼らは小さな少年がとても気の毒に感じ、そこで幾らかのお金を集めて彼に送ることを決めた。幾らかお金が集められた。少年が求めたのは五十ルピーだったが、彼らが集められたのは四十ルピーだけだった。

次の手紙が来た。また、「神様」と宛名書きされていた。そしてその少年は書いていた。「拝啓、神様。お願いですが、次からお金を送ってくれる時には、郵便局を通さないで直接僕の所へ送ってください。彼らは手数料を十ルピー取り上げるのです！」

もし誰も名前を持たなかったら、それは困難だろう。本当は誰も名前を持っていないのだが、それでも、それはすばらしい虚構であり、役に立つものだ。そして私以上にこのことをわかる者は誰もいない。なぜなら人類史上で、私ほど多くの名前を与えた者は、他に誰もいないからだ。あなたは私を頼りにすることができる！

名前は、他人があなたを呼ぶために必要だ。「私」はあなたが自分自身を呼ぶために必要だ。しかしそれは単なる虚構だ。もしあなたが、自分自身の中へ深く入って行くなら、名前が消えているのを発見するだろう。「私」という観念は消え去っている。唯一純粋な、「〜である」という状態、在る状態、現存、存在だけが残されている。

そしてその存在は分離してはいない。それはあなたのものでも私のものでもない。その存在はすべての存在だ。岩、川、山々、木々、すべてが含まれている。それはすべてを含んだものだ。それは何も排除しない。過去のすべて、未来のすべて、この広大な宇宙、あらゆるものがその中に含まれている。あなたが自分自身の中へ深く入って行けば行くほど、ますます人格は存在しないことが、個人性は存在しないことがわかるだろう。その時存在するものが、純粋な普遍的状態《ユニヴァーサルネス》だ。円周上に私たちは名前、エゴ、独自性《アイデンティティ》を持っている。私たちがその円周から中心にジャンプする時、これらすべてのアイデンティティは消え去る。

エゴは単なる有用な虚構だ。それを使いなさい。しかし惑わされてはいけない。

パリジャット、あなたはこうも訊ねている。

「光明を得ないまま留まることは、私たちが常にエゴを通して働きかけていることなのでしょうか？　それとも私たちは、それから自由になる瞬間があるのでしょうか？」

それが虚構であるため、あなたはそれから自由になる瞬間がある。それが虚構であるので、あなたがそれを維持し続ける時だけ、それは残ることができる。虚構にはたいへんな維持が必要だ。真実に維持は必要ない。それが真実の美しさだ。しかし虚構はどうだろう？　あなたは、あちらこちらでそれを支えるために、絶え間なくそれを描かなければならない。それは絶え間なく崩れ落ちている。あなたがどうにかして半面を支えている時、別の半面は崩れ落ち始めている。

それが、人々が全人生でやり続けていることだ。虚構を真実であるかのように見ようとしている。多くのお金を持てば、より大きなエゴを持つ事ができる。貧しい人よりも、もう少し堅固なエゴを持つ事ができる。貧しい人のエゴは細い。彼はより太いエゴを持つ余裕がない。国の首相か大統領になってごらん。するとあなたのエゴは極端へと膨れ上がる。その時あなたは大地を歩かない。

私たちの全人生で、金を求めること、権力、威信、そしてあれやこれやを求めることは、どうにかして虚構を保ち続けるために、新しい支えを求めること、新しい援助を求めること以外の何ものでもない。どんな時でも死がやって来ることを、あなたはわかっている。あなたが何を作ろうと、死はそれを壊そうとする。しかしそれでも、人は見込みのない希望を持ち続ける。たぶん他の人々はみんな死ぬが、自分は死なないと——。

そしてある意味でそれは真実だ。あなたはいつも、他の人々が死んでいるのを見る。あなたはまだ自分自身が死ぬのを見たことがない。だからそれは真実のようにも見える、論理的にも見える。この人は死ぬ、あの人は死ぬ、そしてあなたは決して死なない。あなたはいつでも彼らを気の毒に感じるためにいる。あなたはいつでも、別れの言葉を言うために彼らと一緒に墓地へ行く。そしてそれからあなたはまた家に帰る。

それに欺かれてはいけない。人々はみんな同じことをしているからだ。そして誰も例外ではない。死はやって来て、あなたの名前、あなたの名声の虚構全体を壊す。死はやって来て、単純にすべてをかき消す。足跡さえ残さない。私たちがその人生から作り上げ続けるものは何であれ、水の上に書くようなもの以外の何ものでもない――砂の上でさえなく、水の上だ。あなたは書いてさえいない。そしてそれは去る。あなたは読むことさえできない。あなたが読む前に、それは去ってしまう。

しかし私たちは、空気の中にこれらの城を創ろうとし続けている。それが虚構であるために、それには絶えざる維持が、絶えざる尽力が日夜必要だ。そして誰も、二十四時間それに注意することはできない。だから時々、気づかないうちに、エゴが障壁として働くことのない現実の一瞥を、あなたが持つ瞬間がある。エゴの幕なしでその瞬間がある――気づかないうちにだ。覚えておきなさい。あらゆる人が、時たまその瞬間を持つ。

たとえば、毎晩あなたは深い眠りに落ちる。その眠りは、あなたが夢さえ見れないほど深い。その時エゴはもう見つからない。すべての虚構は去ってしまう。夢のない深い眠りは一種の小さな死だ。夢の中では、まだそれをどうにかして覚えていようとするかもしれない、という可能性がある。人々は自分たちの夢の中でさえ、エゴをどうにかして持ち続けようとし続ける。

だから精神分析学者たちは、あなたの夢の中へ深く入って行こうとするのだ。なぜなら、あなたが自分の自己証明《アイデンティティ》を持ち続ける可能性が少なければ少ないほど、より多く抜け穴を見つけられるからだ。昼間なら、あなたは自分のエゴを守るための盾をもって、非常に油断なく警戒して連続的に存在している。夢の中では、時々あなたは忘れる。しかし夢を学び続けている人々は、夢の中でさえその保護は残っていると言う。それはほんの少し微妙になる。

たとえば、自分の叔父を殺す夢を見る。もしその中に深く入って行くなら、あなたは驚くだろう。あなたは父親を殺したかったのだが、叔父を殺した。あなたは自分自身を欺いた。エゴがゲームをしたのだ。あなたはとても良い人で、どうやって自分自身の父親を殺せようか？　すると叔父が父親のように見える、けれども誰も自分の叔父を本当に殺したいとは思わないものだ。叔父はいつでも親切な人々だ。誰が自分の叔父を殺したいだろう？　そして、誰が自分の父親を殺したくないと思うだろう？

父親と息子の間には、必ず大きな敵意がある。父親は息子を躾けなければならない。父親は息子の自由を制限し、切り縮め、命令して、彼を強制的に服従させなければならない。そして誰も服従したくないし、躾けられたくもないし、「～すべきだ」とか「～すべきではない」ということを与えられたくない。父親とは、息子が嫉妬を感じるほど強力だ。そして最も大きな嫉妬は、息子は母親が完全に自分のものであってほしいのだが、この父親がいつも間に割り込んで来る、彼がいつもそこにいる。

そして、息子が父親に嫉妬を感じるだけではなく、父親もまた息子に嫉妬を感じている。というのも息子はいつも彼の妻と彼の間にいるからだ。


ムラ・ナスルディンの息子が結婚した。息子は妻と一緒に、そして彼の友人たち親類たちと一緒に実家にやって来た。家の中は満員だった。息子がちょっとした用事で外に出て戻ったら、大変な不意打ちをくらった。自分の父親ムラが、彼の妻を抱いてキスをしていたのだった。これはやりすぎだ！これは許されないことだ！　彼は非常に怒って言った。「何ということをしているんですか？」

父親は言った。「じゃあお前はその全人生で、何をしたというのだね？　お前は私の妻に抱きついたりキスをしたりしてきた。だがわしはお前に対して、決して何も言わなかったぞ」


彼は何も言わなかったかもしれないが、そのように感じていたに違いない。父親と息子の間、娘と母親の間には敵意が存在する――自然な敵意、自然な嫉妬だ。娘は父親を所有したいが母親がいる。彼女はまるで敵のように見える。

叔父たちは非常に素晴らしい人たちだ。しかし夢の中で、自分自身の父親を殺すことはできない。あなたの道徳的な良心、あなたのエゴの一部が、そんなことをするのを防ぐだろう。そこであなたは代用品を見つける。これは戦略だ。

もし自分の夢を詳細に観察するなら、エゴがそれでもやろうとしている多くの戦略を見つけるだろう。エゴは事実を受け入れられない。「私が自分の父親を殺しているだと？　私はとても従順な息子で、父親に敬意を表しているし、彼をとても愛している――それなのに、自分の父親を殺そうとするなんて？」。エゴはその考えを受け入れたくない。エゴはその考えをほんの少し脇へ移す。叔父はほとんど父親のように見える。叔父を殺す、それはより簡単に見える。叔父はただの代用品にすぎない。

これは、夢の中でさえ起っていることだ。

しかし夢のない眠りでは、エゴは完全に消え去っている。なぜなら、考えること、夢見ることがないなら、どうやって虚構を運べるだろうか？　だが夢のない眠りは非常に小さい。八時間の健康な睡眠の中で、それは二時間より長くはない。しかし、ただこの二時間だけが、あなたを生き返らせてくれる。もしあなたが二時間の夢のない深い眠りを持つなら、その朝、あなたは新しく新鮮で、生き生きしている。生は再びわくわくする。一日は贈り物であるように見える。あらゆるものが新しく見えるのは、あなたが新しいからだ。そしてあらゆるものが美しく見えるのは、あなたが美しい場所にいるからだ。

あなたが深い眠りに落ちたこの二時間に、何が起こったのだろう。パタンジャリがスシュプティ、夢なき眠りと呼んだ眠りの中で……？　それはエゴが消え去ったということだ。エゴの消滅があなたを生き返らせ、あなたを若返らせた。エゴの消滅とともに、深い無意識の中でさえ、あなたは神を味わった。

パタンジャリは、夢なき眠り《スシュプティ》と三昧《サマーディ》、覚醒境《ブッダフッド》の究極の状態との間には、そんなに違いはないと言う。——たとえ違いはあったとしても、それほど多くはない。違いは意識にある。夢なき眠りの中ではあなたは無意識で、サマーディにおいてはあなたは意識的だが、その状態は同じものだ。あなたは神の中へ動く。あなたは宇宙の中心の中へ動く。あなたは円周から消え去り、中心へ行く。そしてまさにその中心との接触が、あなたをとても若返らせる。

眠れない人々は、本当に哀れな人々だ、非常に哀れな人々だ。彼らは、神と接触している存在の自然な源泉を失っている。彼らは、宇宙の中へ入る自然な通路を失っている。扉は閉じてしまった。

この世紀は、不眠症で苦しんでいる最初の世紀だ。私たちは、他のすべての扉を閉じてしまった。今、私たちは最後の扉を、眠りの扉を閉じている。それは宇宙エネルギーからの、最後の分断のように見える。とてつもなく危険だ。そして今、世界には愚かな人々がいて、非常に論理的な洞察から、眠りは全く必要ない、それは時間の浪費だという本を書いている。彼らは正しい。それは時間の浪費だ。金と仕事という見地で考える人々、仕事中毒の人々にとっては、それは時間の浪費だ。

ちょうど今、アルコール中毒者更生会があるように、すぐにでも私たちは、仕事中毒者更生会を必要とするだろう。私は推薦する、仕事中毒者更生会の会長にモラジ・デサイの名前を。

仕事に取り憑かれている人々は、変わることなく働くに違いない。彼らは休むことができない。彼らはくつろぐことができない。死にかかっている時でさえ彼らは何かを、あるいは別のことをするだろう。
これらの人々は、眠りが必要ではないということを今、提言している。彼らは、眠りは過去からの遺物で本当は必要ではない、と提言している。電気も火もなかった時は、眠らざるを得ない必要性があった。だからそれは過去のものだと彼らは言う。今それは必要ない。それは何百万年もの間に同化された、単なる古い習慣だ。それは落とすべきだ。彼らの考えは、未来において眠りは消え去るだろう、というものだ。

同じことが、ロシアの鉄のカーテンの後ろでも起こっている。彼らは人々が眠っている間に物事を教え込めるような、新しい装置を造っている。時間を浪費させないために、新しい種類の教育を——。それは、私たちが子供たちのために発明しようとしている最後の拷問だ。私たちは学校を発明した。私たちはそれに満足してはいない。小さな子供たちが、学校の中に投獄される……。

インドでは、もともと学校と牢獄は、同じ色で同じように塗装されていた。それらは同じ型の建物だった。醜く、美的感覚もなく、その周りに木々や鳥たちや動物たちもなく、そのため子供たちは気をそらすことがなかった。でなければ、カッコウが窓から突然呼びかけ始める時に、誰が馬鹿な数学教師の話を聴くだろう？　あるいは鹿がクラスの中に入って来て、そして教師が地理や歴史を教えていては……子供たちは気をそらすだろう。そこでその動物たちは自然から、社会から取り去ってしまわなければならない。子供たちは五時間、六時間、七時間と、固いベンチの上に、無理やり座らなければならない。

これが長年、ずっとこのまま進んでいく。ほとんど人生の三分の一は学校の中で過ごす。あなた方は彼らを奴隷にしてしまった。残された人生では、彼らは仕事中毒のままだ。彼らは本当の休日を持てないだろう。

今これらの人々が、なぜ夜の時間を浪費するのだ？　と考えている。そこで子供たちは夜間の教育を受けることができる。彼らはベッドで寝るが、彼らの耳は中央学校とつながっている。そして非常に微妙に潜在意識に働きかけて、彼らの頭の中へメッセージが送り込まれるだろう。彼らはプログラムされるだろう。

そして彼らが目覚めている間に学ぶよりも、このやり方で、もっと簡単に学べるものが見つけられている。当然、あなたは目覚めているために、どれほど保護されていても、千と一つの物事があなたのマインドの気をそらす。そして子供たちは、あらゆるものに魅惑させられるほど、エネルギーでいっぱいだ。彼らは絶え間なく気をそらす。それは単なるエネルギーで、それ以外の何ものでもない。それに罪はない。彼らは死んではいない。だから彼らは気をそらすのだ。

犬が吠え始める。誰かが外でケンカをし始める。誰かが教師を騙したり、あるいは冗談を言ったりしている。そこには彼らの気をそらし続けさせるあらゆるものがある。しかし子供が眠る時は――しかも深い眠りで、夢がない時は――気をそらすものは全く存在しない。今その夢のない眠りは、教育法の一部として使うことができる。存在の宇宙の源泉から私たち自身を分離するための、あらゆるやり方を、私たちは用意しているように見える。今、この子供たちは最も醜くなるかもしれない。というのも、完全にエゴを超えて全体に失われる可能性がある時でさえ、その可能性もまた取り去られてしまうからだ。エゴを消滅させる最後の可能性が、その時はもはや手に入らない。彼らが神と接触できていた眠りの時間に、彼らはいくつかのくだらない歴史を、睡眠学習で教えられているだろう。ジンギス・カーンが生まれたその日……いったいそれがどうだというのか、誰がかまうのか？

実際、もしジンギス・カーンが生まれていなかったら、それははるかに良かっただろう。それが私が論文に書いたもので、私の教師は非常に怒った。私は二十四時間クラスの外に立たされた。というのも私は「彼が生まれたことは不運だ。もし彼が生まれていなかったら、それは非常に幸運だったろう」と書いたからだ。

しかし王や皇帝、彼らはまさしく小さな子供たちを苦しめるために生まれ、存在し続けているようなものだ。子供たちは、全く何の理由もなしに、日と名前を覚えていなければならない。

より良い種類の教育は、このくだらないものすべてを落とすだろう。この九十パーセントはくだらないものだ。残っている十パーセントは、大いに改善できる。その時、生はもっと喜びを持てる、もっと休むことができる、もっとリラックスできるものになる。

なぜならエゴは虚構だからだ。それは時々消え去る。その最も重要な時間は夢の無い眠りだ。だから、睡眠が非常に貴重であるということを、要点にしなさい。どんな理由であれ、睡眠を取り逃がしてはいけない。ゆっくりゆっくりと、睡眠を規則的なものにしなさい。なぜなら身体は機械だからだ。もしあなたが、規則的な睡眠パターンに従うなら、身体は夢のない眠りをより簡単に見つけるだろうし、マインドは消え去ることがより簡単であるとわかるだろう。

正確に同じ時間にベッドへ行きなさい。ただ、それを文字通りに受け取ってはいけない。もしある日遅れても、あなたが地獄やどこかに送られることはない！　私が警告しなければならないのは、ここには健康狂《フリーク》いの人が何人かいるからだ。彼らの唯一の病気は、絶え間なく健康について考えていることだ。もし健康について考えるのを止めれば、彼らは完璧に健康だ。

しかし、もしあなたが規則的に眠りにつければ、ほとんど同じ時間にベッドに行き、ほとんど同じ時間に起きるなら……身体は機械だ、マインドもそうだ……、するとそれは一定の瞬間、夢のない眠りの中へ、ただ滑り込む。

エゴのない体験の二番目に大きな源泉は、セックス、愛だ。それもまた、聖職者たちに壊されてきた。彼らがそれを非難してきたので、もうそのような大きな体験ではなくなっている。そのような非難がとても長い間あり、人々のマインドを条件づけてしまった。愛を交わしている間でさえ、彼らは心の底では何か間違ったことをしていると知る。罪悪感がどこかに潜在している。これは最も現代的な、最も今日的な、さらに最も若い世代にとってさえもそうだ。

表面上では、あなたは社会に敵対して反乱を起こしているかもしれない。表面上は、もう全く社会順応者ではないかもしれない。しかし、物事は非常に深く進んでしまった。それは表面上の反乱という問題ではない。あなたは髪を長く伸ばせるが、あまり役に立たないだろう。ヒッピーになって風呂に入らないことはできるが、それはあまり役に立たないだろう。あなたは想像できる、また考えられるあらゆる可能なやり方で、ドロップアウトできる。だが、それは本当には役に立たないだろう。なぜなら、物事はあまりに深く進んでしまっていて、これらすべては表面的な方策だからだ。

千年もの間、セックスが最も大きな罪だと言われてきた。それは私たちの血の一部、骨と骨髄の一部となっている。だからあなたが、その中に何も間違ったものはない、と意識的に知っていても、無意識はあなたを少し引き離し、恐れさせ、罪悪感に囚われたままにする。あなたは、その中へ全面的に入っていくことはできない。

もしあなたが、愛の交わりの中へ全面的に入って行けるなら、エゴは消え去る。なぜなら愛の交わりの最も高い頂点、最高潮では、あなたは純粋なエネルギーだからだ。マインドは機能できなくなる。たいへんな喜びと共に、途方もないエネルギーの激流と共に、マインドは単純に止まる。それはマインドが途方にくれるほどの、今どうしていいのかわからないほどの、エネルギーの急高潮だ。それは正常な状況では完全に機能したままでいられるが、非常に新しく非常に生気にあふれたものが起こる時、それは止まる。そしてセックスは、最も生気にあふれたものだ。

もしあなたが、愛の交わりの中へ深く行くことができるなら、エゴは消え去る。それが愛の交わりの美しさだ。それは神の一瞥のもう一つの源泉、ちょうど深い眠りのようなものだが、それよりはるかに貴重なものだ。なぜなら深い眠りにおいては、あなたは無意識だからだ。愛の交わりにおいてはあなたは意識的で、しかもマインドなしの意識でいる。

そのために、タントラの偉大な科学が可能になった。パタンジャリとヨーガは、深い眠りの方向に働きかけた。彼らは深い眠りを意識的状態へと変容させる道を選択した。そこであなたは、自分が誰なのかがわかる。そこであなたは、中心にいる自分が何なのかがわかる。

タントラは、神へ向けられた窓として愛の交わりを選択した。ヨーガの道は非常に長い。なぜなら無意識の眠りを意識へと変容することは、非常に骨の折れることだからだ。それには多くの生がかかるかもしれない。そして誰にわかる？　あなたはかなりの間持続してがんばり通し、忍耐強くあることができるかもしれない。あるいはできないかもしれない。そこでヨーガに降りかかった運命が、これだ。いわゆるヨーガ行者たちは、ただ肉体の姿勢をとることだけを続けている。彼らは決してそれより深くは進まない。それは彼らの全人生を要する。もちろん彼らはより健康にはなる。より長く生きる。しかしそれは要点ではない！　あなたはジョギングすることで、走ることで、泳ぐことで、より健康になれる。医療を通して、より長く生きることができる。だがそれは要点ではない。

その要点とは、深い眠りの中で意識的になることだった。だが、いわゆるヨーガ行者たちは、逆立ちの方法やあなたの身体を歪曲したりねじったりする方法を、教え続けている。ヨーガは一種のサーカスになってしまった――無意味なことだ。それはその真実の次元を失っている。

新しいコミューンでは、私はヨーガを、その真実の雰囲気の中に、その真実の次元の中に再び蘇らせるヴィジョンを持っている。そしてゴールは、あなたが深く眠っている間に意識的になることだ。それがヨーガにおける本質的なことだ。どんなヨーガ行者が何か別のことを教えていても、それはすべて役に立たない。

しかしタントラは、よりはるかに短く、最も短く、はるかにずっと快適でもあるやり方を選択してきた！　愛を交わすことは、窓を開けることができる。必要なことのすべては、聖職者たちがあなた方の中へ植え付けた条件付けを、根絶することだ。聖職者たちが、これらの条件付けをあなた方の中へ植え付けた。そのため、彼らはあなた方と神との仲介人と代理人になった。あなた方の直接的な接触が断たれたのだ。当然あなた方は、自分に繋げるために、誰か別の者が必要となる。そこで聖職者が力を持つようになる。そして聖職者は、古来よりずっと強力であり続けてきた。

あなたを、本物の力と接触させられる者は誰であれ強力になる。神は本物の力、すべての力の源泉だ。聖職者は古来よりとても強力で、王よりも強力なままでいた。今、科学者が聖職者の場所を取っている。なぜなら今彼は、自然の中に隠されていた力の、扉の鍵を開ける方法を知っているからだ。聖職者は、あなたを神と繋ぐ方法を知っていた。科学者は、あなたを自然と繋ぐ方法を知っている。しかし聖職者は、最初にあなたを分離しなければならない。そこであなたと神との間には、どんな個人的な私的な道筋も残されていない。彼はあなたの内側の源泉を台なしにして、それに毒を盛る。彼は非常に強力になった。しかし全人類は望みがなく、愛がなく、罪悪感で一杯になってしまった。

私の人々は、その罪悪感を完全に落とすことだ。愛を交わしている間は、祈り、瞑想、神を思いなさい。愛を交わしている間は香を焚き、褒め称え、歌い、踊りなさい。あなたのベッドルームは寺院で、神聖な場所であるべきだ。そして愛を交わすことは、慌ただしいものであるべきではない。その中へ、より深く入って行きなさい。可能な限りゆっくりと、優雅に、それを味わいなさい。するとあなたは驚くだろう。あなたは鍵を持つ。

神は鍵なしで、あなたを世界の中へ送り出していない。しかし、その鍵は使われなければならない。あなたはそれを錠に挿し込んで、回さなければならない。

愛とはエゴが消え去り、意識的、充分に意識的で、脈動し震動するもう一つの現象、最も潜在力のあるものの一つだ。

あなたはもう個人《インディヴィジュアル》ではない。あなたは全体のエネルギーの中に失われている。その時、ゆっくりゆっくりと、これをまさに、あなたの生き方そのものにしなさい。愛の頂点で起こっているものは、あなたの修養にならなければならない。ただの体験だけでなく修養に――。その時、あなたが何をしていようと、どこを歩いていようと……太陽が昇る早朝、それと同じ感覚を持ち、存在と同じ一体感を持ちなさい。大地に横たわることで、星に満たされた空、またそれと同じ一体感を持ちなさい。大地に横たわりなさい。大地と一つであると感じなさい。

愛を交わすことで、存在それ自身と共に愛の中にあるという手がかりを、だんだんにあなたに与えてくれるだろう。その時エゴは虚構として知られ、虚構として使われる。もし、あなたがそれを虚構として使うなら、そこに危険はない。

エゴが自発的に失われる瞬間が、他に少しある。それはたいへん危険な瞬間だ……あなたは運転している。そして突然、事故が起ころうとしているのがわかる。あなたは車の制御を失い、自分自身が助かる可能性はなさそうだ。あなたは木、あるいは近づいてくるトラックに衝突しようとしている。あるいはあなたは川に落ちようとしている……それは絶対に確実だ。これらの瞬間において、突然エゴは消え去る。

だから、危険な状況の中へ動いていくことには大きな魅力があるのだ。人々はエベレストに登る。それは深い瞑想だ。たとえ彼らがこれを理解していようがいまいが、深い瞑想だ。登山はかなり重要なものだ。山に登ることは危険だ。それが危険であればあるほど、それはすばらしいものだ。あなたはエゴのない状態の一瞥を、偉大な一瞥を持つだろう。危険が非常に近くにある時はいつでも、マインドは止まる。マインドは、あなたが危険でない時にだけ考えることができる。マインドは危険の中では何も言えない。危険はあなたを自発的にさせ、その自発性の中で突然、あなたは自分がエゴではないことを知る。

あるいは――これらは異なった人々のためのものだろう。人々は異なっているため――もしあなたが審美的なハートを持っているなら、美が扉を開くだろう。ちょっと美しい女性、あるいは男性が通り過ぎるのを見なさい。ほんの一つの瞬間の美のきらめき、すると突然エゴが消え去る。あなたは圧倒される。

あるいは、池の中の蓮の花を見ること、あるいは日没を見ること、飛んでいる鳥を見ること――あなたの内側の感受性を誘発するどんなものであっても――さしあたり、自分自身を忘れるほど深くあなたの心を占めるもの――あなたはいて、しかもあなたはいない。それに身をまかせるほどに深く、あなたの心を支配するものなら何であれ――その時もまた、エゴは失われる。それは虚構だ。あなたはそれを運ばなければならない。もしあなたが少しの間、運ぶ事を忘れるならそれは失せる。

それが失われ、真実と本物の一瞥を持つ少しの瞬間があるのは、良いことだ。これらの一瞥があるため、宗教は死ななかった。それは聖職者たちがいるからではない。彼らはそれを殺すために、あらゆることをしてきた。それは、いわゆる宗教的な人、教会やモスクや寺院に行く人がいるからではない。彼らは全く宗教的ではない。彼らは偽者だ。

宗教が死ななかったのは、このささやかな瞬間が、ほとんどの人々に多かれ少なかれ起こっているからだ。それらにもっと気づきなさい。これらの瞬間の真性《スピリット》を飲み込みなさい。これらの瞬間をもっと許しなさい。これらの瞬間がもっと起こるための、空間を創りなさい。これが神を探すための真実の道だ。エゴの中に在るのではなく、神の中に在ることだ。

三番目の質問

愛するＯＳＨＯ、なぜあなたは、それほどまでに「ここと今」の重要性を強調するのですか？

ラヒン、なぜなら、それ以外のものは何もないからだ。ここが唯一の場所だ。今が唯一の時間だ。ここと今を超えると、そこには何もない。
二千年前、偉大なユダヤ教の師、ヒレルはアラム語で小さな詩を書いた。その詩がこれだ。

もし私が私自身のためにいないのなら
では誰が私のためにいることができようか？
また、もし私が私自身のためだけにいるのなら
では私とは何だろう？

そしてもし今でないのなら
それはいつだ？

それは美しい声明だ。もし今でないのなら、ではそれはいつだ？　明日か？　しかし明日は決してやって来ない。

そのため、私はここと今を強調する。この瞬間を使わずに、生きることなく、滲み込ませることなく失わせてはいけない。あなたが、ここと今から可能なすべてを、絞り出しなさい。生を取り逃がしたことを、後で後悔する必要がないように、それを情熱的に、強烈さをもって生きなさい。

それは第二次世界大戦の後だった。戦争は終わっていた。にもかかわらず、ジョー・ディンクは日本で解任されることを待っていた。彼の妻、イルマ・ディンクは、心配と嫉妬で気が荒れていた。というのも彼女は、アメリカ兵と日本人女性との間で起こっていることについて読んでいたからだ。ついに、もうそれに耐えられなくなって、彼女は夫に手紙を書いた。「ジョー、急いで帰って来て。その女性たちが持っているものって、とにかく、それはアメリカの女にはないものなの？」

「ものの問題ではないよ」とジョーは返信した。「でも彼女たちが持っているものは、ここで持っているのでね」

これは最も重要なことだ。問題はここと今だ。

最後の質問

愛するＯＳＨＯ、奇跡とは何ですか？

サダナンダ、それは時と場合による。私にとってはすべてが奇跡だ。私は奇跡でないものに出会ったことは一度もない。ただ奇跡だけが存在する。あらゆるものが大いなる驚きだ。それはまるで信じがたい！　だが、もしあなたの目が閉じていたら、もしあなたの目がゴミでいっぱいだったら、もしあなたのマインドがものを知りすぎていたら、もし自分はすべてを知っていると考えていたら、その時は何も奇跡ではない。

「私は何も知らない」と知ることは、あらゆるものを奇跡にする。それはあなたの内側の状態次第だ。それはあなた次第だ。そして、奇跡なき生を生きることは、少しも生きていることではない。あなたは毎日、数限りない奇跡を得ることができる。あなたにはそれらを得る資格がある。だが、奇跡的なものと自分自身を結びつける方法を知らないために、あなたは愚かな人々に騙されている。

誰かがスイス製の腕時計を取り出すと、あなたはそれを奇跡だと考える。そうなったら、あなたはありふれた手品師の餌食になる。騙されてはならない。

葉に成長する種子が、奇跡というものだ。それは誰かが、何もないところからスイス製の腕時計を取り出すことではない。それは単なるトリック、ごくありふれたトリックだ。路上の手品師が世界中でそれをしている。彼らは単純なだけで、ずるい人々ではない。さもなければ、あなたは彼らを崇拝していただろう。

南アフリカの荒野を探検していた男が、未開人に捕まった。彼らは彼を殺す前に、興奮して踊りまくった。そのとき、その探検家は良い考えを思いついた。手品を使って彼らを当惑させてやろうと、彼はポケットからライターを取り出し、大声でどなった。「火よ、出でよ！」

親指ではじくと、ライターに火がついた。未開人たちは退き、不思議そうな顔で見つめた。

「魔術だ！」と探検家は叫んだ。

「確かにそうじゃ」と酋長は言った。「たった一回でライターに火がつくのを見るのは初めてじゃ」

なにを奇跡と呼ぶか、それはあなた次第だ。私に関するかぎり、奇跡でないものは何一つ存在しない。そこで、これらの馬鹿げた種類の奇跡は落としなさい。

ある日曜日、ムラ・ナスルディンと彼の妻がラジオを聞きながら坐っていると、例の祈祷治療師が登場してこう言った。「あなたの身体の部分で癒したい場所がおありでしたら、片手をラジオの上に、もう一方の手を患部にお当てください」

妻は片手をラジオの上に、そしてもう一方の手を心臓の上に置いた。ムラは片手をラジオの上に、そしてもう一方の手を股間のイチモツの上に置いた。

そこで妻は言った。「ムラ、彼は悪いところを治そうとしているのよ、死んだものを蘇らせようとしているんじゃなくてよ」

今日はこれくらいでいいかな。

付録

●OSHOについて

OSHOの説くことは、個人レベルの探求から、今日の社会が直面している社会的あるいは政治的な最も緊急な問題の全般に及び、分類の域を越えています。彼の本は著述されたものではなく、さまざまな国から訪れた聴き手に向けて、35年間にわたって即興でなされた講話のオーディオやビデオの記録から書き起こされたものです。OSHOはロンドンの「サンデー・タイムス」によって『二十世紀をつくった千人』の一人として、また米国の作家トム・ロビンスによって『イエス・キリスト以来、最も危険な人物』として評されています。

OSHOは自らのワークについて、自分の役割は新しい人類が誕生するための状況をつくることだと語っています。彼はしばしば、この新しい人類を「ゾルバ・ザ・ブッダ」――ギリシャ人ゾルバの世俗的な享楽と、ゴータマ・ブッダの沈黙の静穏さの両方を享受できる存在として描き出します。

OSHOのワークのあらゆる側面を糸のように貫いて流れるものは、東洋の時を越えた英知と、西洋の科学技術の最高の可能性を包含する展望《ヴィジョン》です。

OSHOはまた、内なる変容の科学への革命的な寄与――加速する現代生活を踏まえた瞑想へのアプローチによっても知られています。

その独特《ユニーク》な「活動的瞑想法《アクティブメディテーション》」は、まず心身に溜まった緊張《ストレス》を解放することによって、思考から自由でリラックスした瞑想の境地を、より容易に体験できるよう構成されています。

●瞑想リゾート／OSHOメディテーション・リゾート

ＯＳＨＯメディテーション・リゾートは、より油断なく、リラックスして、楽しく生きる方法を、直接、個人的に体験できる場所です。インドのムンバイから南東に約百マイルほどのプネーにあり、毎年世界の百カ国以上から訪れる数千人の人びとに、バラエティーに富んだプログラムを提供しています。

www.osho.com/resort.

●より詳しい情報については：http://www.osho.com

数ヶ国語で閲読できるウェブ・サイトにはメディテーション・リゾートのオンライン・ツアーや、提供されているコースの予定表、書籍やテープのカタログ、世界各地のＯＳＨＯインフォメーション・センターの一覧、ＯＳＨＯの講話の抜粋が含まれています。

Osho International New York　E-mail ; oshointernational@oshointernational.com
http://www.osho.com/oshointernational

●「新瞑想法入門」　発売／市民出版社（Meditation: The First and Last Freedom）

もし瞑想についてもっとお知りになりたい場合は、「新瞑想法入門」をご覧下さい。この本の中で、ＯＳＨＯは彼の活動的瞑想法や、人々のタイプに応じた多くの異なった技法について述べています。また彼は、あなたが瞑想を始めるにあたって出会うかもしれない、諸々の経験についての質問にも答えています。

この本は英語圏のどんな書店でもご注文頂けます。（北アメリカのSt. Martin's Pressや英国とその連邦諸国のGill & MacMillanから出版されています。また、他の多くの言語にも翻訳されています。

ご注文はhttp://www.osho.com　又は、日本語版は市民出版社までお問い合わせ下さい。（tel　03-3333-9384）

アティーシャの知恵の書 上

二〇十二年三月二十一日　初版第一刷発行

講　話■OSHO
翻　訳■スワミ・ボーディ・デヴァヤナ（宮川義弘）
照　校■マ・アナンド・ムグダ
スワミ・ニキラナンド、マ・ギャン・シディカ
装　幀■スワミ・アドヴァイト・タブダール
写真協力■スワミ・ボーディ・デヴァヤナ（宮川義弘）
発行者■マ・ギャン・パトラ
発行所■市民出版社
〒一六八―〇〇七一
東京都杉並区高井戸西二―十二―二〇
電　話〇三―三三三三―九三八四
FAX〇三―三三三四―七二八九
郵便振替口座：〇〇一七〇―四―七六三二〇五
e-mail：info@shimin.com
http://www.shimin.com
印刷所■シナノ印刷株式会社
Printed in Japan
ISBN978-4-88178-192-0 C0010 ¥2480E

日本各地の主なOSHO瞑想センター

OSHOに関する情報をさらに知りたい方、実際に瞑想を体験してみたい方は、お近くのOSHO瞑想センターにお問い合わせ下さい。

参考までに、各地の主なOSHO瞑想センターを記載しました。尚、活動内容は各センターによって異なりますので、詳しいことは直接お確かめ下さい。

◆東京◆

・**OSHOサクシン瞑想センター**　Tel & Fax 03-5382-4734
マ・ギャン・パトラ　〒167-0042　東京都杉並区西荻北1-7-19
e-mail osho@sakshin.com　http://www.sakshin.com

・**OSHOジャパン瞑想センター**
マ・デヴァ・アヌパ　Tel 03-3703-6693
〒158-0081　東京都世田谷区深沢5-15-17

◆大阪、兵庫◆

・**OSHOナンディゴーシャインフォメーションセンター**
スワミ・アナンド・ビルー　Tel & Fax 0669-74-6663
〒537-0013　大阪府大阪市東成区大今里南1-2-15 J&Kマンション302

・**OSHOインスティテュート・フォー・トランスフォーメーション**
マ・ジーヴァン・シャンティ、スワミ・サティヤム・アートマラーマ
〒655-0014　兵庫県神戸市垂水区大町2-6-B-143
e-mail j-shanti@titan.ocn.ne.jp　Tel & Fax 078-705-2807

・**OSHOマイトリー瞑想センター**　Tel & Fax 0798-72-2508
スワミ・デヴァ・ヴィジェイ
〒662-0026　兵庫県西宮市獅子ケ口町1-16 夙川ラムヴィラ104
e-mail mysticunion@mbn.nifty.com　http://mystic.main.jp

・**OSHOターラ瞑想センター**　Tel 090-1226-2461
マ・アトモ・アティモダ
〒662-0018　兵庫県西宮市甲陽園山王町2-46　パインウッド

・**OSHOインスティテュート・フォー・セイクリッド・ムーヴメンツ・ジャパン**
スワミ・アナンド・プラヴァン
〒662-0018　兵庫県西宮市甲陽園山王町2-46　パインウッド
Tel & Fax 0798-73-1143　http://homepage3.nifty.com/MRG/

・**OSHOオーシャニック・インスティテュート**　Tel 0797-71-7630
スワミ・アナンド・ラーマ　〒665-0051　兵庫県宝塚市高司1-8-37-301
e-mail oceanic@pop01.odn.ne.jp

◆愛知◆

・**OSHO 庵瞑想センター** Tel & Fax 0565-63-2758
スワミ・サット・プレム 〒 444-2326 愛知県豊田市国谷町柳ケ入２番
e-mail alto@he.mirai.ne.jp

・**OSHO EVENTS センター** Tel & Fax 052-702-4128
マ・サンボーディ・ハリマ
〒 465-0058 愛知県名古屋市名東区貴船 2-501 メルローズ 1 号館 301
e-mail: dancingbuddha@magic.odn.ne.jp

・**OSHO フレグランス瞑想センター** Tel & Fax 052-773-5248
スワミ・ディークシャント、マ・デヴァ・ヨーコ
〒 465-0024 愛知県名古屋市名東区本郷 2-95 南部マンション 301
e-mail: info@osho-fragrance.com http://www.osho-fragrance.com

◆その他◆

・**OSHO チャンパインフォメーションセンター** Tel & Fax 011-614-7398
マ・プレム・ウシャ 〒 064-0951 北海道札幌市中央区宮の森一条 7-1-10-703
e-mail ushausha@lapis.plala.or.jp
http:www11.plala.or.jp/premusha/champa/index.html

・**OSHO インフォメーションセンター** Tel & Fax 0263-46-1403
マ・プレム・ソナ 〒 390-0317 長野県松本市洞 665-1
e-mail sona@mub.biglobe.ne.jp

・**OSHO インフォメーションセンター** Tel & Fax 0761-43-1523
スワミ・デヴァ・スッコ 〒 923-0000 石川県小松市佐美町申 227

・**OSHO インフォメーションセンター広島** Tel 082-842-5829
スワミ・ナロパ、マ・ブーティ 〒 739-1733 広島県広島市安佐北区口田南 9-7-31
e-mail prembhuti@blue.ocn.ne.jp http://now.ohah.net/goldenflower

・**OSHO ウツサヴァ・インフォメーションセンター** Tel 0974-62-3814
マ・ニルグーノ 〒 878-0005 大分県竹田市大字挟田 2025
e-mail: light@jp.bigplanet.com http://homepage1.nifty.com/UTSAVA

・**OSHO インフォメーションセンター沖縄** Tel & Fax 098-862-9878
マ・アトモ・ビブーティ、スワミ・アナンド・バグワット
〒 900-0013 沖縄県那覇市牧志 1-3-34 シティパル K302
e-mail: vibhuti1210@gmail.com http://www.osho- okinawa.jimdo.com

◆インド・プネー◆

OSHO インターナショナル・メディテーション・リゾート
Osho International Meditation Resort
17 Koregaon Park Pune 411001 (MS) INDIA
Tel 91-20-4019999 Fax 91-20-4019990
http://www.osho.com
e-mail : oshointernational@oshointernational.com

＜OSHO 講話 DVD 日本語字幕スーパー付＞

※送料／ DVD1 本￥250　2～3 本￥300　4～5 本￥350　6～10 本￥450

■ 道元 3 ― 山なき海・存在の巡礼―

道元の『正法眼蔵』曰く「この世にも天上にも、すべての物事にはあらゆる側面がある。しかし人は実際の体験による理解を経てのみ、それを知り体得できる」自己の仏性と究極の悟り、真実のありさまについての道元の言葉を、今に生きる禅として説き明かす。最後はブッダの境地へと誘う瞑想リードで締めくくる。

●本編 2 枚組 123 分　●￥4,179（税込）● 1988 年プネーでの講話

■ 道元 2 ―輪廻転生・薪と灰―

道元の「正法眼蔵」をベースに、惑星的、宇宙的スケールで展開される、輪廻転生の本質。形態から形態へと移り行く中で、隠された形なき実存をいかに見い出すか――又、アインシュタインの相対性原理、日本の俳句、サンサーラとそれを超えたところのニルヴァーナと話は多彩に広がり、ゆったりと力強い OSHO の説法は、ブッダの境地へと誘う瞑想リードで締めくくられる。

●本編 113 分　●￥3,990（税込）● 1988 年プネーでの講話

■ 道元 1―自己をならふといふは自己をわするるなり―

日本の禅に多大な影響を及ぼした禅僧・道元。あまりに有名な道元の「正法眼蔵」を、今に生きる禅として説き明かす。「すべての人間は仏性が備わっている。ならば、なぜ修行が必要なのか」――幼くしてこの深い問いに悩まされた道元への共感、道元の求道へのいきさつに触れつつ、OSHO 自ら実際の瞑想リードを通して、禅の醍醐味へと誘う。

●本編 105 分　●￥3,990（税込）● 1988 年プネーでの講話

■ 苦悩に向き合えばそれは至福となる
―痛みはあなたが創り出す―

「苦悩」という万人が抱える内側の闇に、覚者 OSHO がもたらす「理解」という光のメッセージ。盛り沢山のジョークと逸話で、いつしか聴衆を、苦悩なき光の領域へと誘う。「誰も本気では自分の苦悩を払い落としてしまいたくない。少なくとも苦悩、苦痛、惨めさはあなたを特別な何者かにしてくれる」（本編より）

●本編 90 分　●￥3,990（税込）● 1985 年オレゴンでの講話

■ 新たなる階梯 ―永遠を生きるアート―

これといった問題はないが大きな喜びもない瞑想途上の探求者に OSHO が指し示す新しい次元を生きるアート。変化のない日々が、一瞬一瞬がエクスタシーに満ちる生のアートを、禅の逸話をヒントに語り明かす。「さあ、永遠と生きる新しいアートを学びなさい。変わらないもの、完全にじっとして動かず……時間と空間を超えた何かだ」（本編より）

●本編 86 分　●￥3,990（税込）● 1987 年プネーでの講話

＜OSHO 講話 DVD 日本語字幕スーパー付＞

※送料／ DVD1 本￥250　2～3 本￥300　4～5 本￥350　6～10 本￥450

■ サンサーラを超えて — 菜食と輪廻転生—

あらゆる探求者が求めた至高の境地を、ピュタゴラスの「黄金詩」を通してひもとく。菜食とそれに深く関わる輪廻転生の真実、過去生、進化論、第四の世界などを題材に、光明――生まれながらの本性に目覚めるための、数々の道程が示される。

若くエネルギッシュな OSHO の獅子吼。

（VHS ビデオ版あり）

●本編 103 分　●￥3,990（税込）● 1978 年プネーでの講話

■ 禅宣言 2 —沈みゆく幻想の船—

深い知性と大いなる成熟へ向けての禅の真髄を語る、OSHO 最後の講話シリーズ。あらゆる宗教の見せかけの豊かさと虚構をあばき、全ての隷属を捨て去った真の自立を説く。「禅がふさわしいのは成熟して大人になった人々だ。大胆であること、隷属を捨てることだ――OSHO」

●本編 2 枚組 194 分●￥4,599（税込）● 1989 年プネーでの講話

＜日本語同時通訳版 OSHO ビデオ講話＞

■独り在ることの至福

VHS91 分
￥3.990（税込）

一時しのぎの人間関係にしがみつくことなく、「独り」に気づくこと、そして自らの最奥の中心へと至ること――あらゆる恐れを消し去る現実感覚を呼び起こし、独り在ることの美しさと祝福へと誘う自由と覚醒の講話。

■男と女 —両極を超えて—

VHS70 分
￥3.873（税込）

人はマインドという間違った道具を使って愛を探している。マインドからの愛は愛と憎しみの間を常に行き来し、ハートからの愛は全ての二元性を超える。社会が置き忘れてきたハートの在り方と普遍の愛について語る。

■ 直感だけがあなたの教師だ

—ハートに耳を傾ける—

VHS104 分　￥3.990（税込）

生まれ持った「成長への衝動」が、いつのまにか「成功への衝動」にすり替えられてしまう社会の手口を白日のもとに晒し、成長への衝動を見据え、自分のままに生きることを説き明かす、心強い一本。

■ 沈黙—聴くことのアート

—講話の真の目的—

VHS108 分　￥3.990（税込）

膨大な数にのぼる講話について、OSHO 自ら明かすその本意。瞑想で足踏みをしている探求者たちへの、愛情あふれる OSHO の方便がこの講話によって明かされる。

瞑想の本質である「沈黙を聴く」手がかりを指し示す。

※ DVD、書籍等購入ご希望の方は市民出版社迄お申し込み下さい。（価格は全て税込です）
郵便振替口座：市民出版社　00170-4-763105
※日本語訳ビデオ、オーディオ、CD の総合カタログ（無料）ご希望の方は市民出版社迄。

発売 (株)市民出版社 www.shimin.com
TEL. 03-3333-9384
FAX. 03-3334-7289

＜OSHO 既刊書籍＞

秘教

神秘家の道—覚者が明かす秘教的真理

少人数の探求者のもとで、親密に語られた、珠玉の質疑応答録。次々に明かされる秘教的真理、光明と、その前後の自らの具体的な体験、催眠の意義と過去生についての洞察、また、常に真実を追求していた子供時代のエピソードなども合わせ、広大で多岐に渡る内容を、縦横無尽に語り尽くす。

＜内容＞●ハートから旅を始めなさい　●妥協した瞬間、真理は死ぬ
●私はあなたのハートを変容するために話している　他

■四六判並製　896頁　¥3,759（税込）送料¥380

ヨーガ

魂のヨーガ—パタンジャリのヨーガスートラ

「ヨーガとは、内側へ転じることだ。それは百八十度の方向転換だ。未来へも向かわず、過去へも向かわないとき、あなたは自分自身の内側へ向かう。パタンジャリはまるで科学者のように人間の絶対的な心の法則、真実を明らかにする方法論を、段階的に導き出した——OSHO」

＜内容＞●ヨーガの純粋性　●苦悩の原因　●ヨーガの道とは　●正しい認識
●内側にいしずえを定める　●実践と離欲　他

■四六判並製　408頁　¥2,415（税込）送料¥380

探求

インナージャーニー —内なる旅・自己探求のガイド

マインド（思考）、ハート、そして生エネルギーの中枢である臍という身体の三つのセンターへの働きかけを、心理・肉体の両面から説き明かしていく自己探求のガイド。頭だけで生きて根なし草になってしまった現代人に誘う、根源への気づきと愛の開花への旅。

＜内容＞●身体——最初のステップ　●臍——意志の在り処　●マインドを知る
●信も不信もなく　●ハートを調える　●真の知識　他

■四六判並製　304頁　¥2,310（税込）送料¥380

究極の錬金術Ⅰ,Ⅱ—自己礼拝　ウパニシャッドを語る

苦悩し続ける人間存在の核に迫り、意識の覚醒を常に促し導く炎のような若きOSHO。探求者との質疑応答の中でも、単なる解説ではない時を超えた真実の深みと秘儀が、まさに現前に立ち顕われる壮大な講話録。「自分というものを知らないかぎり、あなたは何のために存在し生きているのかを知ることはできないし、自分の天命が何かを感じることはできない。——OSHO」

第Ⅰ巻■四六判並製　592頁　¥3,024（税込）送料¥380

第Ⅱ巻■四六判並製　544頁　¥2,940（税込）送料¥380

永久の哲学Ⅰ,Ⅱ—ピュタゴラスの黄金詩

偉大なる数学者ピュタゴラスは真理の探求にすべてを賭け全世界を旅した。彼が見出した永久哲学について、現代の神秘家OSHOが究極の法を説き明かす。奇跡や物質化現象、菜食と輪廻転生の関係、過去生、進化論、そして癒しの力など、さまざまな精神霊性の領域を渉猟しながら、ピュタゴラス哲学の精髄である「中庸の錬金術」に迫る。

第Ⅰ巻■四六判並製　408頁　¥2,520（税込）送料¥380

第Ⅱ巻■四六判並製　456頁　¥2,583（税込）送料¥380

＜OSHO 既刊書籍＞

神秘家

探求の詩（うた）—インドの四大マスターの一人、ゴラクの瞑想の礎

神秘家詩人ゴラクの探求の道。忘れられたダイヤの原石が、OSHOによって蘇り、ゆっくりと、途方もない美と多彩な輝きを放ち始める——。小さく窮屈な生が壊れ、あなたは初めて大海と出会う。ゴラクの語ったすべてが、ゆっくりゆっくりと、途方もない美と多彩な輝きを帯びていく。

＜内容＞●自然に生きなさい　●欲望を理解しなさい　●愛—炎の試練
●内なる革命　●孤独の放浪者　他

■四六判並製　608頁　¥2,625（税込）　送料¥380

ラスト・モーニング・スター
—女性の覚者ダヤに関する講話

世界とは、夜明けの最後の星のよう……
過去と未来の幻想を断ち切り、今、この瞬間から生きること——スピリチュアルな旅への愛と勇気、神聖なるものへの気づき、究極なるものとの最終的な融合を語りながら、時を超え、死をも超える「永遠」への扉を開く。

＜内容＞●全霊を傾けて　●愛は幾生も待機できる　●あなたの魂を受けとめて　他

■四六判並製　568頁　¥2,940（税込）　送料¥380
＜「シャワリング・ウィズアウト・クラウズ」姉妹書＞

シャワリング・ウィズアウト・クラウズ
—女性の覚者サハジョに関する講話

光明を得た女性神秘家サハジョの「愛の詩」に関する講話。女性が光明を得る道、女性と男性のエゴの違いや落とし穴に光を当てる。愛の道と努力の道の違い、献身の道と知識の道の違いなどを深い洞察から語る。

＜内容＞●愛と瞑想の道　●意識のふたつの境地　●愛の中を昇る　●師は目をくれた　他

■四六判並製　496頁　¥2,730（税込）　送料¥380
＜「ラスト・モーニング・スター」姉妹書＞

瞑想

新瞑想法入門 —OSHOの瞑想法集大成

禅、密教、ヨーガ、タントラ、スーフィなどの古来の瞑想法から、現代人のために編み出されたOSHO独自の方法まで、わかりやすく解説。技法の説明の他にも、瞑想の本質や原理が語られ、探求者からの質問にも的確な道を指し示す。真理を求める人々必携の書。（発行／瞑想社、発売／市民出版社）

＜内容＞●瞑想とは何か　●初心者への提案　●自由へのガイドライン
●覚醒のための強烈な技法　●師への質問　●覚醒のための強烈な技法　他

■A5判並製　520頁　¥3,444（税込）　送料¥380

ギフト

朝の目覚めに贈る言葉 —心に耳を澄ます朝の詩

朝、目覚めた時、毎日1節ずつ読むようにと選ばれた12ケ月の珠玉のメッセージ。生きることの根源的な意味と、自己を見つめ、1日の活力を与えられる覚者の言葉を、豊富な写真と共に読みやすく編集。「生まれ変わったように、新たに明日の朝を始める。毎日が素晴らしい神秘になる— OSHO」

＜内容＞●人生はバラの花壇　●愛は鳥—自由であることを愛する
●何をすることもなく静かに座る、春が訪れる…　他

■A判変型上製　584頁　¥3,654（税込）　送料¥380

< OSHO 瞑想 CD >

ダイナミック瞑想
全５ステージ
60 分

◆デューター

¥3,059（税込）

生命エネルギーの浄化をもたらす OSHO の瞑想法の中で最も代表的な技法。混沌とした呼吸とカタルシス、フゥッ！というスーフィーの真言《マントラ》を、自分の中にとどこおっているエネルギーが全く残ることのないところまで、行なう。

クンダリーニ瞑想
全４ステージ
60 分

◆デューター

¥3,059（税込）

未知なるエネルギーの上昇と内なる静寂、目醒めのメソッド。OSHO によって考案された瞑想の中でも、ダイナミックと並んで多くの人が取り組んでいる活動的瞑想法。通常は夕方、日没時に行なわれる。

ナタラジ瞑想
全３ステージ
65 分

◆デューター

¥3,059（税込）

自我としての「あなた」が踊りのなかに溶け去るトータルなダンスの瞑想。第１ステージは目を閉じ、40 分間とりつかれたように踊る。第２ステージは目を閉じたまま横たわり動かずにいる。最後の５分間、踊り楽しむ。

ナーダブラーマ瞑想
全３ステージ
60 分

◆デューター

¥3,059（税込）

宇宙と調和して脈打つ、ヒーリング効果の高いハミングメディテーション。脳を活性化し、あらゆる神経繊維をきれいにし、癒しの効果をもたらすチベットの古い瞑想法の一つ。

チャクラ サウンド瞑想
全２ステージ
60 分

◆カルネッシュ

¥3,059（税込）

７つのチャクラに目覚め、内なる静寂をもたらすサウンドのメソッド。各々のチャクラで音を感じ、チャクラのまさに中心でその音が振動するように声を出すことにより、チャクラにより敏感になっていく。

チャクラ ブリージング瞑想
全２ステージ
60 分

◆カマール

¥3,059（税込）

７つのチャクラを活性化させる強力なブリージングメソッド。７つのチャクラに意識的になるためのテクニック。身体全体を使い、１つ１つのチャクラに深く速い呼吸をしていく。

ノーディメンション瞑想
全３ステージ
60 分

◆シルス&シャストロ

¥3,059（税込）

グルジェフとスーフィのムーヴメントを発展させたセンタリングのメソッド。この瞑想は旋回《ワーリング》瞑想の準備となるだけでなく、センタリング《中心を定める》のための踊りでもある。３つのステージからなり、一連の動作と旋回、沈黙へと続く。

グリシャンカール瞑想
全４ステージ
60 分

◆デューター

¥3,059（税込）

呼吸を使って第三の目に働きかける、各 15 分４ステージの瞑想法。第一ステージで正しい呼吸が行われることで、血液の中に増加形成される二酸化炭素がまるでエベレスト山の山頂にいるかのごとく感じられる。

ワーリング瞑想
全２ステージ
60 分

◆デューター

¥3,059（税込）

内なる存在が中心で全身が動く車輪になったかのように旋回し、徐々に速度を上げていく。体が自ずと倒れたらうつ伏せになり、大地に溶け込むのを感じる。旋回を通して内なる中心を見出し変容をもたらす瞑想法。

ナーダ　ヒマラヤ
全３曲
50 分 28 秒

◆デューター

¥2,753（税込）

ヒマラヤに流れる白い雲のように優しく深い響きが聴く人を内側からヒーリングする。チベッタンベル、ボウル、チャイム、山の小川の自然音。音が自分の中に響くのを感じながら、音と一緒にソフトにハミングする瞑想。

＜ヒーリング，リラクゼーション音楽CD＞

アトモスフィア

全10曲
64分38秒

◆デューター

鳥のさえずりや波などのやさしい自然音との対話の中から生まれたメロディを、多彩な楽器で表現した、ささやくようなデューターワールド。オルゴールのようなピアノの調べ、童心にたち返るような懐かしい響き――。

¥2,753（税込）

曼荼羅

全8曲
55分55秒

◆テリー・オールドフィールド＆ソラヤ

チャント（詠唱）という、陶酔的な表現で、声による美しいマンダラの世界を構築したスピリチュアル・マントラソング。テリーのフルートが陰に陽に寄り添いながら、ら旋状の恍惚とした詠唱の円の中で、内なる平和がハートへと届けられる。

¥2,753（税込）

ケルトの薔薇

全12曲
69分17秒

◆リサ・レイニー ＆ タルトレッリ

ケルトハープの名手・リサ・レイニーが、竹笛のタルトレッリを迎えて描き出す癒しのフレグランス。すべてがまだ初々しい光に包まれた朝や夜の静寂のひとときにふさわしい調べ。おだやかさが手にとるように感じられる音楽。

¥2,753（税込）

ホエール・メディテーション

全7曲
58分07秒

◆カマール他

ホエールソング3部作の最終章。大海原を漂うような境界のないシーサウンドワールド。波間にきらめく光の粒子のように、クジラの声、シタール、ヴァイオリン、バンスリーなどが現れては消えていき、ただ海の静けさへ。

¥2,753（税込）

マントラ

全7曲
61分02秒

◆ナマステ

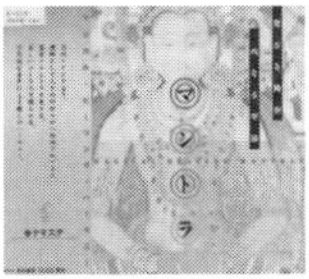

その音で不思議な力を発揮する古代インドよりの聖音マントラの数々を、美しいコーラスで蘇らせる癒しのハーモニー。何千年もの間、自然現象を変容させると伝わるマントラを、聴く音楽として再生したミスティックなアルバム。

¥2,753（税込）

ブッダ・ムーン

全4曲
58分50秒

◆チンマヤ

東西の音楽を、瞑想的な高みで融合する音楽家チンマヤが、古典的色彩で描く、ラーガの酔宴。人の世の、はかなき生の有り様を、ただ静けさの内に見守るブッダの視座と同じく、ただ淡々と、エキゾチズムたっぷりに奏でます。

¥2,753（税込）

樹々にそよぐ風のように

全9曲
68分47秒

◆デューター

軽やかにそよぐ風のようなフルートの調べや神秘的なシンセサイザーが紡ぎ出す悠久なるサウンドスペース。――意識の深みに働きかけるメディティティブサウンド。ヒーリングミュージックの第一人者デューターのベストアルバム。

¥2,753（税込）

チベットの華

全7曲
78分35秒

◆デューター

水や虫の声などの自然音とシンギングボウルやベルが織り成す調和と平和の倍音ヴァイブレーション。チベッタン・ヒーリング・サウンドの決定盤。メロディーやストーリーのない音は、時間の感覚を失うスペースを作り出す。

¥2,753（税込）

※送料／ CD1枚¥250・2枚¥300・3枚以上無料

発売／ ㈱市民出版社　www.shimin.com
TEL. 03-3333-9384　FAX. 03-3334-7289